上海火柴工业考索

黄振炳 著

火 柴 工 業

1. 原料木材堆置場
2. 鏇梗機
3. 切梗機
4. 排梗機
5. 磨碎和調藥
6. 沾藥
7. 糊小匣
8. 發匣
9. 側塗
10. 包裝

做火柴過程

上海苏州河的两岸，向来是藏龙卧虎之地。上海工业文明于此开花结果，尤其在普陀区的地界内，近代上海与民生有关的纺织、面粉、印刷等行业比较发达，如著名的荣家企业，属下好多企业扎根于此，直至如今，这些工业印痕仍历历在目。

振炳兄因为长期居住于这一地区，所思所念，情之所系，居然收集了大量与这一地区、这一题材有关的藏品，如照片、商标、股票、广告、月份牌、宣传画等实物，并且不以此为满足，而是充分利用掌握的藏品开展历史研究，以苏州河畔的企业为典型，以这一地区的独特性为切入点，论述工业化在上海的发展历史、发展特点。

振炳兄无疑是学者型的藏家，这是他撰写这一著作的基础。他在近代上海工业化、商业化方面的藏品，数量之丰富，内容之珍稀，在圈内属佼佼者，火柴商标仅是其中之一。一般而言，收藏家慧眼识珠、藏品宏富，随便抖开一件宝贝，便会让人眼前一亮，但收藏家重在收藏，以藏品说话，极少与学术研究联系在一起。其实好藏家首先需要文化底蕴和学术眼光，振炳兄自己便有那种深切的意识，也坚持朝这一方向努力，他说："收藏毕竟是一种文化行为，其最高境界就是出丰硕的研究成果"。在我看来，《上海火柴工业考索》一书，完全是按照学术著作的要求来撰写的，除他所掌握的大量的藏品资料外，引述的其他的文献和学术资料也极为丰富，可见涉猎之广，是在充分掌握资料和现有学术成果基础上的著作。

大家知道，火柴以前又称作"洋火"，与洋油、洋烛、洋碱、洋烟一起，作为"五洋"之一，在近代中国是人们日常生活不可或缺的物品，在中外贸易和国货运动中，也占据了举足轻重的地位，因而学术界向来给予了很大关注，出过不少研究成果。但这些藏品，却难以入专业研究者的法眼，自然也不可能从这些藏品切入研究历史，正因如此，填补有关研究的空缺，补充一些专业学术文章的不足之处，便是该书的最大特点。

振炳兄不是科班出身的学者，他的研究有他的特点，也有他的局限，如本书分上下两篇，不免有重复雷同的地方，篇章格式也有不一致之处，但白璧微瑕，无伤大雅。不说其他，单是该书选用的上海早期火柴商标就达 1000 枚以上，范围已然扩大到整个上海地区，这一点就令人感奋。振炳兄积十年之功，在大量藏品的基础上，进行学术研究，所投入的时间和精力是不言而喻的，此书的出版，某种程度上填补了近代工业史的空白，洵非空话。

这里可以举一个例子，我国最早有"洋火"输入的记录，一般认为是 1856 年，可见诸于 1935 年国民政府经济委员会《火柴工业报告书》等书。但《上海火柴工业考索》依据有关史料，明确提出上海早在 1844 年就已经有"洋火"输入的记录，比原先整整提前了21年，而且与进口商打交道的，不仅是想当然的洋商，而是开埠初期便积极与洋商交易的华商商号。另外，近代第一家民族火柴企业及其商标，究竟花落谁家？以前认为是广东的巧明火柴厂，该书依据《申报》等史料，提出了自己的见解，认为属于一家名称为上海制造自来火局的企业，时间是1877年12月之前，商标马牌，有力地推翻了现有的结论。

对于普通读者或收藏爱好者来说，由于该书收录了大量的照片、商标、股票、广告、证章、月份牌、宣传画等实物，故全书在学术性之外，呈现出另外一种琳琅满目、美不胜收之感，两者通融、藏研并举、图文并茂、相得益彰，如果说它是一本收藏鉴赏书、工具书也不为过，对于读者来说，其所包含的多维角度更富有意蕴。

我与振炳兄结识，源于他主编的一本内部刊物《大众收藏》，这本在圈内广受好评的刊物，内容图文并茂，不仅质量上乘，而且团结了一大批藏友，在全国都有很大影响。恰好我的一位同事许兄，也是该刊的忠实读者，我得以时常在他案头见到这本刊物，并借而阅之，进而与他接上了头。据同事说，黄兄几乎以一人之力在编这份刊物。我是编刊物出身的，对一个好编辑的辛勤劳动和综合素养，从来是致以崇高的敬意，但振炳兄说起这份工作，从来也只是淡笑两声，好似不在话下。

其实振炳兄的用功是不言而喻的，他不仅搞收藏，做编辑，也勤于研究和写作，就在这本刊物里，我得以时常拜读振炳兄的大作。他的说辞是，刊物稿费困难，约稿不易，干脆赤膊上阵，自己写上几篇，聊补空白。其实大家都知道，写作若非心底喜欢，心有所动，确有研究心得和感受，断不会孜孜于青灯黄卷，搜肠刮肚去码出那些文字来。故而他的文章以藏品说话，却又不同于一般的藏品介绍，有感情，有细节，也有见识。

他为人古道热肠，也曾为我们征集历史档案资料介绍了一些藏家，算是工作上的益友。前几年普陀区开发研究苏州河地区的历史文脉，得知他收藏有大量相关藏品，有关方面也曾从他那里征集展品，得益匪浅。因此当振炳兄说，他写了一本关于上海火柴工业发展史的著作时，我不由得肃然起敬，并鼓动他公开出版嘉惠学林。最后，我在这里要为本书的出版祝贺振炳兄，为他点一个大大的赞。

是为序。

邢建榕
上海市档案馆副馆长、研究员
2016年春

目 录

▲ 上海新华火柴厂的泰山牌火柴，成为每年徐州泰山庙会上香客们的抢手货。

悠悠大中国，上下五千年。博大精深的华夏文明，令世人瞩目，为炎黄子孙引以为荣。这历史的因缘，在中国人的民族自豪感中，常常流露出一种颇为浓厚的"怀旧"情结。在我们的记忆中，"四大发明""古就有之"之类的追根溯源，是我们津津乐道的不厌话题，中国的世界之最有之，世界的中国之源也该有之。在近代西方火柴的发明归属上，亦是如此。

1961年12月10日，上海《解放日报》刊登了金昆年撰写的一篇有关火柴发明于中国的文章，题目是《最早的火柴》。该文后被上海社科院汇集于《大千世界集萃》一书出版。文中阐述了中国最迟在宋代就已经有了火柴的发明及其制作，反驳了《辞海》中所录，

火柴一物为英国化学家倭克尔于1680年发明。考证依据分别来源于：一是北宋初年陶谷所著的《清异录·器具》中叙到的"引光奴"；二是明人田汝成在《西湖游览志余》中记述的"发烛"，又名"焠儿"。其由此推出，在1680年之前六、七百年时，中国就有了最早的火柴。

对于火柴在中国"古就有之"，连外国学者亦趋于崇拜，著书弘扬。英国著名汉学博士李约瑟的门生罗伯特·坦普尔在《中国——发现和发明的国度》中坦言："世界上第一根火柴是由中国人于公元577年发明的"。估计罗伯特·坦普尔之学说，是参考引用了中国元明史料笔记：元末明初浙江黄岩学者陶宗仪所著的《南村辍耕录》。为厘清思绪，方便探讨，兹将该著中有关"发

6

烛"段落过录于下：

> 杭人削松木为小片，其薄如纸，熔硫磺涂木片顶分许，名曰发烛，又曰焠儿，盖以发火及代灯烛用也，史载周建德六年，齐后妃贫者以发烛为业，岂即杭人所制舆。宋翰林学士陶公谷《清异录》云，夜有急，苦于作灯之缓，有知者，批杉条，染硫磺，置之待用，一与火遇，得焰焰然，既神之，呼引光奴，今遂有货者，易名火寸。按此，则焠寸声相近，字之伪也。然引光奴之名为新。

从"发烛"引文中，较为注目的"史载周建德六年"，即指历史上南北朝（公元420-589年）的北周时代（公元557-581年），周建德六年，即公元577年，正是北齐（公元550-577年）被北周灭亡之时，皇室被废，皇族成员或被杀戮，或被流放，对众多的宫中嫔妃，则逐出后宫，沦入民间，为求生存，"齐后妃贫者以发烛为业"也就不足为奇。从元人陶宗仪《南村辍耕录》就"发烛"的议论，不难发现，对北宋《清异录》和明代《西湖游览志余》而言，起了一个承上启下的叙述。至于其著中"史载建德六年，齐后妃贫者以发烛为业"一说，据载于何种史册，我们尚不得而知。实际上，在罗伯特·坦普尔之前，我国清代学者阮葵生就对北齐时代出现的"发烛"，进行了反复考证，比罗伯特·坦普尔更早地得出过这样的结论。

1991年，关于火柴发明的时间，学界又找出了更新的史载依据。有学者郭正谊撰《也谈火柴的发明》一文，[1]据宋代（公元960-1279年）高承《事物纪原》记载："汉淮南王招致方术之士，延八公等撰《鸿宝万毕术》，法烛是其一也，余非民所急，故不行于世。然则法烛之起，自刘安始也"。该著认为，"法烛"即发烛，其溯源可上至公元前二世纪淮南王招纳的八位（即八公）炼丹方士所发明使用。它比"齐后妃贫者以发烛为业"又推前了700多年。

中外学者如此反复考证"发烛"的历史，无非想说明火柴的最早诞生起源于中国，它在中国的历史源远流长。殊不知，这种名为"法烛""火寸""焠寸""引光奴""焠儿""发烛"等之类的事物，其共性特征是不能自行发火，只有在借助于火种的前提下，把"暗火"变为"明火"，具有一定的引火功能而已。近代中国北方地区使用的"取灯儿"，也是这类引火产物的延伸。事实上我们祖先真正意义上使用的、延续几千年的发火工具，与这种引火之物却是毫不相干的，而且在近代火柴发明之前，世界上各地区各民族都利用本民族的聪明和智慧，创造并使用属于本民族文化所特有的自然发火工具。

在远古时代，我国民间就流传着燧人氏钻木取火的传说。据古书《谯周·古史考》记载："太古之时，人吮精露，食草木实，穴居野处；山居则食鸟兽，衣其羽皮，饮血茹毛；近水则食鳖螺蛤，未有火化，腥臊多害肠胃。于是有圣人造作，钻木取火，教人熟食，始有燔炙，人民大悦，号曰'燧人'"。又，《韩非子·五蠹》记述："民食果瓜、蚌蛤，腥臊恶臭而伤腹胃，民多疾病；有圣人作钻燧取火以化腥臊，民悦之"。两者所

▲ 图1、山西毓华火柴厂的"钻木取火"牌火柴商标

述似同。这种钻木取火的工具称作"木燧"，又叫"钻燧"。除上面记载外，在《论语·阳货》、《淮南子·本经训》中也多有这种靠摩擦生火的提及。《庄子·外物篇》中，还有用两块木头相互摩擦取火，即："木与木相摩则然"的记载。我们人类祖先的这种利用摩擦生热而取火的发明，恩格斯在他的《反杜林论》中曾有过评价，他说："就世界性的解放作用而言，摩擦生火还是超过了蒸汽机，因为摩擦生火第一次使人类支配了一种自然力，从而最终把人同动物界分开"。

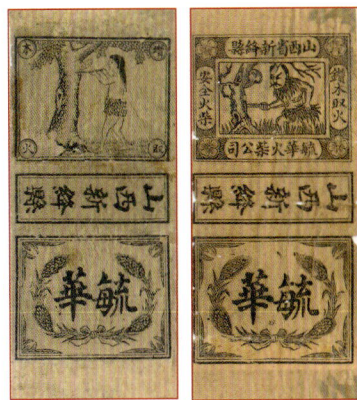

在青铜器时代，我国劳动人民利用自己的聪明和智慧，还发明了一种凹面青铜镜，利用焦距聚光原理从太阳光中取火，人们称这种取火工具为阳燧。据《周礼·秋官》记载："司烜氏掌以夫燧取明火于日"。汉郑玄注："夫燧，阳燧也"。淮南子览冥也释："夫阳燧取火于日"。起初这种阳燧取火是宫中专门用于祭祀的，后流传于民间，成为民用烹煮烧烤取火之物。《礼记·内则》中说："左佩纷帨、刀砺，小觿，金燧"。可

▲图 2-1、汉四乳禽鸟纹阳燧
圆形，圆纽，圆纽座。该燧直径5.9厘米，厚0.1厘米，通体绿锈，浑身斑驳，镜面微凹。座外一周凸起的圆卷，两周弦纹带之间有四乳相间环列，四乳钉按正方形定位并分隔成等分，每间隔处有一对禽鸟，每禽双歧冠，覆翼，尾卷曲，形体简单。该镜面小，素宽缘，小器大样，灵巧透出端庄，有商周青铜器和原始陶器之遗风。

▲图 2-2、明素面鉴燧两用镜
鉴燧两用镜最早始于唐代，宋代以后民间开始普遍。这柄明代素面鉴燧两用镜，燧面直径6.8厘米，弧度约25度，镜面直径7厘米，边缘厚0.6厘米，柄长6.1厘米。柄端有一小孔，可系绳悬佩，通体素面，包浆陈旧。此镜一物两用，显示先人发明创造的智慧和才能，折射出古代劳动人民一贯以"物尽其用"为传统美德。

见当时阳燧（即金燧）已成为日常携带的一种取火工具，好似今日吸烟者随身携带打火机一样。宋代大科学家沈括在《梦溪笔谈》著作中，对阳燧也曾有过记载。后清乾隆年间的学者钱坫，在著书立说中也对此有过记叙。据上海博物馆老专家马泽溥在上世纪五十年代初回忆，年幼时，"他祖父身边就带有小铜镜子对太阳取火吸旱烟"。【2】说明阳燧在近代民间仍然使用保留着。

自铁器时代以后，我国大部分地

▲图 3、镶铜花卉纹牛皮火镰

区使用的取火工具是打火石、铁片和艾绒。利用火镰（图3）打击燧石然后用艾绒点着火星，再点燃纸捻。它比起钻燧和阳燧取火要方便得多。

西方国家的情况也与中国一样。在发明火柴之前，也使用打火石作为日常取火工具。据薛福成《出使日记续刻》述："西洋之造自来火，始于道光十六年（1836年）。以前俱用布纸等炭质。……以旧式取火，多费时刻，少成货物，即少成银。……近有人核计，英国全境因易用自来火，一岁节省英镑2600万镑。而造办旧式火具者，未免衔恨，然得利者多，失利者寡，只能听之"。【3】薛福成这则日记是光绪十七年（1891年）写于英国。它告知读者火柴在英国自19世纪30年代发明后，到它完全取代旧式发火工具，中间经历了一段不算太短

的历程。

近代火柴的发明，是在近代科学技术尤其是化工技术的日益发展完善之下，经过不断探索和反复试验后才诞生的。它利用某些化学物质稍遇摩擦即能发生剧烈的氧化反应，产生高温而燃烧发火，使人类在取火文明史进入一个崭新的时代。作为光明的使者，火柴的发明和使用，为人类的生活世界增添了无穷的光彩。

真正有别于引火而能自行发火的近代火柴。最早由欧洲人首先发明。【4】它经历了一个循序渐进，日臻完善的过程。

1669年，德国人亨尼·布兰德（HENING BRAND）首先提炼出黄磷，以至有人利用这种极易氧化发火的特性，将木梗的一端涂上硫磺，再沾上黄磷而发火。1805年，法国人钱斯尔（CHENCEL）将氯酸钾和糖、树胶等混合物粘在木梗的端部，将它浸没在硫磺液体之中，一旦取出离开液体，木梗便立即发火，这是一种非常危险的易燃物，稍有不慎即会发生火患。当时在巴黎、柏林和维也纳都有制造这种火柴的工厂，称生产的这种火柴叫"浸液火柴"（SOAKING MATCHES），【5】它利用化学反应来达到起火的目的，就是我们现代火柴的最早雏形。

1827年，英国人约翰·沃克（JOHN WALKER）将浸没于液体的不安全火柴进行了改良，把氯酸钾和三硫化锑用树胶粘于木梗一端，干燥后，它与任何粗糙的表面擦划一下即能发火。这就是最早的具有实用价值的"摩擦火柴"。缺点是要用力擦划，药头容易脱落。

1831 年，法国人查理·索利亚（CHARLES SOURIA）和英国人（SAMUEL JONES）、德国人（J·E·KRAMM TER）等人不断探索研制，终于发明将黄磷取代三硫化锑制成火柴药头，在急速摩擦下也能发火。这种研制成的"**黄磷火柴**"，使用方便，但发火太灵敏，容易引起火灾，且黄磷有剧毒，制作火柴的工人，因经常和黄磷的蒸汽相接触，或多或少的吸入身体里，常会发生"骨坏死病"使工人的臼牙和牙床发生溃烂而致于死亡。[6] 另外，黄磷火柴也不安全，因它而引起的事故和火灾屡有发生。甚至将它藏在外衣套里也会发生燃烧，以致皮肉被严重灼伤。当时，将制成的"黄磷火柴"置放于金属的内盒之中，其材料或铁或铜。也有一些贵族豪商，使用金、银材料制成火柴盒，置放"黄磷火柴"，不仅为了安全，亦好在公共场所使用时显露出他与众不同的身份和地位。

1845 年，奥地利人施劳特尔（A·SCHROTTER）研制出赤磷（也称红磷，是黄磷的同素异形体），性能比较稳定，且无毒。1855 年，瑞典人伦德斯特洛姆（J·LUNDSTROEM）将氯酸钾和硫磺等混合物胶粘在木梗端上，而将赤磷则涂于置放火柴的外盒两侧，干燥后将火柴药头在盒侧磷面上轻轻擦划，即能发火。由于把强氧化剂和强还原剂分隔开，大大增加了火柴生产和使用中的安全性，故人们称誉它为"**安全火柴**"（SAFETYMATCHES），并一直沿用至今。"安全火柴"的发明诞生，是人类取火文明史上的一个伟大的、划时代的转折点，具有里程碑的作用。

1898 年，法国人亨利·塞韦纳（HENEY SEVENE）和卡昂（E·CAHEN）以三硫化四磷代替黄磷研制成"**硫化磷火柴**"，这种火柴无毒性，随处可擦燃，使用也较方便，但安全性较差些。由于硫化磷火柴的出现，黄磷火柴逐渐退出了市场。1906 年，有害的黄磷火柴被日内瓦国际公约宣布禁止生产和使用。我国西北、西南地区在 1950 年以前，在部分落后地区仍有制造和使用这种火柴。

继木梗火柴之后，1840 年左右，在英国又制造出**蜡梗火柴**，该火柴的制造和推广在意大利和西班牙等国发展迅速。它是将层层薄纸条卷成形似木梗的细杆，浸泡于熔蜡后取出代替木梗，在一端沾上药料制成火柴。其优点是，梗形比木梗短小，但可燃时间却比木梗要长，使用更为方便。1892 年，又发明出一种"**书式火柴**"，在英国、德国十分流行，美国的制造商更是十分投入，大力推进。它是以薄纸板或木片切成梳齿形的梗片，在每梗齿端沾上药料，随意撕下一根擦划即燃，因成品后其包装装璜似同书本状，故称"书式火柴"，又称"梳式火柴"。其优点制作简化、造型美观、携带方便、十分招人喜爱，目前世界上仍普遍流行。

安全火柴首先由瑞典人发明，瑞典文称为：SÄKERHETS TÄNDSTICKOR，我们可以从瑞典早期生产的火柴商标上经常见到这字样，十九世纪末二十世纪初，瑞典火柴在世界上极负盛名和信誉，导致许多国家厂商为了使自己制造的火柴有销路，不但在商标图案设计风格上仿冒瑞典，而且在商标上印上瑞典文"安全火柴"的字样。瑞典人更让世人注目的是，在 1833 年创建了世界上第一家具有相当规模的火柴工厂，厂址在瑞典卡尔马（KALMAR）省的贝里亚（BERGA）城。该厂生产的木梗黄磷火柴，在相当长一段时期，领先于英、法、德等诸国，对欧洲火柴工业勃然兴起，产生了重要影响。

注释

【1】郭正谊《也谈火柴的发明》，转引《科技日报》，1991 年 4 月 28 日。

【2】孙仲威《古代取火用的阳燧》，转引陈鹏举编《收藏历史》，上海书店出版社 1998 年 1 月版第 245 页。

【3】转引刘善龄《西洋风—西洋发明在中国》，上海古籍出版社 1999 年 9 月版第 194 页。

【4】中国日用化工协会火柴分会编《中国火柴工业史》，中国轻工业出版社 2001 年 5 月版第 2 页。

【5】（新加坡）黄汉森译《火柴发明小史》，转引《亚洲火花》，1999 年 12 月第二期第 30 页。

【6】上海市商品介绍手册《安全火柴》，上海市火柴工业同业公会编印，1955 年，第 1 页。

▲ 1879 年布莱恩特和梅（Bryant & May）火柴厂广告宣传画

大约1880年，布莱恩特和梅火柴厂的火柴包装情形。工作条件看似不好，但比当时的普遍状态已有很大的提高。这是英国最早的大型火柴厂（创建于1860年），在很长一段时间里成为行业的标杆。画面左上角肖像为该厂的创始人：威廉·布莱恩特、弗兰西斯·梅。

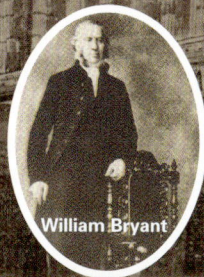

William Bryant

Francis May

一、上海开埠后的"洋火"输入

"洋火"顾名思义，它最早为外国之输入中国的一种日用生活消费品。在近代中国经济贸易中举足轻重，被列为"五洋"（洋火、洋烛、洋皂、洋烟、洋油）之一。也是研究近代中国工商经济重点对象之一。

（一）英、美洋行的介入

1842年8月29日，英国胁迫在鸦片战争中败北的清政府屈辱地签订了《南京条约》。作为该条约的补充，

1843年7月22日中英《五口通商章程：海关税则》公布实施；10月8日又订立《五口通商附粘善后条款》（即"虎门条约"）。其中重要一条是"自今以后，大皇帝恩准英国人民带同所属家眷，寄居大清沿海之广州、福州、厦门、宁波、上海等五处港口，贸易通商无碍"。[1]

于是1843年11月8日，英国首任驻沪领事、原英国驻印度马特拉斯的陆军炮兵上尉巴尔富（Georde Balfour）率官员抵沪，住进县城内姚家弄一位顾姓绅

商大宅，租房设领事机构开始行使职权。[2]11月14日，巴尔富发布上任后的领事馆第一号告示。告示称："兹与中国地方税关监督官交涉结果，上海港定于本月17日开港，藉与外国贸易，特此通告，仰即周知"。[3]并宣布了1843年11月17日，即清道光二十三年九月二十六日上海正式对外开埠。至此，这座被誉称"江海之通津，东南之都会"的沿海城邑，开始变为居"十数行省冠盖往来之冲，四方百国舟航鳞萃之所"的申江大埠，并逐渐成为中国近代对外进出口贸易的最大枢纽中心之一。

1845年11月29日，巴尔富与上海道台宫慕久议定《土地章程二十三款》。次年达成协议，辟县城北郊东起黄浦江、西迄界路（今河南中路）、南到洋泾浜（今延安东路）、北至李家庄（今北京东路）的地皮租赁给英国侨民居留，其面积约830亩。不久西界又扩张到泥城浜，北界延伸至苏州河。[4]这块永久性租赁的"地皮"，则成了英国殖民者率先在上海建立起来的"英租界"（当地亦称之"飞地"）。也是在"中国出现的第一块租界地"。随后，美国也不甘示弱，强行将吴淞江（今苏州河。西人以此河直通苏州，名之为苏州河，一直沿用至今）以北的虹口地带称之为"美租界"（1847年）。法国亦仿效英美，步其后尘，也将其占据的上海县城北门外划定为"法租界"（1849年4月6日）。[5]

上海开埠的第二年，即1844年，黄浦江边樯栀如林，商贾辐辏，华洋贸易频繁红火。由于史料的难以发掘，长期以来，学者在论述上海近代对外贸易活动时，总是以为上海开埠后，几乎所有"进出口业务的经营，均为外商洋行所把持"，[6]比如开埠后的头一年中，就有外商在沪开设洋行11家，至1854年，10年间洋行总数迅速增至120家。[7]而"华商经营外贸者主要为依附于洋行（买办）的庄号与行栈，他们的活动范围实际上属于内贸业务"。[8]华商直接经营对外贸易的活动，"长期被挤压在一个十分狭小的隙缝中，这正是半封建半殖民地社会的一特点"。[9]1843年11月，紧随巴尔富到沪开展经营贸易业务的有英商怡和洋行（Jardine，Matheson & Co.）、宝顺洋行（Beale & Co.）、仁记洋行（Gibb Livingston & Co.）、义记洋行（Hollidag Wise & Co.）、和一个名叫"司密斯"

（J.M.Smith）的商人。1845年又有沙逊洋行（D.Sassoon Son's & Co.）、祥泰洋行（Rathbone Worthington & Co.）涉足上海设行贸易。至1847年，就是地皮章程签约后两年，"上海租界内已经开设起24家进出口洋行(包括3家美国洋行)、5家洋商店铺，1家旅馆和俱乐部"。[10]这些洋行中，势力最大者当为英美洋行。以1852年为例，是年有洋行共41家，其中英商有27家，过半数以上，其直接经营的商品大约也足有全数的三分之一。从属于英帝国的帕栖洋行8家。美商5家，都是一些经营鸦片的中小洋行，户数虽少，可经营的贸易额却相当巨大。1852年驶入上海港的外国商船有218艘，其中有64艘属于美国洋行经理，占了是年进港商船的四分之一，由此可见一斑。剩下一家洋行即是法商开设的利名洋行（D.Remi）。可以这么说，上海开埠初期，因上面这些英美洋行的介入，推动了上海自19世纪50年代中期开始，一跃成为全国进出口贸易的中心。

（二）在沪华商设栈直接对外贸易

这里值得引起重视的是，我们在论及上海开埠后的对外贸易时，不能忽视在沪华商的直接和积极经营对外贸易这项史实。据学者王庆成从伦敦英国图书馆东方书籍和写本部搜索提供的"开埠初期上海敦和商栈等外贸薄册文书"中揭示，在道光二十三年（1843年），有原在粤东开设裕隆号，从事贩运江浙各货的商人张新贤（估计为"走广"的浙商），伙合同业陈春圃、卞博山于是年七月来沪，在西、东姚家弄、王家巷、孙家巷以及前和典基、万瑞坊基等地块租赁栈房，开设上海敦利栈商号，"以便招接各路商人，安顿货物，庶英国领事官到日，即可通商贸易"。[11]可见在上海正式开埠之前，即有华商一俟英商抵沪与之贸易。该禀文中还提及在敦利打算开设商号之前，沪上已经有一家监生沈浩开设的通亿丝栈禀请开业。敦利的申请开业经海防同知沈转呈苏松太道（即宫慕久），于道光二十三年十月廿三日（1843年12月14日）准谕。[12]据同期发现的这批薄册文书《"各号验货"——敦利、"本号"等商号进出口货物登录》"道光二十四年二月至七月"（1844年3月19日至9月11日）统计：当时上海有39家华商字号与英、美和吕宋等商船进出口货

附表一：道光二十四年（1844 年）上海各商号进出口货物概览

序号	商号	主要进口货物	主要出口货物
1	本号	各色布匹、大呢、羽绸、洋熟铁、玻璃	茶叶、湖丝、石膏
2	敦利	各色布匹、大呢、羽绸、洋熟铁、玻璃	茶叶、湖丝
3	广利	各色布匹、大呢、洋熟铁	湖丝
4	通亿		湖丝
5	周公正	原布、大呢、玻璃、洋熟铁、胡椒	茶叶、湖丝、紫套布
6	仁记	各色布匹、大呢、洋熟铁、胡椒、洋酒	湖丝、石膏
7	和记	大呢、玻璃、洋锡片、洋刀、洋钢	湖丝
8	华记	大呢、玻璃、胡椒、洋布	湖丝、麝香
9	位记	各色布匹、檀香、洋硝、洋熟铁、玻璃	湖丝、石膏
10	怡生	各色布匹、大呢、洋熟铁、剪绒	湖丝、紫套布
11	怡利	各色布匹、檀香	湖丝
12	名利	各色布匹、剪绒、沙藤、象牙	湖丝、紫花布
13	长益	苏木、水靛、玻璃、牛皮、洋糖	粗窑缸器、铜器、大黄、湖丝
14	益三	水靛、洋麻、棉花	明矾
15	义记	各色布匹、洋酒、洋枪	湖丝
16	天盛	毕叽、大呢	茶叶
17	裕泰	各色布匹、大呢、沙藤	
18	信成	槟榔、乌糖、栲皮	
19	阳和	原布、花布、自来火、木钟	
20	融和	洋青、洋糖、洋酒、洋枪	
21	德利	布匹、大呢、玻璃	
22	益记	洋布、乌木	
23	周益大布店	洋铅	
24	广盛	布匹	
25	芳盛	沙藤	
26	采文	原布	
27	义成	布匹	
28	春和	布匹	
29	春芳	布匹	
30	恒珍	洋铅	
31	裕润	洋锡	
32	永隆	玻璃、栲皮	
33	荣丰	沙藤	
34	隆记		湖丝
35	朱通裕		茶叶
36	万成		明矾
37	道裕		茶叶
38	怡馨		茶叶
39	和山		茶叶

▲资料来源：

①引用王庆成编著：《稀见清世史料并考释》（武汉出版社 1998 年 7 月版）第 15—17 页所载。

②原资料无标题，为笔者引用时所加。

物，直接与外商进行贸易，其中内有一家名为"阳和"商号居然还进口自来火……〈见附表一：道光二十四年（1844年）上海各商号进出口货物概览〉"这几十家商号，从未出现于外贸史、商业史的资料和著作。簿册对它们的记载虽然简略，但终究揭开了一片新天地，说明上海开埠之初，无论外贸内贸，华商并非一片空白"。[13]至于华商进口火柴的记录，则足以可更改中国近代外国火柴输入始于1865年天津海关的官方报告。在英国新发现的这些极具史料价值的簿册文书，充分证明上海开埠初期华商设栈直接对外接受贸易，一度构成上海中外贸易上的一道风景线。至于"它们后来怎样成为洋行的附庸"[14]，这正是应该研究的一个学术课题。

（三）早期"洋火"对沪贸易

据道光二十四年二月至七月（1844年3月19日至9月11日）上海"敦利、'本号'等各商号进出口货物登录"：五月十六日（7月1日），上海阳和商号从"咪利坚（美利坚，笔注）货船"，"进口自来火1大箱，计29盒；又，1小箱，计13盒半"。[15]也就是说，我国在1844年7月1日，就有上海华商直接从美国进港货船上进口"洋火"了。这一史料的披露，与国内学者一向以1935年7月民国政府经济委员会《火柴工业报告书》的所载："火柴输入我国的最早官方记录，见于1865年的天津海关报告……从1867年开始，有了全国进口火柴总数的报告"。[16]且"早期的进口火柴多来自欧洲，为数不多"[17]明显纠错充实了许多。在时间上也提前了二十一年（指最早发现有火柴的进口记录）。

冶秋著有《夜读偶记》一文，是专门介绍成于同治七年（1868年）稿本中"海书杂诗"的。在一首描述上海洋行所售诸物诗的自注中释："洋行所售，除氎罽（棉毛织物之称）呢绒外，多奇巧玩器，如自鸣钟、自来火……不可枚举"。[18]此条解释告诉我们，至少在同治年间，火柴在上海市面上已经能随处可见了（图1）。

"自来火"一物，自海上由西洋风刮来之后，从道光二十四年（1844年）上海阳和商号进口四十几盒开始，至同治七年（1868年）普遍被黎民百姓以为"比纸捻更为方便"，且"日益为中国人所赏识"，[19]其间经历了二十四年的循序渐进的发展。

▲图1、这是布莱恩特和梅火柴厂1875年的日记本和年历中两张图片，展示了他们持续生产的最新款的有中国场面和旧式东方风格的火柴锡盒，盒内可装250根中型涂蜡火柴。盒面图案为三个中国人坐在阳台上。

据英国驻沪领事麦华陀在1869年4月20日，向本国提交的"1868年度上海港贸易报告"称：对上海的整个贸易，而且特别对占绝大部分的中英方面，都能看到令人十分满意的结果。除了布匹、鸦片、金属之外，在其它类商品中，缝针是一项重要商品，其进口量之大，特别值得一提，1868年的进口值竟然比1867年的进口值多2.2万两白银。"在余下的其它商品中，其进口值的增长值得注意的还有火柴、窗用玻璃、百音盒和乐器等"。[20]总之，其他类商品的总进出值已从去年的45万两增加到今年的115万两，即增加了几乎300%（应该是256%不到，笔者注）。翌年，火柴的进口值又在原基础上增加了6000两。[21]

上海作为一个贸易港，有确切详细的火柴贸易统计记录，是出现于1871年，火柴进口数为55,500罗（每罗144盒，每50罗等于我国火柴旧制一箱）[22]。以后，在英国领事贸易报告中经常出现，并呈稳步上升趋势。[23]贸易促进了租界的发展，而租界的发展，又促使租界人口的骤增。据1876年报告书称，是年外国租界里的华人人口就有95，662人，比1870年以来增加了2万人以上。这个增加数说明较富裕层的居民已经涌进英美租界、法租界，或经商，或居住起来。至1879年，火柴进口达到788，091罗。[24]该年度英国副领事阿连壁在贸易报告中说："1879年由于是上海开埠以来，全年贸易大于以往任何时候的一年而引人注目"。[25]按中国海关发表的统计，在上海港进口总值59,999，

161 关两中，英国及其殖民地提供的进口货值为 51，184，665 关两，约占 85%。【26】上海当地消费的进口商品值为 11，494，902 关两，表明本地也开始繁荣起来。【27】一些租界中的中国商人在逐步富裕之后，他们的风俗习惯正在悄然发生变化，他们崇尚消费和追求时尚。我们可以从是年上海进口的奢侈品中得到提示。在很长的商品明细表中，有啤酒 7，285 箱、杜松子酒 2，280 箱、葡萄酒 20，155 箱、白兰地 3，275 箱、扫帚和刷子 1，771 打、杂色羊毛护腕 200 打、灯和灯芯 26，000 罗、镜子 5，580、百音盒 806 个、缝针约 8 亿支、木质安全火柴 788，091 罗、抽水机 79 架、望远镜和肥皂 73，256 箱、虎骨 3 吨、鳄鱼麟 4 吨等。另外还有鲍鱼、燕窝、海参、蛤肉和蛤蜊干、墨鱼、蘑菇、虾干、鱼翅、鹿筋肉、幼鹿肉、人参等中国人非常欣赏的山珍海味。【28】

副领事阿连壁在年度报告中，对上海作了总的评论，他认为，"把上海看作为一个巨大繁忙的港口，它的贸易对整个文明，特别对英国，具有重大意义；"他已经成为"中国普遍引进外国式的文明和进步的光驱"。"上海不仅输入西方商品，而且输入西方思想。明智的中国官员和商人们如果想使任何有助于向中国展现它与外国和平往来中会得到好处的计划得到实现，就必须到上海来"。【29】"现在上海所有的贸易几乎都是在外滩或其附近的洋行里做成的。坐落在离黄浦江较远的街道上的大多数洋房已被拆毁并改建为中国人的店铺和住房"。【30】1879 年上海的巨额贸易且大部分为英国在沪洋行所垄断。是年，上海海关的税收总数为 3，871，000 两，其中有 2，837，000 两，占总数的 73.29%，征自英国商船。而"控制该年巨额贸易的大部的 245 家洋行中，有 160 家是英国洋行"。【31】

1880 年，由英商美查在沪直接投资，在上海新闸区苏州河南对岸（近西藏路桥）就地办厂制造火柴，取名为燧昌自来火局。该局雇佣了中国工人 400 余人，在厂外还有数以百计的糊盒临时女工和童工。工厂一开工便使用机器生产火柴，日产能力 50 箱，实际日产 20 余箱，年产火柴 300，000 罗。【32】从驻沪领事的贸易报告看，1880 年上海的火柴进口为 1，078，607 罗，比去年增加了 290，516 罗；而 1881 年又比 1880 年增加 145，110 罗。【33】由此可见，上海的火柴进口贸易量并没有因为本地增设一家英商机制火柴厂而受到影响。实际上，至 1882 年，上海不仅仅已是一个大的贸易中心，而且已成为一个"买得起奢侈品的富裕华人喜爱居留的游乐胜地"【34】，也就是说，由于上海开埠通商给上海带来了繁华，王亲贵族，豪商显宦，纷踊商埠，给本地的消费也带来了生机。尽管"洋火"价格不菲，但富裕发达起来的这批人，对这一当时来说的"奢侈品"（图 2）仍喜欢不已，乐意购之，以显其阔绰身价。

◀图 2-1、工部局银火柴护匣
工部局是英文 The Municipal Council 的中文翻译，意思即市政委员会，它是外国列强在华设置于租界的行政管理机构，因与清末"工部"有点类似，故称之"工部局"。上海工部局成立于 1854 年 7 月 11 日，该银火柴护匣上有工部局局徽，下方注"1854"，估计是工部局为成立纪念所做的银饰制品。

▶图 2-2、91 克英国 925 银大怀表链，配小银饰火柴盒
产地：英国伯明翰
尺寸：表链长 37.6 厘米。火柴盒 4.2×2.5×0.8 厘米。
备注：怀表链有英国产银器标记"走狮"银戳、伯明翰工匠标"J.R"（始于 1888 年）、年份标"b"（1901 年）。火柴盒是英国切斯特 1902 年产（有全国英国银标），每一个扣环都有 925 银走狮标。
简介：这是一款来自英国 925 纯银大怀表链，怀表 5.5 厘米，厚重有质感，挂饰配一只 1902 年的小火柴盒，盒上有拿捏痕迹和小磕，属西洋银器中的"贵族"物品。

1883 年、1884 年两年，上海整个外贸出现了滑坡，火柴也不例外。火柴比 1882 年输入分别减少了 506,127 罗和 957,626 罗。[35] 原因是 1883 年年初，上海本地钱庄同业行会发生紊乱，钱庄由年初的 78 家，到年底一下子关闭了 68 家。[36] 致使许多资本家及商人们对钱庄普遍产生不信任和忧虑感，纷纷将他们的资金从流通领域抽回。再则，法军进犯越南北部，导致中法战争的爆发，也是不利因素之一。

尽管因各种原因使上海的贸易进入暂时低谷状态，但衰退并没有影响德国人对上海的贸易热情，他们在上海的外贸生意却逐渐升温，其贸易量过大，使开埠后一直在上海贸易中处于绝对优势的英国开始感到惊奇。在火柴、杂色布、72/24 毛织品和棉织品、铁条、法兰绒、毛织镶边、苯胺染料、缝针、黄铜纽扣、窗玻璃、钢条、铁钉、钉支、旧铁（诸如旧的马蹄跌和运货马车轮箍）、以及灯和灯罩等商品中，"英国的制造商对上述商品的绝大多数是无法与德国人和比利时人开展竞争的"。[37] 德国输入上海的货物主要发运于汉堡和安特卫普。德国在上海的贸易之所以取得成功，其经验之一，是德国制造商在发货之前，总是先发少量的样品到上海市场进行试销，作一番市场调查，待摸透中国人对那些商品需求和认可之后，再有目的的大批发货，并以同类商品中较低的售价，问销于市，与英美诸国商家开展商业竞争。

1885 年，上海总的贸易情况因上两年的后遗症，仍没摆脱萧条处境。但上海的火柴进口贸易却峰回路转，从 1884 年的低谷 385,086 罗，上升至 1,364,060 罗，与去年相比，增加了两倍多，并飙升到历史上的最高点。[38] 上海火柴贸易量的陡增，必然带动了上海与内地的火柴内贸交易。从上海港再出口的火柴，已辐射到各沿海商埠和内地城邑。至此，可以说，火柴已变成在"全中国都能找到的另一种进口制成品"。[39] 要了解的是，在这种"进口制成品"中，尽管本地工厂（指上海燧昌自来火局）正对这项贸易开展竞争，而这类货物的危害性质也使其从国外运来的运费变得昂贵，但英国的"布赖恩特和梅"牌火柴 [图3] 在中国市场上仍保持着优势。"某些德国和瑞典牌子的火柴，在质量上已有很大的改进，以至它们以比较低廉的价格现在已使之成为有威胁的竞争者"。[40] 殊不知，就在一个时期以前，这些德国和瑞典的火柴，每点着一根火柴，几乎要划上一包，"当时看来它们可能会变成滞销商品，但是现在它们几乎同英国火柴同样好用了"。[41]

◀图 3、正面图案显示正在吃饭的三个中国人，同时在背面和两边都有中国风格的设计。正面也明显有伦敦布莱恩特和梅火柴厂的标记，两条缎带横跨金色和黑色的两根垂直线条。大约制作于 1875 年。

▲图 3、这种由布莱恩特和梅火柴厂生产的火柴，专门销售于中国地区，图案显示一个围坐在桌旁的中国家庭。这种盒子较小，只能装 50 根短火柴。

上海开埠之前，乍浦是中日贸易的一个重要港口。1853 年，太平军进入江南，各地商贾都迁移上海，乍浦的对日贸易也逐渐被上海所取代。约在 1855 年上海小刀会起义失败后，上海市面更显繁荣，一些以经营杂品为主的百货业东洋庄渐增。[42] 它们由单帮客商、行商或掮客发展成座商，进行批发和零售业务。

（四）日本输入后来居上

日本近代火柴产业始于明治八年（1875 年），比上海 1877 年创办的上海制造自来火局，在时间上仅早了两年。两国在近代的国情也有相似之处，都遭受到西方列强的蹂躏与掠夺。1858 年 1 月，日本在美国武力胁迫下，开放江户、箱馆、神奈川、大阪、长崎等对外通商贸易。经过长期酝酿，1871 年中日两国订立修好条规十八款，附《中日通商章程二十三款》，两国开始进入缔约通商。

上海邻近日本，又是东方大港，洋商麇集，早期西方对日本的进出口贸易有很大部分都是由上海港中转完成的。1864年全国对日贸易中有93%是从上海进口的，95%是从上海出口到日本的，直到甲午战争发生，上海对日贸易仍占全国贸易总值的80%以上。【43】有一点必须指出，即日本开始对外贸易开放至甲午海战爆发（1858—1894年），中日贸易虽呈稳步增长趋势，但其在中国整个外贸进出口中所占的比重，却是微乎其微的。看似1894年中日贸易递增到1,838.7万关两，较1864年196.14万关两增加了八倍以上，【44】但在全国贸易总值中仍仅占6.3%。还有，在明治元年（1868年）至二十一年（1888年）这20年期间，可以说中日之间的正常贸易完全受控于英美洋行，主动权掌握在洋行手中。例外的是，属于杂货类商品的火柴，在早期中日贸易中其主动权主要掌握在旅日华商办庄手中。

自日本明治维新始后，以吉田松阴为代表的一群幕末维新志士，推崇所谓"殖产兴业""文明开化""富国强兵"思想，欲脱亚入欧，跻身于世界资本主义列强之林。从日本火柴业的快速发展中，亦窥见其迅速推行侵略扩张的大陆政策，也就是日本政府采取的所谓"远交近攻"策略。

日本火柴业滥觞之不久，在明治十年（1877年）"新燧社"（日本火柴业鼻祖，创办于1875年）的火柴即压倒进口货往上海输出。据《申报》广告：1878年，在上海大马路（今南京东路）的中市处，专门有一家名为"祥和丰"的本地商

▲图4、东京新燧社出品的樱花牌火柴商标

号，独家经营该社生产的"樱花牌"自来火【45】（图4）。明治十三年（1880年），日本国内火柴工业崛起，并开始控制外国火柴进口。其大量使用低薪女工，在各地大肆设厂制造大量廉价火柴，通过阪、神地区在日华商之手，运销到上海及周边沿海商埠。当时日本国内

的火柴制造社有14家。明治十八至二十一年（1885至1888年）前后，返销到中国的这批火柴上的商标图案，均以模仿英、美、德及瑞典诸国，商标的印刷多选用木版在黄纸上一次性刷上单茶油墨。对日本火柴在上海商埠的大量出现，驻上海的英国领事报告中也有记载。【46】报告称："火柴——最近几年，日本制造商的竞争变得愈来愈难对付，在1886年的总进口量中，看来约有六分之一来自日本"。【47】但日本的火柴制造毕竟比英国诸国要晚起步好多年，其质量远比欧美要逊色得多，故其火柴在上海市面上的售价，与上海本地产的火柴一样，也是每盒售价为3个铜钱。上海市面上出售的外国火柴，主要来自于瑞典、比利时和奥地利制造的火柴。"最好的英国火柴进口量甚小，主要供欧洲人使用。瑞典和德国质量尚好的'安全'火柴，每盒售价为4个铜钱"。"而质量确实最好的'布赖恩特和梅'牌火柴（英国货，笔者注）在上海的零售价则每盒不下于16个铜钱"。【48】（图5）

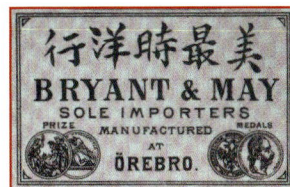

▲图5、"布莱恩特和梅"（BRYANT & MAY）出品的带有中国图案的早期火柴商标

1889年，上海的外贸进口值有所下降，主要原因与其说是上海邻近一些地区遭受洪水灾难，不如说是因为前一年的进口量超过了贸易需求量的缘故。在杂货类商品中，机器、苯胺染料、窗玻璃、缝针和欧洲火柴的进口量明显下降，而煤、火油、肥皂和日本火柴的进口量则见上升。"1884年到1888年的四年期间，日本的对外贸易增加了一倍"。【49】这主要归功于近年来日本国内铁路网的扩建竣通。1892年，日本对上海的商品进口值仍继续上升。进口值由去年的5,096,000关两升至为5,834,000关两。在上升明显的商品中，主要

附表二：

上海早期火柴进口情况统计表（1867年—1895年）

年份	火柴进口数值
1867 年	72,120 两
1868 年	184,260 两
1869 年	189,060 两
1871 年	55,500 罗
1872 年	152,700 罗
1879 年	788,091 罗
1880 年	1,078,607 罗
1881 年	1,223,717 罗
1882 年	1,342,712 罗
1883 年	836,585 罗
1884 年	385,086 罗
1885 年	1,364,060 罗
1893 年	欧洲：15,000 英镑 日本：66,000 英镑
1895 年	英国：3,330 英镑 德国：9,770 英镑 （不包括日本）

▲资料来源：

①该统计表主要参考李必樟编译、张仲礼校订：《上海近代贸易经济发展概况——1854—1898年英国驻上海领事贸易报告汇编》（上海社会科学院出版社1993年6月版）统计资料汇总编制而成。

②1867年、1868年的火柴进口值统计，系根据是年杂货进口总值，按缝针、火柴、窗用玻璃、百音盒和乐器六大项平均值的80%估算，参见该书第165页、第168页。

③1869年的火柴进口值统计，系根据是年火柴比去年（1868年）增加6000两累计估算，参见该书第193页。

④原贸易报告书中历年火柴进口的统计单位不一而足，为避免换算出现误差，上列统计表火柴单位按原式保持不变。

是煤、海藻、木材和火柴。[50]

1893年，日本真正开始成为对华贸易中的一匹黑马。日本向中国进口的商品值，"几乎已同英国相等。或许在不远的将来，日本货就会同英国货和孟买货在供应中国市场上开展激烈的竞争"。是年，日本制造的火柴在上海的进口值为66,000英镑，而欧洲产的火柴进口值仅15,000。[51]次年，中日甲午之战发生，但"战争对上海对外贸易的进展并未产生任何极其严重的影

响。在战争初期，女王政府就得到了日本政府的许诺，不对上海进行任何军事行动。这项令人愉快的安排对与本港贸易有关的各国人民都有极大的好处，对日本人本身也有不少的好处"。[52]所以，尽管战争在进行，但引人注目的上海对日贸易还是持续稳步的增长。

在中国近代编年史上，1895年可以说是及其难忘的一年。因为，甲午战争是在这一年结束的，而这场战争彻底暴露了"现有政府体制绝对的无能和不称职，它如果不是向中国本身，却已向全世界证实了，如果中国要想取得一点进步就非得进行彻底的改革不可"。[53]在这不平凡的一年中，我们必须看到，上海的经济贸易还是"令人极为满意的"。可以这么说，1885年至1895年内，上海的对外贸易从87,459,000关两升至169,032,000关两，几乎翻了一番。其十年间，英国及其殖民地所提供的商品，在上海市场的总销售额中平均占到70%以上，居龙头老大。但来自德国与它的竞争，无疑也是存在的。比如，在杂货方面，一般而言，中国的消费群体，穷人居多，消费水平较低，"大多数欧洲大陆的产品，特别是德国货，受人欢迎的原因在于廉价"。[54]所以中国人在选购"诸如缝针、火柴、染料、灯具等次要的贸易商品上，"[55]大多选择比较便宜的德国货，对英国产品爱莫能购。再有，德国的制造商在接受新订货，特别是要求的式样与他们通常制造的式样有所不同时，显得比较迁就，尽量满足和尊重客户要求，因而中国把许多本来会给英国的订货单给了欧洲大陆，主要是德国。就火柴这项商品而言，是年从欧洲大陆，主要从德国进口的火柴商品值是9,770英镑，而英国仅为3,330英镑。[56]德国商人在这项被英国商人和制造商称之所谓"不值钱"的杂货中获得了利润，因而火柴"这项贸易的大部分掌握在他们的手中"。[57]

1895年在上海对外贸易史上，是一个转折点。因为当年的时局和国情形成了"两个新因素"，它对上海的发展将产生深远的影响。其一，中日马关条约规定，认可一切外商在所有或任何一个开放港口都有进口机器或开设制造厂的权利；其二，因这次战争，为了清偿欠日本的赔款，清政府背上了大约接近总计40,000,000英镑的沉重的国债包袱。[58]第一个因素将使中国本身和对外贸易大有希望。"它将会带来非常需

18

要的资金，配合当地的劳动力，以比在别处生产都较低廉的成本，生产普遍有需求的商品"。[59]第二个因素将促进清政府考虑，"应增加内地运输的方便而不应去阻碍它，然后应依靠税收会自然扩大。还应千方百计地促进本国产品运往国外市场。中国的购买力完全依赖于它出口多少商品"。[60]税收的增加，可以弥补政府财政上支出，但它应该是通过贸易的增加而增加，而不是通过厘金来增加税收。

马关签约，清政府既已允许"日本臣民得在中国通商城邑任便从事各项工业制造"，[61]当然也没理由继续阻止华商创办民族工业。事实亦是如此，"人们将因1897年标志着上海突然开始成为一个大工业中心而把它铭记在心"。[62]中国政府也开始懂得了一个不言而喻的事实，要挽救中国使它不被欧洲列强所瓜分的最好办法，其中一条途径就是实行贸易开放和改进交通设施环境。综合上海开埠至甲午前后的上海火柴贸易，英国自始至终在贸易的份额中，一路领先，独占鳌头。德国则见缝插针，紧随其后，不甘示弱。日本更是有恃无恐，变本加厉，后来居上。〈附表二：上海早期火柴进口情况统计表（1867年—1895年）〉这也是近代上海早期火柴贸易的三大明显特征。

注释

【1】中英《南京条约》第二款，1842年8月29日签订。

【2】木也《英领事署的来历》，《上海研究资料》，上海书店1984年1月版第69页；朱梦华《上海租界的形成及其扩充》，上海市政协文史资料委员会等合编《列强在中国的租界》，中国文史出版社1992年4月版第2页；霍塞《出卖的上海滩》，第7页，转引熊月之《上海租界与上海社会思想变迁》，《上海研究论丛》（第2辑），上海社会科学院出版社1989年2月版第125页；李天纲《从"华洋分居"到"华洋杂处"——上海早期租界社会析论》，《上海研究论丛》（第4辑），上海社会科学院出版社1989年3月版第227页；汤志钧主编《近代上海大事记》第17页，转引熊月之主编《上海通史》第4卷《晚清经济》（陈正书著），上海人民出版社1999年9月版第68页。

【3】茅伯科主编《上海港史》（古代部分），人民交通出版社1990年版第107页，转引徐新吾、黄汉民主编《上海近代工业史》，上海社会科学院出版社1998年1月版第6页。

【4】袁燮铭《工部局与上海路政（1854—1911年）》，《上海研究论丛》（第2辑），上海社会科学院出版社1989年2月版第169页；上海沿革编写组《旧上海的外国租界》，《上海地方史资料》（二），上海社会科学院出版社1983年7月版第2—3页。

【5】朱华《上海租界土地永租制初探》，《上海研究论丛》（第2辑），上海社会科学院出版社1989年2月版160页；上海沿革编写组《旧上海的外国租界》，《上海地方史资料》（二），上海社会科学院出版社1983年7月版第2—3页；王渭泉、吴征原、张英恩著《外商史》，中国财政经济出版社1996年11月版第333页"近代中国的租界一览表"。

【6】上海社会科学院经济研究所、上海市国际贸易学会学术委员会编著《上海对外贸易》序二（张仲礼撰），上海社会科学院出版社1989年12月版。

【7】徐新吾、黄汉民主编《上海近代工业史》，上海社会科学院出版社1998年1月版第6页。

【8】同【6】

【9】上海社会科学院经济研究所、上海市国际贸易学会学术委员会编著《上海对外贸易》编写说明（郭忠言撰），上海社会科学院出版社1989年12月版。

【10】《1848年3月10日英国领事阿礼国致香港总督德庇时报告》，转引上海社会科学院经济研究所，上海市国际贸易学会学术委员会编著《上海对外贸易》，上海社会科学院出版社1989年12月版第67—69页；陆文瑜《上海开埠初期的洋行》，《上海地方史资料》（三），上海社会科学院出版社1984年版第185页。

【11】《商人张新贤为禀请开设敦利号以与英商贸易事》，王庆成编著《稀见清世史料并考释》，武汉出版社1998年7月版第30—31页。

【12】《苏松太道谕准商人开设敦利号承办中外贸易事》（道光二十三年十月二十三日），王庆成编著《稀见清世史料并考释》，武汉出版社1998年7月版第31—33页。苏松太道，据蒋慎吾《上海道台考略》、《宫慕久》（见《上海研究资料》（续集）第64—66页、第650—652页，上海书店1984年12月版）论述，即为上海道台宫慕久。见于官书文札、史乘著述中的沪道、巡道、兵备道、苏松道、苏松常道、江海关道、海关道、关道、上海道，实际上则为一事。

【13】王庆成编著《稀见清世史料并考释》，武汉出版社1998年7月版17页。

【14】王庆成编著《稀见清世史料并考释》，武汉出版社1998年7月版20页．

【15】《"各号验货"——敦利、"本号"等商号进出口货物登录》（原题"道光二十四年二月□日立"），王庆成编著《稀见清世史料并考释》，武汉出版社1998年7月版第105页。

【16】陈真、姚洛编《中国近代工业史资料》（第四辑），三联书店1961年版第628页，转引苏晨《我国第一个火柴厂的创建年代的调查》，广州《羊城晚报》1962年1月11日。

【17】青岛市工商行政管理局史料组编《中国民族火柴工业》，中华书局1963年10月版第1页；中国日用化工协会火柴分会编《中国火柴工业史》，中国轻工出版社2001年5月版第4页。

【18】冶秋《夜读偶记》，《文物》1962年第九期，转引王贵忱、刘顺卿编著王蓁青校订《中国早期火柴工业及其商标》，1963年1月

30 日初版（刻印本）。

【19】【20】《领事麦华陀 1868 年度上海港贸易报告》（1869 年 4 月 20 日于上海），李必樟编译、张仲礼校订《上海近代贸易经济发展概况：1854—1898 年英国驻上海领事贸易报告汇编》，上海社会科学院出版社 1993 年 6 月版第 168 页。

【21】《领事麦华陀 1869 年度上海贸易报告》，李必樟编译、张仲礼校订一书第 193 页。

【22】《附件：领事麦华陀 1872 年度贸易报告》，李必樟编译、张仲礼校订一书第 261 页。

【23】《领事达文波 1876 年度上海贸易报告》，李必樟编译、张仲礼校订一书第 419 页。

【24】《领事许士 1880 年度上海贸易报告》，李必樟编译、张仲礼校订一书 581 页。

【25】【26】《副领事阿连璧 1879 年度上海贸易报告》，李必樟编译、张仲礼校订一书第 514 页。

【27】《副领事阿连璧 1879 年度上海贸易报告》，李必樟编译、张仲礼校订一书第 515 页。

【28】《副领事阿连璧 1879 年度上海贸易报告》，李必樟编译、张仲礼校订一书第 533 页。

【29】《副领事阿连璧 1879 年度上海贸易报告》，李必樟编译、张仲礼校订一书第 549 页。

【30】《副领事阿连璧 1879 年度上海贸易报告》，李必樟编译、张仲礼校订一书第 552 页。

【31】《代理船舶登记员斯宾士 1879 年度上海港航运业务报告》，李必樟编译、张仲礼校订一书第 557 页。

【32】王培著《晚清企业纪事》，中国文史出版社 1997 年 4 月版第 322 页；徐新吾、黄汉民主编《上海近代工业主要行业的概况与统计》，《上海研究论丛》（第十辑），上海社会科学院出版社 1995 年 12 月版第 114 页注【4】。

【33】《领事许士 1880 年度上海贸易报告》《领事许士 1881 年度上海贸易报告》，李必樟编译、张仲礼校订一书第 581 页、第 608 页。第 608 页"1880 和 1881 年上海进口的主要杂货数量比较表"中的火柴原文注明单位"打"有误，应为"罗"。

【34】《领事许士 1882 年度上海贸易报告》，李必樟编译、张仲礼校订一书第 635 页。

【35】《总领事许士 1883 年度上海贸易报告》《总领事许士 1884 年度上海贸易报告》，李必樟编译、张仲礼校订一书第 656 页、第 682 页。

【36】《总领事许士 1883 年度上海贸易报告》，李必樟编译、张仲礼校订一书第 664 页。

【37】《总领事许士 1884 年度上海贸易报告》，李必樟编译、张仲礼校订一书第 688 页。

【38】【39】【40】【41】《代理总领事阿查立 1885 年度上海贸易报告》，李必樟编译、张仲礼校订一书第 695 页。

【42】上海社会科学院经济研究所、上海市国际贸易学会学术委员会编著《上海对外贸易》（1840—1949），上海社会科学院出版社

1989 年 11 月版第 177 页。

【43】【44】上海社会科学院经济研究所、上海市国际贸易学会学术委员会编著《上海对外贸易》（1840—1949），上海社会科学院出版社 1989 年 11 月版第 169-170 页。

【45】《专办东洋自来火》，《申报》1878 年 1 月 9 日广告。

【46】王蓼青、王贵忱《东方火柴商标的起源》，《新花园》（油印本）1963 年第 8 期；日本日产农林工业株式会社编著、成都李代雄译《磷寸道—火柴发展的进程》，转引《火柴工业》1995 年第 2 期第 34 页。

【47】【48】《总领事许士 1886 年度上海贸易报告》，李必樟编译、张仲礼校订一书第 709-710 页。

【49】《总领事许士 1889 年度上海贸易报告》，李必樟编译、张仲礼校订一书第 743 页、第 745 页。

【50】《领事哲美森 1892 年度上海领事管区的贸易和商业报告》，李必樟编译、张仲礼校订一书第 776-779 页。

【51】《领事哲美森 1893 年度上海贸易和商业报告》，李必樟编译、张仲礼校订一书第 842 页。

【52】《代理总领事哲美森 1894 年度上海贸易和商业报告》，李必樟编译、张仲礼校订一书第 855 页。

【53】【54】【55】【56】《领事哲美森 1895 年度上海贸易和商业报告》，李必樟编译、张仲礼校订一书第 898 页、第 888、第 879、第 889 页。

【57】《代理总领事满思礼 1897 年度上海贸易报告》，李必樟编译、张仲礼校订一书第 938 页。

【58】【59】【60】《领事哲美森 1895 年度上海贸易和商业报告》，李必樟编译、张仲礼校订一书第 900 页、第 903 页、第 902 页。

【61】胡绳《帝国主义与中国政治》，生活书店 1948 年 7 月版第 170 页。

【62】《代理总领事满思礼 1897 年度上海贸易报告》，李必樟编译、张仲礼校订一书第 937 页。

二、火镰、火石因火柴而退出历史舞台

上海开埠之后，使外国资本主义精神文化和物质文化如水银泄地一般，无孔不入地倾泻于上海及周边郊县。"洋火"一物，随上海港口贸易的逐年增多，开始逐渐取代商埠市民传统沿袭的火镰、火石。沪上租界的文明开化，使"洋火"漂泊重洋，远嫁沪上，且闪亮靓丽，为人钟情之物。

在我们研究上海的近代化时，必须认识到：所谓上海的近代化，其主体主要含指上海租界的近代化，至于上海县城及周边大部分郊县农村，不在其范畴之内。上海之崛起，使近郊农村中旧有的经济模式、价值观念和生活习俗，正处于前所未有的，来自上海开埠后都市经济和近代文明的辐射和冲击，发生着近代以来最为深刻的变革与进步。

就火柴而言，在上海开埠后的同治七年（1868年），已经被驻上海的英国领事麦华陀称之："它比纸捻更为方便这一点，看来已日益为中国人所赏识"。[1]尽管如此，在当时上海都市周围的大片农村地区，至少在光绪中叶（1886年至1897年）以前，农夫村姑们对火柴仍是相当陌生的，火镰、火石作为日常生活的取火之物，仍旧与他们朝夕相伴，形影不离。（图1）这里，我们可

21

▲图1、原始的简易火镰
火柴没有发明之前，人们就是用这种纯手工打制的简易火镰，用它在马牙石上敲击出火星，再窜蹦到晒干的艾草绒上开始冒烟，此时趋近猛吹，神奇的火苗就跃燃起来。这两款云卷状土火镰，长度分别为9.9和9.1厘米，其貌不扬，但却是人们朝夕相处的"生活伴侣"。

以从上海的一些方志中得以佐证。如：

嘉定县（光绪二十年后）

取火之物，向用火石，其色青黑，以铁片擦之，即有火星射出，与纸吹相引而生火，人家莫不备之；光绪乙未、丙申（1895、1896年）之际，始改用火柴，俗称"自来火"，为欧洲之输入品。[2]

南汇县（光绪中叶以后）

敲石取火，沿用已久。海禁初开，始有火柴，而内地尚不通行。光绪中叶以后，火柴渐推渐广，已成人家通用之物，后生少年几不知刀石作何状矣。[3]

上海县（光绪中叶以后）

优生（胜）劣败，适者生存，而不适则归淘汰，此天演之公例也。不必征诸远，征诸四十年来沪上淘汰之种种事物可矣。试略举如下事，多不烦引也。如有轮船而沙船淘汰，有洋布而土布淘汰，有洋针而本针淘汰，有皮鞋、线袜而钉鞋、布袜淘汰，有火柴而火石淘汰，有纸烟、雪茄而水烟、旱烟淘汰。吾为此言，人必谓我顽固守旧，对于陈腐之物质大有误认国粹，亟思保存之意，实则非也。特惧夫自知拙劣而不能就原有者改进之、就未有者仿造之耳。[4]

火柴从开放的租界走进近郊农村寻常百姓家庭，成为"人家通用之物"，其过程为何行进的这么缓慢，如果说个中因素是广大乡村农民闭塞守旧的传统观念及生活习俗所致，倒不如说是由农民的经济基础所决定的。清同治九年（1870年），有松江学者孙玉璋专门撰写了一本有关上海洋场奇闻轶事之类的书籍，书

名是《异闻琐录》，其中写到了"洋火"进埠后的情景和其不凡的"身价"。他说："道光间，英夷所贡杂物，多淫巧好玩，中有自来火者，长仅盈寸，一端五色洋药，擦之而火爆发。士大夫见之莫不惊奇，视为鬼物。今各大商埠均有市者，唯索值奇昂，非豪商显宦无力求之耳"。[5]（图2）

◀图2、这盒明显带有中国人物场景及风格的火柴，生产于布莱恩特和梅火柴厂。生产时间大约1875年左右。

从这段文字可知，光绪中叶以前上海周边地区的农民，对"自来火"是不敢问津的。恐怕连饱一下眼福，也是可遇而不可求的。光绪十二年（1886年），上海租界市面上"洋火"的价格，高档的英国货"布赖恩特和梅"牌火柴，每盒零售不下于16个铜钱，瑞典和德国牌号的火柴，每盒为4个铜钱，即是便宜的日本火柴和英商美查在本地制造的火柴，也要卖到3个铜钱一盒。[6]可以讲，火柴最早从道光二十四年五月十六日（1844年7月1日），由上海阳和商号从美国商船进口几十盒开始，[7]至光绪十二年（1886年）租界商埠"均有市者"，其经历，将近半个世纪，最后，又似"仙女下凡"，走出租界，成为郊县农村"下里巴人"的大众"情人"。上海的竹枝词对此情形也有记录，词中言到："红头细杆匣中藏，析木成丝一寸长。名唤火柴须划用，数钱可买遍城乡"。[8]

鉴于农村广大农民购买力的低下，在他们明知火柴之优越性之后，仍有不少农村家庭普遍保留传统的火镰、火石的情形，西方资本主义列强在向中国输进大量火柴的同时，亦结合中国乡村的实际情况，将不少外国燧石从境外打入中国市场。德国地理学家李希霍芬在1868年至1872年之间来访过中国，在他的《旅华日记》中曾经写道："我听说这里（镇江高资）的人开采火石出售，在一个完全用火石来引火的国家，这种石头确是一种重要的商品。后来从英国输入了远较为好的火石，结果使这些矿坑关闭"。[9]我们对当时西

▲ 图3、镶铜祥龙浮云牛皮火镰

▲ 媒纸起火用具
这是著者在上海金山地区发现收购的、旧时城乡百姓使用的"媒头子",其操作方法,是先用火镰敲击燧石(俗称火石)产生火星,引火星点燃媒头子,后将火苗吹熄插进竹筒中,虽筒口密封但筒侧开一小孔,使筒内尚存有微量空气,使媒纸暗火能保存一段时间,让火种不致窒息,需要时抽出媒纸吹燃它,用来取火或点烟。

方列强究竟向中国历年输进了多少数量的燧石,因手头缺乏详细史料记载,而不得确定。但还是能从1874年英国驻上海领事麦华陀的贸易报告统计中知道,是年上海海关对进口的燧石每担征收厘金税为4分。【10】说明英国对这宗贸易确实感兴趣。

近代上海开埠,构成上海周边近郊经济基础影响最大者:一是租界的出现;二是机器工业的诞生;三是洋货的大量进口。尤其是洋货的大批输进,开拓了上海的市场,并促使其周围农村地区自然经济的分解。自然经济的解体虽然是痛苦的,但又是必须的,同时漏卮的扩大必然刺激本地区民族工业的崛起。在火柴方面,我们一时找不到上海有关这方面的史料记载,可我们仍然从中国其他省市的情况中,见得火镰(图3)、火石业因火柴的流行,而被淘汰的事实。在早期我国民族火柴工业相当发达的南方广东地区,据民国十五年(1926年)刻本《佛山忠义乡志》记载:佛山的"火石行,自火柴盛行,斯业逐微。现仅一家,在瓦巷"。【11】这说明,"优胜劣败,适者生存,而不适者则归淘汰,此天演公例也"。正如上海洋场竹枝词所述:"铁石相敲取火资,而今捐弃已多时。自经识得东西料,开厂招工亦仿为"。"黑头细杆出东洋,本厂红头莫改良。他货霉天无转变,其中秘钥不宣扬"。【12】

清宣统三年(1911年),有华商在浦东烂泥渡置地30余亩,开设了一家上海荧昌火柴厂,投资5万元,专门制造红头火柴。因营业兴旺,于民国五年(1916年)该厂又于浦东陆家嘴一处,增设荧昌火柴第二厂,并增加资本为15万元,专门从事黑头安全火柴生产。后因烂泥渡一厂失慎,也并入该厂。至民国十八年(1929年),荧昌全年出品火柴已达71000余箱,产品盛销长江流域一带以及广东、福建等省。在民国九年(1920年),日本华侨商人携资回上海南汇县周浦镇开设了一家中华火柴厂,该厂占地30余亩,投资10万元,专项制造黑头安全火柴。初系合伙性质,至民国十二年(1933年),改组为股份有限公司扩资30万元。民国十四年(1925年),该厂生产能力为22984余箱火柴,产品主要分销于江苏、安徽两省。上海近郊地区出现的这些近代火柴工业企业,不仅使近郊农村地区传统沿袭的"铁石相敲"的取火方式发生变化,而且它的"开厂招工",也使广大农民有了新的就业方式。仅浦东烂泥渡荧昌一厂,开设就招用工厂职工800余人,厂外的糊盒临时工还不在计算之中。【13】

上海近郊农村,在面临洋货倾销,传统手工业面临淘汰危机之时,根据城市经济、近代工业和对外贸易不断发展的需求,或自我调整产业结构,或较平稳地转向其他生产部门,从而避免了国内其他地区普遍存在的众多手工业的破产、没落,农家生计便陷于困境的窘况。据上海奉贤县志记载,民国三十六年(1947年)前后,"北部金汇桥一带农民,因与上海交通较便,故兼运土产及农副产品为主。该处附近农村妇女亦勤于纺织,兼糊火柴盒为生"。"糊火柴盒及跑单帮亦为该区农民之特长"。【14】

上海不少农村地区出现的火柴糊盒新兴手工业,于民国十八年(1929年)上海大华火柴厂在浦东六里桥的创建而达到高峰状态。这家民族火柴企业资本不是很雄厚，仅 5 万元。为图企业生存之发展，利用农村劳动力较低廉，"自筹备成立，即租界河西街前振源电灯厂房屋，除雇用糊盒工三十名外，并每月发盒二百万，以便就近居民糊制"。[15]由厂方专门委派发盒部经理管理该项工作。因奉贤北部居民生性勤朴，故大华火柴厂在该地区的发盒部逐年增加，前后在南大桥、刘家行、萧塘、油车桥、丁家桥和北新桥等处增加了 11 所发盒部，厂方除委派发盒部主任，每月轮派专员赴发盒部调查发盒及工资发放情形。民国十九年（1930 年），物价腾踊，生计维艰，米价翔贵，奉贤农民每糊一万只火柴盒，其工资折米价八升左右，合到 1.52 元的收入。这"对于平民生计，关系甚巨"。而生活程度激涨，导致糊盒工业在奉贤北部殊有发展之希望。奉贤每年共糊火柴盒约 16800 万盒，共计值米 1344 石左右。[16]这种新式手工行业的兴起，无论对当地农村的经济生活，还是对上海的城市经济，都是相互有利的。

细观上海农村地区出现的民族火柴工业行为，其不仅仅出于"就原有者改进之、就未有者仿造之耳"。实质是为了抵制洋货、提倡国货而逐步发展起来的。有的贸易华商积累了相当的资本后就生产同一类产品，与外商竞争，以挽回利权。例如清末上海和昌盛东洋庄股东陈源来，在日本神户开办合昌号办庄，专门贩销日本火柴于国内经营，后集聚资本于 1920 年回国，在南汇周浦开设中华火柴厂，将商业资本转为民族工业资本，发展自己民族火柴工业。[17]

注释

【1】《领事麦华陀 1868 年度上海港贸易报告》，1869 年 4 月 20 日于上海，转引李必樟编译、张仲礼校订《上海近代贸易经济发展概况（1854-1898 年英国驻上海领事贸易报告汇编）》，上海社会科学院出版社 1993 年 6 月版，第 168 页。

【2】陈传德修，黄世祚、王焘曾等纂《嘉定县续志》，卷五，风土志，风俗，民国十九年（1930 年）铅印本，转引黄苇、夏林根编《近代上海地区方志经济史料选辑（1840-1949）》，上海人民出版社 1984 年 6 月版，第 344 页。

【3】严伟修、秦锡田等纂《南汇县续志》，卷十八，风俗志一，风俗，民国十八年（1929 年）刻本，转引黄苇、夏林根编《近代上海地区方志经济史料选辑（1840-1949）》，上海人民出版社 1984 年 6 月版，第 342 页。

【4】胡祥翰编《上海小志》，卷三，交通，民国十九年（1930 年）上海传经堂书店铅印本，转引黄苇、夏林根编《近代上海地区方志经济史料选辑（1840-1949）》，上海人民出版社 1984 年 6 月版，第 343 页。

【5】孙玉璋《异闻琐录》，同治九年（1870 年）四月刻本，转引王贵忱、刘顺卿编著、王蕖青校订《中国早期火柴工业及其商标》，1963 年 1 月 30 日刻印本。

【6】《代理总领事阿查立 1885 年度上海贸易报告》、《总领事许士 1886 年度上海贸易报告》，转引李必樟编译、张仲礼校订《上海近代贸易经济发展概况（1854-1898 年英国驻上海领事贸易报告汇编）》，上海社会科学院出版社 1993 年 6 月版，第 695、710 页。原贸易报告中所提到的上海火柴，没有注明生产厂商，现文中英商美查为著者添加。因 1886 年本地唯一一家火柴生产企业是由英商美查于 1880 年开设的燧昌自来火局。

【7】《"各号验货"——敦利、"本号"等商号进出口货物登录（道光二十四年二月□日立）》，转引王庆成《稀见清世史料并考释》，武汉出版社 1998 年 7 月版，第 105 页。

【8】颐安主人《沪江商业市景词》，转引顾炳权《上海洋场竹枝词》，上海书店出版社 1996 年 12 月版，第 120 页。

【9】（德国）李希霍芬《旅华日记》，转引刘善龄《西洋风——西洋发明在中国》，上海古籍出版社 1999 年 9 月版，第 195 页。

【10】《领事麦华陀 1874 年度上海港贸易报告》，1875 年 6 月 2 日，转引李必樟编译、张仲礼校订《上海近代贸易经济发展概况（1854——1898 年英国驻上海领事贸易报告汇编）》，上海社会科学院出版社 1993 年 6 月版，第 355 页。

【11】冼宝幹等纂《佛山忠义乡志》，二十卷，民国十五年（1926 年）刻本，转引彭泽益主编《中国工商行会史料集》（上册），中华书局 1995 年 1 月版，第 160 页。

【12】颐安主人《沪江商业市景词》，转引顾炳权《上海洋场竹枝词》，上海书店出版社 1996 年 12 月版，第 120 页。

【13】国货事业出版社编辑部《中国国货工厂史略》，国货事业出版社 1937 年 2 月版，第 80 页；关于"中华厂"资本与产量，还转引了《申报》，民国十二年八月二十三日"中华火柴公司改组讯"及《上海研究论丛》（上海社会科学院出版社 1995 年 12 月版）第 114 页，黄汉民"上海近代火柴工业资本与火柴产量、产值统计"。

【14】奉贤县文献委员会编《奉贤县志稿》，卷二十八，农民生活之演进，转引黄苇、夏林根编《近代上海地区方志经济史料选辑（1840-1849）》，上海人民出版社 1984 年 6 月版，第 339 页。

【15】【16】奉贤县文献委员会编《奉贤县志稿》，卷十，实业史料，转引黄苇、夏林根编《近代上海地区方志经济史料选辑（1840-1949）》，上海人民出版社 1984 年 6 月版，第 89 页。

【17】上海社会科学院经济研究所、上海市国际贸易学会学术委员会编著《上海对外贸易（1840-1949）》（上册），上海社会科学院出版社 1989 年 11 月版，第 587、596、599 页。

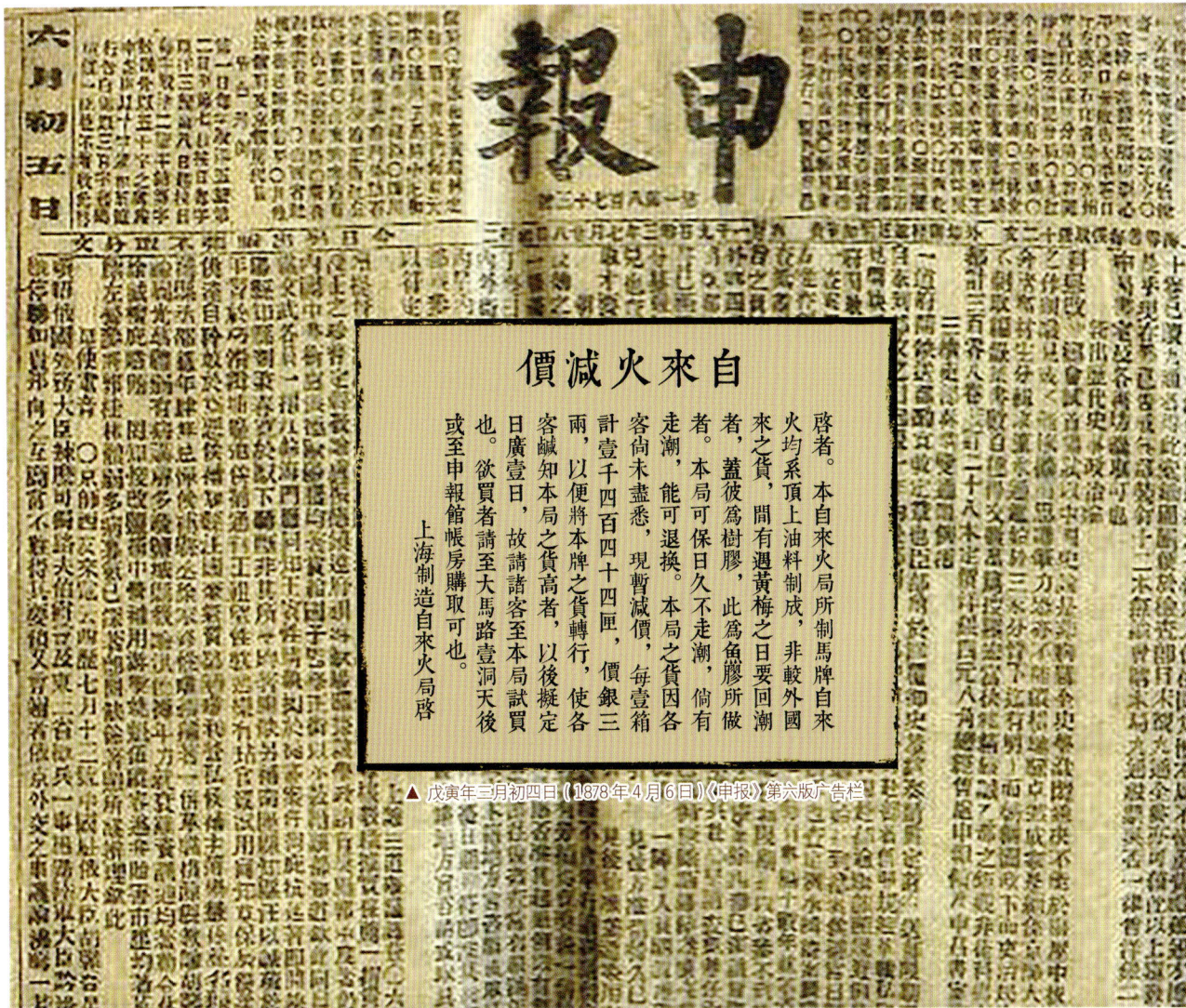

自來火減價

啓者。本自來火局所制馬牌自來火均係頂上油料制成，非較外國來之貨，間有遇黃梅之日要回潮者，蓋彼為樹膠，此為魚膠所做者。本局可保日久不走潮，倘有走潮，能可退換。本局之貨因各客尚未盡悉，現暫減價，每壹箱計壹千四百四十四匣，價銀三兩，以便將本牌之貨轉行，使各客鹹知本局之貨高者，以後擬定日廣壹日。故請諸客至本局試買也。欲買者請至大馬路壹洞天後或至申報館帳房購取可也。

上海製造自來火局啓

▲ 戊寅年三月初四日（1878年4月6日）《申报》第六版广告栏

三、中国第一家火柴厂及商标在上海诞生

对于我国第一家民族手工制造火柴厂及其商标，最早诞生于何时、何地的问题，经过多年的研究，逐渐从模糊走向清晰；虽然尚有不同的看法，但现在的研究成果，为进一步地探讨提供了比较充足的材料和依据。

"洋火"一物，1844年在上海商埠中首次出现。三十三年之后，上海本地也诞生了我国自己的民族火柴手工生产厂家。由于当时民族资本尚十分弱小，创办这类新式企业，缺乏其所必需的生产设备、原料和先进的工艺技术，民营手工制造的火柴，面对在市场上洋货的竞争，民族企业终不能匹敌，时常被淘汰出局而告歇业。

我国早期民族火柴手工业，它如"火花"般地绽放，又似"流星"般地消逝，在我国近代民族火柴工业史得不到详细的史料记载境遇下，往往不易被专家学者所重视和把握。在上世纪50年代国内学者孙毓棠、汪敬虞、陈真等编著的几种《中国近代工业史资料》中，都没有得到较好的反映。在有关近代中国火柴工业的

创办企业统计中，都将天津汇丰银行买办吴懋鼎、武备学堂总办杨宗濂和德国人穆麟德（H.J.Muhlensteth）合伙投资1万数千两，于1886年在天津开办的天津自来火局（Tientsin Chinese Match Factory），定为我国民族火柴工业之"滥觞"。[1]

1958年，出于对广州市资本主义工商业社会主义改造的资料普查需要，由广州市工商局、广东哲学社会科学研究所和广州市工商业联合会联合组织了一个资料整理研究组。经三四年的整理研究，"他们发现中国第一个火柴厂是广州的巧明火柴厂而不是重庆的森昌泰；中国火柴工业创建于一八七九年而不是一八八九年"。[2]根据这条线索，1959年至1961年期间，苏晨经过实地查访，于1962年在广州《羊城晚报》上，发表了题为《我国第一个火柴厂的创建年代的调查》一文。[3]该调查报告的结论，又被编入1963年由青岛市工商行政管理局史料组编写的中国资本主义工商业史料丛刊《中国民族火柴工业》一书，进一步明确肯定"我国第一家民族火柴厂产生在与外国接触最早、使用火柴比较普遍的广东省"。它是由广东华侨商人卫省轩于1879年在广州佛山创办的巧明火柴厂。[4]该书的公开出版发行，一时被正式确定我国第一家民族火柴工厂提供了理论依据，也被轻工史学界和以后的学术论著视为"准绳"。

而事实则不然。随着近年来的学术繁荣，1995年，上海社会科学院徐新吾、黄汉民在《上海研究论丛》发表论文《上海近代工业主要行业的概况和统计》，很有学术价值。该文在"上海近代火柴工业资本与火柴产量、产值统计"一节中说：目前国内都以为广州巧明火柴厂"是我国第一家手工制造的民族火柴厂"。其实，"上海创办的手工制造火柴厂比广东还早一年。1878年1月，上海制造自来火局已有'马牌'火柴问世，制造所需的各种药品原料均由国外进口，但其产品不敌外货，销路不畅，估计不久便停业了"。[5]

为了彻底弄清楚这段史迹，1996年笔者根据《上海研究论丛》提供的线索，在上海地方志资料室翻阅查核了1877、1878年两年的《申报》，再结合其他相关史料，撰文《中国第一家火柴厂及其商标诞生在上海》，在《火柴工业》[6]杂志上发表。经严谨论证，将中国民族火柴工业的历史又向前推进了两年，即1877年。而这篇论文的研究成果，已被中国日用化工协会火柴分会编写的轻工行业史丛书《中国民族火柴工业》所引用并正式公开出版。[7]（图1）

上海开埠后，至19世纪50年代开始，中国的内外贸易中心由广州转移到了新兴的国际商埠——上海。随着外国资本主义的大量入侵，又给上海的民族资本主义产生和发展造成了某些客观条件和可能。"十九世纪六七十年代，上海私人资本独立投资的近代工厂，在外资工业企业和清政府洋务工业企业产生之后也开始出现了"。[8]由本国私人资本独立投资创办的近代工业，在中国经济史上习惯称之为民族工业企业。这种

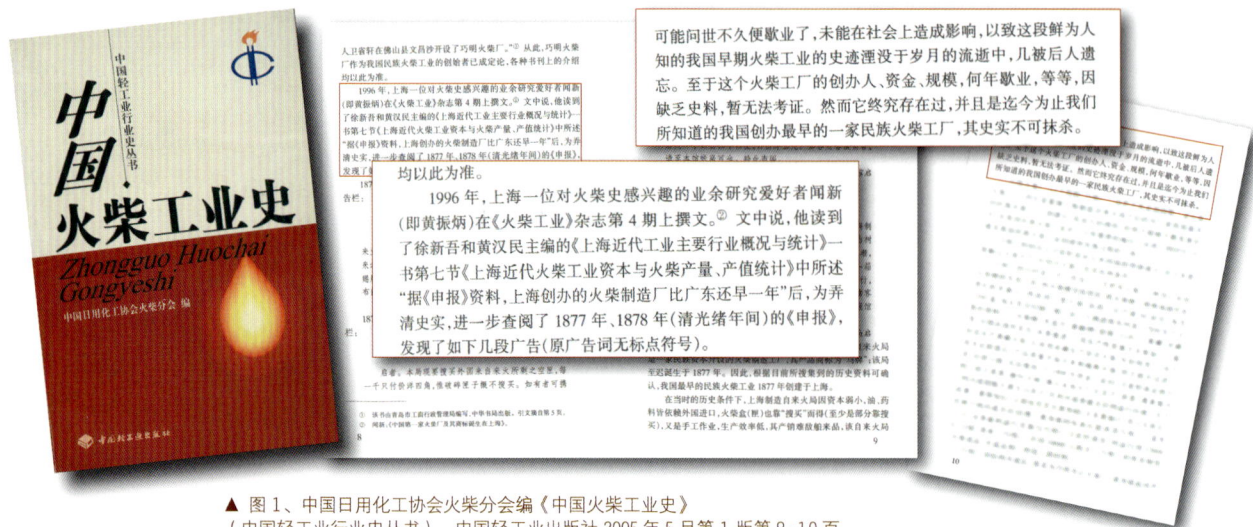

▲ 图1、中国日用化工协会火柴分会编《中国火柴工业史》
（中国轻工行业史丛书），中国轻工业出版社2005年5月第1版第8-10页。

近代民族工业企业产生的途径不外乎两种类型：一是在手工业作坊基础上创办的近代工业企业；二是由买办、新式商人和官僚等直接购置新式机器设备建立起来的近代工业企业。

在中国近代工业发生、发展和转换过程中，上海的示范、辐射作用是十分明显的。有相当多的早期近代民族工业的诞生都集中在上海，成为全国同行业的嚆矢[9]。如由广东铁匠方举赞与人合伙投资200元于1863年创办的上海发昌机器厂。该厂在一个手工锻铁作坊的基础上，至19世纪70年代末，一跃发展成为上海，乃至全国最早使用动力设备的民族资本工厂。可以这么说，近代上海在民族纺织、织麻、碾米、造纸、印刷、制罐、机器制造、制革、搪瓷器皿、烛皂、制药、火柴、银行、保险等新式企业行为的创办中，均领全国同业之首。[10]

火柴，是随着上海近代贸易的不断深入，逐步走进上海消费者视野的。它的使用"一年比一年更为普遍"，在中国大部分商业城市"已经侵夺了火石和铁片的地位"。[11]大量外国火柴的输入，刺激了生产和消费的需求，客观上有利于上海民族工业对这项产品的改良和仿制替代，许多外国工业品，"如纸烟、火柴、罐头食品、水泥、针织袜、肥皂、牙粉、皮革、橡胶制品等，大部分皆因国际贸易关系，而引起吾人之消费。此后国人既习用此种物品，乃渐自开办工厂，从事制造"。[12]

由于火柴"是帝国主义侵入中国以后新出现的行业，这些原来就是缺门的行业当然只能从头开始"。[13]问题是这种以手工仿制外国火柴"从头开始"时，除了有廉价劳动力优势之外，往往受到自身资金、设备、技术、原料等条件的制约，使一开始就显得心有余而力不足。在与外国输入火柴的市场营销竞争中，更显得无能为力，不堪一击。由于中国早期民族火柴手工业，因私人资本额过于弱小，一般都不会超过一万元，有的根本没有史料记载，导致在整个近代民族工业投资统计中，几乎可以忽略不计。加上年代的久远，史料的佚失，更让我们今天在研究近代中国工业发展时，带来许多困惑。

面对这种现状，为方便大家对上海地区早期民族手工火柴制造业的肇始历史，有充分的了解，笔者将清光绪年间，上海《申报》上有关上海制造自来火局的创办情况的珍贵文史资料，转录于下，还是十分有益和必要的。尽管史料记载不能说完善备至，但对这一课题的拓深和探讨，还是有所启迪和帮助的。

丁丑年十一月初七日（1877年12月11日）《申报》第六版广告栏：

自来火出售

启者。今本局从外洋购到顶上之油及各药料制成自来火出卖，其货火头极旺，且日久可不回潮，价银比外洋来者格外公道。如贵客欲买者，整箱或分箱均能拆售。赐顾者请至大马路一洞天后本局看样。议价可也。特此布闻。

制造自来火局启

丁丑年十二月十四日（1878年1月18日）《申报》第六版广告栏：

搜买自来火空匣

启者。本局现要搜买外国来自来火所剩之空匣，每一千只付价洋四角，惟破碎匣子概不搜买。如有者可携至大马路一洞天后本局可也。此布。

制造自来火局启

同日同版广告栏：

自来火零趸发卖

启者。从外洋购到顶上之油及各药料制成自来火出售，日久可不回潮，如有走潮，能可退换。每小箱计装自来火一千四百四十四匣，计价洋五元。如各贵客欲买者，请至本馆账房可也。特此布闻。

申报馆启

戊寅年三月初四日（1878年4月6日）《申报》第六版广告栏：

自来火减价

启者。本自来火局所制马牌自来火均系顶上油料制成，非较外国来之货，间有遇黄梅之日要回潮者，盖彼为树胶，此为鱼胶所做者。本局可保日久不走潮，倘有走潮，能可退换。本局之货因各客尚未尽悉，现暂减价，每一箱计一千四百四十四匣，价银三两，以便将本牌之货转行，使各客咸知本局之货高者，以后拟定日广一日，故请诸客至本局试买也。欲买者请至大马路一洞天后或至申报馆账房购取可也。

上海制造自来火局启

从以上《申报》广告（原文无标点符号，且重复连登多次）和参考其它资料分析，可以看出：

（1）、据吴静山著《旧账簿中所见六十年前的上海》记载，清光绪元年（1875 年）市面"洋价常在一千二百文左右"兑估。[14]上海制造自来火局创办后所生产的"马牌"火柴，每匣（盒）应在四文左右。据没有确切创办资本记录、创办于 1879 年广州佛山的巧明火柴厂史料，该厂在初创时，曾"长期雇用盲人作活广告，让盲人带上一个内装火柴的布袋，袋外写明巧明火柴，三文钱一盒，在佛山等市镇四乡到处走动，招徕生意"。[15]对照这两家厂产品的零售价，相近且又十分价廉，估计它们在创办时的投资规模不会很大，应属于民族资本开设的小型手工作坊。因为，如果是外商资本所设，如 1880 年英商美查在上海开办的燧昌自来火局，其生产的火柴是"每盒七十根，售价五、六文"。[16]显然比民族小厂要高出一、二文。

（2）、上海制造自来火局在开办之后，其生产所需的"顶上之油及各药料"均从"外洋购到"；且该局还收旧利废，善于将"外国来自来火所乘之空匣"搜买后，用于自己生产的火柴包装。这样的企业作为，说明上海制造自来火局非外资在沪开设。

（3）、上海制造自来火局不断在《申报》上对其产品售价和质量夸称："价银比外洋来者格外公道"；质量"非较外国来之货，间遇黄梅之日要回潮者，彼为树胶，此为鱼胶所做者"。除民族资本企业外，外商不可能使用如此称谓。

因此，上海制造自来火局作为民族资本投资创办的民族手工火柴工业，应该是一个不争的史实。从中，也使我们窥视到，处在萌芽时期的我国早期民族火柴工业，因陋就简，务求实用，以适生存之困境。至于，

上海制造自来火局为谁投资？投资额是多少？还需留待今后进一步研究考证。

综上所述，我们可以得出以下结论：

①中国第一家民族火柴工厂应该诞生于 1877 年 12 月 11 日之前。

②中国第一家民族火柴工厂的名称是上海制造自来火局。

③中国第一家民族火柴工厂厂址在上海大马路（现今南京东路）一洞天。

④中国第一家民族火柴工厂创办后使用的产品商标是"马牌"。

在我们挖掘整理、还原分析这段史实的过程中，必须注意到，在 1877 年中国民族火柴工业发轫之初，就受到了国外资本主义国家火柴业的倾轧和市场竞争的威胁。正如一篇研究近代中国手工业遭遇和命运的论文指出："凡是有外国商品进口的地方和部门，都排挤着相应的中国手工业生产品，相继占夺了中国手工业的市场"。[17]而外国商品占夺中国市场的过程，也就是中国手工业遭受滞销、破产、改组、歇业的过程。上海作为近代中国最大的商埠，资本主义的商品在上海的泛滥也就尤为严重。在上海制造自来火局创设初期，该局生产的"马牌"火柴刚刚问市后不久，即在该局同一条马路上的中市处，就开设了一家专营东洋日本火柴的"祥和丰洋货号"。该商号在《申报》的广告上吹嘘："本号今在东京本所柳原町新燧社制造局内专办'樱花牌'自来火，系顶上油料制成，其货常用比众不同"，质量"较胜于"其他外国来者，需购者请至法租界大马路中市可也。[18]出现这种中国人经营外国货的原因，是原先传统的杂货店向兼营"五洋"（即洋火、洋油、洋烛、洋皂、洋烟）等小商品的"洋货号"发展而导致的结果。19 世纪 60 年代，随着洋货输入品种的迅速发展，可供经营传统杂货的商家，选择的小商品在日益增多；同时，随着城市人口的增长和结构的复杂化，城市社会生活的日益丰富，促使了一大批微利薄的杂货店，开始转入经营"五洋"的洋杂货中某一项专业零售的"洋货号"方向发展。[19]

除当时洋货在沪竞销外，一些在沪外商还就地设厂制造火柴占夺上海消费市场。1880 年英商美查在沪

开办燧昌自来火局，一开始便起用机器生产火柴，营销收益十分可观。1887年美查在《申报》上刊登告白，说："本厂所造燧昌各'花牌'自来火，皆用上等药量，已历多年，早已远近驰名。近有射利者，捏造次货，所用本厂匣子，模糊影射，鱼目混珠。贵客赐顾者，须认明本厂招牌"等等。可见当时上海火柴市场竞争之激烈程度。它注定我国民族火柴工业的发展道路，将是一条崎岖坎坷之路。

从以上资料，可以见得在当时特定的历史条件下，上海制造自来火局因资本弱小，油、药料皆依赖于外国，就连装火柴的外盒（空匣）也要靠"搜买"来代替（至少是部分），加上生产以手工操作为主，产品质量不能与输入本埠的洋货竞争，经营不到半年，就在《申报》登出其火柴减价广告，婉言："本自来火局所制马牌自来火"，"因各客尚未尽悉"，除优惠顾客"倘有走潮能可退换"外，还暂将火柴每箱原价银3.6两降至每箱售价银3两促销，"以便将本牌之货转行，使各客咸知本局之货高者，以后拟定日广一日"。各种促销手段用尽之后，产品仍打不开市场，导致上海制造自来火局问世后，没生存多久便告歇业了。从而，这段鲜为人知的我国早期民族火柴工业史迹，淹没于年代的流逝中，被后人遗忘。"至于这个火柴工厂的创办人、资金、规模、何年歇业等等，因缺乏史料，暂无法考证。然而它终究存在过，并且是迄今为止我们所知道的我国创办最早的一家民族火柴工厂。其史实不可抹杀"。[20]相信，它对我国近代民族火柴工业史的研究，以及多年来收藏界对我国第一枚火花（火柴商标）的研究争鸣，无不有着十分重要的现实意义和史学价值。

注释

【1】屠仁守《屠光禄奏疏》，1922年刊，卷3，第34至38页，转引黄逸平《中国近代经济史论文选》，上海人民出版社1985年4月版第244页，汪敬虞《十九世纪外国侵华企业中的华商附股活动》；王培《晚清企业纪事》，中国文史出版社1997年4月版第154页。以上著述表明，天津自来火局的企业性质属于中外合资创办，非完全民族资本投资。现史料中统计的该厂创办资本25000元，是该厂创设后不久德商穆德林抽股离去后，杨、吴复约盛军统领周盛波重新集资后的续业资本。1891年5月工厂被焚，8月，吴懋鼎与在津英、俄商人再度公开集股，得新资本为62500元，在临时组成的五个董事中，外商占了四个席位。

【2】《学术研究》，1962年第2期。

【3】《羊城晚报》，1962年1月11日。

【4】青岛市工商行政管理局史料组编《中国民族火柴工业》，中华书局1963年10月版第5页

【5】徐新吾、黄汉民《上海近代工业主要行业的概况和统计》，转引《上海研究论丛》，第十辑，上海社会科学院出版社1995年12月版第111页。

【6】黄振炳《中国第一家火柴厂及其商标诞生在上海》，全国火柴工业信息中心、中国日用化工协会火柴分会《火柴工业》，1996年12月15日第4期第38页。

【7】中国日用化工协会火柴分会《中国火柴工业史》（中国轻工行业史丛书），中国轻工出版社2001年5月版第8至10页。

【8】徐新吾、黄汉民主编《上海近代工业史》，上海社会科学院出版社1998年1月版第43页

【9】张仲礼主编《东南沿海城市与中国近代化》，上海人民出版社1996年7月版61页。

【10】杜恂诚《民族资本主义与旧中国政府：(1840-1937)》，上海社会科学院出版社1992年11月版第285至523页，附录："历年所设本国民用工矿、航运及新式金融业一览表"（1840-1927年）。

【11】《海关贸易报告册》，1871年，宁波口，第136页，转引彭泽益《中国近代手工业史料》，生活·读书·新知三联书店1957年11月版第2卷第170页。

【12】刘大钧《上海工业化研究》，商务印书馆1940年版第8页，转引《上海研究论丛》第三辑，上海社会科学院出版社1989年3月版第189页，黄汉民《外货竞销与上海近代民族工业产品结构的演化分析》。

【13】戴逸《中国近代工业和旧式手工业的关系》，《人民日报》1965年8月20日，转引黄逸平《中国近代经济史论文选》，上海人民出版社1985年4月版第433页。

【14】上海通社编《上海研究资料》，上海书局1984年12月版第546页。

【15】黄福山《解放前广东火柴工业概貌》(1964年11月1日)，《广东文史资料》第二十八辑，广东人民出版社1980年9月版第161页。

【16】《捷报》，1886年9月18日，转引青岛市工商行政管理局史料组《中国民族火柴工业》，中华书局1963年10月版第8页。

【17】樊百川《中国手工业在外国资本主义侵入后的遭遇和命运》，转引黄逸平《中国近代经济史论文选》，上海人民出版社1985年4月版355页。

【18】《申报》。1878年1月19日"祥和丰洋货号"广告《专办东洋自来火》。

【19】陈正书《晚清经济》，转引熊月之主编《上海通史》第4卷，上海人民出版社1999年9月版第162页。

【20】中国日用化工协会火柴分会《中国火柴工业史》（中国轻工行业史丛书），中国轻工出版社2001年5月版第8页。

▲三井洋行以上海为基地，在十九世纪九十年代把大批的日本火柴推销到中国，是当时日本在中国经营火柴贸易的最大商业企业。

四、清末日本三井洋行、
华侨办庄在华与民族企业火柴竞销

　　上海的近代化，对日本而言，有着非常特殊的情结。还在日本"锁国体制"时代，"早期的来沪日本志士通过上海这个窗口汲取了西方的物质文明与科学技术，观念从而发生激变，在'以清为鉴'的意念驱动下，发动了明治维新"运动，【1】走"殖产兴业""文明开化""富国强兵"之路，实现脱亚入欧，跻身西方列强行列之中。可以说，上海在日本明治维新之前，作为日本接受西方资本主义政治、经济与文化的一个窗口，有着十分密切的关系。明治维新是日本历史上的一个转折点，经维新变革使日本贫弱小国的经济实力迅速上升，并开始寻求海外利益。在他们制定了"失之欧洲，取之亚洲"的政策后，企图又通过对上海的经济掠夺，补偿西方列强已经在华获得的巨额利润。这样，近代

上海又变成日本"远交近攻"之国策的首选目标，为日本的近代化与开拓海外市场提供服务，迅速实现其侵略扩张的大陆政策。

　　上海自1843年开埠以来，迅速崛起，于1853年取代广州而成为中国乃至远东的第一大港。上海是离日本最近的中国对外通港口岸。1862年幕府官船"千岁丸"访沪，对上海港的极其繁荣，立即引起了他们的惊讶和称羡。随船同行的高杉晋作，回国后成了明治维新倒幕派的主要领袖。他对当时上海港的所见印象，作了这样的赞叹："此中国第一繁盛津港，欧罗巴诸邦商船，军舰数十艘碇泊，樯花林森，欲埋津门。随上诸邦商馆耸壁千尺，殆如城阁，其广大威严，不可以笔纸尽书也"。【2】

30

上海的畸形发展和高度繁荣，对还停滞于闭关锁国状态之下的日本岛国，其吸引力是不言而喻的。随着"千岁丸"离沪返回日本之后，倒幕运动顿时峰起，幕府在摇摇欲坠中不得不宣布，废除传统保守的特权贸易制度，允许百姓走出国门，去海外经商、留学、访问。因赴欧洲路途遥远，经费昂贵，非一般人所能相望，而上海近邻日本，航程不过三日即可抵达，故此，渐有民间开始往来，并移居沪上成为"东方巴黎"的早期上海移民。

1866 年，岸田吟香步第一位日本移民安田老山之后，来到上海。他在 1864 年曾帮助在横滨的美国赫本夫妇编纂"和英对译辞书"，该书于 1866 年定稿。是年十一月他与赫本夫妇一同来上海，将书稿交送小东门外的美华书馆印刷。为配合校对，岸田暂居于沪上，这期间，他也因谋事来往于中国与日本之间。1868 年 5 月《和英语林集成》（正式定名）印制成功。岸田旅沪期间，出于对中国书画的兴趣爱好，结识了沪上画家胡公寿、余倩云、凌子与、陈嗜梅，书法家宋小坡、孙仁圃等人。1868 年元月，岸田受命再次抵沪采办蒸汽船，但事有不顺，无获空手而归。1880 年岸田第三次来到上海，在河南路一角，开设了乐善堂 (图1) 药房上海支店，专门经销一种名为"精锜水"的眼药水药品。当时报上大肆广告，宣传岸田营销的这种"精锜水"眼药是家庭

▲图1

必备之良药，被誉之为"神水"。同时，岸田为了招徕顾客，吸引购买，利用火柴盒上的商标，为他乐善堂药房做广告，扩大其在上海市场上的知名度。每一个上乐善堂药房购买眼药水的顾客，他都分文不取地奉赠给顾客，起到宣传和促销目的。由于岸田的经营门道颇获人心，其每年从中获利巨万。在经商的掩饰下，岸田还受日本政府和军部指使，结交清朝官绅、洋商买办，并窃取情报、收买汉奸、窝藏特务，他网罗一些"有志于中国"的年轻人，深入中国各地进行秘密

调查，晚年编成一部《清国地志》，是后来日本侵华的重要参考资料。[3]

清政府与日本是在 1871 年（同治十年，明治四年）签订《中日修好条规》的。这个条规在法律上，使日本在近代中国得到了与在华各签约列强相等的待遇和地位。根据《条规》第七款，两国指定口岸，以便彼此通商，并另立通商章程，以便两国商民遵守。翌年，日本人在上海开设了近代中国第一个领事馆，品川为首任领事。[4]同年，"有上海洋商不顾清政府豆粮不得外运禁例，'雇用轮船往从牛庄装豆运往长崎'"。[5]由此，也为日本对华的商业贸易创造了物质基础。三井物产抓住这一契机驻足上海，积极跻身于对中国的贸易投资。

（一）三井洋行的火柴营销策略

三井洋行是日本综合贸易行。1876 年创办于东京，主要经营棉花、煤炭、运输保险、金属制品等。从

图2

九十年代开始，经营火柴贸易。1909 年改组为股份有限公司，称三井物产株式会社 (图2)，资本二千万日元。其后增至一亿日元。[6]1877 年，三井物产在上海设置了它第一个涉外贸易行——上海三井洋行。该行负责

人为田安三郎，行址设在上海广东路六号。三井洋行以上海为基地，在十九世纪九十年代把大批的日本火柴推销到中国，是当时日本在中国经营火柴贸易的最大商业企业。

三井物产在进入上海的头二十年里（1879 至 1898 年），因长期受日本幕府闭关锁国政府影响，在海外市场和"向世界各国推销各种商品"上，还没有正式形成一套自己独特的模式，只能步西方英、美等洋行的后尘，雇聘一大批中国买办（如金仰生等人）为其经营和推销。甲午战争后，"马关条约"签订，首次规定"日本臣民得在中国通商城邑任便从事各项工业制造"。[7] 同时，日本亦获得了在长江及内地的航运权，三井物产在这段时期内，扩大了经营视野和重新调整了推销策略。

1898 年，三井物产试图开辟一条不采用买办制的新道路。"它认为将中国的生意额的百分之一花在买办身上似乎有点太多了"。[8] 当时的三井物产总裁益田孝曾为此专门到上海、台北、香港等地考察。为了切实行之有效，东京的公司董事会分两个步骤来实行他们的计划。第一步，从 1898 年 4 月至 1915 年 10 月，每一年从本土招募一批高初中毕业生，将他们送往上海、营口、天津、台北、香港等地进行为期五年的全时受训。这些青年学生被称之为"清国商业见业生"，受训后取代中国买办，充当在中国经营生意的"贸易人"；第二步，从 1899 年开始，在国内每年招聘十名年纪稍长，且富有一定经营意识的公司雇员，雇员名称为"支那修业生"。公司把他们安插在中国各地的办事处（南京、广州、香港等地）进行为期三年的全时受训。三井物产为这些学员在中国总部——上海办事处而开设的中文课程，在当时整个日本也是属第一流的。从 1898 年开始，负责这项受训的人是山本条太郎，[9] 因工作成绩显著，1901 年山本被公司提拔为上海办事处经理。在山本精心督导下，在上海办事处受训的修业生不仅谙熟中国的语言，而且还精通中国的民俗习惯。"据山本说，所有的日本见习生和修业生都必须穿着中国'苦力'的服饰，留中国式的辫子（推翻满清政权以前，所有中国男人都必须象满人一样刮光头顶，并在脑勺后留

一条辫子），并与中国人杂居。为了鼓励更直接的接触，三井物产甚至规定，任何修习生和见习生如与中国女人结婚，将会得到公司一笔奖金"。[10] 总裁益田孝也认为，这样日本人就对"中国人的心态、中国商人之间赢得信任和基础，以及商品在中国的流向有了一个十分精到的认识"。[11]

三井物产营销战略实施不久，对公司内的中国买办就下起了逐客令。1899 年，上海买办金仰生和其他八名同行领了最后一笔年金后，离开了三井洋行的门坎。接着，1900 年在天津、1901 年在台北、1920 年在香港也发生了同样的一幕。淘汰买办的以后几年，三井物产在中国市场的盈利翻了三倍，从 1897 年至 1899 年的 114381 元上升到 1900 年至 1902 年的 353623 元，它的盈利率也翻了一番，从 10% 达到 20.3%。

从 1909 年开始，三井物产在上海的办事处逐步发展，经营的贸易额一直居海外各办事处之首。它已经成为整个三井物产公司在中国各办事处人员配备最整齐（48 名雇员）和资金最充裕（占三井物产全部经营资本的 18.2%）的办事处。（见表一、二）

（表一）

1909 年至 1919 年间三井物产株式会社海外办事处一览表

海外办事处	1909 年人数	1919 年人数
长江下游地区		
上海	48	173
芜湖	—	2
芝罘	5	9
长江中游地区		
汉口	19	62
长沙	—	2
常德	—	1
重庆	—	2
华北地区		
天津	18	66
北京	—	5
青岛	3	52
济南	—	9
华南地区		
香港	41	90
海防	—	5
西贡	—	6
汕头	—	6
广州	5	16

福州	3	7
厦门	3	8
台北	25	55
基隆	—	2
台南	21	36
台中	—	4
打狗	—	12
中国东北		
大连	16	127
安东	4	7
牛庄（营口）	13	11
汉阳	5	10
铁岭	6	11
长春	8	14
哈尔滨	11	22
海参崴	4	8
中国修业		
中国修业生	9	33
贸易见习生	1	—

资料来源：

《稿本三井物产株式会社年史》第339页，及第340，表7（转引：[美]高家龙：《进入上海租界的三条道路：1895-1937年火柴业里的日本、西方和华资公司》，《上海研究论丛》第三辑，第256-259页）。

（表二）

三井物产株式会社在华主要办事处贸易额（1909-1919）

（单位：千日元）

办事处	1910年	1912年	1916年	1919年
上海	22137	4742	37968	81087
大连	6298	7162	15983	40403
汉口	5973	2623	7839	19635
台北	9081	4898	5992	13378
香港	7677	943	18292	52116

资料来源：

《稿本三井物产株式会社年史》第343页，表9，（转引：[美]高家龙：《进入上海租界的三条道路：1895-1937年火柴业里的日本、西方和华资公司》，《上海研究论丛》第三辑，第260页）。

1912年，公司东京总部将其在海外的行销系统进行了重新改组，更是在中国形成了一张以上海为中心、辐射中国各省市腹部的强力牢固的行销网络。尤其在东北（日俄战争后，日本取代俄国在中国东北南部的侵略地位，其势力雄厚）和东南（1895年后，台湾沦为日殖民地）的中心城镇，都有"清国商业见习生"和"支那修业生"驻足。（见表三）

（表三）

1910年代三井物产株式会社受薪推销员在华分布图

全国公司总部：上海					
东北	华北	长江下游地区	长江中游地区	东南	华南
营口	天津	上海	汉口	台北	香港
关东	北京	芜湖	长沙	厦门	广州
地区性办事处					
大连	青岛	芝罘	常德	台南	
安东	济南		重庆	福州	
吉林				汕头	
长春				高雄	
哈尔滨				台中	
				基隆	
				打狗	
县级分销点					

资料来源：

[美]高家龙：《进入上海租界的三条道路：1895-1937年火柴业里的日本、西方和华资公司》，《上海研究论丛》第三辑，第261页。

应该说，1898年至1910年，三井物产在华洋行所出现的商业行为——不同于英、美等列强利用中国买办作为媒介，与中国进行通商贸易的商业行为，"是外国资本主义打开中国市场的正常贸易的补充"，[12] 就市场行销能力而言，是其他在华洋行所无法比拟的。可是，曾为建立这样一个具有日本商社（二次大战后，日本这种"综合商社"的经营模式为日本大多数公司采纳，在世界经贸中占有一席之地）独特的行销体系而耗费大量人力、物力的三井洋行，为何在中日火柴贸易竞争中不能明显居于上风，称霸中国火柴市场呢？

自中日缔交以后，清廷延至1877年（光绪三年）才派何如璋为驻日公使，鉴于日本明治维新渐见成效，纺织、制茶、生丝、火柴、肥皂、瓷器等工业化颇有发展，在日华商多向阪神地区发展，或投资于日商开设的工业产业，或廉价包购其产品，向中国国内市场返销。为鼓励和推动中日之间的贸易繁荣，1878年10月清廷在神户市海岸通六丁目设理事府（1899年改称领事馆），这是中国在神户有外交机构之始。是年神户华侨已达457人。"当时中日初期贸易三大支柱之制茶、火柴、肥皂等行业，都有中国商人之资本参加，故其产品之输出，多为华商所包办，对于日本工业化迅速发展，具有莫大功绩，华商本身从而打下坚实的经济基础"。[13]

图3

随着明治时代"产业革命"的开始，资本主义经济的建立，神户的工业得到了迅猛发展，尤其是火柴工业。火柴作为重要贸易输出品，"1878 年首先向上海输出，其后产品激增，有 90% 经由神户华商输出各地"。[14] 1879 年火柴的输出额已达 369672 元。[15] 火柴工厂在神户更是如雨后春笋般地诞生，到 1879 年

时神户有 60 家磷寸（火柴）制造工厂，占该年神户所有工厂的 60%。[16]

（二）神户华侨办庄的捷足先登

十九世纪末叶，我国早期华侨商人在日本（大）阪、神（户）等地纷纷设办庄做贸易生意，他们见国内火柴市场有利有图，也就加紧扩大业务兼营火柴，将大量的火柴半成品——柴枝盒片贩销国内，并且"以经销的名义，专用一个或几个牌号，委托日本火柴厂代制火柴，运回国内推销，或者用高价把日本火柴厂的行销牌唛买过来，作为自己的专用商标（如利兴成办庄从日本井上火柴厂买过来'舞龙'和'舞狮'两个牌唛），然后再用自己的专用商标包销日本火柴"。[17] 另外，"有不少侨商以投资或定货方式与日方所经营的轻工业密切合作。如郑雪涛的同孚泰号向大同磷寸会社订购火柴，以'中兴牌'、'中国牌'商标推销中国各地；吴锦堂的怡生号向东洋磷寸会社投资订制火柴，以'龙船'牌，商标，通过在上海所设的义生洋行行销苏州、无锡一带"。[18] 除上述提到之外，当时在日本设办庄经营火柴生意的商号还有怡和洋行、利兴隆、恒昌号、丰泰号、天生正、天隆号、永生号、联昌盛、益成号、甡予号、复兴号、同昌号、祥隆号、文发号、捷德号、捷胜号、广骏源、裕贞祥、合昌号、复和裕、盈丰泰、义生号、同盛祥、同兴号、东源号、公和号、广同生、源源号、陈步云号、广德、义和祥、协同丰、德人和（图3）等办庄。可以说火柴在当时神户已成为与生丝、钢材并重的主要工业品和输出品。至 1898 年，神户的火柴输出额已激增到 600 万元[19] 其中的绝大部分都是由以上这些华侨贸易商经手输出。1902 年神户火柴输出检查所调查华商经办的火柴输出额为 2660527 元（附表四），1904 年经营火柴贸易的神户华侨办庄达 21 家（附表五）。

所以，尽管三井物产在十九世纪末叶中国火柴营销市场上，有一个强有力的行销系统，但是，在日华侨办庄大量贩销日本火柴于国内市场，使他们陷入了难于拓展的困境。据三井物产在 1899 年提供的一份秘密报告称："由于中国的综合商社垄断了在日本生产的、供出口的火柴，在十九世纪九十年代，它自己在中日火柴贸易中所占的比例从未超过微不足道的百分之一点二"。[20] 事

实上，在三井物产开发上海及中国火柴市场之前，中国的在日本开设的华侨办庄，"如以神户或大阪为基地的怡和号、怡生号、同孚泰号、利兴成号等已与多家日本火柴制造商签定了具有约束力的协议。这些中国商号在生产和销售的每一个环节上给日本生产厂家以资助，如向厂家提供贷款、提供将产品运往海外的运输手段、以及在中国销售火柴等。反过来，日本生产厂家签署了专卖合同，保证不与任何其它综合商社来往，包括三井物产。为了阻止日本生产厂家在国内市场自销，这些中国商号对所有从日本生产出口的火柴商标实行全面控制，它们在火柴盒上贴上各自的标记，从不注明日本生产厂家的名字"。[21] 这就是为什么我们今天能见到如同孚泰、利兴成、联昌盛、裕贞祥、怡和洋行、同泰、庄玉波、合昌号……大量的日本产的却注明中国华侨商号的火花。

（附表四）

1902 年神户华商输出火柴实绩表

商号	金额（元）	商号	金额（元）
怡和号	1100782	祥隆号	41346
利兴隆	520920	复兴号	29646
文发号	123567	丰泰号	28900
广骏源	108207	天生正	24717
捷德号	115092	牲予号	22847
捷胜号	108028	益成号	17088
怡生号	93372	天隆号	12755
裕贞祥	56934	永生号	15735
合昌号	81174	联昌盛	10422
义生号	50046	同昌号	5521
盈丰泰	48824	恒昌号	1044
复和裕	43560	共 23 家	2660527

资料来源：

陈德仁编《神户华侨编年史杂录》，载《神户中华同文学校八十周年纪念刊》，1984 年 12 月（转引：罗晃潮著《日本华侨史》，第 215 页）。

应该说，清末九十年代，市面上出售中的火柴有相当一部分都是东洋日货，消费者也辨别不出是日商还是华商贩销国内的。难怪李鸿章在致总理衙门《议制火柴》函中也声称说："遵查火柴即自来火。近英、美各国载运来华，行销内地日广，日本仿造运入通商各口尤多。检查总税务司造送上年各关贸易册内，洋货自来火一项，运销四百十四万六千八百罗斯之多，值银一百三十四万

两，几乎日增月盛，亦华银出洋一漏卮也"。[22] 目前国内有学者认为，清末民初日本火柴大肆来华倾销现象乃日商所为。其实不然。实际上，其中约有 80% 的火柴是由日本华侨办庄经手从日本贩销国内流通在市面上的。

（附表五）

1904 年神户部分华商经营火柴贸易业者

商号	华商	地址	番馆
怡和号	麦少彭	荣町 1 丁目 68 番	12 番馆
同盛祥		荣町	77 番馆
同兴号		荣町 1 丁目	85 番馆
捷德号		海岸通 2 丁目 10 之 1	91 番馆
同孚泰	潘霖生	海岸通 4 丁目	
东源号	李光泰	海岸通 1 丁目 11	52 番馆
复兴号	王敬斗	海岸通 3 丁目	2 番馆
公和号		荣町 1 丁目 54	116 番馆
陈步云号		海岸通 2 丁目	65 番馆
利兴成	黄福钢	海岸通 2 丁目 100	24 番馆
广同生		下山手通 8 丁目	42 番馆
合昌号	陈源来	下山手通 8 丁目	
裕贞祥	黄煜南	海岸通 2 丁目番外 8	30 番馆
祥隆号		海岸通 1 丁目 2	65 番馆
捷胜号		海岸通 2 丁目	100 番馆
联昌盛	陈业初	海岸通 1 丁目	133 番馆
文发号		海岸通 3 丁目 34	6 番馆
源源号	曾焕光	荣町 1 丁目 64	
天生正	苏寅生	荣町 2 丁目 69	91 番馆
广骏源		下山手通 8 丁目番外 18	
怡生号	吴锦堂	荣町 2 丁目 35 番	

资料来源：

陈德仁编《神户华侨编年史杂录》，载《神户中华同文学校八十周年纪念刊》，1984 年 12 月刊本（转引：罗晃潮著《日本华侨史》，第 215 页至 216 页）。

顺便提一下，十九世纪九十年代日本火柴业在上海市场上，还受到英、美外商在沪柴业的挤压。如 1880 年，由英商美查投资，在上海新闸区苏州河南岸开设的燧昌自来火局。该厂一开始就雇用职工四百余人，另有厂外糊盒工人一百多人，并起用机器生产火柴。[23] 该厂很善于推广自己的产品，《申报》在 1887 年曾刊登该厂的广告，称其火柴"皆用上等药料，已历多年，早已远近驰名"。到 1889 年该厂组成美查兄弟有限公司时，资本已达三十万两。[24] 1886 年，英国驻镇江领事在商务报告中也提到："上海制造的火柴，每盒七十根、售

价五、六文"，"似乎成了进口火柴的可怕竞争者，因为除了价格便宜，又不怕气候潮湿"。【25】这里英国领事指的显然是上海的英商燧昌自来火局了。

三井物产在中国火柴销售市场上，强劲的对手是（大）阪、神（户）间的华商办庄。为了对付中国华侨办庄贩销火柴，切断它对日本火柴制造商的控制，三井洋行采取了一些非常战略手段。首先，它与本国的火柴制造商达成协议，商定输往中国倾销的火柴盒上，"可贴上所谓'共有商标'：制造商和三井物产自己的商标同时出现在火柴盒上"。【26】可是三井的这种做法，显然是步阪、神华侨办庄的后尘，是华侨办庄营销手段的翻版，谈不上什么新颖，更不是什么灵丹妙药能使企业起死回生。一招不灵，再作计宜。1907年1月，三井物产联合国内两家火柴制造商——直木政之介和本多义和，携手创办了当时号称日本第二大火柴制造生产厂家——日本燐寸制造株式会社，自己直接投资进行生产火柴，它的生产能力压倒当时有出口任务的所有日本火柴厂家。

在直接参与生产的同时，三井洋行又采取压价竞销的办法，来争夺上海火柴市场。1902年至1908年，东京的董事会两次开会讨论，批准了这种价格战略。同时，认肯火柴为三井物产的"最重要的商品"之一，并在中国各地办事处为补偿火柴销售方面的损失，设立了一笔储备金。据1908年的《商务官报》报道称，在常德，"日本商人输入之安全火柴，无人过问，近日人乃大减价，使与硫磺火柴之价相仿，遂颇夺硫磺火柴之销路，但现在该市场尚为硫磺火柴之时代也。此项火柴，系长沙、汉口燮昌等公司所制"。【27】三井物产就这样，靠竞价销售在中国市场挽回了可怜的"几分起色"。当东京董事会对上海办事处火柴经销"在中国碰到的最激烈的竞争"大为恼火时，上海办事处经理山本条太郎也只好自我辩护说："在上海，虽然我们的火柴买卖仍未盈利，但毕竟已有了几分起色，我们大可不必感到失望"。【28】

尽管三井洋行在努力开发本土火柴货源的同时，与它在上海的竞争者展开了价格战，但从效果看，它在上海火柴市场所占的份额，的确至多只能说："有了几分起色"。在1903年至1904年间，三井洋行的火柴

输入只占了上海进口火柴买卖的15%至16%，其利润比其在大连，香港及新加坡所得还要低一截。自1910年至1912年始，在上海的火柴销售和利润方面，甚至比台北还要低。实际上，在中国其他的省份，三井物产的火柴经营及销售额也很勉强。从1907年到1915年间，三井物产的火柴出口额在整个日本火柴出口中，平均只占了18.2%。在二十世纪的头十年中，可以说，火柴从未列入三井物产各项出口商品的前十大项行列，到了1925年，火柴一项已跌入公司各项出口商品的二十大项以下，至此，该公司才彻底死心再也不将火柴列入公司"最重要商品"之一了。就三井物产这样苦心经营的行销体系，在中国，尤其是在上海，其火柴销售仅占那么小的比例，实在有点出人意料。好在对三井物产而言，火柴只占公司销售总额中的一小部分，如1898年至1916年间，火柴平均只占到2.1%。

纵观三井洋行在中国火柴市场的竞争失利，其主要原因是，早期日本华侨商行捷足先登。三井物产对此采取的补救办法——给予日本火柴制造商的商业和金融服务，几乎是早期神户、大阪华侨商行经营模式的翻版复制。"为了与中国对手竞争，它用的是新的服务手段，如'共有商标'来对抗中国商人早已有之的作法，如控制出口火柴商标"。【29】尽管三井洋行在中国火柴市场未能促销成功，达到称霸的目的，但它对十九世纪清末，我国早期民族火柴企业发展多少还是还是带来一定影响的。

（三）民族火柴业的积极应对

我国早期民族火柴工业的行为，从根本上说，就是为了抵制洋货而逐步发展的。它们以"提倡国货，挽回利权"为口号，作为竞争之手段，来争取国民的火柴消费市场。但有些早期民族火柴业，因资本弱小，原料依赖于进口，加上以手工作业为主，产品质量欠佳，在与日本火柴竞争中未尽人意。如1898年福州开设的一家华商火柴厂，"价虽廉于别家，而所出之品质，不及日本进口者远甚"。【30】因竞争失败于1902年停闭。"胶州（今胶县）在一九〇八年开设了一所小型火柴厂，但是，由于所制火柴低劣，不能和日本的一所相竞争，仅存在了一年便停办"。【31】据1892年重庆海关报告中

谈到火柴制造业情况时说：重庆"现有两厂经营"，"作火柴是雇用很多妇女儿童。火柴质量不高，不足抵制外货"。【32】日本的《清国事情》中也有类似记载，"上海邻近我国（这里指日本，下同），处于我国火柴输入极其便利之位置，故当地之火柴制造业常被我国制品所压倒，其经营陷于极端困难之境地。以前当地有燮昌、荣昌、燧昌等三厂，因不能竞争，加以经营方法不良，荣昌，燧昌二厂终于被迫倒闭，仅燮昌因历史较长，根砥稍固，尚能继续存在，从事制造……制品粗劣，与我国制品根本不能匹敌，故当地殆无需要者，仅供江西、安徽等内地需用而已"。【33】对于民族火柴工业的不利局面，清政府的反应还是积极的。袁世凯在1901年11月4日奏请"创设东省商务局拟定试办章程"时指出：民族企业"若能仿照西法制造各项用物（如纺纱、织布、造糖、造洋伞、洋针、洋胰、洋酒、洋火之类），各该处官绅商民，应即赴局报议办情形，由局详核章程，验明资本，即准领照承办，并由官厅妥办保护"。并视其"收回利权大小"，"分别给奖，以为通商惠工者劝"。【34】

清政府产业政策的调整，使得一批新兴的民族火柴工业企业得到了政府妥善有效的扶植保护。当然其中也有这些企业创办者与清政府有着不同寻常的关系所致。汉口燮昌火柴厂的东家是上海绅商叶澄衷，由于他"乐善好施"屡蒙清廷传旨嘉奖，并御赐"启蒙种德"的匾额；他派亲信宋纬臣赴汉口主持开办燮昌分厂，因宋纬臣的工作能力和业绩不俗，得到了湖广总督张之洞的赏识，并捐了一个二品顶戴的后补道台，故汉口燮昌厂能获准政府给予的十五年专利权也是在情理之中了。1906年，华商吴德厚准备与日商合资在汉口再设火柴厂，向清政府呈请被勒令禁止。天津自来火局的创办人吴懋鼎，原为英国汇丰银行买办，在李鸿章任直隶总督时曾委任其担职关内外铁路局督办，正是吴与李鸿章有这层上下级关系，故该局成立后，李鸿章批准该局在直隶省（今河北省）境内制造火柴专利十五年。北京丹凤火柴厂由于是农工商部招商承办的，其创办投资总额中附入官股五千两，出资人中有不少是在农工商部任职的，所以北京丹凤厂一俟开办，清政府即指示丹凤厂在京城及宛平、大兴两县境

内享有制造火柴专利权十五年。而重庆的森昌泰、森昌正和聚昌，只是得到了当地政府及川东道黎庶昌的极力支持。黎庶昌曾出任清廷驻日公使，是他得知川商卢干臣在日本开办森昌火柴厂受到日商排斥，即时奏报清廷，请准森昌迁渝开办，并给予其在川东地区制造及销售火柴二十年专利权。尽管有专利制度的出现，从根本上还不能限制帝国主义在华设厂制造和倾销火柴，但对我国这项工业的发展无疑是推进的。随着抵制外货和挽回利权运动的广泛而深入发展，民族火柴工业亦随之逐渐兴旺起来。至1911年我国共开设了民族火柴企业达48家，总资本额达到286.08万元，平均每年增长率为10%左右。【35】1915年，袁世凯政府承认"二十一条"，全国掀起抵制日货，民族火柴业在"提倡国货，挽回利权"声中高唱凯歌。1918年，当杭州光华火柴厂生产的火柴，"由火车运往绍兴者，其数颇巨，实为外产之劲敌。故识者谓日本自来火事业，将从此不振矣"。【36】至此，以三井洋行为代表的日本火柴业，对我国清代开埠以来的火柴贸易争夺暂时降下了帷幕。

注释

【1】许杰《虹口日本人居住区述论》，《上海研究论丛》第十辑第294页，上海社会科学院出版社1995年12月版。

【2】谯枢铭《进入上海租界的日本人》，《上海研究论丛》第三辑第48页，上海社会科学院出版社1989年3月版。

【3】谯枢铭《进入上海租界的日本人》，《上海研究论丛》第三辑第55页，上海社会科学院出版社1989年3月版；许杰《虹口日本人居住区述论》，《上海研究论丛》第十辑第281页，上海社会科学院出版社1995年12月版。

【4】、【5】刘学照《略论上海在近代中日关系史中的地位》，《上海研究论丛》第七辑第87页，上海社会科学院出版社1991年10月版；[日]野泽丰《从语言学家新村出等人看战前日本的上海研究》，《上海研究论丛》第八辑第57页，上海社会科学院出版社1993年8月版。

【6】黄光域《近世百大洋行志》，《近代史资料》总八十一号第2页，中国社会科学出版社1992年11月版。

【7】胡绳《帝国主义与中国政府》，第87页，《生活书店》民国三十七年七月版。

【8】日本经营史研究所《三井物产株式会社一百年史》第一卷节207页。（转引见"注释说明"）

【9】[日]山本条太郎，此人后来在南满铁路担任总裁，在日本侵占东北实行殖民统治中，扮演十分重要角色。

【10】、【11】《山本条太郎传记》（山本条太郎翁传记编鉴记，1942），第117至118页；William D.Wray 的论文 "China`s Function in Japanese Business,1898-1937:Banking,shipping, and Trading"。（转引见"注释说明"）

【12】丁日初《对外经济交往与近代中国资本主义现代化的关系》，转引《旧上海的外商与买办》前言（《上海文史资料选辑》第五十六辑）第2页，上海人民出版社1987年2月版。

【13】池步洲《日本华侨经济史话》，第167页，上海社会科学院出版社1993年7月版。

【14】池步洲《日本华侨经济史话》，第168页，上海社会科学院出版社1993年7月版。

【15】、【16】罗晃潮《日本华侨史》，第214页，广东高等教育出版社1994年12月版。

【17】黄福山《解放前广东火柴工业概貌》，转引《广东文史资料》第二十八辑第161页，广东人民出版社1980年9月版。

【18】童玉民《日本神户华侨史话》，转引《天津文史资料选辑》第十七辑196页，天津人民出版社1981年11月版。

【19】罗晃潮《日本华侨史》，第214页，广东高等教育出版社1994年12月版。

【20】[美]高家龙《进入上海租界的三条道路：1895-1937年火柴业里的日本、西方和华资公司》，转引《上海研究论丛》第三辑第221页，上海社会科学院出版社1989年3月版。

【21】[日]山下直登《形成期日本资本主义》，第95-100页。书中还列举了一长串在神户和大阪的中国商号名称，见第96-97页，表二和表三。（转引见"注释说明"）

【22】李鸿章致总理衙门《议制火柴》函，光绪十七年七月二十五日，转引《李文忠公全集》（译署函稿）第二十卷，第21页，上海商务印书馆1921年版。

【23】胡道静《美查兄弟》，转引上海通社编《上海研究续集》第316页，上海书店1984年12月版；《北华捷报》，1886年（上卷），第794-750页，转引祝慈寿《中国近代工业史》第217页，重庆出版社1989年7月版。

【24】《申报》，1889年9月16日，转引汪敬虞《十九世纪外国侵华企业中的华商附股活动》，见黄逸平编《中国近代经济史论文选》（上册），第243页，上海人民出版社1985年4月版。

【25】《北华捷报》，1886年9月18日，转引刘善龄《西洋风——西洋发明在中国》第196页，上海古籍出版社1999年9月版。

【26】[美]高家龙《进入上海租界的三条道路：1895-1937年火柴业里的日本、西方和华资公司》，转引《上海研究论丛》第三辑第221页，上海社会科学院出版社1989年3月版。

【27】《商务官报》，1908年第28期，转引杜恂诚《民族资本主义与旧中国政府（1840-1937）》第60页，上海社会科学院出版社1992年11月出版。

【28】[日]山下直登《形成期日本资本主义》，第141页、第155-156页、第160页。（转引见"注释说明"）

【29】[美]高家龙《进入上海租界的三条道路：1895-1937年火柴业里的日本、西方和华资公司》，转引《上海研究论丛》第三辑第223页，上海社会科学院出版社1989年3月版。

【30】《光绪二十八年福州口华洋贸易情形论略》，转引《通商各关华洋贸易总册》（下卷），第72页；关册，1899，福州，第435页、关册，1902年，福州，第531页，转引杜恂诚《民族资本主义与旧中国政府（1840-1937）》第60页，上海社会科学院出版社1992年11月版。

【31】《Decennial Reports,1902-1911,Vol,I》，第246页，转引无锡张筱奔《火花》（刻印本），1981年，第131页。

【32】《重庆海关1891年调查报告》（霍伯森著、李孝同译），转引《四川文史资料选辑》第六辑第239页。（由成都游开国先生提供）

【33】《清国事情》，第三卷，第566-567页，转引孙毓棠《中国近代工业史资料》，第一辑（下册），第994-995页，科学出版社1957年4月版。

【34】袁世凯奏《创设东省商务局拟定试办章程折》，光绪二十七年九月二十四日（1901年11月4日），转引《袁世凯奏议》（上卷）第347页，天津古籍出版社1987年3月版。

【35】中国人民大学编《中国近代经济》（上册）、第244页，转见祝慈寿《中国近代工业史》，第415-416页，该书统计：至1911年止、全国有火柴厂48家，总资本额达到286.08万元，平均每年增长率为10%左右，重庆出版社1989年7月版。

【36】关册，1918年，宁波，第957页，转引杜恂诚《民族资本主义与旧中国政府（1840-1937年）》，第124页，上海社会科学院出版社1992年11月版。

▲注释说明：注释中【8】【10】【11】【21】【28】分别转引（美）高家龙《进入上海租界的三条道路：1895-1937年火柴业里的日本、西方和华资公司》一文，详见《上海研究论丛》第三辑，第216-223页、第249-250页。

五、甲午前后上海东洋庄（本庄）与日本办庄经营火柴窥见

对中日早期火柴商标分野，以及类似集邮中"客邮"性质的"客花"问题，就早期经营日本火柴贸易的国内本庄和日本办庄[1]的研究，在中国集花界作为必要的课题研讨，迄今仍为空白。这是牵涉到正确划分中国火花分期必须解决的当务之急。相比之下，1998年7月24日为纪念中国大龙邮票发行120周年，各地邮政发行各式邮品，集邮界也召开各种纪念活动和学术研讨，集花界缺少的就是这种学术氛围。集花界也许会说，火柴业不景气，与中国邮政不可同日而语。事实上，还是我们的观念存在着误区。1997年底，上海火柴厂鼓作力量，为纪念中国民族火柴工业诞生120周年，推出礼品火花《吉祥火花荟萃》珍藏册，让世人一睹我国清末民初流通的古典吉祥火花之风采。当笔者撰文《火花由计划经济走向市场经济发展》后，却在《北京青年报》引发了一场"真花"与"伪花"的争鸣。[2]其实从本质上而言，火花的商品化由来已久，时代发展，殊途同归，对集花界的有些持论，窃以为，是"五十步笑一百步"而已。

收藏，乃收藏历史。特定的历史背景产生特定收藏品属性，而对特定的收藏品研究又反映了特定的历史沉浮异变。"火花"与"邮票"本是"姊妹"，其在做学问上的差距却相差甚远，犹如远隔"万水千山"。火花收藏家的"头衔"容易求得，与其不无关系。

1997年8月，广州中山大学同好应国良先生来沪，两次光临寒舍相叙。其中谈到，他有计划准备搞个"关于早期古典火花租借的流通研究"课题，其旨意十分明确，由于早期火柴商标收集的难度，构成有志于系统研究、考证中日火柴工业史及其商标分野的深层拓展带来难度，为了利用散藏于各地藏家的、凤毛麟角的早期商标，使之进入研究流通领域，缓解集花界"有藏品无研究、搞研究缺实物"这种"跷跷板"现象。我闻之，对其志向非常敬佩，但估计具体实施中会有难处，劝他不如利用其所处广州地理之便，对1879年巧明厂创办至1908年日本华商利兴成办庄等一批回国民族火柴工业史上罕见。自1908年始，在日华侨办庄相继回国承顶或投资民族火柴业的，有巧明（利兴成）、大益（同孚泰）、民生（董庆堂）、广东（罗守一）、文明（裕贞祥）、公益（同孚泰）、中国（罗守一）、燧昌（裕贞祥）、光明（裕贞祥）、广州（广德）等等。有两点有史为证，研究时需加注意：（1）、日本井上磷寸社存在时间（1880—1917年稍后）、大阪公益社存在时间（1917年以后——1927年为止），其说明巧明1879年创办时不存在"假冒"商标之史。[3]（2）、"舞龙唛""舞狮唛"商标曾在华注册，其注册使用期（1925.9.1至1945. 8.31），商标注册呈请人井上重造（日本大阪府泉北群滨寺町大字下石津八十五番地）；在华注册代理人川崎半藏（北京东城麻线胡同川崎洋行）。[4]这样，经细心查考，找到广州地区民族厂家早期经营至华侨办庄承顶之间的商标，对广东早期火花进行分野，再看"舞龙唛"于中国火花分野处在怎样一个"临界点"就比较明朗了。没有实质性研究，且加大力度深度，将"源头"弄它个水落石出，从任何理论上划分中国火花分期，仅是单纯的概念。当概念运用于实物鉴别时，那么理性的概念与感性的商标肯定是要"错位"的。当今的集花研究尚处初级阶段，应该注重"点"的研究，由"点"再引伸到"线""面"上。如渝商卢干臣在1889年重庆开办森昌泰火柴厂之前，曾在日本创办森昌火柴厂，因受日商排斥再迁渝续办。[5]再者，开办于1877年的大阪府西成郡九条村的三光磷寸社，名义上为日商山本孙七创办，实际却为大阪川口六十五番华商办庄祥隆号投资设置，所有原料及药品的收购、工厂的监督等均由祥隆号办庄包揽。[6]考虑到当时国内本庄及日本办庄的华商，不仅输入日本火柴之多（如广州在日办庄利兴成、同孚泰、怡和洋行等几家，其经营的火柴估计占全部输入广东的日本火柴的80%左右，[7]且经营手段有买断商标再包销、就地投资设厂自制、投产订制、委托代制、订购经销之诸种，其所依附于火柴上的商标究竟如何归位，中国耶？日本耶？几不亦难哉！其为几十年火花研究上滞后，没有实质性突破的主要原因之一，亦是我阅读苏连弟教授《中国火花艺术》第一部分所悟出的遗憾与体会。

投资于广州民族火柴工业，在这段期间内巧明及广州地区厂家究竟使用过哪些牌号商标彻底系统研究一下，可能有"新天地"发现，对我国早期火柴工业状况及商标使用情况的研究是至关重要的。这是基于历史上广东华侨赴日开设办庄经营火柴贸易，不仅在时间上较早，而且回国投资民族火柴实业规模之巨，为中国

（一）上海祥和丰洋货号

上海经营东洋火柴的最早办庄是1878年开设在大马路（今南京东路）中市的"祥和丰洋货号"，该庄"专办经销日本东京新燧社产品'樱花牌'自来火"，它在当时的《申报》上大肆广告："'樱花牌'自来火且系顶上油料制成，其货常用比众不同"等。[8]甲午后上海经营百货业的东洋庄号家与行业开始形成。1912至1913年，东洋庄同业在上海南市西门城内梦花街自建公所，成立东庄公所振远堂。一般东洋庄的进货方式是通过其在日办庄或在日独立办庄进货的。

（二）上海义生洋行

义生号和怡生号办庄吴作镇，字锦堂，浙江慈溪人。1882年吴为谋生计从乡下至上海城隍庙萃丰香烛店帮佣。业余时间，刻苦练习珠算和阅读语文尺牍。1885年，香烛业茂生荣店号李遂生建议同业选派一人赴日本长崎采办东洋货，由烟纸香烛店同业集资助行。吴被选派赴日后，先在长崎设义生号办庄，资本仅1000元，经营杂货、火柴之类来沪贩销，替烟纸香烛店同业办货。以后，因讲求信誉，获东洋供货商社放帐赊销，办货数量陡增。1887年，吴积蓄有余，转往大阪坐庄经商。1889年再迁神户，以30万元设怡生号办庄，并于上海设义生洋行分号，其将向东洋磷寸会社订购的火柴，以"龙船牌"商标，通过上海分号义生洋行，大量行销苏州、无锡一带。1902年，神户怡生号输出日本火柴实际为93372日元。当时以经营日本火柴最出名的上海义生荣东洋庄（本庄），亦悉数委托吴锦堂怡生号办庄在日本办货。1913年，吴还在宁波集资租办过正大火柴厂，并亲自在厂的大门上书写对联："正谋地方实业，大展平民生计"。

（三）上海义生荣东洋庄

上海义生荣东洋庄，资本主辛仲卿，镇江人。该庄于甲午前1890年开设，为上海经营东洋自来火生意做的最大一家本庄。其在日本设有自己的"泰昌东"代办庄，辛聘神户华侨吴锦堂为经理。义生荣东洋庄经销的"和合牌"和"红衣牌"定牌火柴，风靡上海

商埠，长江沿岸的客帮全由义生荣批发出去。只几年经营，辛仲卿即积聚资财达100万两，在上海新闸路置有"辛家花园"产业。约1906年前后，辛纵投机买卖亏损150万两，仅辛家花园产业抵押就约达40两。

（四）上海盈丰泰东洋庄

上海盈丰泰东洋庄，1875年开设在上海吉祥街吉如里，创办者章瑞峰，浙江平湖人。甲午以前，盈丰泰就将经营日本火柴进口作为该庄主要业务，营业额稍差于以经营火柴著名的义生荣东洋庄，主要经营"昭君"和"美女"两个牌唛的东洋火柴。当时，火柴每箱市价售10多元，利润7—8％，每箱能赚上约1元。1891年，盈丰泰在经营业务的资金有5000元，每年营业额约在5万元左右，庄内伙计约10多人。甲午以后，业务有了很大发展，主要还是经营火柴，兼代日商洋行经销铁锚牌毛巾、洋伞、自鸣钟、丝布等，赚取2%佣金。盈丰泰的资本积累，至1920年已达30万元左右。盈丰泰进货原委托在日华商沈莲卿代办，后发觉代办人作弊，章瑞峰亲自到日本办货。

（五）上海和昌盛东洋庄

上海和昌盛东洋庄，开设于1908年，资本金5000两，系合伙投资。其火柴进口由神户华侨陈源来开设的合昌号办庄代理，专销"老虎牌"火柴一种。后转大阪华侨余芝卿在日开设的鸿茂祥办庄代办。而陈、余两办庄均为和昌盛投资股东，前者1000两，占2股；后者500两，占1股。最大股东施本怀2000两，占4股。合昌号陈源来1919年回国，投资15万元，在上海周浦镇创办中华火柴公司。鸿茂祥办庄余芝卿，号茂芳，浙江宁被人，1874年生。余芝卿1928年回国，出资8万元创建上海大中华橡胶厂。[9]

以上是我梳理的几家主要的在沪本庄（上海东洋庄）及在日办庄（华侨办庄）经营火柴业的概况，至于为何在甲午以后出现进口火柴贸易旺盛这一现象，其中一个原因是，日本在中日甲午战争过后，为了改革币制，于1897年实施了金本位制。再有，1914年至1918年正值

第一次世界大战，欧洲帝国忙于战事，无暇东顾，西洋货的缺空，为东洋货取而代之，于我国市场大肆倾销提供机遇。当时银贵金贱，银价上涨，日元步步下跌，此又给经营日本火柴的上海东洋庄与在日华侨办庄提供了一个非常有利的赚钱良机。此外，日本近邻上海，运输之便利、交货之迅速，使本庄及办庄易于把握市场供求与货价涨跌行情。虽日货品质稍逊于欧美精良，但价格低廉，花色品种繁多，使用的商标包装图案于中国民众喜闻乐见，经营十分走俏。再因进货渠道都为日本批发商控制下的众多中小型火柴工场和手工作坊，竞争激烈，对买户比较迁就，可以赊帐，可迨售尽后再将货款归至，买主非但不须垫本，还可用其款挪用周转。

上海东洋庄（本庄）后来形成式微，主要受历次抵制日货运动之影响，以"五四"运动持续发展，运动中心由北京移至上海始，至1925年上海"五卅"惨案发生，上海各东洋庄在内外交逼下，纷纷将商业资本逐步置换到工业资本上去了。

注释

【1】本庄和办庄广义上都称之为"洋行"。"洋行"研究是中日早期火花分野的突破口。为避免混淆，参阅各著述学术，说明以下，①东洋庄：指近代本地华商经营对日进口火柴贸易的商业企业，亦称本庄。②办庄：包括独立办庄与代办庄，前者指日本华侨资本开设的出口日本火柴贸易的商业企业，亦称华侨办庄；后者指国内东洋庄在日本的分支代办机构。

【2】参见1998年5月28日和7月2日《北京青年报》"收藏淘金"版二文：吕春穆、李树松《"珍藏版火花集"有无收藏价值？》；蔡博明《珍藏版火花集有收藏价值》。

【3】参见ノスタルジヤア・商品开发（株）磷寸文化研究所编"兼松日产农林（株）マッチ部门の历史"，1919年11月13日发行。从表中看，"公益社"为"井上磷寸社"沿革所至。

【4】参见由新加坡黄汉森提供、黄振炳整理《英国商标档案馆藏中国火柴商标注册年鉴》。

【5】参见《森昌字号火柴厂卢干臣等呈请采购川磺票》，（光绪十八年八月二十四日），《四川保路运动档案选编》第63页，四川人民出版社1981年9月版。

【6】参见鸿山俊雄著《神户大阪的华侨》，神户华侨问题研究所昭和五十四年版第19页。

【7】参见《广东文史资料》第二十八辑，第162页，黄福山《解放前广东火柴工业概貌》（1964年），广东人民出版社1980年9月版。

【8】参见《申报》1878年1月9日，《专办东洋自来火》广告。

【9】有关上述上海东洋庄及在日办庄，主要参见有：

a. 上海社会科学院经济研究所、上海国际贸易学会学术委员会编《上海对外贸易》（上册），第499—532页，上海社会科学院出版社1989年12月版。

b. 张仲礼主编《城市进步、企业发展和中国现代化》（1840—1949年）第192—203页，黄汉民《侨资工业企业与东南沿海城市的近代化》，上海社会科学院出版社1994年8月版。

c. 张仲礼主编《东南沿海城市与中国近代化》第421—431页，"侨资工业在东南沿海城市中的发展"，上海人民出版社1996年7月版。

d. 林金枝《近代华侨投资国内企业史研究》第16、70页，福建人民出版社1983年8月版。

e. 罗晃潮《日本华侨史》第196—235页，广东高等教育出版社1994年12月版。

f. 池步洲《日本华侨经济史话》第139—179页，上海社会科学院出版社1993年7月版。

g. 童玉民《日本神户华侨史》，《天津文史资料选辑》第十七辑，第196—197页，天津人民出版社1981年9月版。

另外，在该文撰写过程中还参阅了以下资料，主要有：

①广州火柴厂编写《广东火柴工业概貌》（1983年8月25日，广州火柴厂供稿）。

②利耀峰《回忆四十年间广州地区的火柴》（林熙整理，1964年8月，广州市民建、工商联两会供稿）。

③中央工商行政管理局编印《商标·发明公报》（月刊）第12期（1954年3月1日出版），该刊第37页"撤销商标公告表"记载：注册商标及注册号数"四人舞龙"（1001）、"太和龙"（1002）、"太和如意唛"（3359）、"巧明猴牌"（1165），由"商标专用权人或原申请人"（巧明公记火柴厂尹景年）建国后重新注册，1954年2月12日被中央工商行政管理局撤销，原因系仿冒外商商标，应予撤销。

▲ 1880年英商美查开设的上海燧昌自来火局火柴商标

六、晚清上海火柴业及其商标一览

辛亥以前，沪上开置的火柴企业（包括外资在沪），据目前现有的史料记录，其大致概况略述以下：

（一）上海制造自来火局

光绪三年（1877年）末，在上海大马路（现今的南京东路）一洞天后，上海制造自来火局于此诞生。据当年的《申报》广告："今本局从外洋购到顶上之油及各药料制成自来火出卖，其货火头极旺且日久可不回潮，价银比外洋来者格外公道"。"所制'马牌'自来火"每匣售价四文左右。【1】在该局发轫之初，其所制的"马牌"火柴即受到国外进口货的倾销和竞争市场的威胁。不到半年时间，上海制造自来火局就登报启示："本局之货因各客尚未尽悉，现暂减价，"每一箱（计1444匣）以价洋五元跌至价银三两。【2】当时在该局附近同一条大马路上的中市处，即开设了一家专门经销东洋自来火的"祥和丰"洋货号。该商号在日本"东京本所柳原町新燧社制造局内专办'樱花牌'自来火"来沪倾销，且声称其货"系顶上油料制成，其货常用比众不同"，质量"较胜于"其他外国来者。【3】由此可见，上海制造自来火局的火柴因为原、药料皆依赖外洋进口，加上产品质量欠佳，成本偏高，而尚难匹敌国外舶来品。估计该局产品销路打不开，致使开业后不久，便闭门歇业了。至于史料上提到的该局当年使用过的"马牌"商标，惜

一百二十八年过去，唯倾心其"芳名"，而实难一睹其"芳姿"了。

（二）上海燧昌自来火局

同治初年，英商弗理德利克·美查和埃奈斯特·美查兄弟来沪经营茶叶、洋布贸易，后发迹，资金雄厚。他们以美查洋行的名义，先后在沪创办了美查制酸厂、申报馆、申昌书室、点石斋石印局、美查肥皂厂和燧昌自来火局六家企业。【4】

燧昌自来火局开办于光绪六年（1880年），厂址设在上海新闸区苏州河南岸。该局一开始就使用机器制造火柴，雇用中国女工300人，男工100余人，另加厂外糊盒临时女工和童工数以百计。工作计酬，女工每人每刷磷1匣记工资6文。该局生产的火柴成品每小盒内装火柴70枚，贴用的商标为"花牌"，上市零售价为五六文一盒。据1886年《捷报》转载英国驻镇江的领事商务报告声称："上海制造的火柴"，"似乎已成了进口火柴的可怕竞争者，因为，除了价钱便宜以外，又不怕气候潮湿"。说明该局产品在当年的市场上在较强的竞争力。为了打击同业间的假冒伪劣，光绪十三年（1887年）

七月二十四日，美查的燧昌自来火局在《申报》上刊登告白，声明："本厂所造燧昌各花牌自来火，皆用上等药料，已历多年，早已远近驰名。迩来有射利者，捏造次货，所用本厂匣子，模糊影射，鱼目混珠。贵客赐顾者，须认明本厂招牌。现今格外放价，欲办者请移玉本厂或三马路申报馆账房面议。特此布闻"。[5]

光绪十四年（1888年）六月一日，该局内不慎发生火灾，烧毁染磷、晾干等车间、司账房及工人居舍，以及大批木材和化学药品，损失约6000两白银。据当时《北华捷报》报道："开设八年后遭到火灾，厂房设备付之一炬，但翌年大事扩充，增加新厂房，使用新机器，产量随之急增"。[6]

光绪十五年（1889年），美查将燧昌自来火局与其余五家企业一并交由履泰、麦边、隆茂三家洋行承顶经营，并改组为美查兄弟有限公司，资本额划定30万两，分作6000股，先发行5500股，其中美查兄弟财产作价2000股以上，余下3500股，公开"招人来买"。这个公司最后筹集到多少中国人参股，不得而知，但新公司一俟成立，四名董事中就有一位曾在禅臣洋行当过买办的中国股东梁金池。而"申请认购的股份，大大超过了公司分配的数额"。[7]至1894年，该公司已缴资本为27.5万两。

有关燧昌当年曾使用的商标，随着今天互联网的发达，在国际收藏拍卖网上被发现，国内花友高价将之购入，让这些珍花重回故里，填补了原先该厂火花在国内之空白。目前为火花收藏家甘师珂先生珍藏。

（三）上海燧昌火柴公司

光绪十六年（1890年），浙江镇海人叶澄衷在上海虹口塘山路（今唐山路）创办了上海燧昌火柴公司。此前，他于同治元年（1862年）在沪开设了顺记洋杂货号（后称"老顺记"），它是上海近代第一家五金商店。至光绪二十五年（1899年）他去世前，该家族产业资金结累已达银800万两，除开办火柴业之外，他还投资开拓了其它新兴行业，如钱庄、航运、纶华纱厂、树德地产公司等。叶澄衷在沪上商界的崛起，为上海近代培养了不少新式企业人

才，在晚清上海工商界素有"强半皆从老顺记习业来者"之说。[8]

燧昌火柴公司创办时资本为50000两，"股东悉为中国人"。一开始以生产木梗硫磺火柴为主，药料使用从欧洲购进，木材、箱材、纸张等均从日本输入。从光绪二十六年（1900年）前后，公司改制生产安全火柴，当初选用的商标由日本拓印加工制成。公司聘请旅日华商张阿来为技师，负责生产工艺和质量，每月聘薪为60两银子，而当时任公司副经理宋炜臣的月薪收入亦不过13两，此外，厂内雇用的工人近800人。

该厂生产水平主要依靠手工作业，每天的生产能力是36万盒（约50箱），其产品在本地市场上受到日本来沪火柴的排挤。因日货在沪十分走俏，而公司所制的火柴又质量次，成本高，很难与日货匹敌抗衡，故最初在上海没什么销路，主要是运往江西、安徽一带出售。每箱火柴的售价为13两银子。

为降低成本，竞争市场，公司采取压低工人工资的办法。每天的工资额：男工2至3角；女工1至1.5角，计件工资额：糊盒1000只1角；排梗二版1分；装盒1000只5分。我国早期民族火柴工业的起步艰难，由此可见一斑。难怪当时日本出版的《清国事情》中不无得意地说："上海邻近我国（文中'我国'均指日本，笔者注），处于我国火柴输入极其便利之位置，故当地之火柴制造业常被我国制品所压倒，其经营陷于极端困难之境地。以前当地有燮昌、荣昌、燧昌等三厂，因不能竞争，加以经营方法不良，荣昌、燧昌二厂终于被迫倒闭，仅燮昌因历史较长，根砥稍固，尚能继续存在，从事制造……制品粗劣，与我国制品根本不能匹敌"。[9]

燧昌公司创办之后，虽经营处于艰难之中，勉强维持，但它对抵制日商的火柴垄断，还是起到一定的积极作用。如1891年上海火柴投放到温州市场后，日商为了同上海火柴竞争，将"火柴价格拉到每罗2角6分，几乎完全不赚钱"。[10]燧昌公司一直经营到民国14年（1925年），因企业长期墨守成规，管理不善，以致营业不振，亏蚀累累。特别是叶澄衷离世后，其后代又不事生产，奢侈挥霍，资金流失，导致企业最终债台高筑，内困外扰，跌进死潭。1925年刘鸿生伙同上海四明银行经理孙衡甫，以"燧昌厂财力匮乏，缺

少人才"，"继续经营非常困难"为借口，被清理兼并。民国十六年（1927年），燮昌厂对外正式宣布倒闭歇业。

由于燮昌公司经营时间达37年，该厂历年使用的火柴商标也有许多种牌号，传世下来迄今发现的卷标（含背标）也不少，如江苏展览会奖章、联珠、（昌燮昌）、燮昌、教子、采花、保安、双狮轮、渭水遇文王等等。

（四）上海祥森火柴公司

上海祥森火柴公司创办于光绪三十四年（1908年），创办资本14万元，创办人是洪德生。据史料记载：该公司开设后次年即遭受火灾，企业厂房及设备全部被焚，无法再开业生产，不得不关闭歇业。[11]

因该厂仅存一年，保留下来的火柴商标几乎凤毛麟角。目前仅发现国内无锡张筱弇先生藏有该厂6枚商标，它们是麒麟（有两种不同款式）、红日双鹊、红日双蟾、报晓（直型）、单蟾（直型）。

（五）上海荧昌火柴公司

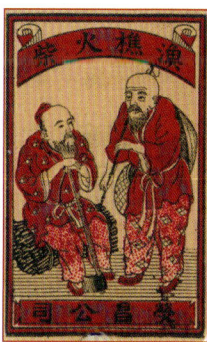

清末民初之交（1911年6月），邵尔康在上海浦东烂泥渡投资开办了荧昌火柴公司，创办资本13.9万元（见《刘鸿生企业档案》，荧昌卷No.3，原资料为10万两，折银元13.9万元）。民国五年、民国九年（1916年、1920年）又分别在浦东陆家渡和镇江新河开设了荧昌二厂、三厂。[12]至1920年，荧昌总资本达到60万元。职工人数有992人。荧昌全年生产火柴71000余箱，盛销长江流域一带及广东、福建等省。

1929年12月27日，刘鸿生致函荧昌火柴公司董事长乐振葆、总经理朱子谦，历陈中国民族火柴业如不"自行团结，本互助合作之精神，组织大规模之公司，实不足以与瑞商相抗而图自存，前途至堪危险"。1930年7月，为增强同瑞典在华火柴业的竞争能力，鸿生、荧昌、中华三家火柴公司正式合并，组成上海大中华火柴有限公司，其中刘氏家族的资本占公司总额的

29.57%。总资本1910080元。上海大中华火柴公司的董事长、总经理分别由乐振葆、刘鸿生出任。

关于荧昌厂使用的商标，对今天集藏爱好者而言，要觅得也不是轻而易举，有一定的难度，但它毕竟比上述几家早期火柴厂的商标，存世量相对要多一些。1924年至1925年间，荧昌厂在民国政府商标局注册备案的即有：保险、金鼎、剪刀、荧昌、渔樵（竖）、双鹅、马车、双童鼓、元宝、双斧、莲船、渔樵（横）、封王、太公钓鱼、松老、上海、海上、三老、农夫、三星图等。[13]

注释

【1】《申报》，1877年12月11日广告《自来火出售》；《申报》，1878年1月9日广告《搜买自来火空匣》。

【2】《申报》，1878年2月19日广告《自来火零蹅发卖》；《申报》，1978年4月6日广告《自来火减价》。

【3】《申报》，1978年1月19日广告《专办东洋自来火》。

【4】《申报》，1889年9月16日；参阅孙毓棠《中国近代工业史资料》，第一辑，上册，科学出版社1957年4月版第125页。

【5】《申报》，光绪十三年（1887年）七月二十四日"燮昌自来火局告白"，转引孙毓棠《中国近代工业史资料》，第一辑，上册，科学出版社1957年4月版第126页。

【6】《北华捷报》，1888年上卷，第749、750页；参阅祝慈寿《中国近代工业史》，重庆出版社1989年1月版第217页。

【7】《申报》，1889年9月16日；《万国公报》，1883年1月20日，第724号；《Herald》，1889年8月31日，第263页；《Herald》，1890年1月17日，第68页；参阅汪敬虞《十九世纪外国侵华企业中的华商附股活动》（黄逸平《中国近代经济史论文选》，上册，上海人民出版社1985年4月版第193页）。

【8】《叶澄衷行状》，见《叶澄衷荣哀录》，光绪壬寅（1920年）怀德堂编印；参阅徐鼎新、钱小明《上海总商会史（1902-1929）》，上海社会科学院出版社1992年10月第二版第10至12页，第22页。

【9】孙毓棠《中国近代工业史资料》，第一辑，下册，科学出版社1957年4月版第994、995页。

【10】青岛市工商行政管理局史料组《中国民族火柴工业》，中华书局1963年10月版第9页。

【11】《支那经济报告书》，第31号，第6页；《农工商部统计表》，第二次；参阅杜恂诚《民族资本主义与旧中国政府（1840-1937）》，上海社会科学院出版社1992年11月第二版第367页，附录。

【12】陈真、姚洛《中国近代工业史资料》，第一辑，生活·读书·新知三联书店1957年11月版第407、409页。

【13】《英国商标档案馆藏中国火柴商标注册图录》，由新加坡黄汉森提供、黄振炳整理。

▲ 瑞中洋行于1915年在上海成立，为近代瑞典正式在我国设火柴行销机构之始。

七、瑞典火柴业在上海之兴衰

（一）最早拉开对华倾销火柴序幕的"瑞中洋行"

上海最早的火柴，是在1844年由国外输进的。当时被国人称之为"洋火"或"自来火"，列"五洋"之一。瑞典作为火柴生产大国，在近代世界火柴工业史上，占有重要的地位。今天所称的"安全火柴"，是"瑞典火柴工业之父"伦德斯特洛姆（J·Lundstrom）根据德国人亨尼·布兰德（Hening Brand）的发明，在1852年开始大批量生产的。瑞典安全火柴在1855年巴黎国际博览会引起轰动，荣获银牌。

▲为纪念中华民国创立而发行的瑞典火柴商标。

瑞典火柴至少在1885年以前，即输入我国。当时的瑞典火柴在市场上每盒售价为三个铜钱。据说，最早在我国市场上销售的瑞典火柴，是"古帆牌"黄磷火柴。【1】今天的瑞典火柴博物馆里还陈列着一份我国民国初年从瑞典引进火柴的议定书。【2】

近代瑞典正式在我国设火柴行销机构，是1915年在上海设立的"瑞中洋行"（Swedish-Chinese Import & Export Co）。洋行经理为西格瓦德·欧伦（Sigvard Euren），洋行的主要任务，是从瑞典贩运火柴到上海推销。【3】二十年代，瑞中洋行公开推销为数不多的几种牌号的火柴，当时在上海滩风靡一时的"凤凰牌"高级火柴便是其中之一。"凤凰牌"火柴制造精良，属一种高级药水梗火柴。这种火柴的梗枝经过防灼剂处理，燃尽后成黑色炭杆，落在衣服上不会烧损衣服。该火柴每箱售价要比国产一等火柴贵15元左右，【4】使一般平民不敢问津。相反，上海滩的小开、阔老却非常

46

喜爱，在公开场合使用它，以显示自己的派头不同凡响。由于瑞中洋行推销的牌号均属高级火柴，质量虽优，但价格昂贵，故销路也极为有限，营业额不见起色。二十年代瑞中洋行经销的火柴牌号，除"凤凰牌"外，还有"地球牌"和"桥牌"等。

（二）国际火柴"托拉斯"风靡全球

▲瑞典火柴箱标

瑞典早在1836年就有火柴厂诞生。当然，最初是靠手工维持作业，专门制造黄磷火柴。自安全火柴问世后，为适应国际市场对这一新开发的日用消费品需求的急速增加，年仅28岁的工程师拉格曼于1864年成功地研制出第一台自动制火柴机，从而加速了火柴产业的机械化，以至新兴的火柴厂在瑞典国内如雨后春笋般地相继出世，最多时竟高达155家。[5] 由于火柴业的激烈竞争，到1917年，瑞典同业兼并，只剩下一家火柴厂——瑞典火柴公司（Swedish Match Co. Jonkoping, Sweden）。该公司主要由伊瓦·克鲁格（Ivar Kruegev，瑞典火柴公司创始人和总裁，国际"火柴大王"）系统的联合火柴厂（A.B. forenade Svenska Tandsticksfabriker）与罗温奈为主要股东的 Jonko Pings & Valcans Tandsticksfabriks, AB. 合并而成。[6] 瑞典火柴公司在国内有下属火柴厂20余家，且拥有12万亩的森林。该垄断组织一开始运转，它的投资首先集中于制造方面，以其极先进的工厂组织管理和精良

技术，向世界火柴市场纵深发展。另一方面，利用其本国原料（主要是木材）的廉价优势，实现与世界各国火柴业竞争贱卖。如果说，上述是地利、人和，那么，处于1919年欧战结束后的天时，则无不对该公司的发展给予了一个十分有利的外部条件。当时，被卷入战争漩涡的欧洲帝国主义国家，生产衰退，经济萧条，瑞典火柴公司利用借款手段或采用廉价收买世界各地火柴产业，以扩充自己的实力。1919年，我国爆发"五四"运动，我国以往进口火柴的最大输入国日本，在中国人民抵制日货的运动影响下，一蹶不振，瑞典火柴厂商以此为突破口，悄悄地把大量火柴输进我国。自1924年后，中国的进口火柴几乎由瑞典一统天下。进口火柴的数量由1919年占输入中国总量的0.19%上升到1930年的27.13%，猛增了27.10%。[7] 到1930年时，瑞典火柴业已直接或间接控制了世界火柴生产总量的62%以上，[8] 已有50余国之火柴归瑞典垄断，即使英、美诸强亦未能阻止使之成为一个拥有几百个火柴工厂和火柴原料生产工厂的国际火柴托拉斯。当时，它在中国火柴市场中所占的份额是7%，在中国最大的火柴消费市场——上海，所占的市场份额是15%不到。为什么瑞典火柴托拉斯在称霸世界火柴业的同时，在中国尤其是上海，能成为一个例外？[9] 可以说，是以刘鸿生为主的上海民族火柴工业，为瑞典火柴业侵入，筑起了一道屏障。

（三）克鲁格征服欧亚的锦囊妙计

▲瑞典火柴仿单

如此庞大的瑞典火柴制造业，不可避免地会遇上生产过剩的问题。如何解决这一问题，瑞典火柴大王伊瓦·克鲁格在1920年代制订了一套相应对策，即将该公司的经营范围扩至东南亚地区，尤其是中国。克鲁格的锦囊妙计是，将瑞典本国制造的高档火柴，在

▲瑞典火柴仿单

厂（不管是设在日本，还是日商在华开设），并减少了它们的产量。

（四）全面控制日本火柴业对华的火柴输入

三井物产株式会社第一个海外办事处于1877年设立于上海，稍后开始对上海进行火柴贸易，并发展成为日本在华最大的火柴贸易综合商社。1924年，瑞典火柴公司伙同美国金钢钻火柴公司，派代表安德伦赴日，与三井洋行洽谈，买下了三井物产唯一生产火柴的日本磷寸制造株式会社。该厂也是日本火柴制造业中的第二大厂家。1925年，它又获得了小林磷寸制造株式会社的控股权。1927年，它收买了大同磷寸制造株式会社的大部分股票。大同是不久前由日本国内二十多家火柴厂合并组成，最终该会社成了瑞典火柴公司（占60%的股权）与东洋磷寸制造株式会社（日本最大火柴制造厂商）合并的产物。截止1927年底，通过对日本三大火柴厂家及其它二十家左右小厂家的投资，瑞典火柴公司已控制住了日本出口火柴的73%，以及日本国内营销市场的80%。【12】

瑞典火柴公司在控制了日本国内火柴制造业后，便把下一步目标瞄准了日本在中国开设的火柴厂家。1926年，他们收买了日商佐藤精一在东北开设的日清磷寸制造株式会社、吉林磷寸制造株式会社，就地生产瑞典"得宝""拓财"和"来福"等牌号火柴，倾销东北三省。【13】接着，他们又控制了大连磷寸制造株式

西欧市场上独家销售，以此获取巨额利润。此计划一旦实施成功，一方面可为瑞典火柴在欧洲营销独占鳌头排除了障碍；另一方面又可以诱惑东欧的火柴厂商涉足问鼎世界火柴出口市场。为了实施这个目标，克鲁格二十年代中期采取了一系列步骤。"在欧洲，他与巴尔干国家，波兰、捷克斯洛伐克、奥地利、意大利签订了垄断协议，规定这些国家生产的火柴只能销往暹罗（泰国）、法属印度支那、特别是中国"。【10】在1926年至1927年一年间，瑞典对欧洲十九个国家，先后以借款收买专利权、投资合营、供应原料和设备、控制股权、设厂制造支配市场、倾销火柴击败同业等手段，使自己在欧洲火柴市场占稳了脚跟。紧接着，"在东亚，他试图将中国市场专门留给瑞典火柴公司在东欧的附属厂家"。【11】它知道，要霸占中国火柴市场，首先必须全面控制日本火柴业对华的火柴贸易。1924年9月至1927年10月短短三年间，克鲁格花费了很大一笔投资，收购了一批向中国火柴市场供货的日本火柴

会社。1928年6月28日，瑞典火柴公司以361399.23元的代价，购下上海、镇江两地的日商经营的燧生火柴厂，并将它托交给上海瑞中洋行全权管理。上海燧生火柴厂开办于1923年，资本为30万元，办事处设在上海江西中路8号，经理人是植田贤次郎；镇江燧生火柴厂比上海开得早，是1921年开设的。两家厂均属日本神户东洋磷寸制造株式会社管辖，在上

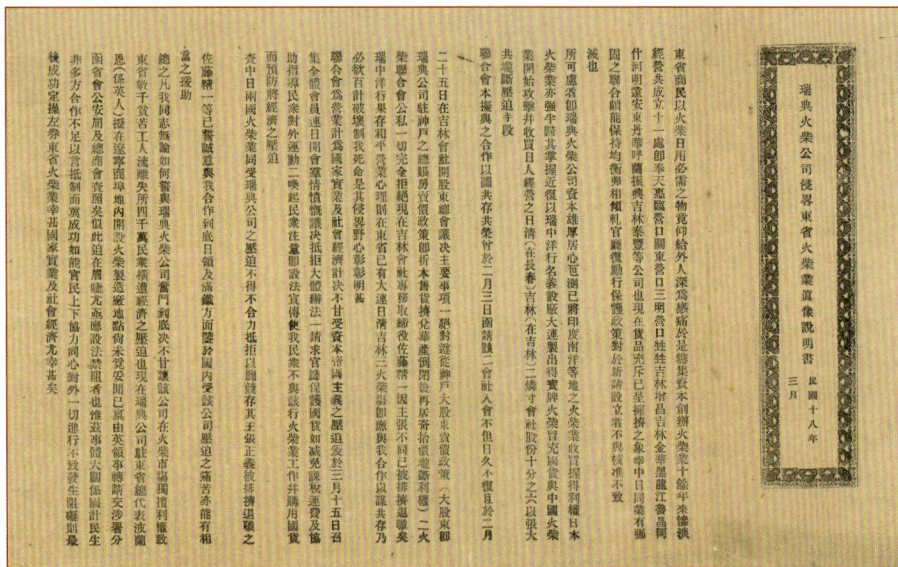

▲瑞典火柴公司侵略东三省火柴业真相说明书（1929年3月）

48

海以生产"猴牌"火柴并畅销于沪上而著称。[14]另外，据1924年5月至8月燧生火柴厂向我国政府有关当局申请的注册商标，还有"双吉""虾蝶""猴王弄棒""大桃""金笋为记""得利图记""双福寿""双狮塔""和合花篮""自行车"等12种。[15]曾一度统领上海火柴销售市场的"猴牌"火柴，改为瑞典的"凤凰牌""地球牌""桥牌"火柴，在上海扩大销售额构成了不可逾越的障碍。1925年"五卅"惨案发生后，全国民众愤怒声讨日本帝国主义罪行，"猴牌"火柴在"提倡国货""挽回利权"的呼声中，被广大市民拒绝接纳，销售受到阻滞。

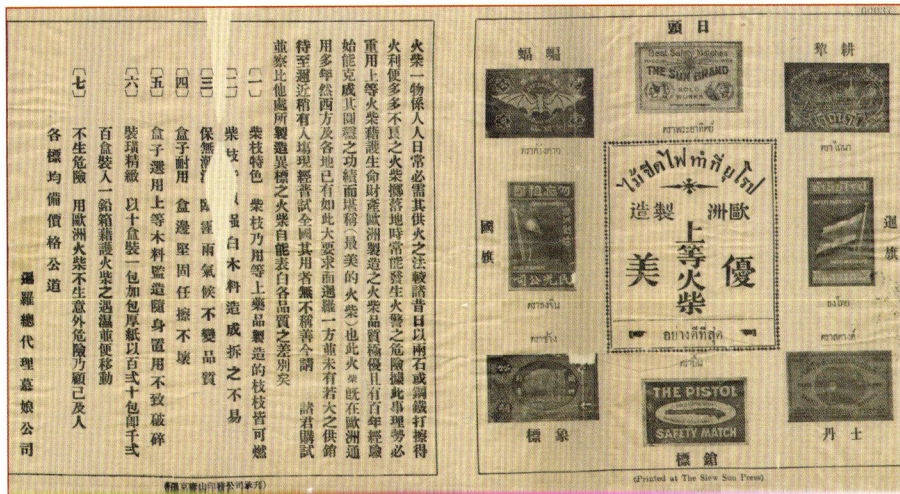
▲瑞典民光火柴公司火柴广告

从二十年代开始，根据克鲁格的垄断控制战略安排，瑞典火柴公司大幅度减少了从日本输入中国及在华日商生产的火柴数量。1928年至1932年间，受制于它的日本火柴厂，出口额减少了四分之三；[16]同时受世界经济大萧条和东京大地震所造成的工业上的后遗症影响，不受瑞典火柴托拉斯控制的日本火柴厂商，火柴出口业务亦减少了一半。

（五）"便宜的欧洲货"在上海大街小巷兜售

瑞典火柴公司早在1924年就有野心，设想在上海投资办厂，直接制造火柴，竞争上海火柴市场。考虑到我国民族火柴的权益因此会受到损害，而被我国政府拒之门外。1925年4月至1926年2月期间，瑞典火柴公司由瑞中洋行经理欧伦出面，写信给苏州鸿生火柴厂总经理刘鸿生，计划兼并鸿生、燮昌两厂的产业，

将两厂使用的商标收买下来，企图与鸿生、燮昌重新组建新公司。经几度洽商、谈判，因条件苛刻，终遭刘鸿生拒之。[17]

在全面兼并中国火柴工业的企图未能如愿之后，瑞典火柴公司调转头来向中国市场跌价倾销所谓的"便宜的欧洲货"。该公司用隐蔽的伎俩，借所谓"民光火柴公司"这一并不实际存在的实体，向国民党政府商标局申请注册了20多种牌号的火柴。二十年代后期，上海街头及弄巷里的、由小商贩兜售的"辘轮""玫瑰树""庙宇""刘海""飞虎""金链""如意""饭碗"等牌号火柴，即是当时向我国政府当局注册的这批火柴中的一部分。[18]这些商标上，往往注上"欧洲制造""波兰制造""捷克制造""比国制造""苏联制造"等字样，从不标明是瑞典国制造生产。商标图案大都具有我国深厚的民俗特征，以此取悦老百姓，迎合消费者心理，达到促销目的。不仅如此，公司还给这批火柴订了最低的售价，同1929年和1930年公司销往世界其他市场的火柴售价相比，销往中国市场的火柴价格低得不能再低。每箱平均售价只有34.25瑞典克郎。在这一时期内，销往暹罗及印度支那的每箱为43.50克郎；销往荷属东印度群岛（The Dutch East Indies）的每箱69.35克郎；销往美国的每箱为74.45克郎；销往英国的每箱100.5克郎。[19]据当时江苏火柴同业联合会1929年对上海进行的商业调查：瑞典的各类火柴，零售价均要比国产火柴低得多。国产一级火柴售价34元一箱，而瑞典同类火柴只售29.5元；国产二级火柴售价26至30元一箱，三级售价25元至28元一箱，但瑞典的二级火柴也仅卖26.5元。[20]

克鲁格就是利用这种倾销手段，实现了他夺霸东亚、尤其是中国火柴市场的战略目标。在实施这一目标中，其公司在东欧的一些附属火柴生产厂家，他们输往中国市场的产品，在1929年至1931年间，几乎占

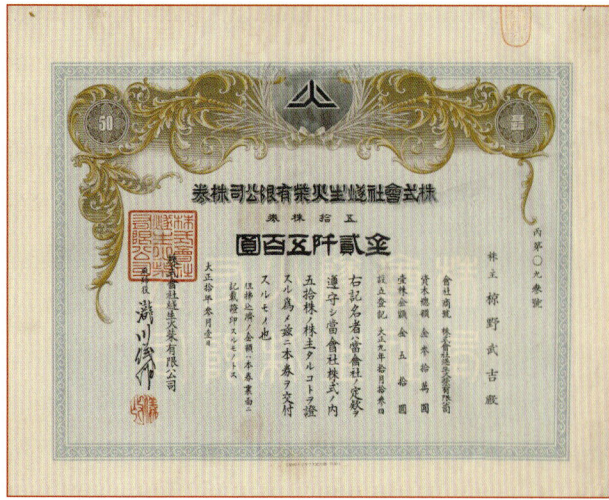

▲ 日商燧生火柴有限公司发行的股票（1920 年）

公司总出口火柴的三分之一。[21] 由于离岸价格被订得如此低廉，痛苦地承担了与中国火柴贸易的巨大经济损失，而他们的牺牲却为瑞典火柴公司的产品，除了在欧洲本土上的垄断经销之外，还在东亚带来了巨大的利润。

（六）企图利用贷款诱取在中国的火柴专卖权

1929 年 11 月 22 日至 30 日，全国 52 家民族火柴工厂的代表 67 人集会于上海，讨论"挽救国货火柴工业方案"，决定在火柴同业中成立"全国火柴同业联合会"，并一致推举刘鸿生为常务委员会主席。该同业联合会成立后，第一桩要办的事，即向国民党政府施加压力，要求政府实行火柴专卖制度。这一举措对克鲁格妄图使瑞典火柴一统称霸中国火柴市场的野心，无疑是一个沉重地打击。为了扭转将会出现的不利局面，瑞典火柴公司一方面在 1930 年 5 月举行的关于中瑞火柴联合专卖会议上，强调自己公司在中国火柴制造业要居统治地位，在火柴售销厂家中要控制氯酸钾（生产火柴的主要化工原料）的进口和分配，妄图从火柴生产所需的原料，这个关键要处扼杀住中国民营火柴业的发展；另一方面，在 1930 年 10 月初，委托其在上海的分支机构瑞中洋行出面，选派其研究东亚问题的专家罗姆·格林（Jorome Greene）作为瑞方谈判代表，与国民党政府财政部部长宋子文及他的继任人孔祥熙多次秘密会晤，企图以 1500 万元的贷款，挽回其公司在中国享有五十年的火柴专卖权。当此贷款之事

在 1930 年 10 月 5 日《时事新报》上被揭露后，引起了全国民营火柴企业极大的愤怒。[22] 是年 10 月 11 日，刘鸿生以全国火柴同业联合会常务委员会主席的身份，致函工商部，一针见血地告诫，"此事如果实现，则我国火柴业必尽为打倒"。[23] 国民党当局迫于国内民众的舆论，否决了此事。克鲁格对此万万没有料到，他在巴尔干国家，波兰、捷克、奥地利、意大利屡试成功的拿手好戏，在中国却失灵了。

（七）关税壁垒扼制了倾销战略

1919 年瑞典输入中国的火柴数量仅占当年中国进口火柴总量的 0.19%，到 1930 年却猛升到 27.13%，增加了 140 多倍。[24] 自 1924 年始，中国的进口火柴几乎被瑞典火柴业包办无遗。国产火柴业在瑞典火柴大量过境倾销之下，日趋凋蔽。据全国火柴同业联合会1930 年作的调查：仅江苏（当时包括上海地区）一地，原有火柴工厂 16 家，因瑞典火柴贬价倾销，停工倒闭达 9 家之多，其中上海裕昌、利民和华明三家民族火柴企业分别于去年相继倒闭。[25]

1930 年 7 月，因不堪忍受瑞典火柴业对中国民族火柴业的压迫，民族资本家刘鸿生联合上海荧昌、中华两厂，与自己的苏州鸿生厂合并，在上海成立大中华火柴公司，旨在建立一个以上海为中心的长江中下游及东南各省火柴联合产销的托拉斯集团，与瑞典在华火柴业势力抗衡，为中国民族火柴工业的生存和发展，奠定了基石。1931 年 1 月 1 日，国民党政府将进

口火柴的关税按原价的 7.5% 调整到 40%。【26】1932 年，瑞典输入中国的进口火柴，一下子从去年的 103 万箱下滑到 31 万箱。【27】关税这道壁垒，使克鲁格在中国的火柴倾销战略顿时得到了收敛，不再随心所欲。某种程度上，也为我国的民营火柴企业带来一线生机。关税调整使伊瓦·克鲁格伤透了脑筋，他不得不大幅度缩减输入中国的火柴出口，但让他完全放弃中国这个火柴大市场，是绝对不甘心的。当他把中国尤其是上海这个市场作为他火柴贸易的特殊倾销地，从他既定的东亚计划中挪开时，一种就地制造火柴的生产体系替代专司火柴贸易的行销体系，随之开始酝酿。

（八）上海燧生火柴厂成为远东最先进火柴厂

在专卖落空、关税受阻后，1931 年，瑞典火柴公司决定大规模扩建它在 1928 年买下的上海燧生火柴厂，在上海就地制造火柴，投放中国火柴市场。据瑞典火柴公司的托斯顿·赫特门（Torsten Hultman）说：在 1928 年收买下的这家日商开办的上海燧生火柴厂，设备简直是"老掉了牙"，收买它纯粹是为了在上海有效控制日本的火柴经营，故当时对它没采取任何改造步骤，把它搁置一旁。三年后，经瑞典火柴公司重新精心打造，新改造后的燧生厂，简直是"从里到外焕然一新。新添设备是从瑞典直接进口的最新产品……可以说，它成为远东最先进的工厂"。【28】1931 年，我国内全火柴行业只有一台连续式火柴机，可在上海燧生火柴厂，一下子添置了六台连续式火柴机。该厂改建重新投产后，资本达 12.5 万美元，注册登记仍以日商名义，并留用了一部分日籍生产技术人员，生产"凤

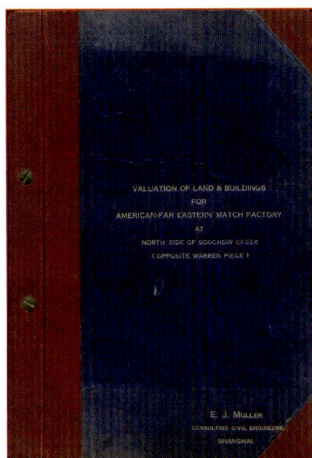

◀《上海美国远东（即"美光"）火柴厂造价书》，1940 年，16K，硬装，内附建筑方位地图 1 张，地块位于苏州河北岸（今上海火柴厂现址），共 80 页完整不缺，是当时上海外籍建筑事务所和中国建筑师合作所为，内地图上有中国建筑师钤印，造价书每页打字机打印，间有手写，此册是不可多得的研究上海地区火柴工业的珍贵史料。

凰牌"等安全火柴,改原先进口为就地生产制造。至此,国际火柴托拉斯——瑞典火柴公司第一次在中国境内设厂开工制造火柴,直接干扰我民族火柴工业的正常发展。

（九）美光火柴公司在我国抵制日货中粉墨亮相

1931 年,"九一八"事变爆发,全国人民抗日情绪激烈,抵制日货运动风起云涌,"提倡国货、挽回利权"成为人们在救国运动和国情认识上的一大进步。上海燧生火柴厂因仍然挂着日商遗留的厂名招牌（并借日商名义注册登记）,首当其冲在所难免。尽管他们把该厂留用的部分日籍人员尽遣出厂外,全部的工头由日本人换成瑞典人,甚至连一部分原有的日本造的旧设备也弃之废除,火柴盒上贴用的商标也为了适应新势力,更换了名称及图案,并再三强调该厂已没有"一分一毫"日本资本,但时态的发展对此仍无济于事。

为避开中国抵制日货运动这股洪流,上海燧生火柴厂不得不改换门庭。

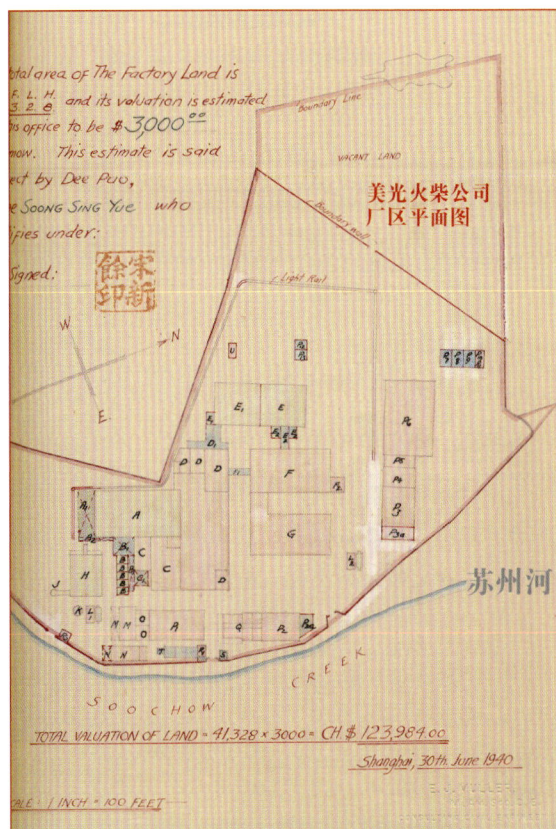

▲美光火柴厂厂区平面图（"造价书"中内页）

1931 年 12 月，由瑞中洋行经理西格瓦德·欧伦

国产火柴制造同业联合办事处各厂火柴价目单（1935.10.11）

出面，经与美国律师阿尔迈（A•F•Allmen）洽商，将厂名上海燧生火柴厂改为"上海美光火柴公司"（The American-Far Eastern Match Co.）并将资本转向美国注册，利用美商之名，在沪进行生产营业。由于瑞典火柴公司已将目标调整到以就地生产为主，原以贩销火柴为主要手段的上海瑞中洋行已完成了自己的历史使命，1932年11月，瑞中洋行并入到美光火柴公司（厂址在上海周家桥，今光复西路2521号，上海火柴厂的前身），同时，将镇江燧生厂改为分厂，易名"内河贸易公司"（The River Trading Co.），与美光公司合称"美内团"（The Mei-Nan Group）。其事务所设在上海，在汉口、香港设分办事处。改组后的美光公司，资本达到50万美元，日产火柴能力高达130箱（100万盒）。它在1932年至1936年期间，火柴产量占到上海火柴行业总产量的30%到40%。【29】为了适应当时中国人民的抗日情绪，美光公司招收了600名中国籍职工。美光公司当时生产的十多种牌号的火柴，在上海十分畅销。火柴商标经国民党政府商标局审定的有：饭碗、如意、玫瑰树、双福、辘轳、刘海、福寿福、老虎牌、虎牌、美孩儿等，商标图案大多迎合我国国情和民俗。

（十）"联办处"和"美内团"联袂合组"管委会"

1934年7月，刘鸿生借全国火柴同业联合会的名义，组建"华中地区国产火柴制造同业联合办事处"（简称"联办处"），其办事机构设在上海。至9月份，除大中华火柴公司下属六厂外，上海的中国、大华、大明、华明；南通的通燧；苏州的民生；宁波的正大；临淮的淮上

以及汉口的楚胜等九家火柴厂亦加入"联办处"。"联办处"创组后要解决的首要任务，是确定产量配额、规定协议价格、划分销售区域等。美光火柴公司地处长江下游，在中国属于最富庶、人口最稠密的地区，是一个有很大潜力的火柴消费市场。刘鸿生为了在华商火柴业中独占鳌头，不惜牺牲华资小厂的利益，与往日宿敌美光火柴公司携手联袂，美光公司求之不得，紧密配合。正如欧伦在1937年2月给公司瑞典总部一封信中所说，这个"联办处""为我们在中国的工作，提供了一个相当令人满意的基础"。【30】"美内团"（即美光公司与内河贸易的合称）在1935年7月27日，与"联办处"合组"火柴产销管理委员会"（简称"管委会"）。"管委会"下设的三名委员中，"美内团"占了一个名额。在达成的协定产销合同中，规定美内团在长江中下游和东南各省的有权产销箱额为15.82%，大中华火柴公司为54.87%，剩下29.31%属联办处其余九家中国厂商。当时瑞典火柴公司总部的总裁克鲁格的继任费雷德•勒琼伯格（Fred Ljungberg）还煞有介事地说：这种分配能让"我们在上海工厂（注：指美光公司）的投资中得到合理的收益"。【31】实际上，美光公司为了得到期望中较高的产量配额，也发挥了它的最大生产能力。"联办处"与"管委会"一成立，它的作用很快便显示出来。1935年7月，协议双方削减原产量的20%，但在这年的最后三个月中，火柴连续三次提价，而每次涨价的幅度是非常令人惊讶。1936年3月20日，上海成立"中华全国火柴产销联营社"（简称"联营社"），"美内团"又千方百计地施加压力。经过一年多的讨价还价，又与"联营社"合组了"销售调节委员会"，议订了产销比率协定。"美内团"欲加入"联营社"一事，因抗战全面爆发而无形中被搁置受阻。

（十一）行销体系依靠雇佣中国买办收效甚微

瑞典火柴公司在中国行销火柴主要依赖中国买办来促成。公司在上海设有办事处，在大连、长春设东

北分办事处；在汉口设长江中下游地区分办事处；在香港设华南各省分办事处。它在各办事处所有雇用的行销人员中，只安置一名外国人充任其行销经理的要职。洋经理是靠直接信件往来的办法，履行他对属下的中国买办或代销商的职权。在各地区的办事处中，唯有洋经理授权在公司信笺中签署信件，除他之外，任何人不得收阅中国代理商及买办的来往信件，一般信件都锁进文件柜，而重要信件则必须放进保险箱。由于洋经理不懂得汉文，阅读代理商的信件则借助于华人翻译。为此，公司又在各办事处里固定设一名华人行销经理。据当时在上海任办事处经理的欧伦说："几乎所有来信都是用的汉语"。【32】洋经理发给中国雇员和代销商的信件，都必须译成中文一同附上，洋经理只在英文原件上署名，然后再在信封上盖上一个中文戳记，以示未经洋经理画押，该信件一概无效。为确保正确无误地传达洋经理下达的各项指示，公司指定洋经理定期聘用独立译员赴办事处，检验华人行销经理的翻译是否正确。

事实上，直接通信的方式是很难收到有效的监督作用的。正如1931年，该公司分管亚洲事务的负责人冈那·埃克斯姆（Gunnav Ekstrom）对此向总公司第二号人物雷德·勒琼伯格所汇报的那样："我们把太多的销售权留给了中国人。我们对我们的火柴到底销到那里去了所知甚少"。【33】为了保险起见。公司又不得不同时采用依靠现金抵押的办法来辅之。也就是说，它不向任何中国代销商提供未经担保的信用，代销商必须缴足现金抵押以后，才能拿到所需的货物。而且押金（银元）必须等值于货物的价值。这样，代销商的支付款在三十天以内不能缴足的话，办事处可将押金作为抵货之款。

直接通信和现金抵押的行销制度，阻止不了中国受雇买办在财务上的弄虚作假。一些高层任职的中国买办，在每次得知火柴价格涨价之前，偷偷冒用代销商的名义，秘密套购大批火柴，暗中囤积。另外，在汉口办事处还发现受雇买办利用现金抵押营私舞弊的事例。一买办在连续八年的时间里（1927年至1935年），靠这一手段谋取了不少私利。1934年，上海办事处的欧伦在回答瑞典总部的责难时，也不得不承认，"这样

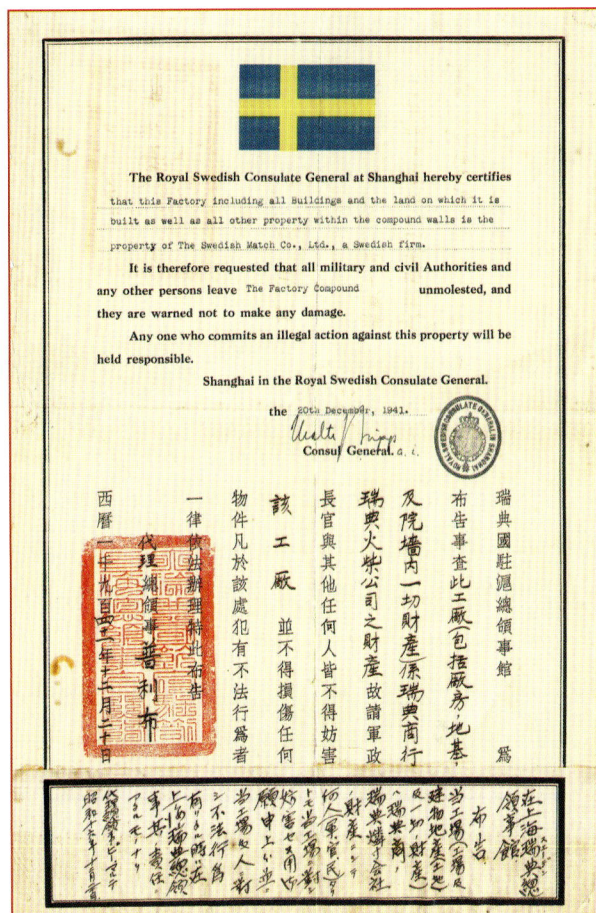

▲ 上海沦陷以后，美光凭借"美商"招牌，安然无恙。但美光厂预料美国可能卷入战争漩涡，谋产业安全起见，特向驻沪日领事馆登记声明，取消美股部分，易名瑞典火柴公司取而代之。4月太平洋战争爆发，所有在沪英美等交战国产业，均为日军部所封，日寇以该厂申请为瑞典是6个月之内之事，不予承认，被列为第二种敌产，予以军管理，并委托由中支那振兴株式会社代替经营，除专门生产军用"振兴"牌火柴外，还利用氯酸钾、赤磷等制造炸药和手榴弹，生产原料由日军部供给，所有出品归军部配销，不折不扣成为日本侵华期间在沪设置的一家军工产品制造厂。

做，当然会降低我们与中国厂家的竞争力，但也别无选择"。【34】

（十二）日本华中振兴公司（中支那振兴株式会社）军管时期

上海是中国最大的商业大都市。1937年11月，上海沦陷以后，日本把它作为掠夺华中经济的主要目标，"以上海为据点，确立帝国向华中方面经济发展的基础"。【35】

"华北开发公司"（北支那振兴株式会社）和"华中振兴公司"（中支那振兴株式会社）成立于1938年11月7日。前者的任务主要是"促进华北经济的开

发"；后者的企图主要是"战后华中经济的复兴"。"北支"注重于各种经济事业的统制和独占；"中支"偏重于各种经济事业的统制和经营。日本把华中振兴公司的总部设立在上海，东京仅设分公司而已。公司总裁由日本金融界领袖、前横滨正金银行（国家外汇银行）总裁儿玉谦次担任，副总裁为日本前内阁递信省次官平泽要，理事有园田三郎、油谷巷一、副岛纲雄，监事有南条金雄、三好重道。华中振兴公司正式挂牌后，又组建下属十五个子公司、二个组合，对上海及周边苏、浙、皖沦陷区的140家华资工厂实行"军管理"，并委托产业类似或相近的日资企业为经营管理，无偿地掠夺这些工厂的厂房、设备、原料，根据日军的侵华需求进行生产，为日本侵华提供战争军费。1941年，太平洋战争全面爆发，美国公开介入二次大战。因美光火柴公司资产注册是在美国登记的，用的是美商招牌，日本华中振兴公司（中支那振兴株式会社）以"敌产"为由，没收该厂，实行军管，生产战争需要的军用火柴。【36】直至1943年，美光火柴公司才解除"军管理"，重归瑞典火柴公司经营。

（十三）瑞典火柴业从上海消逝

1945年，中国长达八年的抗日战争取得胜利，它标志着世界二次大战亦告结束。由于二战中，美国在日本广岛投放原子弹威力，使战后的世界格局让美国占尽了便宜。此时的美国，作为国民党的盟军，成为在华利益的最大获得者。1946年以后，通货膨胀继抗战胜利初期一个短时间平稳后，又重新高涨，民用火柴亦成为市场可投机的对象，售价扶摇直上，这很大程度上刺激了火柴生产，民营火柴企业一时盲目剧增。1947年，上海最高峰时火柴生产厂家达二十三家之多，相当于战前1936年的3.8倍，火柴产量高达142158箱，其中美光火柴公司的产量为20881箱。【37】其后，美国火柴原料倾销陡然剧减，国民党政府成立输出入口管理委员会，控制民营火柴厂申请外汇购买火柴原料的进口限额，这对一向主要依赖于外国原料生产火柴的我国民营火柴业来说，无疑是釜底抽薪。在许多华商小厂纷纷倒闭的情况下，美国大量的纸梗火柴如潮水般涌向中国市场，民营厂的传统木梗火柴销路阻塞。

1946年10月以后，瑞典火柴公司也将大批火柴运抵港澳地区，实行廉价倾销。1947年，美光火柴公司的产量也从1936年的32553箱跌到20881箱，其部分原因，瑞典火柴公司把火柴市场的重点已移至香港和东南亚，该地区因遭受战争破坏严重，急需物资，恢复正常生活。从1948年到1949年上半年，上海的民族火柴工业，奄奄一息，有6家民营火柴厂接连倒闭，未倒闭者大多也处于冬眠状态，无法维持正常生产。

1949年5月，上海得到新生。上海民族火柴工业包括外资开设的美光火柴公司在内，得到复苏。新中国成立后，美国敌视这一新生政权，对新中国进行经济封锁政策。对此，在1951年4月，上海市人民政府对美光火柴公司宣布管制（笔者注，美光火柴公司在美国注册登记，当时认为属美商在华资产）。其时，我国大约有民族资本火柴厂347家，属外资企业仅美光一家，经一年多时间对美光厂的登记普查，核实该企业的产业投资主要为瑞典所有（瑞商占有90%资产）后，于1952年解除管制。【38】1953年8月，上海市人民政府通过与美光火柴公司的瑞方厂主谈判，将其全部资产以承租方式接管过来，成立了"地方国营上海华光火柴厂"。至此，当时在我国唯一一家拥有先进现代化火柴生产设备（火柴自动连续机等）的外资企业，转入到了人民的手中，为解放后的我国火柴行业的技术革新和发展提供了良好的服务。1966年，上海华光火柴厂改名为今天的"上海火柴厂"。瑞典火柴业在上海所营造的一切，至此成为永久的历史。

注释

【1】叶夫《瑞典火柴侵华概况》，转引《中国火花》第3期第52页，由湖南益阳基础大学徐志刚总编辑，1984年5月3日出刊。

【2】刘绪民《瑞典火柴史话》，转引金涛、杨志清主编《古老多山的北国——瑞典》，科学普及出版社1994年9月版第164页。

【3】《中华民国实业名鉴》第752页，《东北商工日报》1930年6月29日，转引陈真、姚洛、逢先知合编《中国近代工业史资料》（第二辑），生活·读书·新知三联书店1958年1月版第829—830页；上海社会科学院经济研究所编《刘鸿生企业史料》（上册），上海人民出版社1981年8月版第114页。

【4】青岛市工商行政管理局史料组编《中国民族火柴工业》，中华书局1963年10版第27页。

【5】同上，第162至163页。

【6】《瑞典火柴托拉斯侵略我们火柴工业之野心及其托拉斯在国际上之地位》，《工商半月刊》1928年第1卷第13期第1至7页，转引陈真等合编《中国近代工业史资料》（第二辑），三联书店1958年1月版第832页。

【7】张圻福、韦恒《火柴大王刘鸿生》，河南人民出版社1990年10月版第35页。

【8】（美）高家龙：《进入上海租界的三条道路1895-1937年火柴业里的日本、西方和华资公司》，转引《上海研究论丛》（第三辑），上海社会科学院出版社1989年3月版第224页。

【9】同上，高家龙基于《中国民族火柴工业》第26至27页，第36页，第42至43页和《刘鸿生企业史料》上册第153至154页，中册147页、第153页、第161至162页、第171页、第187页、第202页、第222页、第226页，下册245至248页作出估计的。

【10】同【8】。

【11】同上，第224至225页

【12】（美）高家龙《进入上海租界的三条道路：1895-1937年火柴业里的日本、西方和华资公司》，转引《上海研究论丛》（第三辑），上海社会科学院出版社1989年3月版第225页；青岛市工商行政管局史料组编《中国民族火柴工业》，中华书局1963年10月版23至24页；《中行月刊》第5卷产业第124至125页、《时报》1929年11月17日、《申报》1929年10月2日，转引陈真等合编《中国近代工业史资料》（第二辑），三联书店1958年1月版第830至831页、第828页；杜恂诚《日本在旧中国的投资》，上海社会科学院出版社1986年10月版第291页。

【13】《申报》1929年10月2日，转引陈真等合编《中国近代工业史资料》（第二辑），三联书店1958年1月版第828页；叶夫《瑞典火柴侵华概况》，转引《中国火花》，由湖南省益阳基础大学徐志刚总编辑，1984年5月3日出刊第3期第52页。

【14】（美）高家龙《进入上海租界的三条道路：1895-1937年火柴业里的日本、西方和华资公司》，转引《上海研究论丛》（第三辑），上海社会科学院出版社1989年3月版第226页，上海社会科学院经济研究所编《刘鸿生企业史料》上册第114页、中册第185页，上海人民出版社1981年8月版。据《中国民族火柴工业》第300页附录二："外国在华火柴工厂一览表"统计，镇江燧生厂创于1921年，而上海燧生厂的创设年份却为1925年。

【15】（新加坡）黄汉森提供、黄振炳整理《英国商标档案馆藏中国火柴商标注册年鉴》（三），转引上海民刊《辰丙梦花录》1997年12月第11期。

【16】（美）高家龙《进入上海租界的三条道路：1895-1937年火柴业里的日本、西方和华资公司》，转引《上海研究论丛》（第三辑），上海社会科学院出版社1989年3月版第225页。

【17】上海社会科学院经济研究所编《刘鸿生企业史料》（上册），上海人民出版社1981年8月版第86至92页。

【18】《大公报》1929年12月4日，转引陈真等合编《中国近代工业史资料》（第二辑），三联书店1958年1月版第822页；《申报》1929年6月27日，转引上海社会科学院经济研究所编《刘鸿生企业史料》（上册），上海人民出版社1981年8月版第106页。

【19】（美）高家龙《进入上海租界的三条道路：1895-1937年火柴业里的日本、西方和华资公司》，转引《上海研究论丛》（第三辑），上海社会科学院出版社1989年3月版第226页。

【20】上海社会科学院经济研究所编《刘鸿生企业史料》（上册），上海人民出版社1981年8月版第107页；青岛市工商行政管理局史料组编《中国民族火柴工业》，中华书局1963年10月版第28页。

【21】同【19】

【22】上海社会科学院经济研究所编《刘鸿生企业史料》（上册），上海人民出版社1981年8月版第125页；青岛市工商行政管理局史料组编《中国民族火柴工业》，中华书局1963年10月版第34页。

【23】上海社会科学院经济研究所编《刘鸿生企业史料》（上册），上海人民出版社1981年8月版第126页；张圻福、韦恒《火柴大王刘鸿生》，河南人民出版社1990年10月版第35页。

【24】《时事新报》1930年2月12日、《东北商工日报》1930年4月13日，转引上海社会科学院经济研究所编《刘鸿生企业史料》（上册），上海人民出版社1981年8月版第108-109页；陈真等合编《中国近代工业史资料》（第二辑），三联书店1958年1月版第827页及第823页。

【25】同上。

【26】青岛市工商行政管理局史料组编《中国民族火柴工业》，中华书局1963年10月版第35页。

【27】（美）高家龙《进入上海租界的三条道路：1895-1937年火柴业里的日本、西方和华资公司》，转引《上海研究论丛》（第三辑），上海社会科学院出版社1989年3月版第252页注释【28】。据《中国民族火柴工业》第304页附录三"历年火柴进口情况统计表"：1932年瑞典火柴从去年的956406罗下降到181755罗。

【28】（美）高家龙《进入上海租界的三条道路：1895-1937年火柴业里的日本、西方和华资公司》，转引《上海研究论丛》（第三辑），上海社会科学院出版社1989年3月版第227页；《中华民国实业名鉴》第752页、《东北商工日报》1930年6月29日，转引陈真等合编《中国近代工业史资料》（第二辑），三联书店1958年1月版第829至830页；青岛市工商行政管理局史料组编《中国民族火柴工业》，中华书局1963年10月版第40页、第73至74页。

【29】青岛市工商行政管理局史料组编《中国民族火柴工业》，中华书局1963年10月版第40页；徐新吾、黄汉民主编《上海近代工业主要行业的概况与统计》第七节"上海近代火柴工业资本与火柴产量、产值统计"，转引《上海研究论丛》（第十辑），上海社会科学院出版社1995年12月版第112页。

【30】（美）高家龙《进入上海租界的三条道路：1895-1937年火柴业里的日本、西方和华资公司》，转引《上海研究论丛》（第三辑），上海社会科学院出版社1989年3月版第243页。

【31】同上第241页。

【32】同上第229页。

【33】同上第230页。

【34】同上第230页。

【35】黄美真《华中振兴公司：抗战时期日本控制华中沦陷区产业的垄断公司》，转引《上海研究论丛》（第十辑），上海社会科学院出版社1995年12月版第154页。

【36】青岛市工商行政管理局史料组编《中国民族火柴工业》，中华书局1963年10月版第124页。

【37】徐新吾、黄汉民主编《上海近代工业主要行业的概况与统计》第七节"上海近代火柴工业资本与火柴产量、产值统计"，转引《上海研究论丛》（第十辑），上海社会科学院出版社1995年12月版第113页。据《中国民族火柴工业》第147页：1946至1947年间，上海地区火柴厂最多时达到25家，相当于战前的4.5倍，1947年的火柴产量145010箱，等于战前联营社核定产额的两倍。

【38】青岛市工商行政管理局史料组编《中国民族火柴工业》，中华书局1963年10月版第189页。

▲ 刘鸿生在创办水泥厂之前，曾赴日本学习，图为他参加日本小野田水泥公司时与公司人员的合影（前排左 4 为刘鸿生）。

八、刘鸿生与中国民族火柴工业

刘鸿生

刘鸿生，浙江定海县（今舟山市）人，1888 年生于上海，是民国时期著名的民族资本家及企业家之一。

刘鸿生从小读书天资很好，深得他母亲的宠爱和老师的好评。他的大学生涯是在由美国基督教圣公会主办的私立学校——圣约翰大学度过的。这所大学因教学要求过高，学费昂贵，使普通家庭望而却步。刘鸿生进大学后，由于才思敏捷，刻苦好学，不久就成为校中品学兼优的高材生，没等大学念完，校长卜舫济和教会主教克

莱夫就保送他去美国留学深造，让他学成后担任牧师兼教英语，但因遭到他母亲的坚决反对而作罢，刘鸿生也因此而得罪校方，被开除学籍，告别了大学生涯。

1909 年，刘鸿生凭借自己能操一口流利英语，经德商洋行买办黄可方和工部局翻译周良卿推荐，被英商上海开平矿务局招为职员，1911 年晋升为开滦矿务局买办。到了 20 年代末，他已在十里洋场的上海滩有了自己的一席之地，并在法租界霞飞路（今淮海路）上建造了一幢非常豪华的占地约 30 亩的私人花园洋房，成了显赫一时的百万富翁。不仅如此，他还以自己的声望当上了上海宁波同乡会会长，成为上海工商界的"闻人"。

刘鸿生从当买办发展到办实业，发韧于 1920 年的

▲ 1933年上海大中华火柴公司各牌火柴销售价目单

火柴业，在他脱离买办生涯、投身于"实业救国"的民族工商家行列之初，正值波及全球的第一次世界大战结束，他的这一明智选择，向世人亮出作为一个卓越实业家所具备的出众智慧和非凡判断力。

洋火，这一充满异国他乡味的新事物，最早产生于18世纪的欧洲。1844年（清道光二十四年），它伴随帝国主义的炮舰和鸦片飘洋过海来到上海。直到1880年，才由外国人在上海新闸区苏州河南岸开设了一只燧昌自来火局，至此中国大地上才出现了第一家由外国人开办的火柴厂，这一被人称为"洋火"的现代取火工具，才在中国真正安家落户，中国百姓千百年以来以火石、火镰取火的传统被逐步取而代之。

1877年，在上海大马路一洞天曾诞生了属于我们民族工业的第一家火柴厂——上海制造自来火局。该厂生产的"马牌"火柴多少为我们带来了一些民族自豪感。但由于民族火柴工业基础薄弱，发展步伐缓慢，在与外国火柴工业的竞争中根本无法争得一席之地，这样，本属自己的火柴市场却让人家给占领了。

第一次世界大战的爆发，使西方帝国主义国家忙于战争，无暇东顾，暂时放缓了对中国经济市场的掠夺，使中国的民族工业在"山重水复疑无路"的状况下，得到了一个良好发展的机遇，一些民族工商业者又重新控制了自己的市场。当时的火柴业很兴旺，如天津北洋火柴厂，1909年开业时资本仅2万元，但到1917年、1918年，年均获纯利均达10万余元。山东济南振业火柴厂，1913年开工，定额资本仅20万元，到1919年增资10万元，并在济宁开设了分厂。上海荧昌火柴厂在这一时期也增设了二、三分厂。

1920年，国内火柴业迅速发展，与当时国内的政治氛围也有关联。1919年的"巴黎和会"激起了全国爱国民众的极大愤怒，导致"五四"运动的发生，"提倡国货，抵制日货"的呼声震撼全国。刘鸿生正是看到这国际国内的形势，抓住获利甚丰的机遇，投资组建了苏州鸿生火柴厂。当然，这里面还有一段鲜为人知的私人恩怨，从某种程度上讲，也是推动他投资办火柴厂的助力。刘鸿生与当时上海燮昌火柴厂老板叶世恭是翁婿关系，叶老板有一女儿叶素贞，和刘鸿生是同窗学友，从孩提时即青梅竹马，两小无猜。时光流逝，长大成人，彼此相爱难分，瞒着父母私订了山盟海誓，最后发展到私议婚约。此事被叶世恭知道，气得他怒发冲冠，因当时刘鸿生还年轻，事业上还没有发迹，叶世恭仅把他看作没出息的煤炭跑街（即推销员）。后经多方劝说，刘鸿生和叶素贞才缔结了婚约草率完婚。结婚那天，年少气盛的刘鸿生对着爱妻发誓说："你等着瞧，总有一天，我要办一家火柴厂，把他老头的燮昌厂打倒！"

经筹划，刘鸿生集资到12万元，于1920年1月1日在苏州胥门外施门塘创建了华商鸿生火柴无限公司。在选择厂址上刘鸿生也是动了一番脑筋的，所选的厂址，地理条件理想，水陆交通便利，在原材料运进、成品流通市场方面都很适宜。把厂址设在苏州，是考虑到上海已有5家火柴厂，且历史长、规模大、实力厚，不便竞争。如燮昌火柴公司创于1890年，设备精，牌子响。荧昌火柴公司设于1911年，资本为60万元，规模大，财力厚。鸿生火柴厂初建时，用"定军山"作第一枚商标。因首批火柴用有毒黄磷做药头，质量较差，没有受到用户的宠爱，迫使它在1920年底改做赤磷火柴，商标换成"宝塔""单狮""地球"3种，尽管这样，销售情况仍不尽人意。当时，不少用过鸿生厂火柴的人，讥讽"宝塔"牌火柴是"烂糊火柴"。

为了扭转这一局面，刘鸿生在狠抓产品质量的同时，很尊重人才，尤其注意专业人才方面的挖掘，知人善任。他以重金聘请留美归国的化学博士、沪江大学化学系教授林天骥任总工程师就是一例。经过半年多努力，产品质量提高了，销路也打开了，企业扭亏

◀ 大中华火柴公司同人象棋锦标比赛银杯

该比赛以刘鸿生次子刘念义命名，故称"义念杯"。比赛每年一届，设流动银杯一座。杯子原配红木刻花座子。冠军题名：1938年秋季顾茆丞君；1939年春季庄兆麟君。银杯由上海凤祥裕记银楼（今上海老凤祥的前身）打造。

刘念义毕业于上海圣约翰大学，后留学英国剑桥大学，1937年回国协助其父刘鸿生事业，初在大中华火柴公司任查帐员，1941年升帮办、总经理。上海"八一三"战事爆发后，刘鸿生见处境不妙，于次年6月躲避香港，公司实际上由其子刘念义统筹，在这兵荒马乱之际，刘念义还有心思注重企业文化，实属难能可贵！解放后刘念义当过首任上海火柴公司经理、上海市火柴塑料工业公司经理等职，"文革"期间被迫害致死。

为盈，至1929年，"宝塔"牌火柴已成为名牌火柴，并作为买卖火柴的标准品。在华侨抵制日货运动中，通过华商开设的新嘉仑洋行，还将"宝塔"牌火柴运销到越南西贡。

为保持刚形成的优势，刘鸿生还千方百计排除竞争对手。据《中国民族火柴工业》统计，1924年至1927年民族火柴厂家发展迅猛，老厂增加新股，新厂更如雨后春笋，发展势头有增无减。这期间，全国有113家火柴厂，其中江苏（包括上海）就占了11家。在厂家林立中要立于不败之地，刘鸿生是不择手段的。前面提到，上海燮昌火柴公司老板叶世恭在刘鸿生婚姻问题上与刘鸿生有过一段不愉快的经历，加上鸿生火柴厂初办时燮昌厂又抢先到苏州设分厂，并采取降价竞销手段排斥鸿生火柴厂，现在鸿生火柴厂已从困境中走出，自然便想打倒对方。1925年，正当燮昌厂负债累累、经营不振、无法摆脱困境时，憋了很久的刘鸿生借用四明银行之手进行逼债，乘人之危，与苏州电厂经理周仰山联手吞并了上海燮昌火柴厂。1927年，由李益石、张鉴一等合伙，在苏州南濠街开设了一家苏州民生火柴厂，厂虽小，规模远不及鸿生厂，却采用赊账销货的推销手段给鸿生厂构成了不小的威胁。当时，民生厂的生意特别火红，致使苏州的火柴市场被它占去了大半。对此，刘鸿生不惜人力、物力，在民生厂的对面增设了一爿火柴厂，生产"吉祥""多福"等副牌火柴，以比民生厂低的价格销售。由于鸿生厂财大气粗，民生厂终于不敌，两年不到即无法维持而破产。从此，整个苏州城鸿生厂独占鳌头，公司

盈利年年上升，由1926年的108047元，增至1928年的123535元。1926年5月，华商鸿生火柴股份无限公司改名为华商鸿生火柴股分有限公司，资本增加到50万元。

我国的火柴、烟卷等民族资本工业，从某个角度来看，就是为了抵制洋货而发展起来的。上世纪20年代，我国的民族火柴工业处于黄金阶段，但这一阶段的时间并不长，从30年代初起，刘氏企业在国际经济危机的冲击和国内政治、经济状况日趋恶化的影响下，逐步陷入困境。

1956年10月4日，刘鸿生在上海《新闻日报》发表谈话时谈到当时的情形，他说："我的第一个企业是鸿生火柴厂。鸿生火柴厂出来以后，推销工作立刻受到障碍。因为市面上竞销'凤凰'牌瑞典火柴和'猴牌'日本火柴。为了和外国火柴竞争市场，我用高价请了化学师来改进技术，提高质量，压低价格"。尽管刘氏经过一番拼搏努力，但最终鸿生厂的火柴还是敌不过帝国主义国家火柴工业对华的侵略。

要想了解民族火柴工业在半封建半殖民地的旧中国的生存何其艰难，我们有必要先了解一下帝国主义国家火柴工业对华侵略的情况。

在"五四"运动之前，我国火柴进口以日本为最。日本在明治十年（1877年）左右，东京、神户和横滨等地已有从事火柴生产，且其生产靠的是廉价的劳动力——妇女、儿童来维持，到明治十三年（1880年），日本即限制外国火柴进口。而将自己本国各地的廉价火柴，通过各种渠道大量倾销到中国，每年约有27万

多箱，占我国进口火柴的 80% 以上。自"五四"运动爆发后，在抵制日货的声浪中，日本输入我国的火柴数量有所下降，尤其在 1925 年"五卅"惨案发生后，曾经一度霸占中国市场的日货"猴牌"火柴从此便销声匿迹。

正当日货骤减，新霸主瑞典火柴公司又接踵而来。在我国市场最早出现的瑞典火柴是"古帆"牌等黄磷火柴。瑞典火柴大规模入侵我国是在 1915 年，当时在上海滩首先设立了瑞中洋行，由洋人尤霖·欧伦担任洋行经理。他们采用暗度陈仓的伎俩，借"民光公司"之名，贩运推销瑞典火柴，使用的商标大多用汉字书写上"欧洲制造"等字样，当时在民国政府注册的牌号就有"辘轮""玫瑰树""大凤""庙宇""饭碗""飞虎""如意""金条"等。这个火柴托拉斯 1924 年联合美国金刚钻火柴公司，吞并了日本的"东洋""日本"两大火柴公司，拉拢日本 20 余家火柴厂组成大同磷寸株式会社，从而一统日本火柴行业。扫清中国周围地区的障碍后，全面兼并中国火柴工业的野心便产生了。1926 年，该公司在东北利用被它控制的日商佐藤精一的"吉林""日清"等火柴厂，生产"得宝""拓财""来福"牌火柴销往全国。大连磷寸株式会社等厂不久也被束擒。1927 年，该公司又以香港为基地，向两广、云贵地区深入，仅广州一地就先后有 13 家火柴厂因此而倒闭。1928

年，该公司又把一批新的副牌"饭碗""链条""玫瑰树"廉价火柴，运销到中国南方的穷乡僻壤。经一系列扩张，1919 年瑞典火柴由占中国进口火柴总量的 0.19%，1930 年一跃上升到 27.13%，从 1924 年始，中国市场上的进口火柴基本上尽是瑞典生产的产品。因此，面对西方国家火柴工业的竞争，要想振兴我们自己的民族火柴工业是何等困难。更有不公平之处，民族火柴工业还要忍受政府和地方军阀的层层盘剥，残酷掠劫，一旦火柴出厂，逢关缴税，遇卡纳厘。相反，瑞典火柴除了缴纳进口税以外，销售渠道畅通无阻。

刘鸿生为摆脱民族火柴业发展所面临的困境，首先与荧昌厂携手合作，于 1928 年发起成立了江苏省火柴同业联合会，选举"实业巨子"张謇担任会长，同时通电全国火柴厂商，要求各地同行业"广为声援，一致抵抗"，并向南京民国政府请愿，要求保护民族火柴工业之权益。1929 年 11 月 22 日至 30 日，刘鸿生召集江苏、浙江、安徽、江西、广东、山东、河南、河北及东北等 52 家火柴厂的代表 67 人到上海商议，讨论"挽救国货火柴工业方案"，决定成立全国火柴同业联合会，刘鸿生被推举为该会的常务委员会主席。

与此同时，瑞典火柴公司利用收买的上海燧生火柴厂（该厂于 1923 年由日商开设，属日本神户东洋磷寸株式会社统辖，1928 年 6 月 18 日被瑞典火柴公司收

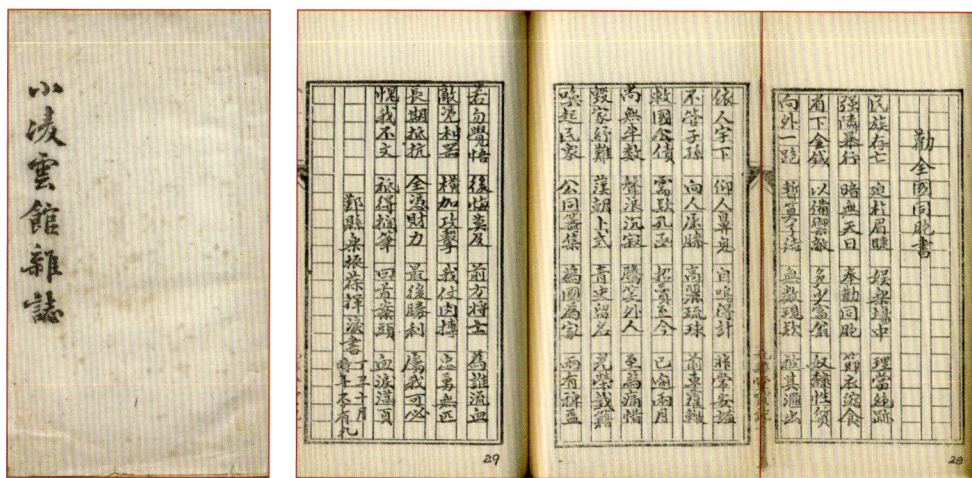

▲《小凌云馆杂志》全一册

此书系根据乐振葆手稿由九华堂宝记油印，50 页 100 面。

乐振葆（1869—1941），名俊宝，晚号玉几山人，鄞县宝幢乡人。1886 年抵沪，入其父创办的泰昌木器公司，任董事长、总经理。此为我国第一家自制自销西式家具沙发公司。1916 年他作为上海总商会赴日考察团成员出访日本。他还是和兴钢铁厂（上钢三厂前身）和闸北水电公司常董。说到上海大中华火柴公司，必提到总经理刘鸿生，往往不知道其背后支撑他事业的董事长——乐振葆，其实大中华的成功，离不开乐振葆的鼎力支持。此人是一位实业巨子，也非常爱国。对日寇侵华罪恶行径，义愤填膺。1937 年"七·七"事变后，他挥泪写下了《劝全国同胞书》，呼吁中国民众积极投入到爱国抗日运动中去……

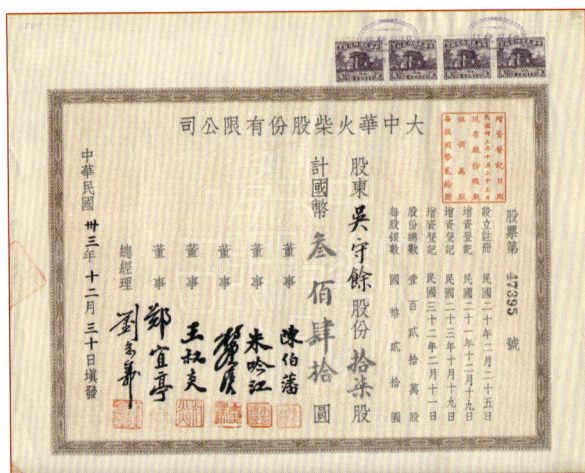

▲ 大中华火柴股份有限公司股票（1944年）

买，由瑞中洋行管理），把原在该国生产的"凤凰"牌等火柴转移到上海就地生产，并把大批瑞典火柴囤积在上海、香港等沿海城市，又将东北下属厂的火柴南下运往广东，欲置民族火柴工业于死地。1929年下半年，东北境内的民族火柴厂家几乎全军覆灭。除此之外，他们又暗中与孔祥熙拉关系，企图以1500万元贷款为诱饵，换取瑞典在中国享有50年的火柴专卖。刘鸿生听到这个风声，马上以全国火柴同业联合会常务委员会主席的名义致函民国政府，严加阻止。由于刘鸿生的及时反应，才将瑞典公司的不轨企图化为乌有。

国际火柴托拉斯瑞典火柴公司咄咄逼人的气势，迫使中国民族火柴工业必须有一个大规模的火柴同业联营组织与之抗衡，这一想法在刘鸿生的脑海里萌生了。当时，在江苏省境内有3家规模较大的火柴厂，它们是苏州鸿生厂、上海荧昌厂和上海中华厂，在江苏呈鼎足之势。荧昌厂历史久、规模大，创办于1911年6月，厂址始设上海浦东烂泥渡，后增二厂于浦东陆家嘴，再建三厂于镇江新河，拥有资本60万元，年产火柴71000余箱，产品盛销于长江流域一带及广东、福建等省。中华厂开设于1923年5月，厂设南汇周浦镇，镇江有它的分销处，该厂拥有资本30万元，生产的"月兔""双月兔""三猫"等火柴在市场上很有声誉，中华厂的大部分火柴旺销于江苏、安徽两省。1930年上半年受瑞典火柴打击后，荧昌厂亏损93000元、中华厂亏损17000元、鸿生厂也亏损30000元，火柴业处于当时情形，"力谋联合之方，共筹抵制之策"乃同业必走之径。1930年7月，刘鸿生出于强烈的民族自尊

心和事业感，凭借他的才干和超人的经营意识，致函联络荧昌、中华两家，经耐心劝说，三厂合并，改名为大中华火柴公司。随后，合并了九江裕生厂、汉口燮昌厂，1931年投资兴建上海东沟梗片厂，承租了芜湖大昌厂，1934年合并了杭州光华厂，并买下了停产的扬州耀扬厂。

刘鸿生通过同业合并，成立大中华火柴公司以后，资本日益雄厚，规模逐渐扩大，有效地扼制了外国火柴的垄断，为中国民族火柴工业的生存和发展增添了活力。1930年下半年，大中华火柴公司共盈利239318元，抵除上半年荧昌、中华和鸿生3家厂的亏损外，纯利达125535元之多。

1931年，日本帝国主义发动"九一八"事变。在全国民众救亡图存的大声疾呼下，抵制日货运动风起云涌。原属瑞典火柴公司控制的上海燧生火柴厂，因为是用日商名义注册的，留用了大部分原日籍人员，故亦受到沉重打击，迫于局势，1931年11月，改为美光火柴公司（即现今上海火柴厂的前身），并在美国进行注册。以美商名义，借助美利坚合众国的招牌，再与中国民族火柴业竞争。一年以后，瑞中洋行也并入该公司。同时，将设在镇江的燧生分厂易名为内河贸易公司，与美光公司合称"美内团"，事务所设在上海，汉口、香港设办事处。内河贸易公司生产的牌号有"得利图记""留声机"等，美光公司推销的牌号有"饭碗"、"如意""玫瑰树""双福""刘海""福寿福""辘轮""虎牌"等，上述厂家生产的商标图案颇合民俗与用户的口味。经过这一时期的调整、经营，其总产量为上海火柴生产总量的30%—40%。

尽管如此，这时的大中华火柴公司已具备一定的实力，能与之进行角逐了。加上善于管理，注重技术，改进质量，不久，即以自己出色的产品占住了上海火柴的消费市场，与瑞典火柴并驾齐驱，平分秋色。刘鸿生作为一个企业家是十分精明的。上世纪30年代初，在上海的英法租界爱多亚路（今延安中路）、虞洽卿路（今西藏中路）口的西北面，有一块显眼的广告牌，每当华灯初上，闪烁的霓红灯便亮出红锡包（又名"大英牌"）香烟的广告，这则广告是当时垄断中国烟业的英美烟公司出巨资制作的。刘鸿生也许从这则广告得

到了启发，看到了广告对产品具有强大的促销功能。之后，他与上海华成烟公司的老板戴耕莘合谋，把当时在上海滩十分走红的电影明星吕美玉小姐的肖像印到火柴盒上，并配上"有美皆备，无所不臻"的广告词，用此"美丽"牌火柴作为"美丽"牌香烟的配烟火柴。这种利用明星效应取悦消费者的产品，加上火柴本身的质量、工艺均下过一番功夫，产品一投放市场，立即成为市场上的抢手货。在推销产品的同时，刘鸿生还赚取了华成烟公司每年数千元的广告费。"美丽"牌火柴在二十世纪30年代的崛起，使原来独占上海市场的瑞典美光公司生产的"凤凰"牌火柴逊色不少，从此，"美丽"牌与"凤凰"牌火柴在市场上平起平坐，各分秋色。至此，刘鸿生从以12万元资本创办鸿生火柴厂起家，仅用了10年时间，终于捆住了"猴子"（日本"猴牌"火柴）的手脚，缚住了"凤凰"（瑞典"凤凰"牌火柴）的翅膀。据统计，1930年，大中华火柴公司的产量占华中地区火柴总产量的一半、全国火柴总产量的22.43%，销售范围遍布全国各地，刘鸿生亦被称为中国的"火柴大王"。

刘鸿生在第一个实业——苏州鸿生火柴厂打开局面后，并没有固步自封，停滞不前，他之所以能在上海滩叱咤风云，成为民族工商界的"骄子"，主要是他有一种不断进取的开拓精神。"狡兔三窟"在实业界是非常流行的，它也是刘鸿生平时奉行的宗旨。他非常欣赏英国人常说的一句著名谚语："Don`t leave all eggs in one dasket"（不要把蛋放在一个篮子里）。从1923年至1938年间，刘鸿生在办火柴业的同时，还陆续开办了华商上海水泥厂、章华毛绒纺织厂、华丰搪瓷厂、中华保险公司、中国企业银行、中华码头公司、华东煤矿等企业。当时，刘氏企业生产的如"九•一八薄哔叽""老牌煤球""象牌水泥"等产品，在沪上是家喻户晓的。

大中华火柴公司经过不断扩充和同业兼并，曾一度占领华中地区的火柴市场。期间，营业昌盛，销路广开，盈利猛升。但到了1932年"一•二八"淞沪抗战爆发，上海百业受之影响，日本火柴商趁国内火柴过剩、火柴统税日益急增之机，加紧把大量走私漏税火柴运销中国，导致大中华火柴公司开始走下坡路。

为了扭转局面，刘鸿生在1935年7月组建"国产火柴制造同业联合办事处"（简称"联办处"），总处设在上海。当时的美光公司也受到日本走私火柴的侵扰，特别是不少走私火柴冒用美光公司的"辘轮""链条""地球"等牌号，在很大程度上影响了美光公司的赢利声誉。刘鸿生利用了这一点，再与美光公司携手，共同对付日本火柴。上海美光公司与镇江内河贸易公司以"美内团"的名义，同"联办处"签订了合组火柴产销管理委员会的合同。为了不让日本低价火柴南下，保持"联办处"有效地占领华中、华东火柴市场，与日本划分势力范围，刘鸿生作为中华全国火柴同业联合会的首席代表又与在华日本磷寸同业联合会的首席代表植田贤次郎达成协议，签订了《中日火柴制造同业协商火柴统制问题之同意书》。同年9月，双方又商定《中华全国火

▲苏州鸿生火柴厂 "O.S."（刘鸿生英文名缩写）牌火柴商标

柴产销联营社总社各种事项之同意书》。1936年3月，经国民政府批准，中华全国火柴产销联营社正式成立，参加"联营社"的48家厂中，华商41家，日商为7家，总社设在上海。刘鸿生的大中华火柴公司，在参加"联营社"后，因减少了同业间的竞争，火柴售价得到了较大幅度的调整，很快扭转了1934年、1935年两年93万元的亏损，且获纯利83万元，成为大中华火柴公司在抗战前获利最多的一年。1937年抗战爆发，各行业均遭极大损失，而大中华火柴公司却仍获纯利33万多元。刘氏的火柴业从1935年的岌岌萧条中走出困境，再次复兴。时隔多年后，刘鸿生在回忆当时的情景时说："那一年，我们差不多天天过'年三十'，总有人来逼债"。不得已，他只好去找宋子文商量，希望能将全部财产抵押给中国银行，帮助他渡过面临破产的难关，"宋忽然改变了面孔问我：'你用什么作抵押呢？''我全部企业的股票！'宋嘲笑地说：'O•S（即刘鸿生的英文名）

的股票不如草纸了！'"

1937年7月6日晚，上海全城张灯结彩，热闹非凡，刘鸿生与家人在四川路自己的企业大楼八楼阳台上，边茗茶、边观赏看楼下马路上为隆重纪念国民党上海市政府成立10周年的游行队伍，里面穿插着具有民族风格的化妆表演。此时的刘鸿生颇为得意，因为明天他将被特邀参加上海市政府举行的庆典开幕仪式，大中华火柴公司的名牌火柴将作为展品让人观赏，以表彰创办者对民族火柴工业发展作出的贡献。但就在第二天，北方芦沟桥的枪声（"七七"事变）驱散了刘鸿生的春风得意，他担心自己辛苦几十年创办的火柴工业将面临着一次灾难性的打击。随着战局时态的发展，战事由北向南，"八一三"淞沪会战持续了3个月后，到11月12日，上海沦为"孤岛"。上海荧昌、东沟梗片厂、周浦中华三厂因紧靠战区首先停业。接着，杭州光华、苏州鸿生二厂相继关闭，不久苏州鸿生、镇江荧昌、九江裕生分别陷于停工，到1938年，大中华火柴公司的财产损失已达300074033元。上海沦陷后，日军通过三井、三菱洋行出面，软硬兼施，拉拢他投靠日本，充当汉奸。当此事被刘鸿生拒绝后，日军又强行命令他出任伪上海市商会会长。刘鸿生因不堪日本方面的逼迫，于1938年6月的一个夜晚，乘英国太古轮船公司的客船悄然离沪去港，暂时躲避。

刘鸿生抵达香港后，决定重振旗鼓，在大后方再干一番事业。经与官僚资本家孔祥熙属下的中国国货银行合作，于1939年6月6日成立香港大中国火柴股份有限公司，厂设香港坪洲岛上。1940年4月，该公司正式投产，因产品质量上乘，销路很兴旺。"三五"牌、"仙鹤"牌等特级火柴和"大中国"牌、"天厨"牌、"寿星"牌、"九龙"牌等一、二级火柴，除内销港九新界外，还远销东南亚和非洲等地。至日军进占香港为止，大中国火柴公司盈余已达五六十万港元，相当于建厂时投资的两倍。1940年12月，刘鸿生准备回内地筹

▲大中华火柴股份有限公司股票（1948年）

划扩展火柴工业时，蒋委员长发来电报，请他立即动身赴渝，主建后方工业基地。刘鸿生飞抵重庆后，受到了蒋介石的设宴款待。他在振兴西南工业时，首先创立了华业和记火柴公司，不久便成为四川省内最大的火柴企业之一。后又筹办了洪泰火柴厂（1940年）、丰裕火柴公司（1942年）、广西火柴公司（1943年）、广西化学工业公司（1944年）等。他赴渝8年，在西南这块似一张白纸的基地上创造出了1000万元的企业，再次成为中国民族工业的骄子。1942年5月1日，刘鸿生出任国民政府火柴专卖公司总经理。1944年，各业专卖事务合并为专卖事业总局，刘鸿生出任局长。至此，他早在20年代初创设苏州鸿生火柴厂时，就幻想有朝一日，要在中国土地上建立我们自己的民族火柴工业托拉斯的愿望，眼下已梦想成真。

前面曾提到过，在半封建半殖民地的旧中国，民族火柴工业和其它工业一样，要想摆脱外国资本和官僚资本的控制是不现实的。

抗日战争打了8年，刘鸿生在西南大后方凭借他非凡的业绩，巩固了他在实业界的领袖地位，一连串耀人的头衔戴上了他的头顶。从表面上看，他利用官僚资本出于他自己的利益需要，是他采取的一种权宜之计而已。但实际上，却又另有隐情。刘鸿生对此曾有过精辟的概括："我到重庆之后，很快就发现了一条规律，所谓大后方的企业，事实上是由官僚资本控制的……我原来在上海是大老板，到了重庆却成了大老板的伙计。我并没有得到蒋政府的支持，倒为当时的大老板赚了一笔国难财"。刘鸿生在西南、西北创办的企业不断地遭到官僚资本的侵吞，刘氏集团的股份逐年下降，到1945年，刘氏企业只占全部股份的1/5，4/5是官股。由此可见，真正的实权操纵在官僚资本手中。

1945年8月，美国分别在日本广岛、长崎投下了两颗原子弹。随后，日本天皇宣布无条件投降，这意

味着中国的抗战划上了一个句号。因美国方面的暗中推荐，刘鸿生被国民政府委以行政院善后救济总署执行长兼上海分署署长，他作为国民党的接收大员，又重新回到了阔别 8 年的上海，重新住进了刘氏企业的控制中心——企业大楼，大中华火柴公司和其他企业产权相继得到归还，他的各个企业都有不同程度的恢复和进展。由于二次大战后世界格局发生变化，美国取代西方列强而跃为世界头号强国。刘鸿生想抓住这一点，借用美国人的力量，把原来押在四大家族方面的赌注转移到美利坚方面，以此突破官僚资本的束缚，开拓一个自由竞争的发展局面。可他万万没有想到，美国商品在中国洪水般的倾销，把他重振家业的宏伟设想冲得无影无踪，真是"美货成美祸"。1946 年夏天，全面内战开始，因通货膨胀，民用火柴亦成了市场投机的对象，价格扶摇直上，一定程度上刺激了火柴生产，各地争先恐后盲目办厂生产火柴。仅上海一地，设厂最多时多达 25 家，等于内战前的 4-5 倍，产量为 145000 多箱，相当于战前"联营社"核定产额的两倍。1947 年，大中华火柴公司达到战后发展的顶峰，在火柴产量、销量方面，均接近战前的 3/5 水平。其后，美国火柴原料的倾销慢慢减少，国民政府成立了输出入口管理委员会，控制民营企业申请外汇的额度，这对一贯依赖进口原料的火柴业来说，无疑是釜底抽薪。更为严重的是，内战规模的扩大，通货膨胀很快使民营火柴厂无法承受，刚刚受到物价刺激而兴起的火柴业，在物价的日夜追涨下一蹶不振。大中华火柴公司的产销量也逐年下跌，如 1947 年产量为 81265 箱，到 1949 年下跌为 49639 箱。1949 年上海临近解放，刘鸿生又面临了一次严峻的抉择，当他决定留在大陆不去台湾、佯装有病住医院躲避国民党特务的监视时，汤恩伯派人把他押上军用直升飞机，直接送往广州。不久，刘鸿生侥幸从广州溜出，赴香港避一下风头。

刘鸿生在港滞留期间，非常忧虑。后经儿子刘念义劝说，终于在 1949 年 10 月搭乘英商太古公司轮船毅然返回国内，轮船到达天津准备转乘火车南下时，突然接到周恩来约他进京的邀请。这次与周恩来会见，消除了他长期以来对共产党的疑虑。11 月初，刘鸿生回到解放后的新上海，第二天，陈毅市长便设宴招待他，

席中给予他高度评价。在以后的日子里，他积极配合陈毅市长从事上海解放后的恢复经济和救济安置工作，并应邀担任华东军政委员会委员兼财经委员会委员、中国人民救济总会上海市分会副会长和上海市失业工人救济委员会经济委员会主任委员等职务。经过一个时期的国民经济恢复，1953 年，刘氏企业又出现了空前未有的鼎盛状态。此时的刘鸿生才真正明白，一个国家的民族工业，只有在民族独立、国家强盛、和平团结的前提下，才能获得旺盛的生命力，而半封建半殖民地的旧中国只能是我们民族工业发展的绊脚石。经过事实的感化，刘鸿生对党和社会主义制度的态度，由信赖、佩服进而到真诚地拥护。1954 年，刘鸿生代表刘氏集团正式向政府申请公私合营，至 1956 年，刘氏企业全部纳入社会主义公有制。

刘鸿生享年 68 岁，他为中国的民族火柴工业辗转奋斗了 36 年，从一个洋买办最终成为一位杰出的爱国实业家。他把自己的毕生精力投入到了振兴民族火柴工业发展的事业中去，他创办的企业迄今仍造福于我们的国家和人民。

主要参考资料：

一、上海社会科学院经济研究所《刘鸿生企业史料》（上、中、下册），上海人民出版社 1981 年第 1 版。

二、张圻福、韦恒《火柴大王刘鸿生》，河南人民出版社 1990 年第 1 版。

三、刘公诚《抗战初期先父刘鸿生对中共的态度》，胡世奎《我所知道的刘鸿生先生》，见《上海文史资料选辑——统战工作史料专辑（八）》，上海人民出版社 1989 年第 1 版。

四、刘念智《抗战期间刘氏企业迁川经过》、《从抗战胜利到全国解放的刘鸿生》，见《文史资料选辑（总第 60 辑）》，中华书局 1980 年第 1 版。

五、胡选民《帝国主义侵华火柴厂厂名词典（初稿）》、叶夫《瑞典火柴侵华概况》，见《中国火花》1984 年第 3 期。

六、王贵忱、王蓁青《东方火柴商标的起源》，见无锡张筱弇《火花》1984 年合订本（民刊）。

七、下岛正夫（日本）《明治火柴商标》，见无锡张筱弇《火花》1985 年合订本（民刊）。

八、吉泽贞一（日本）《话说火柴》，见无锡张筱弇《火花》1988 年合订本（民刊）。

九、红云《苏州鸿生火柴厂商标的研究》，见无锡张筱弇《火花》1989 年合订本（民刊）。

一、上海早期火柴工业概况及商标使用

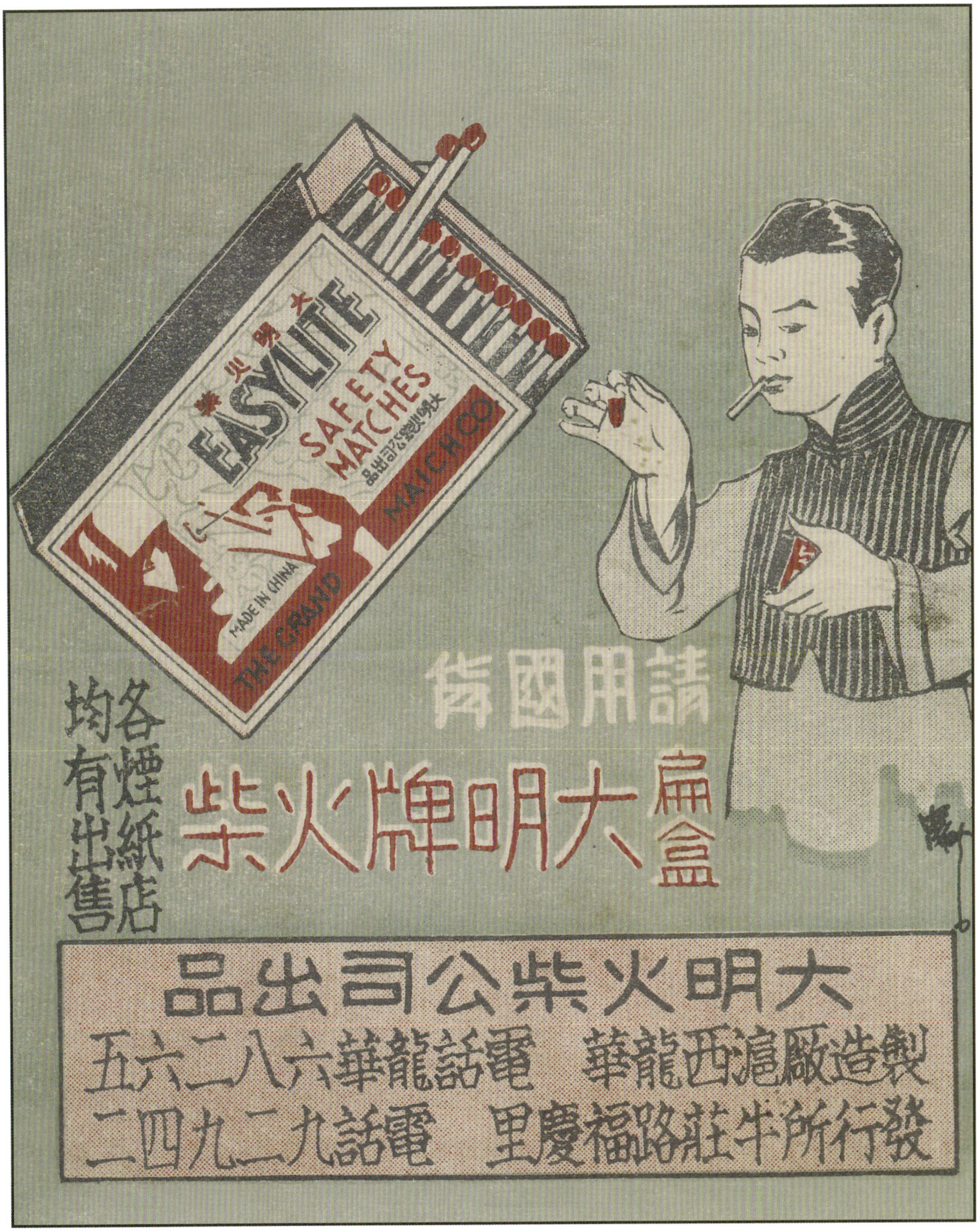

▲ 1929 年 2 月，大华火柴公司在浦东六里桥创建。

（一）浦东地区

今日浦东，其地位在上海乃至全国举足轻重，为世界所瞩目，这得益于中国改革开放这股春风。从前上海有句俗语：叫做"宁要浦西一张床，勿要浦东一间房"。现在这句话已成为历史了。

实际上，历史上的浦东，在上海近代工商业的发展进程中，所扮演的角色也是不可忽视的，在上海城市近代化的进程中，具有她独特的地位和作用。比如浦东的营造业、仓储业、码头业、毛巾业、织袜业、火柴业等。

近日友人赠于我由上海浦东新区档案馆主编、上海社会科学院出版社最新出版的《民国时期浦东工商业档案选编》一书，该书在"浦东各业公司、商号、工厂名录"章节中有"火柴工业"统计一栏，笔者收藏沪上老火花及搜集上海火柴工业史料有年，相关浦

东地区的早期火花也有一些，今敝帚自珍，对照"档案选编"一书提及的"火柴工业"。作一些实物图片及档案文史上的补充，与读者分享。

1、上海荧昌火柴公司（1911 年 6 月创办）

据目前可考史料发现，浦东一隅最早出现的民族火柴业，要数邵尔康在宣统三年（1911 年）6 月在浦东陆家嘴附近烂泥渡荧昌路创办的上海荧昌火柴公司。在它之前，也就是 1900 年，曾有日商小岛金次郎计划在浦东创办火柴厂，厂名也起好了，叫"泰宝斯火柴制造公司""结果清国官宪援引祥森公司（创于 1908 年，厂址在今天的普陀区莫干山路 50 号附近，次年 5 月该火柴厂即发生爆炸事故，大火使 6 名工人死亡，工厂被毁停歇[1]）爆炸时所造成的危害为例，以可能妨碍

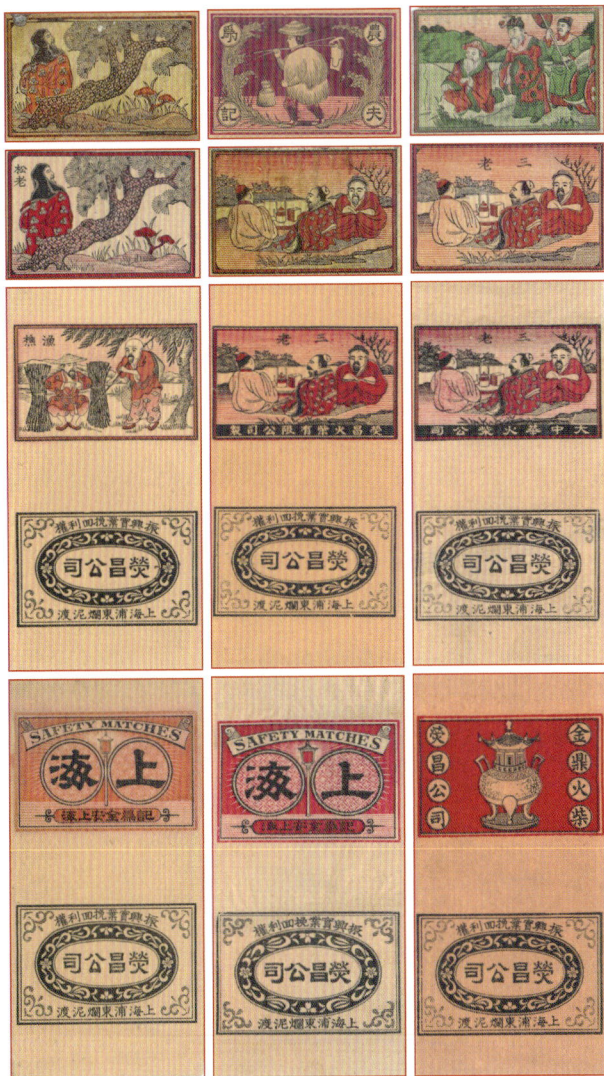

▲荧昌火柴公司商标

福州、汉口、芜湖、镇江、南京各处，营业额蒸蒸日上。旋因烂泥渡第一厂失慎，并入陆家渡荧昌第二厂。1929年，荧昌并入大中华火柴公司之前，其年产量已达到71000余箱，盛销于长江沿岸及广东福建南方地区[5]。

上世纪初，我国民族火柴工业总体上还是相当落

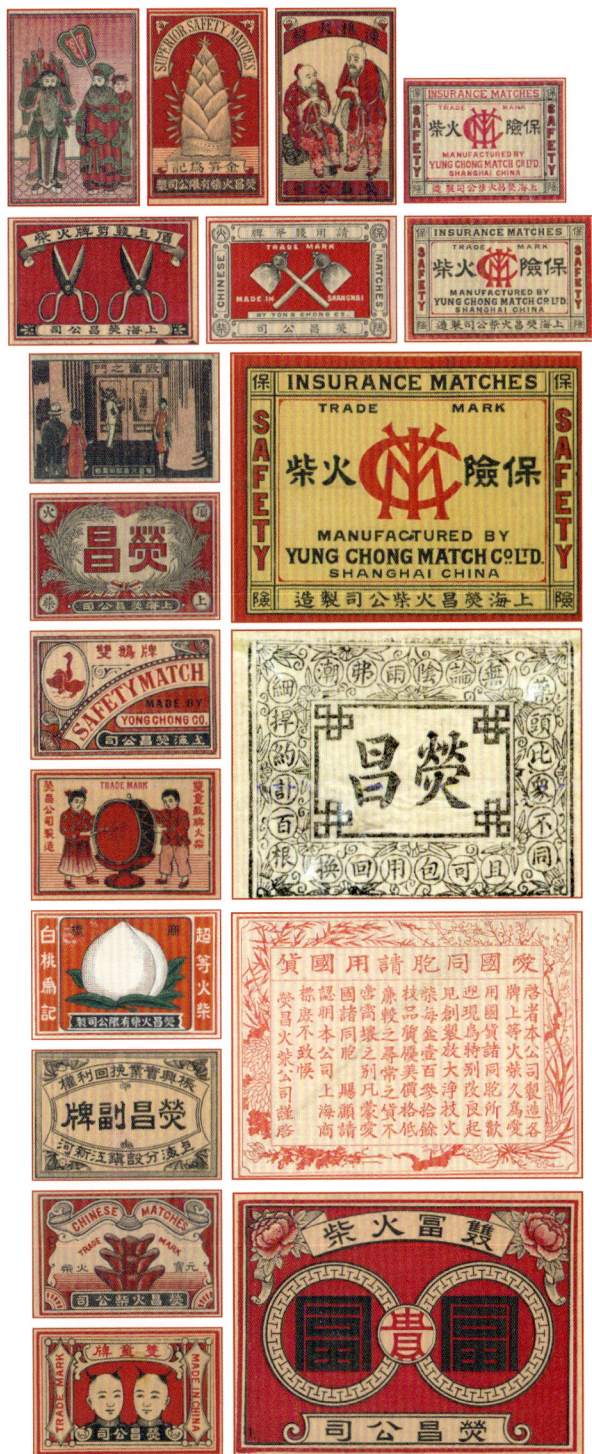

▲荧昌火柴公司商标

公共安全为理由，不允许工厂运进使用的火药"，使日商办厂的企图未能实现[2]，故"荧昌"开了浦东火柴业之先河。占地30亩的荧昌火柴厂，位于浦东陆家渡，黄浦江支流直达厂门，运输极为方便。厂内布局分东西二部，实施科学管理[3]。

邵尔康，浙江镇海人，荧昌初创时资本只有13.5万元（见《刘鸿生企业档案》，荧昌卷 No.3，原资料为10万两，折成银元应为13.9万元）[4]，择厂址浦东烂泥渡，专制红头火柴。1916年他于浦东陆家渡添设荧昌二厂，开始生产黑头安全火柴，使用的商标丰富多彩，有上海、渔樵、松老、三老、保险、双斧等20余种，企业资本增加到了15万元。1920年，他在江苏镇江开设了荧昌三厂，再次将资本扩充至40万元。至1924年，资本达到60万元。荧昌出品的火柴分销于汕头、厦门、

后的，外资火柴势力在境内横行霸道，光是长江沿岸一带，日本火柴每月就要销掉40箱以上。更为悲惨的是，民族火柴生产企业的梗枝盒片皆依赖于日本。邵尔康创办荧昌之后，为有效地与外货竞争，推广国货，挽回权利，他于1914年在浦东董家渡华昌路41号首创了上海华昌火柴梗片厂，从根本上抑制了日货。经过邵先生的苦心经营，他从初创时资本只有10万多元扩增到60万元，公积金30万元，房产达40万元。是他的奋发图强，导致他以致有之，可惜因劳心过度，于1925年便与世长辞了。1926年1月新掌门人朱子谦接替了他总经理一职。欣慰的是，他的儿子邵修善继承了父亲的遗愿，于1933年年仅22岁，在荧昌厂被刘鸿生兼并三年之后，便于龙华镇济公滩6号创办了上海大明火柴公司，为中国民族火柴工业继续增光添彩。

1929年2月27日，"火柴大王"刘鸿生致函荧昌火柴厂董事长乐振葆、总经理朱子谦："鉴于近来瑞典火柴侵略之不遗余力，与夫同业之涣散情形，深自危惧，觉我火柴同业苟非自行团结，本互助合作之精神，组织大规模之公司，实不足以与瑞商相抗而图自存，前途至堪危险"[6]。次年7月，浦东陆家渡这家有着近400名职工的荧昌火柴厂与苏州鸿生、周浦中华两家火柴企业，联袂组合成上海大中华火柴股份有限公司，荧昌厂也更名为大中华火柴公司上海荧昌厂。

"大中华"成立后，乐振葆任董事长，刘鸿生担任总经理。大中华火柴公司上海荧昌厂一直经营到解放后，1958年6月3日，全厂除43人退休外，其余349名职工全部并入地方国营上海华光火柴厂（上海火柴厂前身）[7]，至此，荧昌火柴厂正式退出历史舞台。浦东陆家嘴，现在已是上海最具魅力的地方，是中国改革开放的象征。在这块繁华的土地上，有一幢标志性的著名建筑，它就是金茂大厦。今天的花友们是否还忆得，在100年前，荧昌火柴厂的"火焰"曾在这里生生不息，火花绽放，为我国民族火柴工业铸就过辉煌。

关于荧昌厂使用之商标，据1924年至1925年间，荧昌厂在民国政府商标局注册备案的就有：保险、金鼎、剪刀、荧昌、渔樵（竖）、双鹅、马车、双童鼓、元宝、双斧、莲船、封王、渔樵（横）、太公钓鱼、松老、海上、三老、农夫、三星图等。

2、上海中华火柴公司（1920年创办）

南汇周浦历来有"小上海"一说。民国年间该地区民族工商业规模最大者，大概就是上海中华火柴公司了。

上海中华火柴公司，由神户华商陈源来于1920年在南汇县周浦镇小云台街创设，厂基约30亩，初为合伙组织，资本10万元。至1923年5月改组为股份有限公司，资本扩至30万元[8]，其父子俩分别担任董事长、

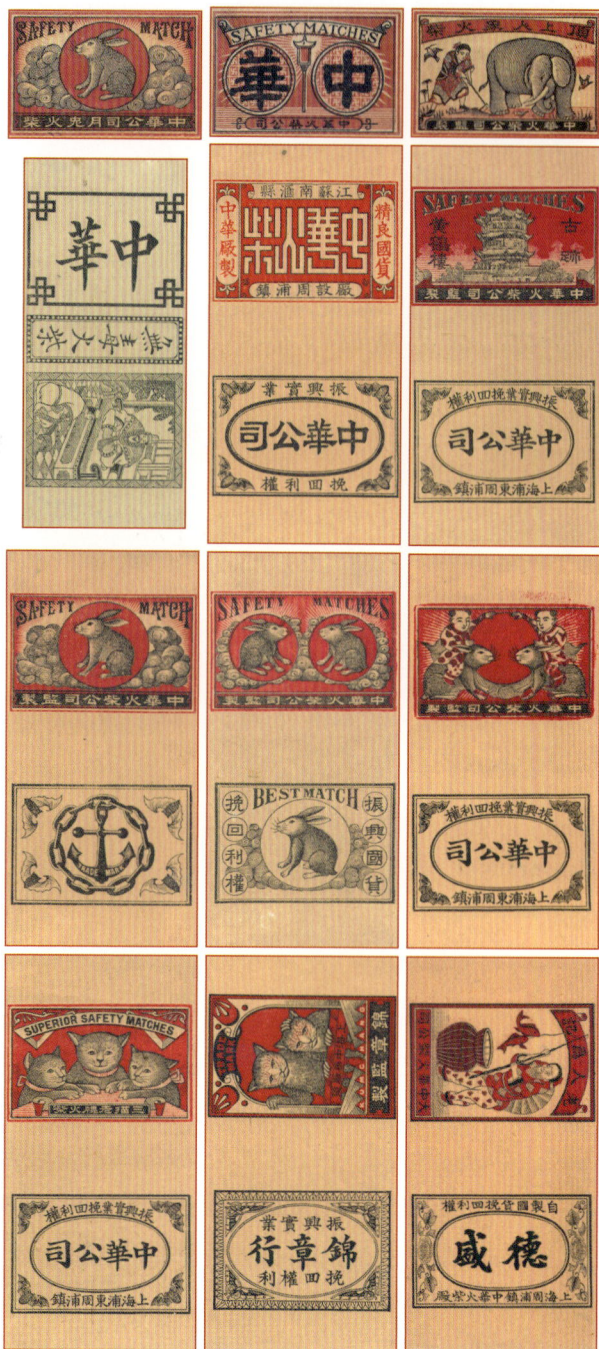

▲中华火柴公司商标

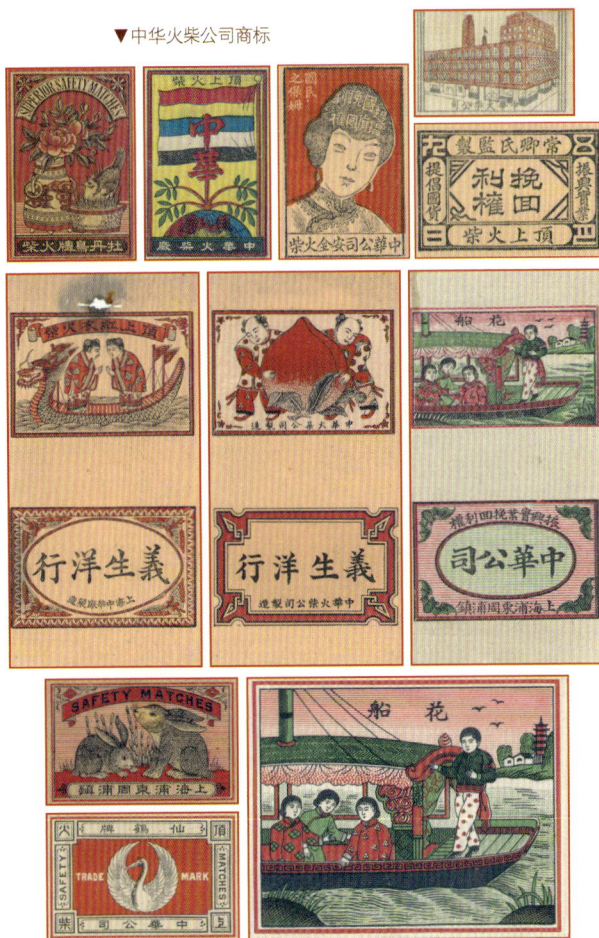

▼ 中华火柴公司商标

总经理。该厂主要生产黑头安全火柴,其主要商标有月兔、双兔、钓鱼、三猫、双猫、花船、中华、黄鹤楼、双童兔、牡丹鸟、仙鹤、抚琴等10余种,大多印制于日本。产品盛销于江苏、安徽两省,在镇江设有分销处。1930年7月,刘鸿生将苏州鸿生,上海荧昌、周浦中华三厂合并成立上海大中华火柴公司。

陈平斋(陈源来之父),祖籍江苏上海县(浦东南汇),侨居日本,在日本神户下山手通8丁目开设"合昌号"华侨办庄,专门从事中日早期火柴贸易。1901年3月,他与日商森井梅太郎合资创办了"日进合名会社",通过合昌号办庄将"月兔"牌火柴大量贩销国内长江流域一带,在沿岸商埠城镇广受消费者欢迎和好评,盈利甚丰。从1905年至1935年期间,其长子陈源来在日本注册登记的火柴商标就达到了66种。[9]1908年,沪上和昌盛东洋庄开设,投资额5000两,专事东洋火柴返销生意,其火柴进口就是委托神户华商陈源来开设的合昌号办庄代理的,"老虎"牌火柴是主要专销的品牌之一。后业务转大阪华商余芝卿(浙江宁波人)开设的鸿茂祥华侨办庄代办。陈、余两办庄均为"和昌盛"上海东洋庄的主要股东之一。[10]余芝卿1928年回沪,投资8万元,在徐家汇创办了上海大中华橡胶厂,其著名品牌"双钱"牌轮胎至今仍在流行。陈源来作为上海籍侨民,在神户华侨工商界有一定的作为和威望,他和马聘三(江苏镇江人)于1909年4月1日在神户北长狭通5丁目26番合资创建了"三江(江苏、浙江、江西)公所"大楼。

陈伯藩(陈源来长子),1889年生于上海,毕业于日本大学法学科,后回国子承父业,打理祖业中华火柴公司。由于家庭社会背景关系,他主要精力没放在实业管理上,在社会上却兼了许多头衔,曾加入中国国民党,历任中国国民党中央执行会委员、立法院立法委员,驻日本大使馆参事,外交委员会委员长,中央政治委员会、交通专门委员会主任委员,火柴业同业公会理事长等职。他在上海复兴西路147号有一幢豪宅,建于1933年,富有西班牙建筑风格,被称之"蓝妮公寓"。

刘鸿生与神户侨商陈源来早有往来,关系甚好,他在1920年1月1日创办苏州华商鸿生火柴无限公司时,陈源来即参股5000元,让其儿子陈伯藩成为鸿生火柴厂股东之一,[11]1930年刘鸿生成立上海大中华火柴公司后,考虑到陈伯藩还年轻,"对火柴厂的实际工作,一向并不亲自接触",只让他作为大中华11位董事之一。[12]

1935年2月,刘鸿生为实施中国火柴业统制体系,控制同业过度竞争,他委托大中华董事陈伯藩以全国火柴同业联合会名义赴日,与日本在华厂商磋商实行火柴统制问题。[13]陈不仅精通日语,其父又是日籍中国人,与日本火柴工业的主要人物关系甚好。最终在华日本磷寸联合会负责人植田贤次郎接受陈伯藩的邀请,来华赴青岛、天津与山东、河北两地的中、日火柴厂商共同商讨火柴统制问题,并达成共识。[14]然后于是年7月,陈再带他们来沪与刘鸿生正式洽谈,经过陈伯藩一系列的精心斡旋,"中华全国火柴产销联营社"终于在1936年3月26日,经国民党政府实业部批准正式成立。该社华商41家,日商7家。但随着1937

69

年"七七事变"爆发,"联营社"随之土崩瓦解。

上海沦陷后,大中华所属上海各厂受损惨重。1938年7月,刘鸿生为躲避与日军合作,只身离沪去港发展。大中华为自身利益考虑,经董事会商议决定,由陈伯藩出面担任上海大中华火柴公司董事长。一是他家族与日本有密切关系;二是汪精卫成立伪南京政权后,他一度担任驻日公使。由此,公司欲借助他保全大中华财产不被日寇侵吞。1943年5月,陈作为"大中华"的董事长,被当选为"上海特别市"火柴厂同业公会理事长,试图恢复和维持在日寇铁蹄下上海及周边地区的中国火柴业统制。从此,陈伯藩也走上了汉奸这条不归路。[15]

我们知道,大中华火柴公司周浦中华厂的东家历来是不主持厂务的,该厂从创建之初,就一直是故里一位同乡实业家来打理的,他就是南汇著名爱国企业家胡篁铭(1892-1976年)。他原是新场镇坦直乡胡家宅人,后迁至周浦。1912年肄业于南洋中学,因父亲胡可祯在日本神户经商,乃随父东渡帮办,是年返回故里兴办实业,在新场大街319弄宅内创办南汇历史上第一家机织袜厂——安定袜厂。1920年他从日本归来参与筹备了中华火柴厂的创建,并就任中华火柴厂厂长。1925年任新场镇商会会长,创办了昌华电灯股份有限公司(即新场电灯公司)。1937年南汇沦陷后,侵华日军驻周浦宪兵得知他精通日语,且在地方上有一定的名望,强迫他出任周浦维持会会长。胡不当汉奸,悄然出走,隐居定海出家为僧,直至抗战胜利,才还俗回到周浦,重振中华火柴厂,体现了一位爱国实业家的民族气节。解放后历任南汇县政协特邀委员,直到1976年病逝。生前有《周浦镇志》、《农家谚》等著作出版。

大中华火柴公司周浦中华厂一直经营到1955年4月,才从上海整体内迁至江苏镇江荧昌火柴厂,成为江苏镇江火柴厂的前身。

3、上海大华火柴公司(1929年2月创办)

"六里一座桥,十丈(泽)一座庙"。相传,横跨于白莲泾上的这座桥与浦西大南门相距6华里,故称六里桥,该桥已有450余年历史了。[16]1907年,浦东人杨斯盛在六里桥南堍创办浦东地区第一所中学——浦东中学,黄炎培出任首任校长,陈独秀、沈雁冰、郭沫若曾来此讲学,张闻天、罗尔纲、王淦昌、蒋经国、蒋纬国等就读于此;1929年,

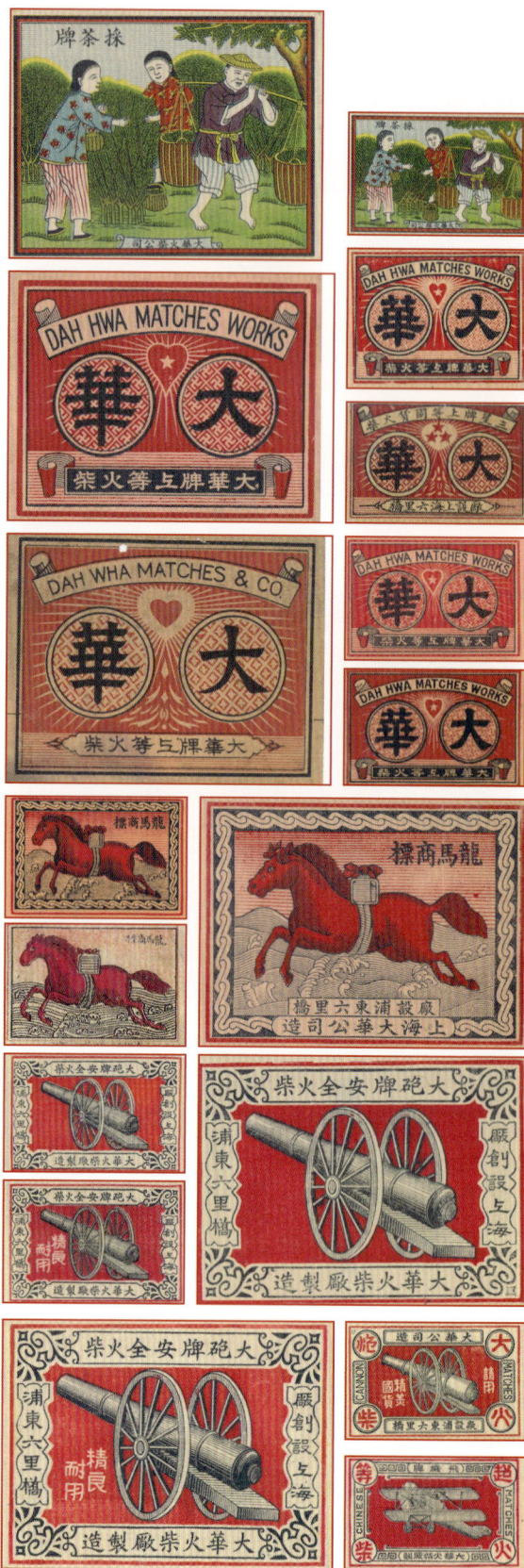

▲大华火柴公司商标

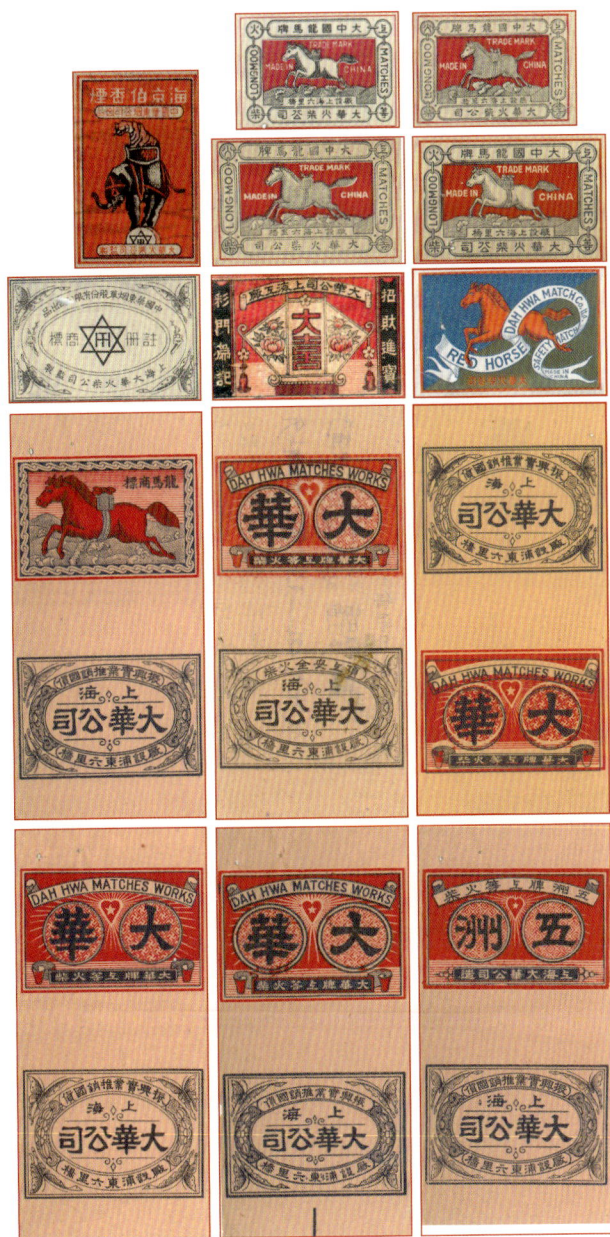

▲大华火柴公司商标

民族工业上海大华火柴公司诞生于此……让浦东六里桥一跃成为近代浦东一个人文荟萃、工商繁荣的江南著名乡镇。

大华火柴公司成立于1929年2月，创办资本为国币5万元，厂址设于浦东六里桥，事务所在上海山西路怡益里（一说，麦家圈交通路）。【17】该公司组织形式为股份有限公司，经理高崧甫、副经理董俊臣，火柴使用的商标有五洲、飞机、大炮、龙马、红马、火车等。【18】1932年3月，"大华"改组为大华新记火柴公司，厂址未变，事务所改址泗泾路29号，资本为5000万，

董事长李祖夔、经理曹裕丰。【19】该公司有排板车5部，1946年有184名职工，1947年为191人，1948年为214人，从这三年职工人数看还是略有上升的，就是说"大华新记"至解放前夕，企业还是有所发展的。不知为何？上海解放后该企业就从同业中消退了，是否与该公司董事长李祖夔在1949年11月遭人暗杀有关？这个时称"上海康平路一号凶杀案"发生后，时任市长的陈毅曾亲自过问过这个案件。

曹裕平（1912-1986年），浙江宁波人，他是李祖夔的女婿，1935年毕业于上海圣约翰大学，获博士学位。后去美国宾夕法尼亚大学科学研究院进修泌尿外科，1937年获医科硕士学位，并留校担任研究员。1937年7月因国内抗战爆发，他毅然弃学返沪参加抗日救护工作，先后担任上海抗日第二伤兵员住院医师、美国难民医院泌尿科主任、上海红十字会第二医院院长。1943-1946年期间，他协助岳父李祖夔经营大华新记火柴公司并兼任经理。解放后，他历任上海市一、二、三届人大代表、政协委员，长期担任杨浦区科技协会副主席、区医药卫生学会理事长。

李祖夔（1894-1949年），小港李家人。小港坤房第三代"厚"字辈以李云书（厚祐，曾担任上海总商会会长）为首，在上海近代工商界占有举足轻重的地位。李祖夔是坤房老四藐庄公（厚礽，曾担任大清三品花翎江苏候补知府）次子，幼年随父寓居上海，后从叔征五公（厚禧，曾任上海军政府市政厅长）参加革命，五叔曾是同盟会老会员。1924年第三次直奉战争时，李祖夔奉孙中山之命，在驱逐军阀齐燮元之战中战功显赫，得中山先生当面嘉许并合影留念。1925年2月他出任上海县知县兼沪海道尹，北伐后弃政从商，当过华安保险公司的常务董事，【20】在大华火柴公司中担任董事长。他还是上海滩一位著名的收藏大家，生平爱好收藏文物字画，特别是缂丝和田黄印章，有"千黄百缂"之雅号。1943年中秋，他与郑午昌、梅兰芳、吴湖帆、周信芳、陈少荪、范烟桥、汪亚尘、席鸣九、蔡声白、秦清曾、张君谋、张旭人、章君畴、汪士圻、孙伯绳、陆铭春、陆书臣、杨清馨等19位社会名流，雅集于上海万寿山酒楼，发起组织民间爱国社团，名为"甲午同庚千龄会"。因到会名流年龄相加恰满千岁，

且都属马，故又称"千岁马会"。

1929年大华火柴公司在浦东六里桥创办后，利用周边农村地区的廉价劳动力，降低生产成本，立足开拓自己的业务和品牌，提升企业效益最大化。当然，大华厂的出现与进步，也促使了周边农村地区自然经济的解体，刺激了该地区民族手工业的崛起。如奉贤北部之火柴糊盒手工业，则肇始于1930年之金汇桥上海大华火柴公司代理发盒部。该发盒部经理为陈木生，"自筹备成立后，即租用河西街前振源电灯厂房屋，除雇用糊工30名，并每月发盒200万盒，以便就近居民糊制"。【21】此举见效后，周边地区随之亦纷纷仿效，发盒部逐年增加，在南大桥成立了戚培生、潘云卿、龚福生为经理的三家发盒部，三家每月发盒共约600万盒，其次在刘家行，又成立了潘云卿、陈木生、金士林三家发盒部，每月糊盒400万盒。另外在萧塘、油车桥（金士林氏），丁家桥（毛子林氏）、北新桥（戚志堂氏）等均有发盒部之成立。按每万工资折成约为米价8升左右计算，那么奉贤北部地区每年为大华火柴厂糊制火柴盒大该是16800万盒，共计值米1300石左右。这对改善平民生计关系甚巨。故奉贤县志上称，北部金汇桥一带农村妇女，生性勤朴，勤于纺织，兼靠糊火柴盒为生。因为"北部近浦农民，面临黄浦，耕田不易发展，故注意及于畜养事业，每年鸡、鸭、蛋类出口数惊人，糊火柴盒及跑单帮（因与上海交通便利）亦为该区农民之特长"。【22】这多少也推动了大都市周边乡村社会经济生活的变革。

4、上海大中火柴公司（1946年6月创办）

塘桥地处上海浦东黄浦江畔，历史悠久，距上海县城仅一江之隔。塘桥的张家浜直通黄浦江，为塘桥地区工商业发展带来了得天独厚的水路交通便利。

上海大中火柴公司创办于1946年6月，创办资本5000万元，厂址在浦东塘桥张家浜25号，事务所设于市内九江路219号206室。公司组织形式为股份有限公司，董事长李祖敏，经理张华联、襄理林孝生，厂长戴赓扬。该厂有职工120人，专制乙级安全火柴，使用商标有大中、天坛、前门等牌号。

浦东的火柴业与宁波小港李家是有缘份的。大中

▲大中火柴公司商标

火柴厂老板李祖敏，是小港李家坤房老四薇庄公（李厚祉）的六子，李祖夔是他二哥，也是浦东大华火柴厂的董事长。大哥李祖韩是上海中国化学工业社的董事长。方液仙（中化社创始人）的父亲方选青娶了小港李家坤房的二小姐李银娥；而李祖敏的父亲李薇公又选了方选青的胞妹作为妻子，李家与方家的联姻，扩大了各自家族在上海滩的实力。虽说浦东的大中火柴厂在同业中起步较晚，是一家中型火柴企业。其在上海滩名声不凡，是因为该厂老板李祖敏娶了一位出身于显赫家族的民国著名名媛——严仁美，而成为上海各界媒体关注的焦点，有意无意中，让大中火柴厂这块招牌以及其产品广告于社会，为企业带来了一笔可观的无形资产。【23】

其父李厚祉（1873-1913年），同盟会元老，辛亥革命功臣，曾任大清三品花翎江苏侯补知府。他育有七子，李祖敏排行老六，自小即受到老父乃兄长们的

特别关爱和呵护。李祖敏从上海光华大学经济系毕业后，也投身于实业创办，仿效其二哥祖夔开办大华火柴厂，自然选择了投资火柴业，于1946年6月择址浦东塘桥张家浜，创办了大中火柴公司，所取的厂名也与"大华"仅一字之差。在旧上海，不少有钱有势人家的子弟，往往沾上花天酒地、寻花问柳的恶习，而李祖敏不是那种不务正业的浪荡子，他给人的印象总是一副斯斯文文的样子，有学问，得体本分，所以当漂亮优雅的严仁美，头一回相亲，便一见倾心爱上了他。

严仁美，生于1915年，民国名媛，出身于显赫家庭。曾祖严筱舫是李鸿章幕僚，在上海创办了中国第一家银行——中国通商银行并任第一任总裁，他还创办了上海总商会以及众多官私企业，被誉为宁波帮"开山鼻祖"。祖父严子均是严筱舫独子，世称"多才善贾，颇有父风"，以经营钱庄著名。父亲严智多是严家长房长孙，母亲刘承毅是湖州南浔"四象"之首小莲庄刘镛之孙女。严仁美嫁李祖敏之前，乃是苏州阔少马冠良娇妻，她与马家有三个孩子，因无法忍受丈夫生活越轨毅然提出离婚。【24】

▲严仁美，民国名媛、李祖敏太太

严仁美曾就读于著名的贵族学校——中西女中，她尊称宋霭龄为夫人，与其女儿孔令仪是闺蜜。他认盛宣怀府上七小姐盛爱颐为干妈。可以说，宋家、孔家、盛家对严小姐的日常生活都十分关爱，尤其对她与马家的这段不幸婚姻深表同情，也极力希望她重新找到真爱。

1943年4月12日，严、李婚礼在上海衡山路国际礼拜堂举行。婚后夫妻恩爱，幸福美满，几年后，他们膝下添了一儿一女，其乐融融。李祖敏是典型的"上海好男人"，为人忠厚老实，夫妇俩从没一句口角，除经营好自己的火柴厂外，常抽空陪妻子与朋友去法国总会（现花园饭店裙房）打球、游泳、健身等娱乐活动。1956年上海实行公私合营，他们夫妇俩积极拥护，带头加入，他们还都是中国民主建国会成员，与工商界

的刘念义夫妇、荣毅仁夫妇、盛康年夫妇等都是好朋友，大家常在一起开会和聚餐。

1953年11月9日，大中火柴股份有限公司改为大中火柴厂。大中厂合营后生产效益和工人收入均有提高。当时荧昌厂的平均工资最高，是60.30元，大中和正丰一样，为50元，大明、正明、中国、龙翔等厂都为40元，黎明厂最低，仅37.30元。【25】1956年8月，地处浦东东昌区的大中火柴厂，与大中华火柴公司上海荧昌厂同属一个区，在该区还有龙翔火柴厂。在厂房、设备条件上，大中厂规模相对较小，设备也显得简陋，与同区的荧昌厂差距较大。在火柴行业贯彻"大部不动，小部调整"的改组方针实施中，大中与龙翔厂并入到具有宽敞厂房、设备比之优越的大中华上海荧昌厂。【26】大中厂在浦东从创办到改组并入上海荧昌厂，其历程仅10年。1958年6月，在火柴行业进一步改组优化中，大中华火柴公司上海荧昌厂又并入到地方国营上海华光火柴厂。至此，浦东地区的火柴业正式退出历史舞台，成为已逝的风采。

以上是笔者多年来收藏和关注上海地区尤其是浦东地区民族火柴工业及其商标的一点收获和体会。囿于所得的商标实物及史料的不足，尚不能完全把民国时期浦东地区火柴业的情况彻底叙说清楚，但有一点可以肯定，仅从以上四家火柴公司的简单描述中，即可知道民国时期整个上海民族火柴业的发展与规模，浦东远远超过了浦西，它占到了上海民族火柴业的"半壁江山"，这里我们还没有包括浦东地区因记载不详的小厂。如1944年之前在南汇曾出现过一家北蔡火柴厂，经理是浙江人沈炳藩，后迁入南市小南门俞家弄141号，并易名为国光火柴厂，厂长曾是周浦南货店的经理，1947年前后又易名"国光兴记"，经理一职又易他人；【27】又如从笔者收集到的商标看，

▲图1、德昌火柴厂商标

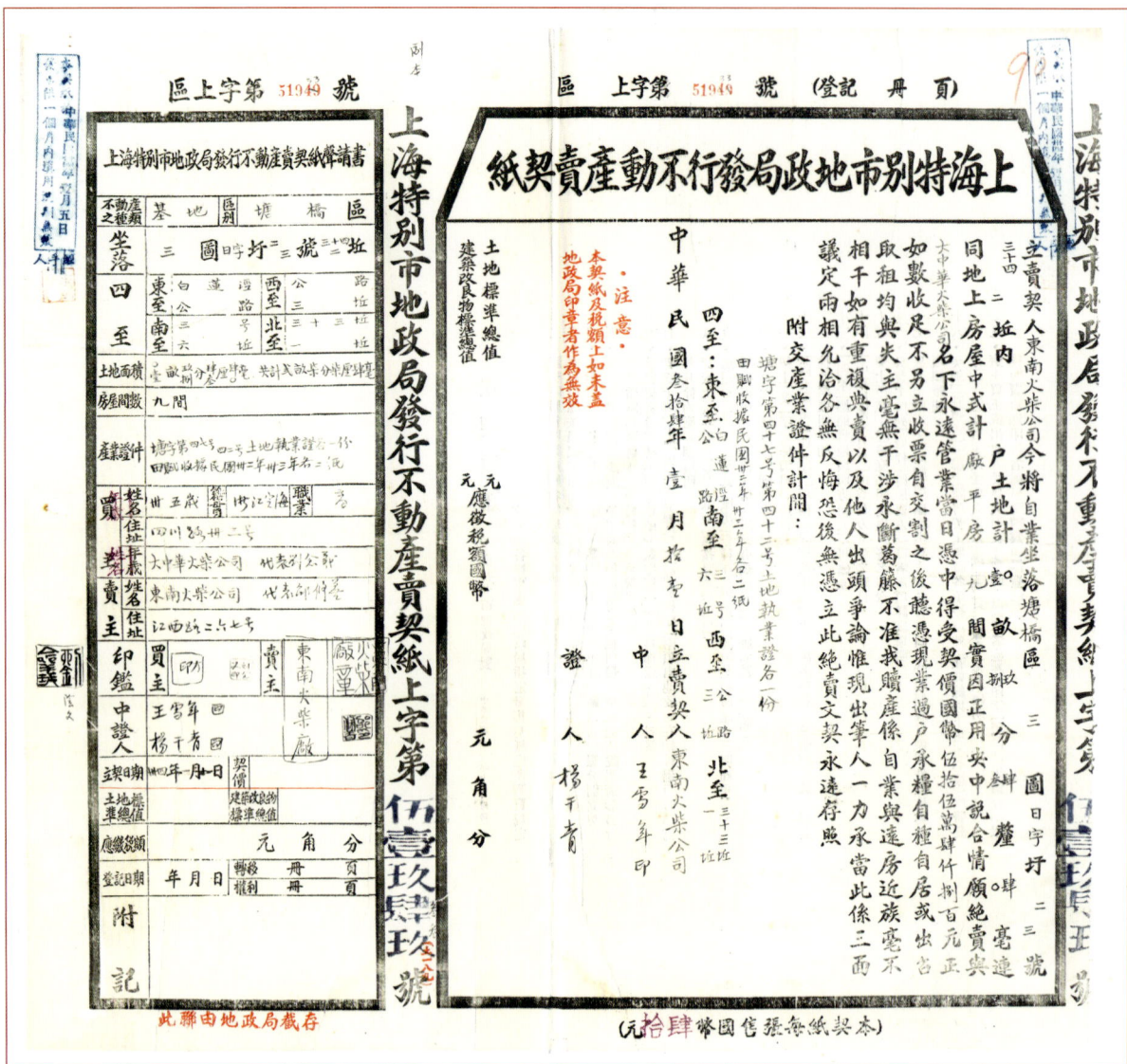

▲图3-1、由该契约内容得出，上海东南火柴厂坐落于浦东塘桥白莲泾，业主为邵修善，1945年1月该厂产业转让于上海大中华火柴公司。

▲图2、龙翔（和记）火柴厂商标

在浦东六里桥，历史上还存在过一家德昌火柴厂（见图1）；再如，开设于浦东董家渡三官堂路48号的龙翔（和记）火柴厂，在上海五马路荣吉里20号设有办事处，【28】该业主姚春镳在1950年9月25日申请注册"生产"牌火柴商标，该厂最终是和大

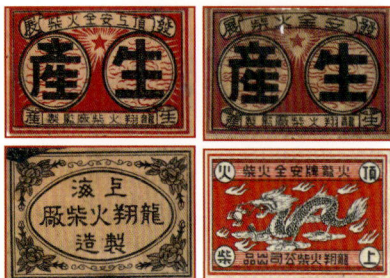

中厂一起并入浦东上海荧昌火柴厂的（见图2）；再有一家就是出现于浦东塘桥的东南火柴厂（见图3）；另据载，1944年1月成立的上海新生火柴厂，最初创办于浦东张华浜，【29】之后为便利业务起见，才改迁于本市南市花衣街98号的等等。在上海解放初期，有九家火柴厂继续开工生产，他们是大中华火柴公司上海荧昌厂、大中华火柴公司周浦中华厂、大中、龙翔、大明、正丰、中国、黎明、外商美光，其中浦东就有4家。另外在浦东地区还存在过多家火柴梗片厂，如明华、美大泰记、东沟、华昌、永明等，它们也应该属于火柴业的范畴。从《民国时期浦东工商业档案选编》看，在"工商实业"这一大块中，有关火柴业方面，只收录了1946年7月

74

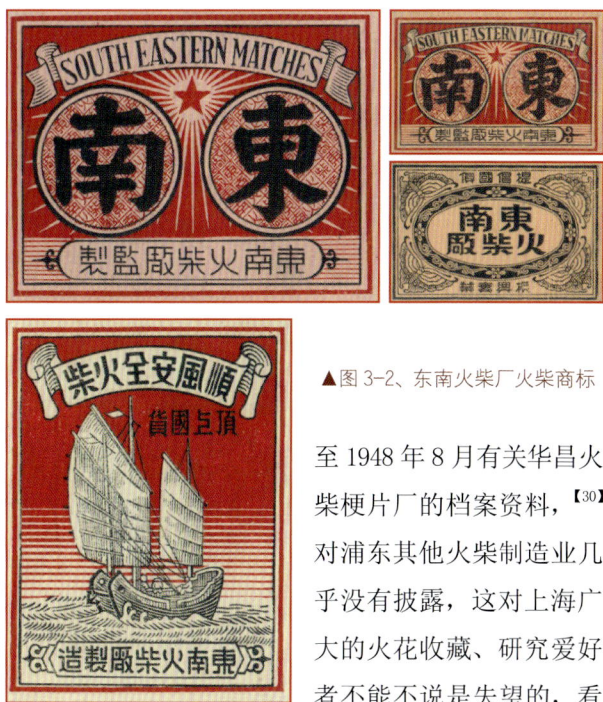

▲图3-2、东南火柴厂火柴商标

至1948年8月有关华昌火柴梗片厂的档案资料，[30]对浦东其他火柴制造业几乎没有披露，这对上海广大的火花收藏、研究爱好者不能不说是失望的，看来我们对浦东地区火柴业的探索研究和档案挖掘，还有待继续深入下去。拙文也算是一篇抛砖引玉的尝试，希望以后有这方面更详细全面的佳作奉献于读者。

注释：

【1】青岛市工商行政管理局史料组编《中国民族火柴工业》，中华书局1963年10月版第161页。

【2】许金生著《近代上海日资工业史》（1884-1937），学林出版社2009年5月版第93页。

【3】上海社会科学院经济研究所编《刘鸿生企业史料》（上册），上海人民出版社1981的8月版第150页。

【4】徐新吾、黄汉民主编《上海近代工业史》，上海社会科学院出版社1998年1月版第329页"注：1"。

【5】上海社会科学院经济研究所编《刘鸿生企业史料》（上册），上海人民出版社1981年8月版第135页。

【6】同上，第127页。

【7】青岛市工商行政管理局史料组编《中国民族火柴工业》，中华书局1963年10月版第233页。

【8】上海社会科学院经济研究所编《刘鸿生企业史料》（上册），上海人民出版社1981年8月版第135页。

【9】有关日本华侨办庄述及，请参见蒋海波《日本华侨与近代中国火柴业——以华中和华东地区为例》，《华侨华人历史研究》2010年12月第4期第45-54页；罗晃潮《日本华侨史》，广东高等教育出版社1994年7月版第421-431页；池步洲《日本华侨经济史》，上海社会科学院出版社1993年7月版第139-179页；《天津文史资料选辑》第十七辑，童玉民《日本神户华侨史》，天津人民出版社1981年

11月版第196-197页。

【10】上海社会科学院经济研究所、上海国际贸易学会学术委员会编《上海对外贸易》（上册），上海社学科学院出版社1989年11月版第499-532页。

【11】上海社会科学院经济研究所编《刘鸿生企业史料》（上册），上海人民出版社1981年8月版第77页。

【12】同上第138页。

【13】（美）高家龙《进入上海租界的三条道路：1895-1937年火柴界里的日本、西方和华资公司》，《上海研究论丛》第三辑，上海社会科学院出版社1989年3月版第221页。

【14】上海社会科学院经济研究所编《刘鸿生企业史料》（中册），上海人民出版社1981年8月版第197-199页。

【15】《伪上海特别市经济局陈伯藩等筹组火柴厂同业公会呈送会员名册、理监事履历表、章程等往来文书》，上海市档案馆，1943年，13-1-2158。

【16】上海市浦东新区政协文史委、地方志办公室、地名管理办公室编《浦东老地名》（下册），上海社会科学院出版社2007年1月版第241页。

【17】上海市社会局编《上海之机制工业》，中华书局1933年12月版第103页。

【18】杨大金编《现代中国实业志》（上），商务印书馆1938年3月版第529页；《中华全国火柴同业联合会会员》，1934年12月印。

【19】联合征信所编《上海制造厂商概览》，联合征信所1947年10月版，书报简讯社编《上海概况》，书报简讯社1949年4月版第351页。

【20】陈正卿著《小港李氏家族百年繁华录》，《上海滩》1999年第7、8、9期。

【21】奉贤县文献委员会编《奉贤县志稿》，卷十，实业史料，转引黄苇、夏林根《近代上海地区方志经济史料选辑》，上海人民出版社1984年6月版第89页。

【22】同上，卷二十八，农民生活之演进，转引同上，上海人民出版社1984年6月版第339页。

【23】联合征信所编《上海制造厂商概览》，联合征信所1947年10月版；青岛市工商行政管理局史料组编《中国民族火柴工业》，中华书局1963年10月版第288页；陈正卿《小港李氏家族百年繁华录》，《上海滩》1999年第7、8、9期。

【24】宋路霞《上海滩名门闺秀》，第六章，严筱舫的曾孙女——严仁美，上海科学技术文献出版社2009年1月版。

【25】青岛市工商行政管理局史料组编《中国民族火柴工业》，中华书局1963年10月第244-245页。

【26】同上，第230页

【27】上海市机制火柴同人联谊会会员名册，1945年1月。

【28】周莘機编著《火柴工业》，商务印书馆1951年11月版第145页

【29】《烟业日报》，1947年9月26日。

【30】上海市浦东新区档案馆编《民国时期浦东工商业档案选编》，上海社会科学院出版社2010年10月版第191-198页。

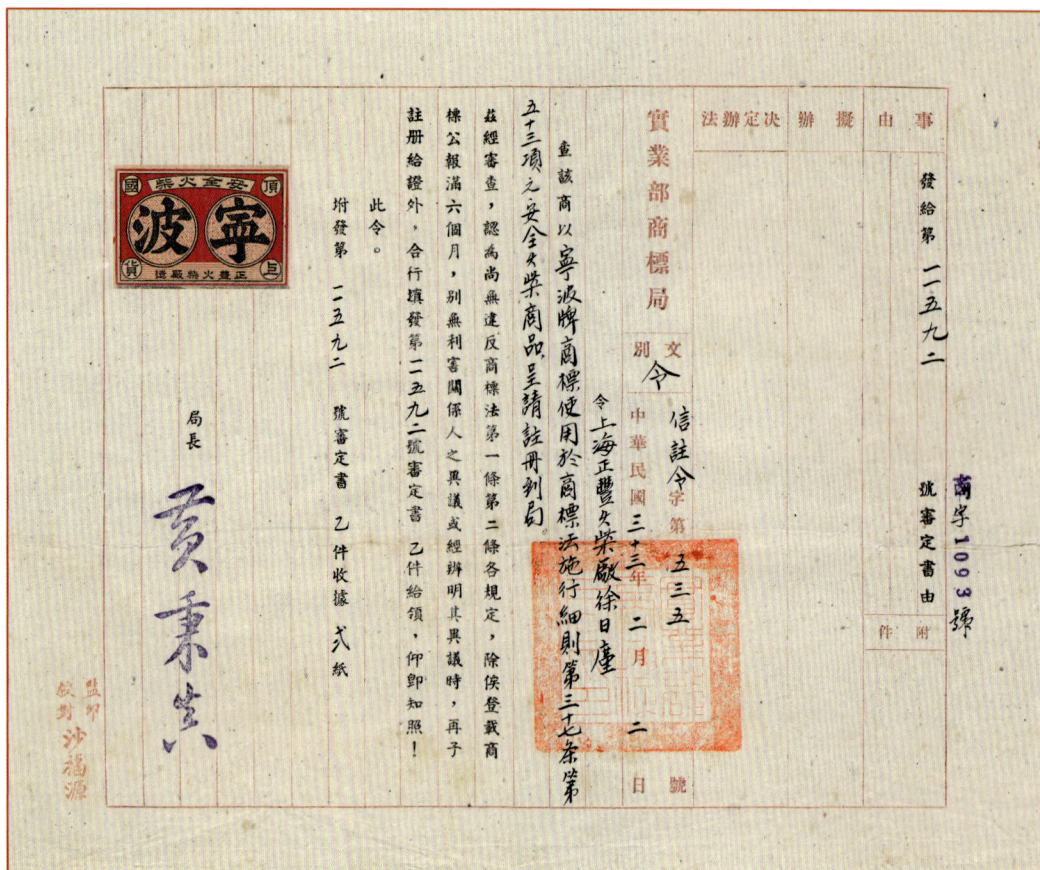

▲上海正丰火柴厂"宁波牌"火柴商标注册审定书 1944.2.2

（二）徐汇区

徐汇区位于上海市西南部。该境内民族资本工业，发端于清光绪元年（1875年）开设的华光织带厂。发展到上世纪三、四十年代，轻工、纺织、食品、橡胶、化工、造纸等民族工业已具有一定的规模。泰康、梅林、冠生园的糖果、饼干、罐头食品，大中华橡胶厂的双钱牌胶鞋、汽车轮胎，协昌缝纫机厂的蝴蝶牌缝纫机，中国钟表厂的三五牌台钟，永新雨衣染织厂的ADK雨衣，正丰、大明火柴厂的宁波牌、大明牌火柴等，在市场上均有良好的声誉。至上海解放前夕，徐汇、常熟（解放后并入徐汇）两区共有企业500家，职工2.3万人。但综观全区民营企业，绝大多数工厂规模较小，设备简陋，技术落后，70%的企业在职工人仅10人左右。个体手工业达1800户，6100多人，其中棉织业859户，为全市同行业总户数的40%。

1957年起，本市对公私合营企业根据"产品归类，协作归口，地区相近，定点划块"的原则，采用中心厂带动卫星厂的联营办法，进行经济改组。把全区357家工厂划为249个中心厂和88个卫星厂，并将一批生产条件简陋、生产任务不足的小厂，陆续并入部分大、中型工厂，使人力、物力得到较充分的利用，为专业化协作生产创造了条件。如正丰火柴厂作为中型企业，从业职工493人，根据上海市火柴塑料毛刷工业公司裁并决定，以正丰厂为基础，将大来、永秀斋、张永昌、新丰、裕昌茂、三一文具等28家小厂并入正丰厂，利用其厂址发展塑料制品工业，于1958年6月1日联合成立公私合营上海塑料制品三厂，为落后于世界的我国塑料工业亟待发展，增添活力，成为该行业的骨干企业；另外，打破行业界限，将同业中生产能力过剩的行业，改建发展为国家需要的新兴工业。如大明火柴厂与协昌缝纫机厂厂基相连，厂房相邻，中间只用一道篱笆隔开。为支援上海缝纫机工业生产需要，因地制宜将大明连人带厂转入协昌，竹篱一拆，便成一家。从1958年开始，大明厂331名职工便安排到协昌各个车间和职能科室，边学边做，投入生产。之后又将28家卫星厂并进，使协昌成为全国规模最大的一家缝纫机制造厂。

根据笔者的研究和收集到的火柴商标，发现在徐汇区境内，历史上曾创办过大明、南洋、福新、正丰、九福、新华、瑞士、瑞明等八家民族火柴业，以下就这八家火柴厂作一个简单记述。

1、上海大明火柴厂（1933年12月创办）

大明火柴厂成立于1933年12月，厂址位于上海龙华济公滩，事务所设在上海牛庄路福庆里，企业性质为股份有限公司，资本为国币5万元。董事长邵善修，董事有许奇松、顾泉云、张筱宝、俞品珩。监察邵宗孝、邵珠瑛，经理为邵善修，副经理为洪明进，厂长邵光宸。[1]

据1934年的《机联会刊》公布："去年年底，上海市面上发现了一种扁盒的红头火柴，样式很美观，携带方便，所以很受欢迎，不过几个月的功夫到处风行了，那就是国产火柴中异军突起的大明牌"。

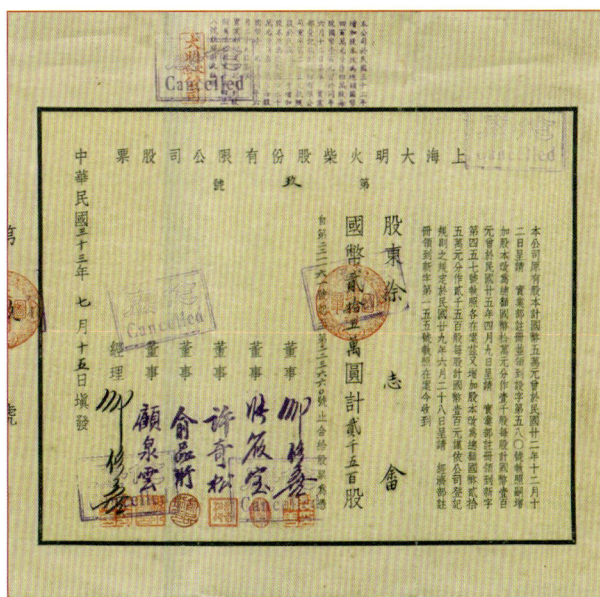

▲上海大明火柴股份有限公司股票 1944.7.15

▲大明火柴厂火柴商标

话说制造这个牌子火柴的人，就是邵善修，浙江镇海人，为上海荧昌火柴厂创始人邵尔康之子。其父1925年辞世时，他仅14岁，虽年幼，但志存高远。19岁他复旦实中毕业那年，他父亲一手经营起来的荧昌火柴厂让刘鸿生的大中华火柴公司给"吃掉了"，一心想子承父业，再续父业辉煌的他，放弃了学业上的继续深造，直接去沪江大学上了两年夜校，专攻商业，为他踏入工商界打基础。22岁时，他在朱锦玉先生等赞助下，开始着手创办大明火柴厂。可以说，他是当年沪上开办火柴业中的最年轻者，后生可畏。但就在

▲大明火柴厂火柴商标

大明投产后不久，就遭遇到了一个意外打击，那就是火柴的增税，由起初的每箱火柴7.5元调升至17.4元，虽说这是针对所有同业，但大明是"新开户头"，且规模又小，着实不胜其负，好在公司上下一致齐心协力，总算挺了过来。

1930年刘鸿生成立大中华后，大明、大华、中国等小厂，如雨后春笋接踵而至。新厂频出，产量陡增，以致供过于求，随之行业间恶性竞争时有发生。在统税骤增，同室操戈和日货走私漏税等多重打击之下，民族火柴业的步履十分艰难，邵先生也差一点重蹈其父的覆辙，曾有过放弃的念头。邵善修曾主动向刘鸿生暗示，表示愿意同大中华合并，"克隆"他父亲荣昌厂的归宿。在遭拒绝后，大明于1934年与本市的中国、大华、华明；南通的通燧；苏州的民生；宁波的正大；临淮的淮上；汉口的楚胜等火柴厂商组成大中国火柴公司，"作为与大中华火柴公司相并立的一个联合体"。【2】次年7月1日，上述八厂与大中华之协定成立"国产火柴制造同业联合办事处"，公约上海各厂每日生产限额：其中荣昌91箱，中华69箱，华明26箱，大华和中国均24箱，大明19箱，整体上，大中华火柴公司下属6家厂共计465箱，大中国火柴公司下属8家厂仅得250箱。【3】由此可见，大明厂出道后，在同业

间的位置和处境，它一路走来的确不平坦。经过大明厂董事会和邵善修的苦心经营，践行打拼，大明厂的业绩渐有起色。从1935年7月27日国产火柴制造同业联办处的火柴每月准销数额看，大明厂400箱（每箱计50罗），而大华、中国分别为480箱，大明比它们只少了80箱而已。【4】不仅如此，大明还与大中华、中国、通燧几家于1936年2月共同盘买了华明兴记火柴厂。【5】1947年，大明资本已达1亿元，职工285人。【6】

解放后，大明厂事务所迁至江西中路267号202室。【7】该厂资本家邵善修于解放前夕去了美国（后在美国死于车祸），"资方代理人于1950年4月隐匿不见"，【8】厂里生产原料仅够10多天生产，所欠客户火柴200余箱急需提货，对外借款3万元又催索甚急，欠银行3300元，欠职工工资8000元，情急之下，经上海工商局批准，全厂职工在工会组织之下，成立了职工临时生产维持委员会，经5个月的努力，走出了困境，于1950年底创收利润5万元，成为全市火柴行业唯一一家有盈余的厂子。1951年全年盈余达17336余元。1957年12月19日，大明火柴厂转并上海协昌缝

78

▲大明火柴厂火柴商标

纫机制造厂，全厂331名职工全部改行，协昌厂由此成为全国规模最大的一家缝纫机制造厂。【9】

历史上大明厂用过的商标有"燧人""救国""南京""大明""喜鹊""百子""黑大明"等。所见广告火柴有，"庐山""槟榔""安乐""三杯""金字塔"等香烟广告火柴，还有"天厨味精""大中华橡胶""云飞汽车"等广告火柴。早期销路方面，"大明"最畅，"救国"次之，"百子"专销浙江，"南京"旺销于镇江、南京和芜湖，"喜鹊""百子""大明"专供苏州、常州一带。【10】

2、上海南洋火柴厂（1940年2月创办）

南洋火柴厂使用的商标有"八卦""火车"及"光孚火油"广告等3种牌号，较为常见。但集花者大多不知其厂开办于何时、何地、何人？它一直困惑着集花界对其的界定。多年前，笔者从北京拍得一批当年"中华全国火柴产销联营社"的档案资料，数量众多，一直没空对其"消化"，搁置于家中。近搬家后整理该档，无意间看到有关南洋火柴厂的成立档案，方解疑团。

查阅《中华全国火柴产销联营社总社发文卷皮》13联壹字26号2宗：得知上海南洋火柴厂股份有限公司开设于1940年2月12日，厂址在徐家汇土山湾裕德路底，"该厂特租界为护符"，"始经法军管司令部填发执照"，允许开业的。关于该厂规模，有排板车四部，拆

▼南洋火柴厂火柴商标

板车三部，铜板车、垃圾车、齐板车各一部，贴标机二部，印磷机一部。另外，该厂向国外订购的四部排板车、二部折板车，至开工后仍未及时运到，无法安装妥置。工厂使用的生产设备均由上海马顺兴机器厂制造提供。工厂盖有四间大仓库，每间可容放一百箱火柴。因当时正值全国火柴行业实行火柴统制，三部（财政部、外交部、实业部）为此曾开过会议，并决议各地新厂一概不准再设。【11】所以，南洋厂开业后，一直未申领到营业许可证，估计该厂生产的火柴不能公开上市营销，只局限于租界内小范围经营，无法产生太多的利润，以致没几年就关闭，另起炉灶了。有关详情参见以下。

附录

为上海土山湾南洋火柴厂函请入社核与限制设立新厂原案抵触碍难照准照抄三部会议记录函请照办理由

径复者，接准

贵分社（指上海分社，笔者注）上字第五一四号以上海土山湾南洋火柴厂函请入社，并转呈税务总局登记，陈述经过情形，抄同来件请予察核示复等由，查限制设立新厂一案，曾于二十五年四月二十八日，蒙

财政、外交、实业三部会议决议，新厂一概不准设立在案，上次天津华北火柴厂，曾经天津特别市公署发给开业执照，呈奉

前临时政府行政委员会指令，以此案既经财实两部会商，难予照准，自应遵照部议，免致纷歧等。因是以华北火柴厂，至今未能开业，足见禁止设立新厂，业已铁案如山，该南洋火柴厂，事同一律，当然在禁止设立之列，且该厂特租界为护符，于西历一九四零年，即民国二十九年二月十二日，始经法军管司令部填发执照，尤为不合，其私制行销，业已发封处罚有案，请入社并转呈税务总局登记一节，碍难照准，相应照抄三部会议记录，函复

贵分社查照，转达原申请人知照，并希由贵分社向苏浙皖税务总局陈明原委，以免南洋火柴厂再行朦请登记，是所至明，此致

上海分社

（抄录三部会议记录一份）

"总社"启

（中华全国火柴产销联营总社，中华民国三十年一月十五日沪总秘字第一〇号）

3、上海福新火柴厂（1942 年 12 月创办）

福新火柴厂创办于 1942 年年底，厂址在徐家汇同仁街 133 号。该厂最初由在沪广东人独资创办，为家族制管理企业。总经理蓝壁如（前上海总商会执委、上海张裕葡萄酿酒公司总经理），副经理蓝铭（火德杂粮号经理），协理蓝锦开（晶明造纸厂总务），会计 2 名，分别是蓝继能、蓝思宏，均为原晶明造纸厂会计，前者后来还当过金星火柴厂副经理。[12] 该厂使用的"五羊城""三羊"牌火柴商标多多少少也折射出在沪粤籍商人的恋乡情结。

1946 年 5 月，福新火柴厂转制成股份有限公司。董事长黄筱松，董事分别为阮叔颖、谢亮夫、沈良骊、

▲福新火柴厂火柴商标

郑崇兰、郭上瑾、陆瑞祥、徐光济，监察高仰止、包熙华、陈文魁，总经理阮叔颖，经理徐光济，副经理陆瑞祥，厂长为沈良骊。[13] 该厂历年所使用的商标有"福新""五羊城""三羊""金镑""红星（两种图案）""汽球（两种图案）""奉化"等多种，职工有 110 人。

该厂厂长沈良骊，浙江沈师桥人，1914 年前后在上海燮昌火柴厂当技师，因研制成功黑头安全火柴，被同业中尊称为"老法师"，诨号"黑头"。1938 至 1945 年抗战期间，因工厂停工一度回乡避乱，曾任国民党浙江观城区委书记（因无劣迹，解放后主动向政府坦白，经徐汇区人民政府宣布免于起诉）。1945 年战后重返上海，任福新火柴厂厂长。1950 年福新因厂小不能维持而关闭后，转投正丰火柴厂徐日廑门下，任正丰厂制造技师兼副厂长。[14] 因其姐嫁于观海卫（观城）徐家（该家族正是正大火柴厂业主），有这段姻缘，故沈良骊投靠正丰厂徐日廑（原宁波正大厂老板）乃是情理之中的事。1956 年，作为正丰厂私方副厂长兼技术科长，在第二季度厂际劳动竞赛中，与油药部工人一起，研究工艺操作，推广了八项先进经验，提高了火柴的抗潮性和梗头的粘合力，被评为厂级先进生产者。[15] 1966 年，沈良骊病故于徐汇区同仁街寓所。

4、上海正丰火柴厂（1943 年 12 月创办）

说到上海"正丰"，必须 从宁波"正大"说起。

1943 年，宁波"正大"厂因战乱被迫关闭，正大厂经理徐日廑避难定居上海租界。当时租界物资极度匮乏、奇缺，市场上火柴价格飞涨，最高时每箱火柴（7200 小盒）约值 10 两黄金，与宁波市场上的火柴价格悬殊。精明的徐日廑觉得这是千载难逢的赚钱机会，拟将申请执照，将宁波正大厂的火柴运抵上海攒取差价，可当时敌伪占据上海，火柴业有联营组织，外埠火柴一律严禁销入本埠。无奈之下，使他产生了就地在沪办厂生产火柴的计划实施，他依靠正大的资金，在上海另起炉灶，办起了正丰火柴厂。正大与正丰，也就一字之差，活脱就是"兄弟俩"。

1943 年 12 月 27 日下午 2 时，在上海福州路大西洋菜社，上海正丰火柴厂股份有限公司成立大会正式召开。全体股东 105 人。实际到会 95 人，股份共分 70

万股。[16]会上推举邱洪生为董事长，经理徐日廑，协理王和甫，厂长为徐廷宰，总监工徐廷华，监察为朱赞侯、陈达斋、翁凤栋三人，董事有徐日廑、王和甫、徐廷宰、金克卿、徐日镳、陈容浩、樊文钰等11人。[17]正丰的创办资本原定为700万元中储券，因当时办火柴厂利润特别高，售价较成本10倍左右，负责注册登记的日伪税务局垂涎其"油水"，百般刁难，强行参股150万元，最终才获得开业许可证。

1944年6月8日上海正丰厂正式投产。厂址在江苏路东渚安浜300号，事务所设金陵东路183弄8号。新厂占地1.7亩，平房16间，双层楼房6幢，均为砖木结构中国式建筑。职工80多人。1945年增至100人左右，1946年升至202人，其中职员17人，工人185人（其中女工88人）。开始时生产能力每日10余箱，产量不高，销路颇佳。抗战胜利后，正丰厂资本重新估价，数额为15000万元（旧币）。战后黄金贬值，"一箱火柴，十两金子"，相当于6万元法币。厂里几乎每天可赚进1根大条子（即十两黄金）。正丰见形势大好，

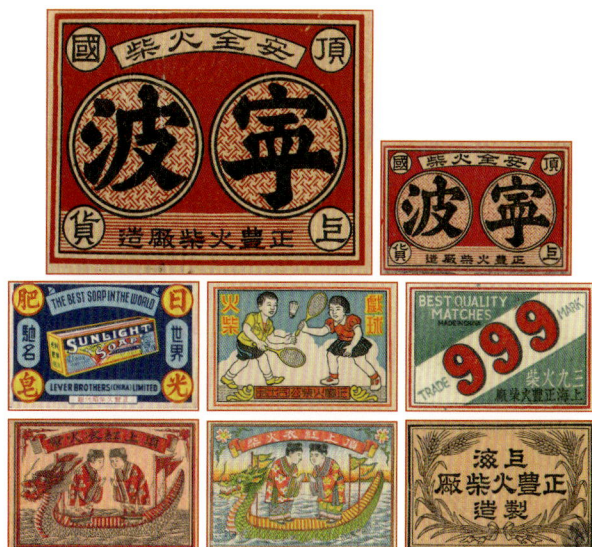

▲正丰火柴厂火柴商标

抓住机遇，扩大规模，于1946年3月8日买断了位于华山路朱家库848弄26号金星火柴厂的所有资产，包括营业执照、商标以及全部机械设备和附件，所需花费计法币700万元，将所购改名为正丰火柴二厂。[18]此外，为了保障原料供给，正丰又在浦东开办了美大

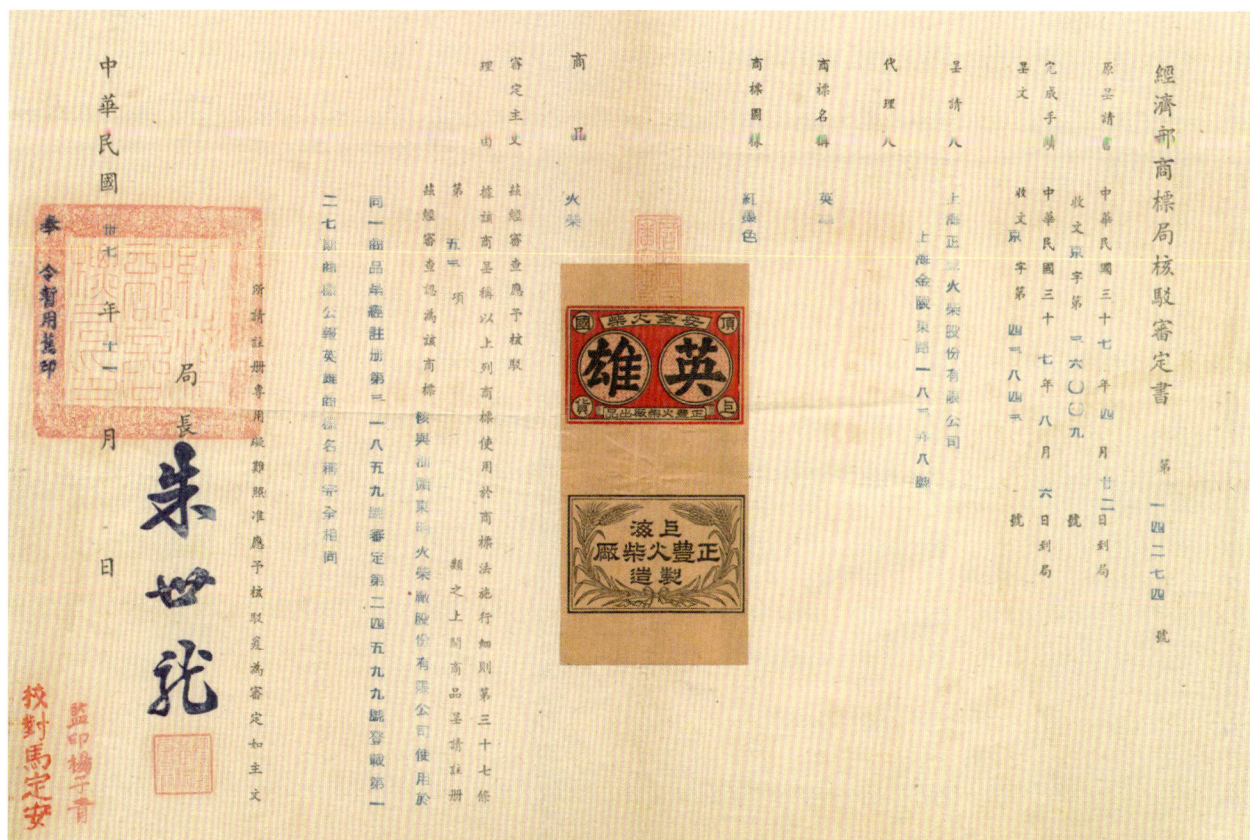

▲上海正丰火柴公司"英雄牌"商标核驳审定书　1948.11

▲ 正丰火柴公司股东印鉴副本

火柴梗子厂。此时的正丰"羽毛丰满"、势头强劲，两厂的月产量比初创时期增加了一倍，达 20 余箱，很快跻身于上海火柴业三强（大中华、大明、正丰）之一，规模、产量、资本仅次于大中华及大明两厂。

1946 年 11 月 8 日，正丰再接再厉，一鼓足气买下斜土路南平荫桥西（今斜土路 1074 弄 80 号）10.07 亩一块大空地，建设厂房，添购设备，准备大干一场。

基地厂房于 1948 年全部落成，两厂一并迁入新厂。老厂房于 1948 年 1 月 6 日卖给了鸿祥呢厂。至此，正丰厂开始迎来了一个新的发展期。

徐日瞻，浙江慈溪人，曾任宁波正大火柴厂经理、上海烟业银行董事。徐廷宰、徐廷华兄弟俩是他同乡同族，他俩辅助徐日瞻，成为他的左膀右臂。徐廷宰曾是大中华火柴公司上海荧昌厂的技师及工务主任；徐廷华曾在上海中华针织厂任厂长，他们一个懂业务；一个善管理。后者于 1946 年 4 月另立门户，与人合伙创办了华鑫火柴厂。解放后，徐日瞻当选为徐汇区工商联执委，1959 年被选为区政协委员，他还是民建委员。[19] 1958 年 5 月，正丰厂与上海 25 家塑胶厂转并组成上海塑料制品三厂，[20] 徐日瞻担任副厂长，主管企业财务。1969 年底，徐不幸中风瘫痪，床上躺了五年，直至 1975 年离开人世。

正丰厂见过的火柴商标有"宁波""三九""戏球"、"龙船""正字"，以及经审定未能通过注册的"英雄"牌商标。

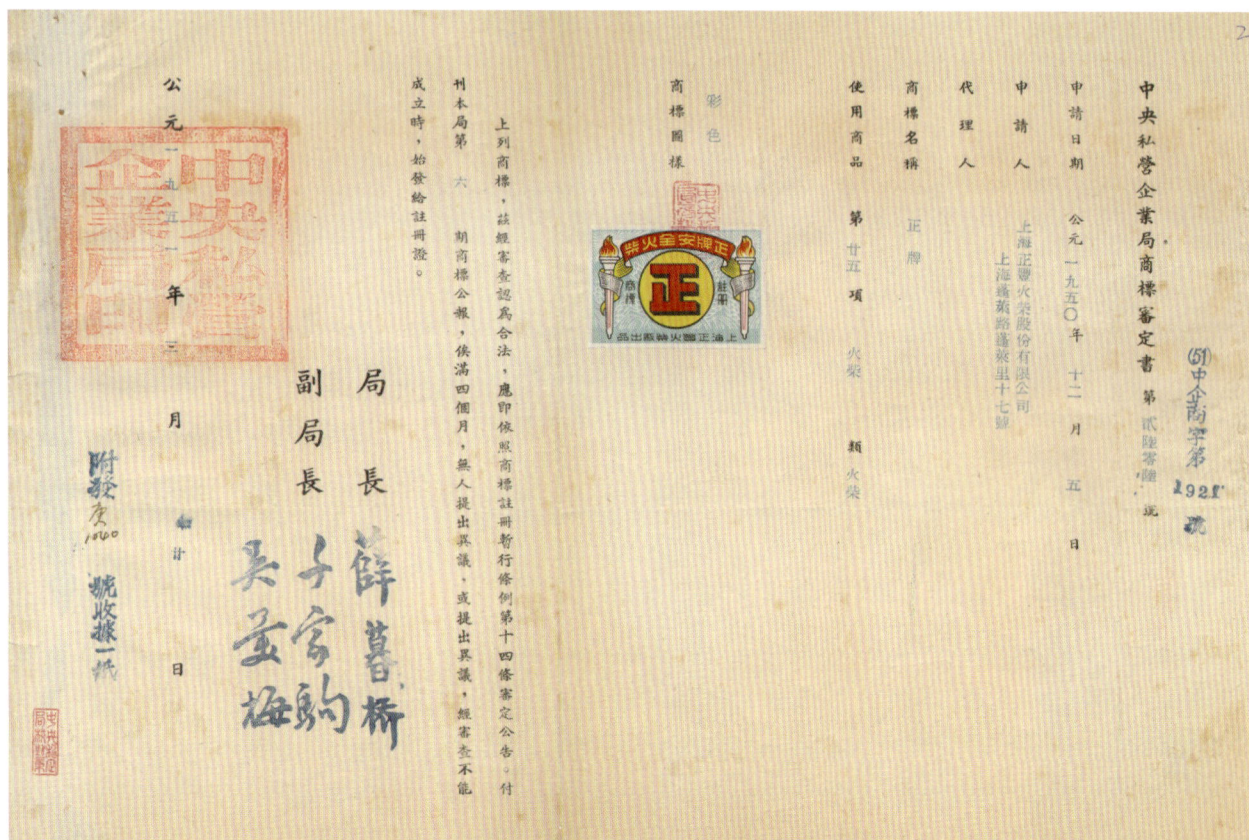

▲ 上海正丰火柴公司"正牌"商标审定书　1951.3.20

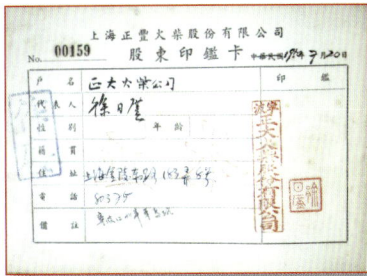

附：

上海正丰火柴公司主要股东介绍

近日觅得一册《正丰火柴公司股东印鉴（副本）》。该册内，保存了上海正丰火柴公司创办后所有股东的"口卡"，作为股东的该公司董事长邱洪生、经理徐日廛、协理王和甫、厂长徐廷宰等均在其中，是一册研究上海民族火柴工业历史相当有价值的史料文档。

位于徐汇区斜土路平荫桥王家坟山弄1076号的上海正丰火柴公司，创立于抗战胜利前夕。在日本侵华战争期间，上海众多工商业纷纷停歇或迁移外埠。我国民族火柴工业在面临这种境遇之下，几乎奄奄一息。在大批工人失业，民不聊生之际，上海正丰火柴厂在炮火中诞生，其民族资本家的实业救国之精神，可见一斑，可敬可佩。在"正丰"1945年12月公司所拟定的章程第六条款上，旗帜鲜明地广而告之："本公司股东以中华民国国籍者为限"，表明了中国企业家的爱国气节，拒绝任何外国资本渗透民族工业资本，这种矢志振兴民族工业的精神，在当时具有一定的进步意义。

上海解放后，"正丰"厂实行公私合营，为社会主义轻工业的发展，再续辉煌。如，正丰火柴厂研制出新中国第一代"安全火柴"；1956年，该厂沈良驷被邀至天津、丹东，出席火柴工业技术会议交流经验，并在天津中华火柴厂作实地操作与指导，致使该厂以原来专制非安全硫化磷火柴改为生产安全火柴。

以下就作者对上海地区民族火柴工业史多年的关心和搜集，从《正丰火柴公司股东印鉴》中，按股东编号顺序，重点介绍该公司主要股东如下：

徐日廛 上海正丰火柴公司经理，初中文化，宁波正大火柴公司老板徐蕙生之子。他早年在宁波"正大"担任监工、会计，因精明能干，开拓进取，20岁即走上厂长兼经理岗位。"八一三"事变后，正大厂歇业，他抵沪作寓公。"孤岛"时期，沪上市面火柴价格飞涨，一箱火柴（7200小盒）售价要10两黄金。为解决民生所需，遂在沪集资创办正丰火柴厂，被董事会聘为经理，不再在"正

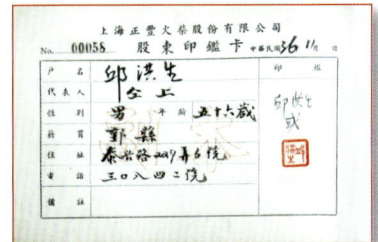

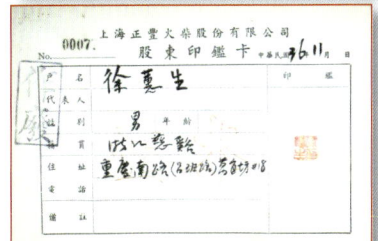

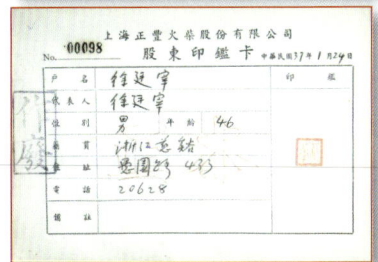

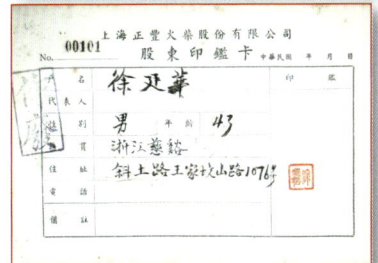

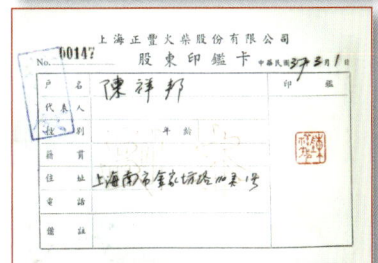

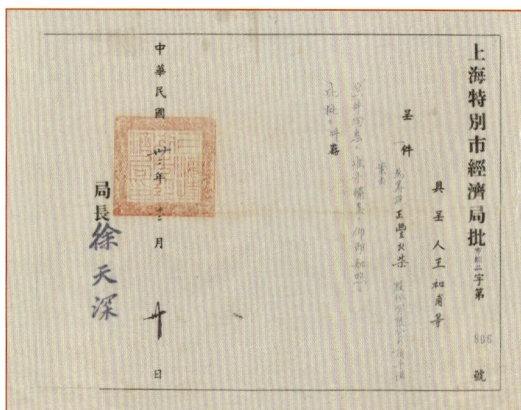
▲上海特别市经济局接正丰火柴厂申请设立批文　1943.12.30

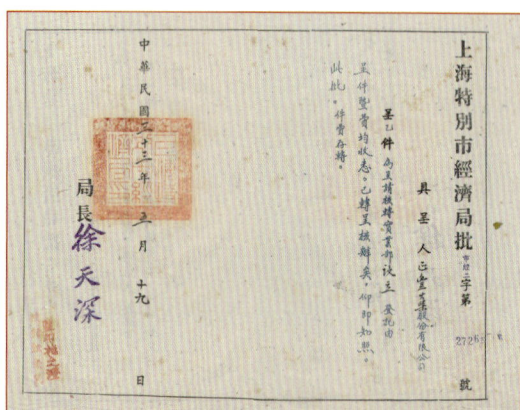
▲上海特别市经济局同意正丰火柴厂设立批文　1944.5.19

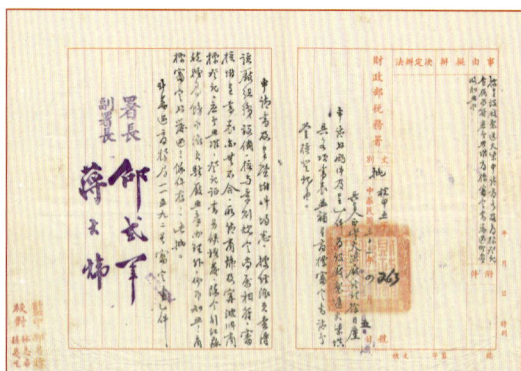
▲财政部税务署关于正丰厂及商标审核情况通知书　1944.4.5

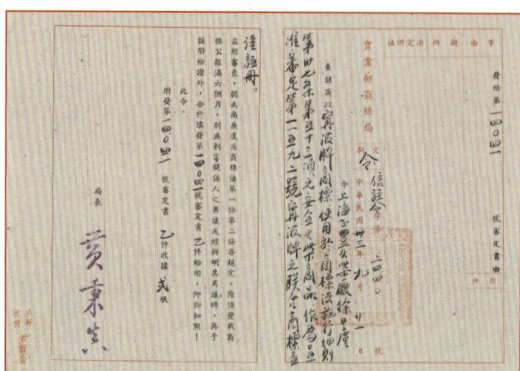
▲实业部商标局关于"宁波牌"商标同意注册
及注册事项通知书　1944.9.21

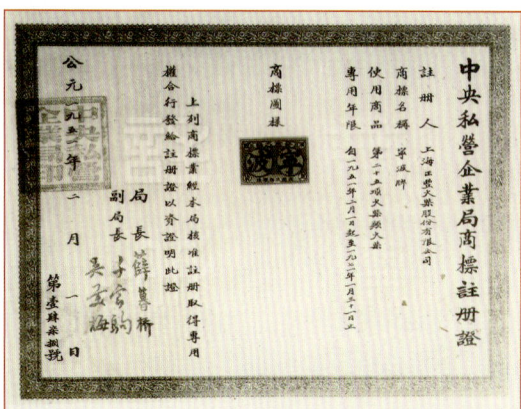
▲"宁波牌"商标注册证原件摄影　1951.2.1

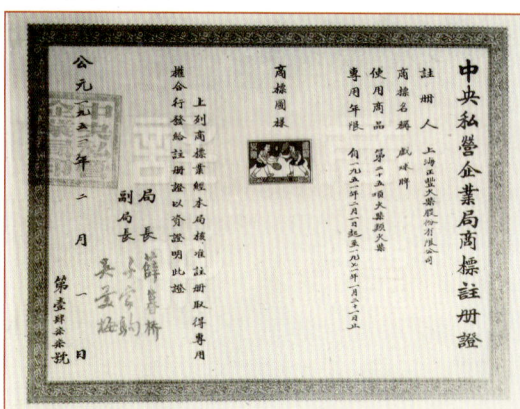
▲"戏球牌"商标注册证原件摄影　1951.2.1

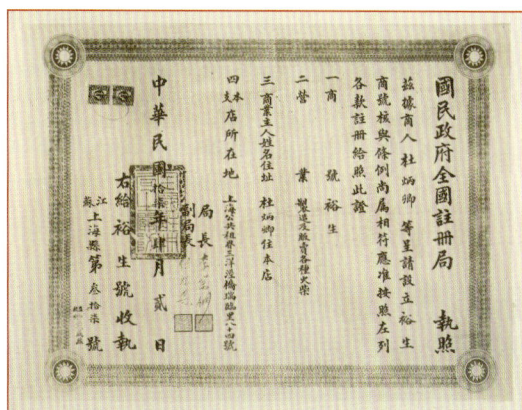
▲上海裕生商号营业执照原件摄影　1928.4.2

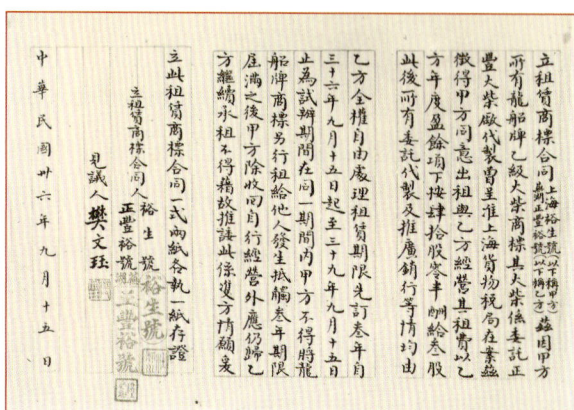
▲上海裕生号与芜湖正丰裕号租赁商标合同　1947.9.15

大"挂职。解放后，当选为徐汇区工商联执委，1959年以民建委员身份被选为区政协委员。1969年底，不幸中风瘫痪，直至1975年去世。

王和甫　上海正丰火柴公司协理，年长徐日鏖，高小文化，原美商德士古火油公司温州、绍兴经理，兼营香烟、火柴生意。他为人处世比较谨慎、保守，在"正丰"后期，尤其是1949年前后，受战争影响，销路受阻、工人罢工以及解放初期的运动，使他逐渐对"正丰"失去信心。50年代初期，王和甫将自己在"正丰"的所有股份统统抛出，为稳定"正丰"顺利运转，被徐日鏖和另一股东全盘收进。

周鹤年　上海正丰火柴公司"跑街"，专门负责"正丰"在上海火柴市场的营销。当时上海设烟纸公会，日用小百货商品都在那里成交，卖主、买主，外帮、本地均在此谈生意、签合同。跑街先生还有一去处，就是上海城隍庙的"得意楼"茶会。它依仗庙园中各业公所麇集的优势，招徕商贾在茶馆中交易论市，被称为"茶会"。每日清晨，各业的商贸经纪人进出茶楼，"每至午申人毕集，成盘出货约期忙"。

胡泽南　宁波正大火柴公司司帐，在"正丰"不挂职，仅作为股东。1951年，他作为宁波"正大"厂的代表，与杭州元丰公司、徐日鏖三者共同兼并杭州建华火柴厂（注："正大"投资贰亿伍千万元、"元丰"投资贰亿元、徐日鏖投资伍千万元，共计人民币伍亿元正），开始创办公私合营杭州火柴厂。

樊文珏　上海正丰火柴公司襄理兼营业主任，原英美烟草公司的跑街先生。"正丰"开业后，是他将"正丰"厂的"宁波"牌火柴投放并占领江西火柴市场，并深获当地消费者认可和欢迎。在将"宁波"牌火柴打开江西九江、南昌、吉安、上饶等地销路的同时，又把推销网络扩大至江苏无锡、常州、镇江以及安徽芜湖、安庆地区。另外，将"正丰"稍许次一级产品"红衣"牌火柴，在镇江、宝庆、淮阴三处设分销处，重点推销，起色显著。

邱洪生　上海正丰火柴公司董事长，系上海德和公记靛号经理，专门从事染料生意，与王和甫是亲戚。他在上海滩经营多年，事业有成，人头熟，关系多，

路道粗，在"正丰"厂所有股东中，该家族入股人数和股份最多，故他本人被公推为"正丰"董事长。

徐蕙生（徐孟彬之子，徐日鏖之父），宁波正大火柴厂老板。其父徐孟彬早年做保介绍吴锦常去宁波豆腐坊和上海萃丰香烛店做帮佣，使吴日后事业有成，逐渐发迹成为日本华侨巨商。吴为报答当年徐孟彬滴水之恩，1890年将徐家大儿子徐蕙生携至日本经商，协助吴锦堂在神户创办的怡生号办庄经营火柴返销贸易，通过吴在上海开设的义生洋行，将大量日本火柴销回上海、苏州、无锡、镇江等地。1910年，徐惠生回国收购宁波正大火柴厂，于1913年重新开业，并易名为"宁波正大新公司火柴厂"。

徐廷宰　上海正丰火柴公司厂长，原大中华火柴公司荧昌厂技师。徐曾受到业界"火柴大王"刘鸿生的栽培和重用，而成为火柴业之人才。因徐廷宰和徐日鏖是同乡同族，深受徐日鏖信任，他入股"正丰"后，被徐重聘为厂长。

徐廷华　上海正丰火柴公司总监，徐廷宰胞弟。其兄上任"正丰"厂厂长后，为了加强对工人的监控和管理，让其弟徐廷华出任"正丰"厂总监工。徐氏俩兄弟的母亲，是沪上火柴业名人沈良驷的胞姐。他们的舅舅沈良驷，早年任上海燮昌火柴公司技师，因研制成功黑头火柴，而被业内冠以"黑头火柴"的诨号。沈曾在开设于上海徐家汇的福新火柴厂出任厂长，1950年因厂小难以维持而倒闭，继而进"正丰"被聘为制造技师兼副厂长。1966年病故于上海徐汇区同仁街寓所。

陈祥帮　上海正丰火柴公司会计主任。1949年冬季，"正丰"厂罢工不断。有一天，工人们听说宁波"正大"厂的帐房胡泽南带着资金上"正丰"厂取货。在货库里，工人们不让卡车装货，要求厂方补发工人工资。当时，徐日鏖已将所有资产抵押给人家，无法满足工人们的要求。罢工惊动了徐汇区工会，由工会派专人下来协调，经会计主任陈祥帮证实该货确属宁波"正大"事先已买断后，在工会的劝说下让"正大"厂货车出厂，徐也接受工会的建议，拿出部分资金发给工人部分工资，此罢工才得以平息。

以上是收获到《正丰火柴公司股东印鉴》之后，激动之余，凭自己掌握的文史知识，对"正丰"几位主要股东作一番点缀，说是对这册"股东印鉴"收获是真，要谈深究学问，尚心有余而力不足，欠详之处有待后补。

5、上海九福火柴厂（1944年1月创办）

九福火柴厂创办于1944年1月，由沈文金等人合伙投资6000万元创办的，厂址设在华山路1762号。该厂经理为沈文金，厂长由沈旦华担任，专门生产"九福""牡丹""万年青""华东"等牌号安全火柴。[21]据1949年11月27日《烟业日报》称：该厂曾改名过"上海第一合作火柴工厂"，并启用"交通"牌商标生产火柴。从仅发现的该厂这枚商标图案看，系明显仿冒南洋火柴厂的"火车"牌商标。

抗战胜利后，美国借盟军之机会，将其国内大量剩余物资大肆倾销于上海，廉价火柴充斥上海火柴市场，其中有一种用纸梗替代木杆且可折叠的书式火柴，式样别致，携带方便，成为沪上一种时髦的商品，使国产火柴的销路蒙受致命打击。1945年12月，上海九福火柴厂在市场竞争中遭淘汰，不得不歇业关闭。[22]倒是该厂厂长沈旦华却一如既往立足于火柴行业，形影不离，与火柴打了一辈子交道，成为我国火柴行业一位知名的专家学者。

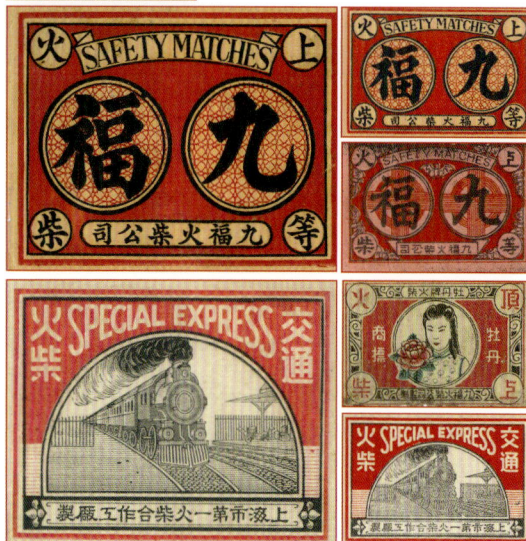

▲九福火柴厂火柴商标

沈旦华，江苏江阴人。早年进上海中兴铁机器厂出任会计，后转入九福厂担任技师、副厂长、厂长职务。从九福出来后，一度任过新华火柴厂副厂长，[23]后又投入中国火柴厂担任技师。建国后，随中国厂内迁郑州，任郑州中国火柴厂科长，开封火柴厂技术科长、副厂长兼副总工程师。1947年与人合作研究出我国第一台火柴生产连续机，曾编著了《火柴工业技工学校教材》一书，1984年他与蔡博明参与编写《当代中国轻工业》其中的《火柴工业》一章。

6、上海新华火柴厂（1944年5月创办）

新华火柴厂创办于1944年5月，厂址斜土路1843号，事务所设在山东中路130号。

▲新华火柴厂火柴商标

据1945年1月《上海市机制火柴厂同人联谊会会员名册》介绍：该厂总经理王锡伟（无锡人），经理刘覆之（南京人），厂长沈立正（杭州人，曾在杭州武陵铁工厂担任工务主任），副厂长沈旦华（曾在上海中兴铁机器厂任会计）。但据1947年10月上海联合征信所《上海制造厂商概览》一书统计：该厂为朱祖泉独资创办，资本5000万元，自任该厂经理。是年的《上海年鉴》载：新华厂有133名职工，排板车6架。综合以上资料分析：新华厂成立伊始，系合伙经营，后有朱祖泉个人独资承办。从1947年9月上海《烟业日报》登载的广告称：该厂的主打产品是"泰山"牌安全火柴，是为新华厂荣誉产品。该产品的广告语是："泰山老牌，久负盛名！既爽利，又安全！""各地风行，烟号均售"。虽说新华厂的历史距这条广告才两年出头，说"久负盛名"似乎夸张了些，但至少说明该厂经营还过得去。上海解放后，新华厂仍在坚持开业，生存于上海火柴同业之中，而没有在同业中消逝。

1949年11月，上海火柴业均面临产销困难之中，新华火柴厂为了摆脱困境，决定"将全厂分迁徐州、郑州两地，该厂所有排梗机10部，4部迁郑，2部迁徐，4部暂留上海，6部拆板机2部迁郑，1部迁徐（注：落户徐州镇平街120号）3部暂留上海"。该厂所产"泰山"牌火柴，素销徐、蚌两地，今迁至该地区，产销难题可获解决。在徐州，每年的农历4月15日有一年一度的泰山庙会，周边地区的百姓纷踊而至，人们求子拜佛，祈福平安。届时，农副产品交流大会也如期举行，集市贸易的交易量十分惊人，为国内庙会罕见。新华厂使用的商标就是以泰山命名的，"泰山"牌火柴，成为每年泰山庙会上的抢手货，倍受青睐。况且新华厂迁徐后，由天津采购氯酸钾、赤磷，向济南购销火柴梗片，变得便利许多。【24】

新华厂历年使用的火柴商标有"白猫（两种图案）""泰山""新华""金陵"等。

7、上海瑞士火柴厂（1945年10月创办，可能更早些）

据1947年10月出版的《上海制造厂商概览》载：瑞士火柴厂由张九龄独资创办，创办资本为5000万元，创办时间是1945年10月，厂址择徐家汇土山湾裕德路98弄内，事务所选老北门崧厦街26号，该厂规模不大，有排板车5架，只有79名工人。【25】生产的安全火牌号有"狮头""黑人""工读"等几种。有一个问题，即有关该厂的创办时间，可能更早些。据1945年1月《上海市机制火柴厂同人联谊会会员名册》录：在现任新新宏记火柴厂总经理王仁勋的工作经历一栏中记载：王仁勋在任新新宏记总经理之前，曾是利民火柴厂的南华代表，并曾担任过瑞士火柴厂厂长一职。如果该"会员名册"记录无误，那么瑞士厂的成立时间肯定要比"会员名册"出现的时间早，即1945年1月之前，更何况新新宏记成立的时间是1941年1月。再有，从现在的火柴商标上发现，该厂还有分厂，名"瑞士火柴第二厂"，二厂厂长为张敏凯，商标有"百灵""采

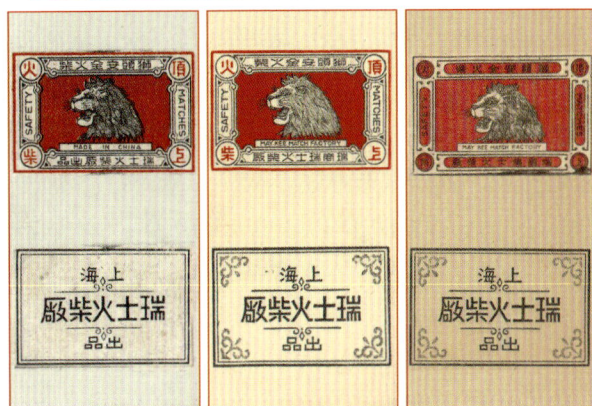

▲瑞士火柴厂火柴商标

菊"及美基洋行经销的"飞熊""采菊"等四种。同理，据上述"会员名册"记录，二厂厂长张敏凯，在担任金星火柴公司总经理之前，曾担任过瑞士二厂经理，目前金星火柴厂创办时间尚不得而知，仅知道金星厂是1946年3月被正丰厂收购后改为正丰火柴二厂。1950年1月瑞士厂由上海内迁至江苏南京。

8、上海瑞明火柴厂（1945年12月创办，可能更早些）

据目前所发现的上海瑞明火柴厂使用商标有"飞熊""百灵""采菊""火炬"等几种牌号。据上海联合征信所1947年10月出版的《上海制造厂商概览》载：

该厂为股份有限公司，资本 5000 万元，厂址设于徐家汇土山湾潘家宅 27 号，事务所在福州路 89 号 147 室。该厂董事长是何瑞年，董事叶容德、白求坤、叶松麟、庄景武、张梦周、陈鸿卿、梁绍栋，监察为沈浩生、叶久芳、梁寄萍，经理由董事长何瑞年自己兼任，副经理叶容德，厂长聘何曾树出任。问题是，据 1945 年 1 月"会员名册"记录，上海金星火柴厂总经理张敏凯曾经当过瑞士二厂和瑞明厂的经理，如果"会员名册"记录无误，说明瑞明厂的成立应该早于 1945 年 1 月，这是其一。其二，瑞士、瑞明一字之差，两者创办时间接近，厂址又都在土山湾附近，且使用的商标都有雷同，说明两家厂之间的关系非同寻常，有待进一步探究。瑞明晚于瑞士开办，却比瑞士早消失。据上海市火柴同业公会 1950 年 6 月底统计，本市有九家火柴厂（大中华荣昌、大明、正丰、大中、黎明、茂生、光明、龙翔和记），其中没有瑞明厂。[26] 另据 1949 年 11 月 27 日《烟业日报》称：瑞明、福新早已退出同业公会，国光、金城、新新宏记、华商瑞士申请停工，经工商局批准，但目前尚未退会，明明厂处于蛰伏状态，新华厂打算分迁徐、郑，茂生厂谋划改组。

▲ 瑞明火柴厂火柴商标

注释：

【1】联合征信所调查组编辑《上海制造厂商概览》，联合征信所 1947 年 10 月版第 1145-1150 页。另据马学强等著《千年龙华——上海西南一个区域的变迁》第三编"近代记忆"（下），学林出版社 2006 年 9 月版第 115 页：大明厂创始之初责任人为许宝铭。

【2】上海社会科学院经济研究所编《刘鸿生企业史料》（中册），上海人民出版社 1981 年 8 月版第 189 页。

【3】同上，第 181 页。

【4】同上，第 189 页。

【5】同上，第 194-196 页

【6】联合征信所调查组编辑《上海制造厂商概览》，联合征信所 1947 年 10 月版 1145-1150 页；《上海市年鉴》，1947 年版。

【7】周苹機编著《火柴工业》，商务印书馆 1951 年 11 月版 145 页。

【8】青岛市工商行政管理局史料组编《中国民族火柴工业》，中华书局 1963 年 10 月版第 195-196 页。

【9】同上，第 235 页。

【10】国货事业出版社编辑部《中国国货工厂史略》，国货事业出版社 1937 年 2 月版第 132-133 页。

【11】1941 年《中华全国火柴产销联营社总社发文卷皮》13 联壹字 26 号 2 宗（档案）。

【12】上海市机制火柴同人联谊会会员名册，1945 年。

【13】联合征信所调查组编辑《上海制造厂商概览》，联合征信所 1947 年 10 月版，第 1145-1150 页。

【14】王石《美在这里塑造——上海塑料制品三厂史话》，上海社会科学院出版社 1990 年 8 月版第 27-28 页。

【15】青岛市工商行政管理局史料组编《中国民族火柴工业》，中华书局 1963 年 10 月版第 244 页。

【16】王石《美在这里塑造——上海塑料制品三厂史话》，上海社会科学院出版社 1990 年 8 月版第 3-4 页

【17】联合征信所调查组编辑《上海制造厂商概览》，联合征信所 1947 年 10 月版第 1145-1150 页。

【18】王石《美在这里塑造——上海塑料制品三厂史话》，上海社会科学院出版社 1990 年 8 月版第 6 页

【19】同上。

【20】青岛市工商行政管理局史料组编《中国民族火柴工业》，中华书局 1963 年 10 月版第 234 页。

【21】联合征信所调查组编辑《上海制造厂商概览》，联合征信所 1947 年 10 月版，第 1145-1150 页。

【22】王春《美国侵华史话》，北京工人出版社 1951 年 1 月版第 39 页。

【23】上海市机制火柴同人联谊会会员名册，1945 年。

【24】《烟业日报》（全国烟业同行之公报），1949 年 11 月 10 日。

【25】书报简讯社编《上海概览》，书报简讯社 1949 年 4 月版第 351 页。

【26】周苹機编著《火柴工业》，商务印书馆 1951 年 11 月第 142 页。

▲ 上海化学工会美光火柴厂委员会文委会乐队合影（1952 年）

（三）普陀区

　　普陀区是上海市西部的水陆交通要道。吴淞江（俗称苏州河，简称苏河）横贯全境，她承载着普陀乃至上海的百年历史，被誉为上海的"母亲河"。

　　苏州河岸线曲折多变，长达 21 公里，在普陀区境内蜿蜒 14 公里，是上海中心城区拥有苏州河岸线最长的区域。19 世纪末叶到 20 世纪 30 年代，中外商人凭籍吴淞江水运之便，纷纷在两岸兴建工厂，创立了许多知名品牌，如华生电扇、大无畏电筒电池、飞虎牌油漆、天厨味精、凤凰牌火柴、上海 UB（友啤）、白礼氏洋烛、奇异爱迪生老牌灯泡、兵船牌面粉等，书写了中国近现代工业文明的最初篇章。

　　苏州河水的潮起潮落，在普陀区孕育出上海乃至全国民族工业的辉煌。这里曾活跃着 700 余家工厂企业，涉及到纺织、轻工、机械、化工、食品等各种产业门类。大有余机器榨油厂、泰丰罐头食品公司、中国化学工业社、福新面粉公司、中华书局、振华造漆厂、美亚织绸厂、中孚绢丝厂、天厨味精厂、永固造漆厂、华生电器厂等企业都曾走出国门，其产品在世界博览会上为祖国赢得殊荣，让国人扬眉吐气；这里外商云集，使上海成为近代中国工业文明发祥地，扮演着不可或缺的重要角色，如英商白礼氏洋烛厂、美商奇异爱迪生电器公司、瑞典美光火柴公司、德商大华利卫生食料厂、英商上海啤酒厂、日商上海制造绢丝株式会社、日商内外棉纺织公司等比比皆是，家喻户晓。这里还曾是国内最为重要的货币印制区，有中央造币厂和中央印钞厂。

苏河两岸的近代工业文明，也为我们今天文博爱好者提供了一个丰富多彩的收藏来源。如美光火柴厂的火花、上海啤酒厂的酒标、福新烟厂的烟标、60多家纺织厂的布广告、中华书局的书报刊、中央印钞厂和造币厂的钱币等，可谓是包罗万象，美不胜收。

收藏是一种文化，其最高境界不是占有，而是研究。

为此，我努力为之，将开在普陀区苏州河沿岸的中外火柴厂及其商标使用情况作些梳理，为繁荣火花收藏研究尽力而为。

开篇之前有二点说明，首先是普陀区近代火柴工业肇始于清光绪三十四年（1908年），即叉袋角的祥森火柴公司，该厂存世仅半年时间，百年过后的今天能找到它的历史记载极为有限，很难详尽到位。其次开办于民国十年、二十一年（1921年、1932年）陈家渡的燧生、美光火柴公司，前者为日本东洋磷寸株式会社属下、后者是瑞典火柴公司承顶，因为都是外企，企业档案当时均汇总存档该国总部，为我国工商管理部门保存不多，故笔者在撰写过程中，因材料匮乏，难免给人有零星不全的感觉，实是无奈，还希见谅。

1、上海祥森火柴公司（1908年12月创办）

在集花界花友们对祥森火柴公司出品的火花视若珍品，主要原因是该厂存世仅半年左右，流传下来的火花可以说是凤毛麟角，据已故无锡资深火花藏家张筱弇先生所藏，见有六种商标样式，分别为麒麟（"上海祥森公司"）、麒

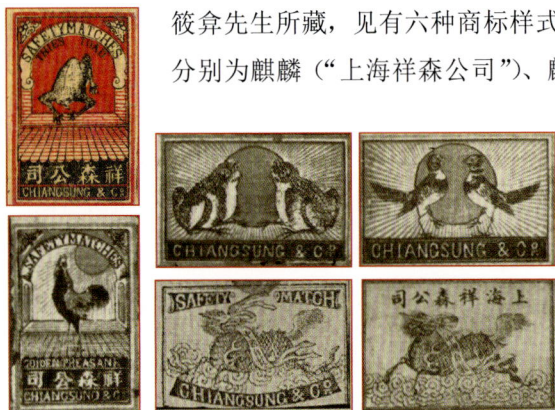
▲ 祥森火柴公司火柴商标

麟（无中文厂名）、双雀、双蟾、单蟾（"祥森公司"）、公鸡（"祥森公司"）。笔者在2006年9月首届"华海杯"扬州火花收藏交流会上拍得其中"单蟾"一枚。一枚在手，把玩欣赏之余，对该厂的历史探究却花费了我不少精力。

据《中国民族火柴工业》附录一"民族资本创办的火柴工厂一览表（1879-1949年）"记录：祥森厂1908年开设于上海，资本为1.4万元，创办人洪德生，附注该厂于1909年被焚后歇业。该书中还记载："1909年5月，上海祥森火柴厂因研磨药料突然爆炸，在场的六名工人全被炸死，工厂也被毁停歇"。[1]

为了对该厂有更详尽的了解，笔者广泛搜集，旁证博引，收获以下：

（1-1）、关于该厂创办年月及资本

据《民立报》"调查上海农工商业一览表"所知，洪德生创办祥森火柴有限公司的注册时间，为光绪三十四年（1908年）12月4日，创办资本为10万两银元。[2]据汪敬虞《中国近代工业史资料》附录"历年设立的厂矿名录"登记：祥森厂创办于1908年，资本14万元，经营性质为商办。其资料依据是"支那经济报告书，31号，页6；农工商部统计表，第二次"。[3]据陈真、姚洛《中国近代工业史资料》中"辛亥革命前民族资本创办的工厂统计"：祥森火柴公司创办资本为13986元。[4]综上分析，如按1银元等于0.72银两折算，《民立报》上"调查表"祥森的10万银两等于138888.88元，约等于14万元。显然，《中国民族火柴工业》统计的1.4万元与陈真的《中国近代工业史资料》统计的13986元相近的。四种统计，两种结果，究竟是1.4万元，还是14万元，笔者倾向于《民立报》和汪敬虞的统计，也就是祥森的创办资本应该为14万元。创办时间为1908年12月4日。

（1-2）、关于该厂创办人籍贯及企业火灾受损程度

据同上《民立报》刊登：洪德生在光绪三十四年（1908年）八月二十四还注册成立过祥生烛皂有限公司，注册资本为4万元。[5]读《百年浙商》一书，书中提到宁波商人杨玉裕、洪德生先后在温州、天津等地开设过制烛厂，"洪德生的虎牌蜡烛在当时还是颇有名气"的。[6]由此推测，祥森火柴厂创办人洪德生应该是浙

商宁波人。有关该厂设立不到半年即发生的这场火灾情景，据《上海劳动志》大事记中记录："清宣统元年三月二十八日（1909年5月17日），叉袋角祥森公司药料间爆炸，被炸男女工人的断肢残骸均从烟焰内轰出，附近数十幢房屋被震塌，死亡数人，受伤数十人"。这样的报道描述，什么"断肢残骸均从烟焰内轰出"，是否有些太夸张，估计当时的媒体消息也是来自坊间的道听途说，为博"眼球"故弄玄虚炒作新闻罢了。同样这事件，也有大相径庭之轻描淡写的，如《一介书生李平书》中提及此事："宣统元年旧历三月二十八日，上海祥森发生火灾，消防车及时赶到，自来水从天而降，很快将火扑灭，未酿成火灾"。还称，"事故发生后，城内外居民对自来水更加依赖"。[7]该年，李平书凭借治理内地自来水业绩出色，被推选为城厢内外救火联合会的会长。一场大火，前后两种报道，出于各自的目的，走了两个极端，今天读来可以成为茶余饭后的谈资。

（1-3）、关于该厂位于叉袋角具体方位的思考。

上海早期的一些火柴厂往往是不具路名和门牌号码的，常以该厂周边地块的区片地名来替代厂址。如上海燧生火柴厂厂址陈家滩、中国火柴厂厂址平江桥、大中火柴厂厂址张华浜、荧昌火柴厂厂址烂泥渡、祥森火柴厂厂址叉袋角等等。随着年代的推移，行政区域的变迁，给我们今天确定当年企业开办的地理位置带来了纠结。如中国火柴厂始创于闸北平江桥（原名王家石桥，1924年沪北工巡局以桥西平江会馆更名），1950年上海行政区重新划分，以彭越浦为界，沪太路以西地块划入普陀，而平江桥正好东西向横跨彭越浦，成为普陀、闸北两区的分界桥。[8]当时中国火柴厂的厂址究竟在平江桥的西边，还是东面，如果在西边则属今天的普陀区，在东面则为闸北区。今天沪上搞收藏爱淘宝的人都知道大洋桥过去有个旧货市场，平江桥就在它的旁边。彭越浦自东向西由潭子湾入吴淞江，下游不远处的对岸就是叉袋角这个地方了。早年火柴厂一般建在或靠近水运发达的岸边，货运进出大都依赖水路，主要是上海早期陆地交通没有像今天这么发达，马路纵横，四通八达，这可能导致当时的火柴厂也确实无法告示出详细的路名和门牌号码。

那么，记载上说祥森厂建在叉袋角，叉袋角的范围又涉及普陀、静安两区，大致为东、北临吴淞江，西近昌化路，南抵安远路两侧，泛指吴淞江在该流域上的两大河曲凸凹的角状地带，而祥森厂最大可能性或具体位置又在什么地方呢？笔者觉得，要解决这个问题，有必要先了解一下叉袋角的历史形成，有助于问题的解决。

现在的莫干山路50号，是改革开放后上海最早建立M50创意园区这个地方，其背后吴淞江的河曲，"就是邪气（笔注：在沪语中非常的意思）突出个一个"河曲。[9]吴淞江从太湖由西向东流经这里突然向南折流，并朝偏西南收进，把南岸土地围成一个凸出的三角状半岛，角端指向东北处。明中叶时，这片低洼沙滩，河曲度成90°，称之东滩（今天的胶州路、长寿路、安远路三者间的地块称为"西滩"）。清中叶上海沙船盛行，当地人以其状似沙袋喻而称之沙袋角（沙袋即装沙的麻袋，时海船常将沙装入麻袋用来压舱，因此习称）。光绪二十五年（1899年），该地境辟为公共租界，中外厂商云集南岸沙滩破土建厂。1900年中国第一家最大的民族资本机制粉厂——阜丰面粉厂在此诞生。尔后，荣氏家族于1914年在此创办了福新面粉厂。工厂设立后，阜丰、福新两厂外来劳工纷纷在此搭棚居住，街面也开始兴盛起来，他们整日与面粉袋打交道，袋装面粉，两角叉开，形象似河曲之角，且"沙"与"叉"音近，久而久之，当地居民便将沙袋角直呼为叉袋角了。[10]随着叉袋角这块河曲内侧腹地的工业繁荣，"叉袋角"这个名声在上海滩响起来了，其地名外延也逐渐扩大为吴淞江与昌化路之间地带，且一直向南推移至安远路两侧，甚至向东跨越吴淞江扩展到今天的天目西路至新客站之间的河岸一带。

从以上分析看，笔者估计1908年12月由宁波商人洪德生创办的祥森火柴公司原址，应该在今天的莫干山路50号(今M50创意园区)附近的苏州河沿岸一带。

2、上海燧生火柴公司（1920年8月创办）

以往我们对燧生火柴有限公司的了解是十分有限的，主要是缺乏该厂原始资料的呈现，导致一些文献史志对该厂的描述苍白无力，要么语焉不详，要么语

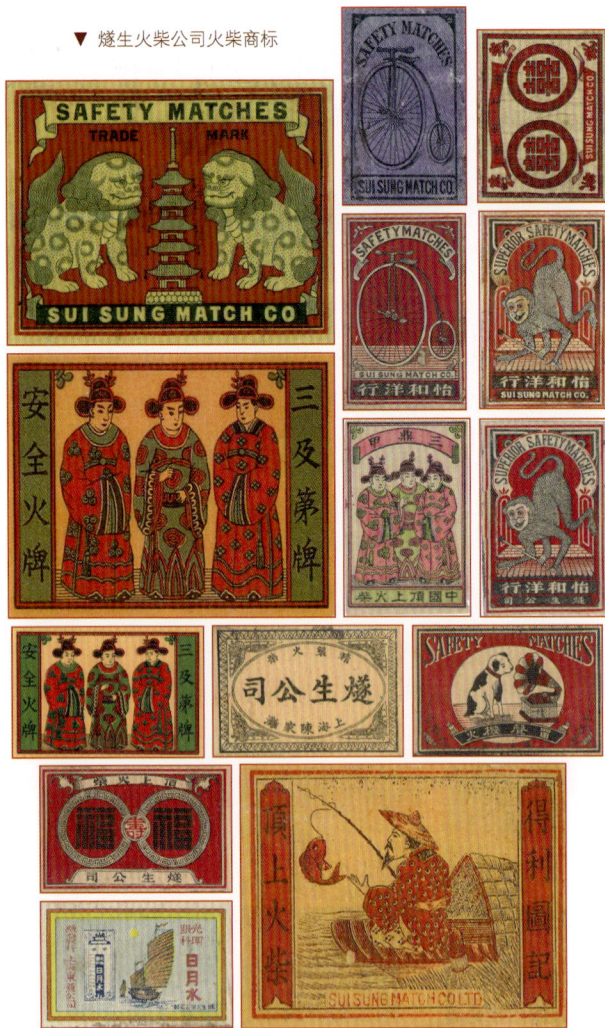
▼ 燧生火柴公司火柴商标

职道籍属宁波，滞留日本神户等商埠，从事商业垂三十年。尔来或组建股份公司、或独立经营火柴业者，凡三处，拥有商标二十五种。于各部销售红头及黑头火柴不下五万余箱，为日本输出货物一大宗。开业初始虽蒙损失，嗣后日本政府实行保护贸易，凡本国制造货物出口，一律免除厘金及出口税，且原料品之出口亦不课分毫税金。对既成品之出口之运费给予奖励金，以此方法之实施，得以用较少之资本扩大销路。

今春增（即增韫，蒙古镶黄旗人——引者注）浙江巡抚派人，命职道归国，受命筹措实业振兴计划。途中赴南洋劝业会，拜会官宪。倾听目下长江一带地方，人民生计颇为困难，若不广兴制造工场，则无足以安插穷黎等高论，见其关心民瘼之至。职道就力所能及，欲投资金二十万元，于江苏省镇江府城外金山河畔，开设义生火柴制造厂，并择工人、材料易得之地区，次第设立第二分厂，专制各种火柴。伏思职道于此等制造特有经验，现今所贩卖之火柴，既无落头爆裂之事，亦不受风湿之障碍，正为世人所乐用。将来此厂若能成立，制造则更能完全。

惟税则之轻重，事关营业甚为重大。若为此销路被阻，则不足于抵制外国货物。原本外国火柴之进口，在先纳完正税之后，若输往异地时，若再缴纳平半税后，即可不纳任何税金，销往各地。以此来算，该纳税率合计不过百分之七五厘。然该厂创立之始，凡所需原料，必须从外国进口，然此原料进口之际，按规定须纳五分杂税，此其资金已较日本各工场高出几分价格。因此，恳请农工商部免除对职道制造之火柴，在出库之际所课二分五厘之税金。现在海关对于职道在日本制造之火柴所课之税率，大小轴黑头火柴六百打一箱之税金为海关两银三钱，小箱红头火柴六百打一箱之税金为海关两银二钱。得到三联单后即可得以运往各省，经过沿途各厘金局，验单放行，概不重缴厘金及落地税，以此可得相当之利润。本厂虽称缴纳二分五厘税，然原料进口之际已缴进口税，其结果仍是是百分之七五厘，与外国制造之火柴无异。若如此，则敝厂在国内制造与在日本制造，所需资金略同，于政府之收入亦无彼此之差。而内地穷民之生计因此得以增进，外国在留国人之工场移植本国，且必可抵制

无伦次，甚至有悖史实的。即使一些权威的专著也说法不一，如《中国民族火柴工业》说："镇江和上海的燧生火柴厂则属于日本神户东洋磷寸会社"；[11] 而《刘鸿生企业史料》则称："燧生火柴厂当时属日本东亚磷寸株式会社管辖"。[12] 是"东洋"，还是"东亚"，我们究竟听谁的？诸如此类的问题，对燧生厂而言，还有很多，需要我们好好比较研究。

笔者尽有限能力，经多年思索，反复查阅，觉得还原该厂本源还需梳理一下上海早期中日火柴贸易关系史。从这个源头出发，研究后发现燧生火柴有限公司在沪设立的起因，最早可追溯到1910年神户侨商吴锦堂回国提案拟在江苏省镇江府金山河创设"义生火柴有限公司"。由于这根线索很重要，兹将吴锦堂当时向清政府农工商部提呈的这份申请建议书全文抄录如下：

外国货物。

又，创立之初，工人技术未熟，工费材料损失难免。今次敝厂安插穷民，虽不惜于此等损失，然营业性质，利益为后来之所偿，故于工艺学徒养成之际，若与同业者发生竞争时，必会出现甚多损失。因此，恳请仿照湖北燮昌火柴制造厂二十五年间得以在湖北全省专卖权之先例，若能在敝厂所在地方圆三百里以内，不再许可设立火柴厂，则不胜感激。敝厂所需进口之盐酸磷，每月限期百余桶进口，恳请农工商部照会陆军部，下令上海及镇江之海关道，对遵守规则之敝厂之进口盐酸磷，交付执照，以此为凭照，则职道不胜期盼。

火柴之原料主要为木材，此木材中，尤以白杨树最能繁殖，国内种植尚少。思扬子江两岸，山脉沙滩，一望无际，若遍栽白杨树，五六年后即至成林。职道投入资金，购入秧苗，动员两岸民众栽植之，则一可地遗其利，二可防止外国木材进口，惟民情之常，若开始之时，不示出利益，不愿从事。作为第一着手，先购入扬州以东通州崇明海州一带地方所产之柳木，进行化学方法之熏蒸，使其成为材料。而此木材在运输时，在所经之沿道，务请免除厘金。此不仅为一厂之利益。盖免除一分厘金，木价即可生出一分之差。利益之厚薄事关栽树者趋舍之权衡。日后，所制之轴木也可应他厂所需时，课原价之二分五厘税金，其余一切关税落地税均可免除，增进资本，保全利益即可得以实现。[13]

从这份建议书断定：关于镇江义生火柴厂，仅是吴锦堂1910年提出设想，根本没兑现。我们之前依据的《中国民族火柴工业》：1910年吴锦堂"在镇江投资10万元创设义生火柴公司"[14]是不存在的。

相反，吴锦堂1910年在上海创办了一家义生洋行倒是一个不争的事实。这家开设在上海二洋泾桥北南春江里的义生洋行，聘吴县人杜炳卿为经理，专门从事大宗进出口贸易，专销吴锦堂在日本东亚水泥公司制造的"花鼓牌"水泥，以及自设火柴厂精制的各牌红黑头火柴。[15]这家在上海的洋行，既是吴锦堂设在国内的贸易行，也是他在国内的总办事处，代理他在国内的一切投资事务。如1912年，盛宣怀邀请他出席汉冶萍公司董事会并要求他在会上发言，他因故不能出席，就委托义生洋行经理杜炳卿作为他私人代表列会。[16]义生洋行开业后六个月，行址迁至上海三茅阁桥北块金隆街长余里，一处新建的石库门建筑内。[17]

吴锦堂的义生洋行在上海开设后，业务发展得很迅速，不到一个月，便已在芜湖（张生和、万生、万新、王隆兴、元和、玉兴昌、泳和、德茂昌、裕源）、九江（勇兴裕、泰康）、镇江（祥和）、南京（润昌公司、恒丰润）、浦口（北润昌）、温州（协丰）、兰溪（协和）、绍兴（协升）、屯溪（协中）、义桥（协和义）、盐城（祥兴）、苏州（陶大昌）、杭州（同义公、华昌）、通州（信泰祥）、如皋（信泰祥）、台州（余泰和）、吴淞（协盛）、湖州（增华）、嘉兴（增华）、安庆（同庆公司）等20个地区设立了32个外埠经销处，遍及安徽、江苏、浙江、江西等省。就火柴经销而言，今天仅从其留存下来的火柴盒上的十分丰富的背标，不难看出当年义生洋行将大量东洋火柴，源源不断地分销于长江中下游各省市城乡商埠。

吴锦堂（1855-1926年），名作镇，字锦堂，以字行，浙江慈溪北乡东山头西房村（今观城镇）人。1882年来沪在南市城隍庙一带开设于红庙旁的萃丰油烛店当帮佣。1885年被香烛业同行委派赴日本长崎采办进

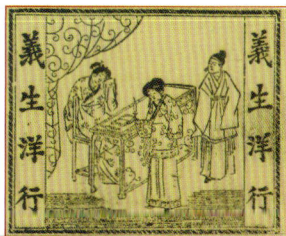

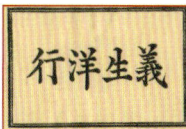

▲ 义生洋行火柴商标

93

货，由上海烟纸香烛店同行集资助行。起初，吴在长崎设义生号办庄，资本仅1千元，业务是将杂货、火柴之类来沪贩卖。1887年与人合伙迁往大阪开设义生荣办庄。1889年再由大阪迁往神户，开设了怡生号办庄，资本已达30万元。1894年甲午大战爆发，吴仍滞留神户，成为泷川辨三清燧社的火柴出口主要代理商。是年，被清廷驻日公使任命为"神户旅住大清商人公举商董"，成为神户中华会馆、三江会所的总代。至日俄战争结束，吴被列为阪神财阀第13位。[18]

吴锦堂与中国近代著名人士孙中山、康有为、梁启超、张謇、盛宣怀、虞洽卿、朱葆三、王一亭等人多有交往。他作为一位华侨巨商，其事业除了经商，还涉及到教育（被黄炎培称为与陈嘉庚、聂云台齐名的"办学三贤"）、慈善、爱乡、报国、革命、外交等诸多领域。这位曾以中国国民党神户支部长身份对孙中山革命活动积极支持的爱国华侨，被誉"为神户照亮前途的人"，其在近代中国和日本历史上的地位和作用，近年来已日益引起不少专家学者的关注和研究，但正如日本学者中村哲夫所言：研究吴锦堂，"不是一件容易的事，因为它所关系到的问题实在太深、太广，涉及到方面实在太多，它包含了涉及世界近代经济社会的本质等诸多问题"。就火柴方面而言，也是困惑诸多。

明治二十年代（1887-1896年）是日本轻工业"产业革命"的初创时期，神户随着资本主义萌发，火柴工业作为新兴制造业首先确立，它依靠贫民及妇女儿童的低薪成本以及华侨办庄的大量出口，扩大消费，迅速开始扩张。1876年首先向上海输出火柴，泷川辨三于明治十三年（1880年）创建的清燧社成为这一时期神户地区最大的火柴制造商，人称神户"火柴大王"。[19]1879年神户火柴输出额已达369672元。是年，火柴工厂60家，占神户所有工厂的60%。吴锦堂自明治二十年代后半期成为清燧社火柴出口代理商之后，将大批日本火柴销往长江流域及上海地区。1898年神户的火柴输出额已激增至600万元，其中大部分是在日华侨办庄输出的。20世纪初，日本出口火柴有四分之三是由神户输出的。1902年神户输出火柴总额6760907日元，华侨办庄输出占到40%左右，其中吴锦堂的怡

生号办庄93372日元，排第七位；另外他与泷川辨三合办的义生号办庄是50046日元，排第十位，如两者业绩相加，应该是143418日元，它能排到神户华商输出火柴实绩排名的第三位，名列三甲之内。[20]

日本刚开始输进上海的火柴有两种，一种以黄磷为原料制造的火柴，制造或使用该火柴时会散发出有毒气体，于人有害；另一种以赤磷为原料生产的安全火柴。一些日商与华侨图利忘义，将前者这种非人道的黄磷火柴大肆贩销于国内，而吴锦堂的怡生号、义生号办庄则一开始就与泷川辨三、仪作父子合作，携手并进，全力生产"安全火柴"，吴锦堂在上海设义生洋行，以安全火柴为主打，坚持信誉。"由于火柴在中国是日常必需品，所以必然带来相互贸易，利润巨大。但是当时的火柴容易受潮，如果长期滞留，会变得不耐用，所以把握进出口时间至关重要。吴的经营额并不算最高，但众多火柴商追随他从事该买卖，足以证明吴锦堂具有敏锐的商机洞察力和确切的信息来源"。[21]

1904年，吴锦堂加入日本国籍，但仍声明保留中国国籍，成为具有双重国籍一位巨商。他的盟友麦少彭（广东籍华侨商人）在他之前于1901年即加入日本籍，与泷川辨三的义子仪作合作，经营清燧社的火柴工厂，他与吴锦堂被誉称为华侨贸易业界的"双雄"。凭借吴的雄厚财力，以及与泷川父子有着极为密切的合作关系，可以认为吴在火柴产业中也有相当投资。1916年，泷川父子将他们经营的企业与良燧社（由泉田文四郎成立于1886年神户）合并，创办泷川磷寸株式会社，1917年泷川父子又将帝国磷寸株式会社（原名铃木商店）收并，成立东洋磷寸株式会社，泷川辨三任社长。"东洋"是当时亚洲第一大火柴公司，下有31家制造工厂，工人约5000人。因至今不见东洋磷寸株式会社的营业报告书，我们无法得知该会社泷川父子和吴锦堂、麦少彭等侨商股东所持有的股东数目、股东席序号，只知道"东洋"的股金总计是300万日元。[22]

为了研究上海燧生火柴公司来龙去脉，我们对吴锦堂拟办镇江义生火柴厂、中日早期火柴贸易，以及吴锦堂在上海开设义生洋行等进行了铺垫和陈述，相信对接下来解析燧生火柴有限公司这个命题，还是十

分有帮助的。事实上，吴锦堂1910年倡议在镇江开办义生火柴厂，到1920年再与泷川父子合作创办燧生火柴厂有限公司，其中还是有关联的。正如《镇江市志》所提及：1921年有日籍华裔陈（笔者注，应该是"吴"）锦堂来镇开设燧生火柴厂，1925年"五卅"惨案发生后，各商店拒销日商火柴，燧生厂于1928年闭歇。[23]其实这位华裔吴先生早在1910年就欲择此址建厂了。

1909年，浙江巡抚增韫以开发浙江实业为由，发动侨商回国投资，以争取海外华人对朝廷的效忠。1910年春，吴锦堂应召回国，4月下旬由日本抵沪，4月27日沪上宁波旅沪同乡会专门为之举行欢迎会。吴此次回国的目的之一，就是携带自己在日本制造的安全火柴，参加5月6日在南京举办的南洋劝业会。他参展的九种安全火柴，放在浙江馆展出，被此次中国首届博览会评为三等奖（优等奖）。时人王漱岩对其著称适用曾赞咏："光分太乙杖头燃，一捻红时取用便。漫向东邻乞新火，槐檀是我旧薪传"。[24]正是他此次回国，"途中赴南洋劝业会，拜会官宪。倾听目下长江一带地方，人民生计颇为困难"，出于"关心民瘼至关"，开办火柴制造工场，以便"安插穷黎"造福于民。经他仔细考察周详后，提呈报告书经南京劝业道转呈农工商部请予批准。最终这一计划可能因清政府苛捐杂税（特别是厘金）过重而导致搁置。[25]也有可能，吴锦堂迫于侨居国政策的掣肘，影响到日本对长江流域的火柴输入，让他放弃对投资办厂的兑现。日本认为：凡"生产本邦输出商品或重要之物，如严重危害到我国同业时应该断然禁止"。[26]吴为融入日本社会付出了很大代价，但其双重国籍的身份还是令日本政府心存疑虑。当日本官方知道吴锦堂打算在中国投资设厂制造火柴时，立即提出质疑，认为吴的举动完全出于一己私利，因为他拥有双重国籍，在日本拥有二、三家火柴厂和许多不动产，与本国民一样享有同等保护和权益，其返回中国，又以中国人身份经营事业获得优待。而正是这种两难的处境，让吴锦堂在1920年以参股投资的身份，参与到燧生火柴有限公司的运营之中，圆了他在国内投资办实业的初衷。

以上笔者费了较大的劲，七转八弯绕了这么大个圈子，看似有点"画蛇添足"，但要说清楚上海燧生火柴公司，必须得正本清源，方能温故而知新。

1920年8月，东洋磷寸株式会社以资本金30万日元（全部缴清）成立燧生火柴有限公司，公司地址设在上海英租界江西中路8号。社长是泷川仪作，常务董事植田贤次郎，吴锦堂、古河倍造、铃木岩次郎三人为董事。[27]"东洋"会社派植田贤次郎来上海直接负责公司经营。植田贤次郎毕业于上海东亚同文书院，通晓汉语和中国国情，曾先后从业神户良燧社和泷川磷寸株式会社。泷川磷寸会社与帝国磷寸会社合并为东洋磷寸株式会社后，任该公司釜山办事处负责人。这位既谙熟中国国情又具备专业管理才能的常务董事，在火柴业经营上经验丰富老练。燧生公司成立的次年，即1921年，便在当初吴锦堂1910年打算办厂的镇江金山河畔成立燧生第一厂。"次年设立第二厂"，即1923年在上海陈家滩（即陈家渡）开设燧生第二厂，这家半手工半机械的火柴制造工厂，号称为"当时中国最大的火柴公司"。[28]年产值达250万两。为了与上海燧生厂生产配套，1923年"东洋"会社还在浦东投资36万两，创办了一家瑞和梗片厂（亦称瑞和公司）生产柴枝梗片，专供燧生火柴厂需要，这样既降低了生产成本，又提高经营效率，为上海燧生厂生产的火柴在市场上竞争带来优势。瑞和厂开办后的业绩也不错，因为它在销路上有保障，年产值也有24万两，一上来就在梗子生产同业中处于中流水平。看1920年以后镇江、上海燧生两家厂的具体实施，基本上是吴锦堂1910年设想办厂在10年后的具体兑现，是吴当年规划的"克隆"。

从1923年开始，国内抵制日货情绪不断高涨，加上瑞典火柴公司为了垄断中国火柴市场的支配权，他们对日本这个中国火柴市场最大的输入国，采取不择手段的控制。1924年，他们首先买下三井物产株式会社在内的日本磷寸株式会社（1907年成立，日本第二大火柴公司）。1925年，他们获得了小林磷寸株式会社（1905年成立）的控股权。1927年，他们与东洋磷寸株式会社合并，购进大同磷寸株式会社（1927年成立）的大部分股票。"短短几年，瑞典火柴公司已控制了日本出口火柴的73%"。[29]在这四面楚歌声中，燧生火柴公司在经营上肯定是步履艰难的。但植田贤次郎硬是凭借他超人的经营才能，使上海燧生火柴有限公司连年获利。至1926年，不仅清偿了公司大半资本，还有一分五厘的分红。要知道，同时期的国内民族火柴企业红利一般都在八厘左右，上海燧生厂的效益明显高于民族火柴企业。[30]植田贤次郎于抗战开始后返回日本，于1938年"以反客为主的身份"重返中国，重组和主持敌伪中华全国火柴产销联营社业务，充当日本军国主义对华经济掠夺的急先锋。[31]

上海燧生火柴厂在上海注定是难逃厄运的。1928年6月被瑞典火柴公司以63万元收购，但公司招牌依旧保留，社会上仍视它为日资企业，其生产的火柴还是成为抵制日货运动的主要目标，至1931年才更名美光火柴公司。

上海燧生火柴厂1923—1928年经营期间，所见商标有桃牌、双狮塔、双福寿、双吉、双喜、金笋为记、虾牌、留声机、得利图记、自行车、福禄寿、三鼎甲、猴王弄棒等，广告火柴见中将汤、日月水等，还有吴锦堂上海义生洋行定牌火柴教子、双童桃、双童龙舟以及麦少彭怡和洋行定制的自行车、猴王弄棒等牌号火柴。

3、上海美光火柴公司（1931年11月创办）

上海美光火柴公司（AMERICAN FAR EASTERN MATCH CO）于1931年11月在收购的日商上海燧生火柴厂的基础上改组成立，事务所设在上海圆明园路185号，厂址沪西周家桥（今上海光复西路2521号上海火柴厂），占地47亩，雇用职工500余名，总经理E, Varland，营业经理S, Beijer[32]（另见记载：总裁阿尔满，副总裁范伦德，厂长勃来姆）。这家瑞典商企业，因中瑞关系不佳，遂根据美国的《中国贸易法案》（China Trade Act）在华盛顿向美国政府注册，改换成美商招牌，公司总资本12.5万美元。公司成立后，为扩充厂房，添置各项新式生产设备，随即向瑞中洋行（Swedish Chinese Import & Export Co.）借到了大批款项，这家被搁置了三年的上海燧生厂，在1931年被瑞典火柴公司得到了彻底的改造，用公司托斯顿·赫特门（Torsten Hultman）的话来讲，该厂"从里到外焕然一新。新添设备是从瑞典直接进口的最新产品……可以说，它已

成为远东最先进的工厂"。[33]的确如此，当时全中国火柴业仅有一台全自动连续式火柴制造机，而该公司一下子拥有了六台，其生产能力可达日产130箱（100万盒）。在1932至1936年间，美光厂的平均年产量在3万箱以上，占到上海民族火柴厂家的30-40%。1932年11月，原先托管该厂的瑞中洋行，因无继续存在的必要，也并入美光，使美光公司的资本扩充至50万美元。[34]

瑞典是世界公认的"火柴王国"，其足迹及势力遍及世界各地。1915年，瑞典强可宾火柴公司在上海开设瑞中洋行，[35]行址设上海爱多亚路（今延安东路）4号，洋行经理西格瓦德·欧伦（Sigvard Euren），该机构主要负责将瑞典凤凰、桥、地球等世界著名品牌火柴运至中国，推广营销。1919年，瑞典"火柴大王"伊瓦·克鲁格（Ivar Kruegev）将 Jonko Pings & Valcans Tandsticksfabriks,A.B 与 A.B forenade Svenska Tandsticksfabriker 合并，成立瑞典火柴股份公司。其握有国际火柴公司之实权，并与之联合成为世界火柴托拉斯。正如伊瓦·克鲁格在1926年4月30日国际火柴公司之营业报告中所直言：无论何处市场其足一妨害瑞典火柴公司之营业者已无一存在矣，瑞典火柴托拉斯如以其在美国所直属之公司及世界各地附属之公司之生产总额计之，约占世界火柴总生产额90%之余裕，全世界有28个国家已完全受其支配。[36]到1928、1929年左右，瑞典火柴托拉斯，挟其庞大之国际势力，乘战胜日本火柴业之余威，又转向我国进

▲ 瑞中洋行火柴商标

96

▲ 民光火柴公司火柴商标

攻。首先是瑞中洋行以民光火柴公司之虚名，经我国商标局审定，将一大批副牌火柴运抵上海，其商标共有 27 种，有凤凰、辘轮、如意、财神、饭碗、四马、福禄寿、大风、恭喜、民光、救主、网络、钟馗、警钟、飞虎、玫瑰树、喷水、庙宇、链条、三山、刘海、马蹄、山龙、红孩儿、耕犁、金凤、得宝、Sating 等[37]。当时报纸媒体称："若非有意侵略，其商标不必如是之多也，最近并在上海租界有极大栈房，为屯积之所，预备大批进口，运输内地"。[38] 在这些火柴上常见有"欧洲制造""波兰制造""捷克制造""比国制造"等字样，从不公开注明为瑞典火柴。瑞典火柴公司将这些产品称之为"便宜的欧洲货"，并相应给它们制定了较低价格，来竞争中国火柴市场。比如国产一等火柴（渔樵、五蝠、月兔）售价 32.5 ～ 34 元一箱,而瑞典同等火柴（玫瑰树、

辘轮）则售 29.5 元；国产二等火柴（江苏、松老、双月兔）售价 28 ～ 30 元一箱，国产三等火柴（牡丹鸟、宝塔、金鼎）27 ～ 28 元一箱,而瑞典的二等火柴（大风）也仅售 26.5 元一箱。瑞典火柴不仅价格比国产火柴便宜，其质量也远胜于国产火柴。[39] 它不仅给承销商回扣，甚至还津贴运费，同时还在我国各通商要埠收买餐饮、旅店，甚至火车、轮船上的服务人员代为推销。在瑞典火柴竞销冲击之下，上海一些民族火柴企业受损严重，有些企业纷纷落马，如上海的裕昌、利民两厂分别于 1929 年 9 月、12 月倒闭歇业。[40]

瑞典"火柴大王"伊瓦·克鲁格，为何要在 1920 年代将瑞典火柴的经营范围扩张到东亚，尤其是中国，主要目的是为解决瑞典火柴公司在本国的生产过剩。他的如意打算是：瑞典本土生产的高档火柴专销于西欧市场，在东南亚尤其是中国市场兜售其公司在东欧生产的低档火柴，用这种方法获取最大利益化。如果这计划实施成功，不仅为本国企业带来高额利润，也可满足东欧分支企业分享世界火柴出口市场的愿望。

▲ 美光火柴公司火柴商标

▲ 美光火柴公司火柴商标

为此，克鲁格与欧洲的波兰、捷克斯洛伐克、奥地利、意大利等巴尔干国家，签订了垄断协议，规定他们的火柴只能销往暹罗（泰国）、法属印度支那、特别是中国。【41】

正是瑞典火柴公司出于这样的打算，所以在1928年6月以631399.23元收购日商上海燧生火柴厂后，由其在沪分销机构瑞中洋行托管，连厂名都不动，仍挂牌"燧生火柴厂"，保持日商注册。直到1931年1月1日国民党政府将进口火柴关税从7.5%一下子提升到40%时，伊瓦·克鲁格才知道靠境外火柴来华倾销的战略受到阻击，变得不再适用。之后又以向国民党政府提供500-2000万元大笔贷款，企图换取其在中国获得50年火柴专卖权落空后，无奈之下，才将被搁置了三年的上海燧生厂改组成美光火柴公司，开始重点放在就地生产火柴进行营销。改组新公司另一原因，是1931年"九一八"事变后，抵制日货运动不断高涨，上海民众视上海燧生厂产品为仇货，将"燧生"招牌更换也是迫

在眉睫的事。

上海沦陷以后，美光凭借"美商"招牌，安然无恙。但美光厂预料美国可能卷入战争漩涡，谋产业安全起见，特向驻沪日领事馆登记声明，取消美股部分，易名瑞典火柴公司取而代之。4月太平洋战争爆发，所有在沪英美等交战国产业，均为日军部所封，日寇以该厂申请为瑞商是6个月之内之事，不予承认，被列为第二种敌产，予以军管理，并委托由中支那振兴株式会社代替经营，【42】除专门生产军用"振兴"牌火柴外，还利用氯酸钾、赤磷等制造炸药和手榴弹，生产原料由日军部供给，所有出品归军部配销，

▲ 大日本军管理美光公司火柴商标

不折不扣成为日本侵华期间在沪设置的一家军工产品制造厂。日本投降后，该厂储存的火柴、弹药及原料品，均极丰盛，我政府亦未派专员接收，美光厂自行复工，整理检点，清理军火部分后，重振旗鼓，全面开工生产火柴，很快即恢复原貌。抗战胜利，美光厂以美商名义继续经营。1950年10月6日，瑞典驻华大使馆照会中国政府，声称美光厂系瑞典人所有之产业，属于瑞典火柴公司在美国注册的泛美火柴公司所有。当时该厂有华籍职工487人。【43】1950年12月，美国单方面宣布冻结我国在美国辖区一切公私华人资产，中国政府以牙还牙，于1951年4月19日对这家在美国注册的美光火柴公司宣布管制。后经查明，该公司中美资股份仅占11%。其余均归瑞典人投资，遂于次年2月宣布撤销管制，退还业主。鉴于美光业主不愿继续在沪开业，并向上海市人民政府提出申请歇业，经双方洽谈，市政府将其全部资产以承租方式接收下来，于1953年8月10日成立地方国营华光火柴厂。【44】华光火柴厂就是今天上海火柴厂的前身，也是我国解放后火柴行业中技术、设备最为先进的一家火柴生产企业，为新中国火柴工业的发展起着重要作用。

以上是有关美光厂的历史沉浮，下面来谈谈有关美光厂的"花"样年华。

笔者曾撰写过一文，题为《"花"香苏州河——"凤凰"商标见证上海火柴厂之沿革》，【45】刊登在上海历史

▲ 美光火柴公司火柴商标

博物馆集刊《都会遗踪》上，讲述"凤凰牌"火柴"飞"入上海近半个多世纪，见证了瑞中洋行——民光火柴公司——美光火柴公司——华光火柴厂——上海火柴厂（1915—1966 年）这段历史，从而成为老上海近代工业文明的一个记忆和符号。

1915 年，瑞典瑞中洋行最早将凤凰牌引进上海，因其品质优越，渐驰名于全国各地，尤其上海市民，莫不家喻户晓，销路之广，居各外洋来者之冠。该牌

火柴在 1932 年之前，人皆知为瑞中洋行，其后改弦更张，变而成为美光火柴厂出品。当时瑞典火柴公司通过在沪瑞中洋行输入的火柴，除凤凰牌火柴外，尚有玫瑰树、辘轮、饭碗、庙宇等几种商标，属瑞典在比利时等附属工厂所制造。瑞中洋行所有进口火柴多自欧洲经日本再运抵上海，除行销于各城市外，并深入到农村乡镇，企图独占市场，控制中国火柴业。至 1928 年，我国实行关税自主，外货来沪倾销受之重击，瑞典火柴商为恐以后进货渠道堵塞，趁关税实行自主之前，大肆将瑞典火柴输入，数量之多竟达五万箱，存货山积，市尘弥浸，可供三年之经销。其在上海九江路一号台湾银行楼上设有办事处，每月交 600 两房租，并聘前任上海总领事斯耶斯提德为总经理，负责管理，仅职员聘薪一项，每年约需 7 万两。【46】

至 1930 年，国内厉行抵制日货，因瑞中洋行进货皆自日本转道输入，故被列为日货遭到禁止。瑞典当局向华当局出具证明，其事始息。鉴于关税之统制，及其他一切利害关系，瑞典火柴公司考虑有在上海设厂就地制造火柴之必要，遂于 1931 年将三年前收购下的日商燧生火柴厂（因遭抵制日货影响而陷于停顿）假美商名义，改组成立美光火柴公司，工头由日本人改为瑞典人，甚至连一部分日本的机械设备也弃之不用，只留用了 600 名全是中国籍的工人。【47】工厂从瑞典本国购置 6 台连续式全自动火柴机，此种设备在当时华商火柴企业中尚未发现（据［美］高家龙一文称，当时国内尚有一台，参见《上海研究论丛》第三辑第227 页），旧式机器的效率仅是它的十分之一，且出品之迅速，更难相比，木材进去到梗子出来，再到整盒火柴出来，仅需两小时，它为各华商企业望尘不及。

美光厂开工后，"凤凰"不再需要飘洋过海经瑞中洋行问市了，它直接由美光厂就地生产投放市场。美光厂以凤凰牌为主，其余仍袭早年进口时之商标，如玫瑰树、辘轮、饭碗、老虎等，直接对我民族火柴施加压力，至深且钜。1930 年刘鸿生筹组大中华火柴公司，形成合力，与之抗衡。至全国产销联营社成立，规定大中华（浦东、镇江荧昌两厂、周浦中华、苏州鸿生、九江裕生、杭州光华等六厂）占全国火柴生产额 69%，外商美光占 15% 弱，至是美光产销盛焰稍敛。太平洋

99

战争发生后，美光厂被日寇军管，专制军用火柴及手榴弹、炸药等，停止凤凰牌火柴生产，仅生产玫瑰树、辘轮、老虎三种商标的少量民用火柴。战后，美光复业，恢复品牌凤凰牌火柴生产，数年以还，仍复旧观。至1947年下半年，该厂有男女职工460余人，因为原料紧缺以及各地交通不畅，工厂生产受到制约，加上工人受资方压迫过甚，导致厂里工潮迭起，待成立产业工会后，劳资双方和平相待，生产才渐渐恢复常态，平均日产火柴90箱，但较战前全盛时期差矣。【48】

美光公司成立以来，其行销模式，跟其它许多西方公司一样，即依靠中国买办来进行营销的。本市芝罘路96号永隆行就是独家经销美光厂出品的凤凰牌火柴之唯一机构。为使新厂出品及瑞中洋行时期在沪之积存广而销之，1932年美光当局特聘前任英商中国肥皂公司华副买办陈荣禄出任公司营业部主任。陈君走马上任，与童德成、开泰祥等联合组设永隆行，独家承销凤凰牌火柴，包括前瑞中洋行数年积压的数万箱各牌瑞典火柴。

陈荣禄，在上海商界素负盛誉，极具能干之手腕，为美光厂火柴制定了行之有效的营销策略，一等品凤凰牌火柴专销本埠，二等品玫瑰树则销于上海周围百里之地，饭碗牌销江西、辘轮牌销福建，三等品老虎牌和如意牌则销汉口，而上海地区为该厂出品发展销售之中心。由于陈君的专心敬业，不数年凤凰牌即风靡全市，不胫而走，打造成一个社会公认的著名的品牌商品。太平洋战争发生后，日寇侵占美光厂，凤凰牌火柴遭禁止生产，永隆行营业也随之萧条，市面上只有美光厂生产的小批量辘轮、玫瑰树、老虎牌等三种火柴。抗战胜利，日寇屈膝而退，美光厂再现新生，凤凰牌火柴恢复生产，永隆行仍继续其独家经销之业务，惟该行内部组织重予改组，由沈学礼上任经理，陈荣禄退为协理。战后，由于原料不足，加上工潮迭起，让美光厂产量较战前大为减弱，各牌火柴的总产量约2700箱，凤凰牌的产量亦视情形而定，每月不等，约平均在400—800箱之间，全部出品均由永隆行派发，对同业销售，采取派货制度，据登记的甲乙同行共1200家，其中都是战前的老客户。协理陈荣禄的成功策划推销，是美光厂能有如此进步的主要原因。【49】

抗战期间，美光遭日寇侵占，陈荣禄欲洁身隐退，然日军因其为高级职员，严加监视，不许离职。陈君目睹日寇在美光制造军火用于屠杀我同胞，激于义愤，不惜令其两公子潜赴后方，从军杀敌，在新陆军中屡建战功，可谓忠义一门，难能可贵，让人敬佩。战后，陈君爱国思想勃发，为捍卫我国主权，数次与美光据理力争，劝美光应该向我国政府注册，并加入我国火柴工业同业公会，然美光厂依赖外势根本不理。相反，美光依然以帝国主义姿态压迫劳工，陈君维护正义，协助该厂工友成立产业工会，从根本保障工人之福利。他处处为我国之主权及同胞抱不平，最终与厂方不欢而散。陈荣禄脱离美光后，被我民族企业——中国火柴公司罗致，任公司常务董事，【50】为我民族火柴企业扬眉吐气贡献其才华。

美光火柴厂的一些主要火柴品牌有凤凰、玫瑰树、辘轮、饭碗、美光、美孩儿、老虎、刘海、如意以及日占时期的"振兴"牌等。该厂厂子大，产量高，行销广，历史久，故该厂存世下来的商标，在今天的火花收藏爱好者手中比比皆是，"花"开遍地。其中象凤凰、玫瑰树、辘轮等几种商标，在解放后美光转为地方国营华光火柴厂后仍生产使用，一直到1966年改为上海火柴厂才退出历史舞台。

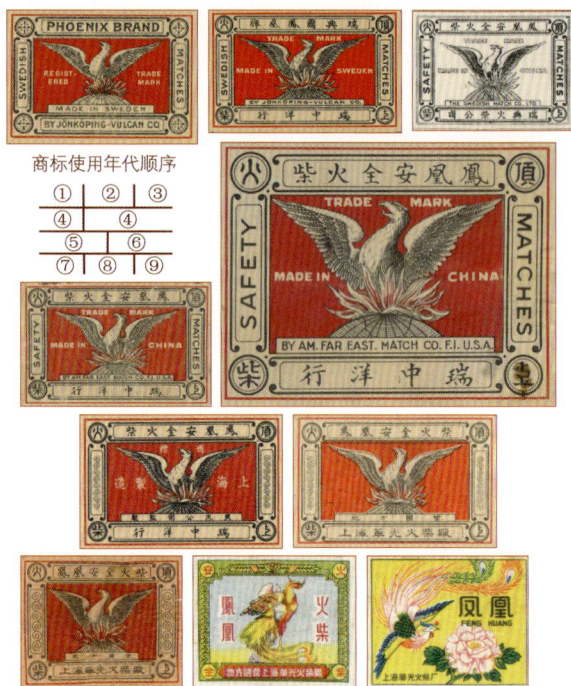

▲ 美光火柴公司"凤凰牌"商标之沿革

注释

【1】青岛市工商行政管理局史料组编《中国民族火柴工业》，中华书局 1963 年 10 月版第 286、161 页。

【2】《民立报》，1910 年 11 月 3、4 日《调查上海农工商业一览表》，转引（日）小岛叔男《辛亥革命当中的上海独立与坤商阶层》，中国社会科学院近代史研究所《国外中国近代史研究》第十辑，中国社会科学出版社 1988 年 6 月版第 5 页。

【3】汪敬虞《中国近代工业史资料》第二辑 1895-1914 年（下册）"附录一"，科学出版社 1957 年 4 月版第 869 页。

【4】陈真、姚洛《中国近代工业史资料》第一辑"民族资本创办和经营的工业"，生活·读书·新知三联书店 1957 年 11 月版第 48 页。

【5】同上【2】。

【6】《百年浙商》第一章"机遇扑面，甬商一代（2）"，贵州人民出版社 2012 年 10 月版；陶水木《浙江商人与上海经济近代化》，《浙江社会科学》2001 年 7 月第四期。

【7】《一介书生李平书》，《管理学家》2009 年 8 月 10 日。

【8】普陀区人民政府编《普陀区地名志》，学林出版社 1988 年 12 月版第 213 页。

【9】宜青《历史浪个叉袋角》，《新民晚报》2012 年 10 月 31 日。

【10】王荣华《上海大辞典》（上），上海辞书出版社 2007 年 12 月版。

【11】上海社会科学院经济研究所编《刘鸿生企业史料》（上册），上海人民出版社 1981 年 8 月版第 114 页。

【12】青岛市工商行管理局史料组编《中国民族火柴工业》，中华书局 1963 年 10 月版第 23 页。

【13】机密第二十五号，明治四十三年十二月十四日（1910 年 12 月 14 日），外务省记录：《磷寸关系杂件》，3-5-4-1，转引蒋海波《日本华侨与近代中国火柴业——以华中和华东地区为例的考察》，《华侨华人历史研究》2010 年 12 月第 4 期第 52-53 页。这份记录是时任日本驻南京领带井原真澄致日本外务大臣小村寿太郎的报告，内附吴锦堂经南京劝业道向农工商部提议拟在江苏镇江开办义生火柴厂的申请书，该原件现藏神户孙中山纪念馆（笔者注）。

【14】青岛市工商行政管理局史料组编《中国民族火柴工业》附录一"民族资本创办的火柴厂一览表"，中华书局 1963 年 10 月版第 286 页。

【15】《新开义生洋行专售水门汀并各种红黑头火柴》，《申报》1910 年 4 月 29 日；《神话日报》1910 年 5 月 16 日。

【16】吴作镆致盛宣怀，1912 年 3 月 15 日到，神户，转引《汉冶萍公司（三）》"盛宣怀档案资料选辑之四"，上海人民出版社 2004 年 3 月版第 230 页。

【17】《上海义生洋行迁移广告》，《申报》1910 年 10 月 20-22 日。

【18】罗晃潮《日本华侨史》，广东高等教育出版社 1994 年 12 月版第 220 页；上海社会科学院经济研究所、上海国际贸易学术委员会编《上海对外贸易》（上册）1840-1949 年，上海社会科学院出版社 1989 年 11 月版第 591 页；宁波市政协文史委、政协慈溪市委员会编《吴锦堂研究》，中国文史出版社 2005 年 11 月版第 13、79 页。

【19】李文权《泷川辨三传》，《中国实业杂志》1913 年第 5 期《传记》。

【20】（日）中村哲夫《"吴锦堂财阀"与孙中山》，转引《吴锦堂研究》，中国文史出版社 2005 年 11 月版第 109 页；罗晃潮《日本华侨史》，广东高等教育出版社 1994 年 12 月版第 214 页。

【21】（日）山口政子《侨居神户华侨——吴锦堂》，转引《吴锦堂研究》，中国文史出版社 2005 年 11 月版第 91-92 页。

【22】（日）中村哲夫《"吴锦堂财阀"与孙中山》，转引《吴锦堂研究》，中国文史出版社 2005 年 11 月版第 109 页。

【23】《镇江市志》，第五章，日用品，第一节，火柴。

【24】鲍永安《南洋劝业会文汇》、《南洋劝业会杂咏》，上海交通大学出版社 2010 年 5 月版第 187 页、第 188 页。

【25】蒋海波《日本华侨与近代中国火柴业——以华中和华东地区为例的考察》，《华侨华人历史研究》2010 年 12 月第 4 期第 53 页；纪立新《吴锦堂与南洋劝业会》，《宁波广播电视大学学报》2011 年第 9 卷第 2 期；纪立新《吴锦堂的国内事业与活动论述》，华东师范大学 2007 年 11 月 23 日毕业论文第 43 页。

【26】纪立新《吴锦堂的国内事业与活动论述》，华东师范大学 2007 年 11 月 23 日毕业论文。

【27】（日）长冈笳湖《支那在留邦人兴信录》，第 68 页，转引许金生《近代上海日资工业史（1884-1937）》，学林出版社 2009 年 5 月版第 94 页。

【28】上海兴信所《中华全国中日实业家兴信录》，1936 年第三版第 143 页，转引许金生《近代上海日资工业史（1884-1937）》，学林出版社 2009 年 5 月版第 270 页。

【29】（美）高家龙《进入上海租界的三条道路：1895-1937

年火柴业里的日本、西方和华资公司》,《上海研究认丛》第三辑,上海社会科学院出版社1989年3月版第225页。

【30】许金生《近代上海日资工业史（1884-1937）》,学林出版社2009年5月版第94页。

【31】上海社会科学院经济研究所编《刘鸿生企业史料》（下册）,上海人民出版社1981年12月版第65页。

【32】联合征信所调查组编《上海制造厂商概览》,联合征信所1947年10月版第1150页。

【33】Hultman致美,1932年8月10日,SMPA卷D-3769；瑞典火柴公司上海办事处的Amfeaco,1937年7月24日给公司总部信的附件,见瑞典火柴档案中的《STAB Statistical Dept, Marknad-sanalyser 1935》（《STAB统计部,市场分析：1935年》）,转引（美）高家龙《进入上海租界的三条道路：1895-1937年火柴业里的日本、西方和华资公司》,《上海研究论丛》第三辑,上海社会科学院出版社1989年3月版第227页。

【34】青岛市工商行政管理局史料组编《中国民族火柴工业》,中华书局1963年10月版第40页。

【35】王垂芳《洋商史（上海1843-1956）》,上海社会科学院出版社2007年7月版第284页。

【36】《瑞典火柴托拉斯侵略我国火柴工业之野心及其托拉斯在国际上之地位》,1928年《工商半月刊》第一卷第13期第1-7页,转引陈真、姚洛《中国近代工业史资料》第二辑"帝国主义对中国工矿事业的侵略和垄断",生活·读书·新知三联书店1958年1月版第832页。（注：1932年5月,世界"火柴大王"克鲁格因舞弊亏损而自杀,瑞典火柴公司自动宣布破产清理,公司所属工厂均为美、英等国资本家所收买。）

【37】《大公报》,1929年12月4日,转引陈真、姚洛《中国近代工业史资料》第二辑,生活·读书·新知三联书店1958年1月版第822页；《申报》,1929年6月27日,转引上海社会科学院经济研究所编《刘鸿生企业史料》（上册）,上海人民出版社1981年8月版第106、109页；青岛市工商行政管理局史料组编《中国民族火柴工业》,中华书局1963年10月版第27页。

【38】《大公报》,1929年12月4日,转引陈真、姚洛《中国近代工业史资料》第二辑,生活·读书·新知三联书店1958年1月版第822页。

【39】《东北商工日报》,1930年4月13日；《申报》,1929年10月20日"杭总商会请维持国产火柴"；《时事新报》,1930年2月12日,转引陈真、姚洛《中国近代工业史资料》第二辑第823-827页。另见《中国民族火柴工业》第28页；《刘鸿生企业史料》（上册）第107页。

【40】《时事新报》,1930年2月12日。转引陈真、姚洛《中国近代工业史资料》第二辑第827页；上海社会科学院经济研究所《刘鸿生企业史料》（上册）第109页。

【41】（美）高家龙《进入上海租界的三条道路：1895-1937年火柴业里的日本、西方和华资公司》,《上海研究论丛》第三辑,上海社会科学院出版社1989年5月版第224页。

【42】特稿《从瑞中洋行到美光厂——凤凰牌火柴的进程》,《烟业日报》1947年9月5日；青岛市工商行政管理局史料组编《中国民族火柴工业》,中华书局1963年10月版第124页。

【43】王垂芳主编《洋商史（上海1843-1956）》,上海社会科学院出版社2007年7月版第285页。

【44】青岛市工商行政管理局史料组编《中国民族火柴工业》,中华书局1963年10月版第188页。

【45】上海历史博物馆集刊《都会遗踪》,2009-1,上海书画出版社2009年12月版第86页。

【46】《东北商工日报》,1930年4月13日,转引陈真姚洛《中国近代工业史资料》第二辑,生活·读书·新知三联通书店1957年11月版第824页。

【47】Hultman致姜,1932年8月10日,和Hultman在1932年8月17日所作的"Report of Conferences",均见SPMA卷D-3769。转引（美）高家龙《进入上海租界的三条道路：1895-1937年火柴业里的日本、西方和西资公司》,《上海研究论丛》第三辑,上海社会科学院出版社1989年3月版第228页。

【48】特稿《从瑞中洋行到美光厂——凤凰牌火柴的进程》,《烟业日报》1947年9月5日第一版；《由刘鸿生氏领导夺回了外货市场》,《烟业日报》1947年9月5日第二版。

【49】《"凤凰牌"火柴总经销处——永隆行创立经过》；《永隆行成立——由陈荣禄等发起组织》；《美光厂依赖外势不加入同业公会——陈荣禄君数度力争无效》,《烟业日报》1947年9月10日第一版。

【50】《陈荣禄氏脱离美光火柴公司》,《烟业日报》1947年9月11日第一版。

（四）南市地区

南市原是上海县治所在地，习称老城厢。其经历元、明、清和民国时期，一直是上海（开埠后华界）的政治、经济、文化中心，是孕育现代上海城市的母体。

1842 年，根据《南京条约》上海开埠后，英国在新开河北岸至吴淞江（苏州河）南岸设置租界，而新开河南岸则为老城厢，沪上将英租界称为北市（今黄浦区、静安区），而老城厢华界称为南市，南市由此而得名。1849 年，法国将上海县城以北、英租界以南区域划定为法租界。至此，上海县被一分为三，小东门外的十六铺成为租、华两界分界线。随着南市商业渐形繁荣，其范围一直向南延伸到了高昌庙（江南制造局附近）。1912 年民国成立，上海城墙被拆，环城路（今

中华路、人民路）相继筑成。1927 年 7 月上海特别市成立，南市属沪南区。在 1937 年"八一三"抗战爆发后的沦陷时期，沪南区改称南市区，从此上海有了行政区划分意义上的南市区。抗战胜利后，南市老城厢划为邑庙区、蓬莱区。1952 年 12 月两区又合并恢复为南市区。1961 年 1 月浦东周家渡、塘桥地区划入南市区，1988 年杨思镇又划入南市区。1993 年起，南市区黄浦江东岸地区划归浦东新区。2000 年上海市政府宣布取消南市区，将南市归并入黄浦区，至此，南市区正式退出历史舞台。

民国时期，南市商业在近代文明的催化作用之下，涌现出了许多行业性交易所和交易市场，特别是批发

商号较为集中的十六铺沿江一带，形成了交易市场网络。小东门、老西门地区百业杂陈，商品繁多，街市兴旺。小西门学前街诞生了专营国货的蓬莱市场，中国民族工业产品在这里百花齐放，与泊来品分庭抗礼，争奇斗艳。南市的十六铺，襟海带江，成为南北货、农副产品和水产品的集散地，沿海各地特别是闽、广、江、浙一带，南北商行、商号纷纷迁此落户，出现行业性街市；一批老字号店铺也先后应运而生，小东门、老西门一带形成较集中的商业闹市；城隍庙成为小商品和吃用俱全的综合性市场；杂货小铺，星罗棋布，遍及大街小巷，煞是闹猛。

到抗战末期，上海沦陷区受恶性通货膨胀，物价暴腾，原料奇缺之影响，在"工不如商、商不如囤"的情况下，火柴也成为囤积居奇的对象，这大大刺激了南市地区小型火柴工业的迅速崛起及盲目发展，当时工商界有一种流行说法：即"纺织第一，橡胶第二，火柴第三"。据统计，1946至1947年间，上海的火柴厂最多时达到25家，其中近10家开设在南市，还不包括开设在这里的一些弄堂手工火柴作坊。抗战中后期在南市开设的所有火柴厂，除新生厂有工人142人，排板车4部（如几家大型厂，上海荣昌有工人334人，排板车26部，大明、黎明、中国厂的工人数和排板车分别为285、289、142人和16、13、13部）外，最小的华鑫厂排、拆板车仅各一部。它们绝大多数都是设备简陋的小厂，用少量的资本，租几间民房，购置几台手摇机器，就可开工制造。至于所需流动资金则以借贷据注，只要机会凑巧，虽负担高额利息仍有利可图。有的如新生厂更靠抛售栈单来周转，其抛售的栈单多至1000多箱，超过其一个月的最高产量。因为栈单已成为投机的筹码，在投机商人手里颠来倒去，往往长期不提货，火柴厂的流动资金自然不致发生困难。

民族火柴工业的畸型发展，导致火柴厂开设和产量骤增，这是因抗战后期日寇对火柴统制无法控制，黑市交易成为公开秘密所带来的现实结果。1947年本埠的火柴产量高达145010箱，等于战前联营社时期核定产额的两倍。从一侧面，沦陷区这种经济极端混乱状态，也是日本帝国主义对华残酷压迫与掠夺所带来的后遗症。

南市地区火柴业的盲目发展并没有持续多久，抗战胜利后即开始衰退。首先遇到的困难便是原料缺失。1947年国民政府成立输出入管理委员会，对民营企业申请外汇实行限额分配的办法，加强管制。其次二战时期美国作为中国的盟军，在战后将国内大批剩余物资倾销到上海，美国的廉价火柴开始充斥市场，上海小贩手里比比皆是。其中有一种用纸杆代替木梗的折迭书式火柴，携带方便，样式别致，成为沪上时髦商品，使国产火柴的销路大受影响。

当时上海市场上，小贩手里的美货火柴有四种商标，分别是LiteKimg、宝石牌、Federal、National，它们每小盒售价50元，虽然每盒根数比国产火柴少，却梗粗火力强，质量上乘。可以说，上海出现的大量美货火柴，对民族火柴打击是致命的，一些资本弱小，设备落后，工艺粗糙的民营小火柴企业纷纷叫苦不迭，一蹶而不振，甚至跌进深渊。连上海火柴业龙头老大大中华火柴公司也呈文政府当局，呼吁政府出面干涉以保护民族工业。

呈文中说："战后同业新厂增多，故目前国内火柴产量已尽足供应民需，毋需外货接济，迨来市上发现大批美国火柴，均未粘贴印花及查验证，售价低，显系走私物品，此项私货如不设法查禁，不但美货，恐怕瑞典火柴亦必源源涌到，届时必使我国火柴工业濒于绝境，为今之计，一面应请政府提高火柴进口税率，严格审查外汇，限制进口火柴，一面严缉走私，此为挽回漏卮，增裕税收及挽救我民族工业之良策"。

但呼吁归呼吁，现实是现实。1948至1949年上半年，上海市的火柴厂还是倒闭了6家，其中南市地区的新新宏记、福昌厚记内迁外地，新生厂摇摇欲坠，国华、金城、茂生、国光兴记、华鑫均消失于同业之中。

有关南市地区早期民族火柴业创办情况，以及商标使用，以下作一简要表述：

1、上海利民火柴厂（创办于1919年）

有关上海利民火柴厂的情况，目前我们还是知道的不多。

（1-1）据《中国新工业发展史大纲》：利民火柴厂成立于1918年，资本25万元，开始为股份有限公司，

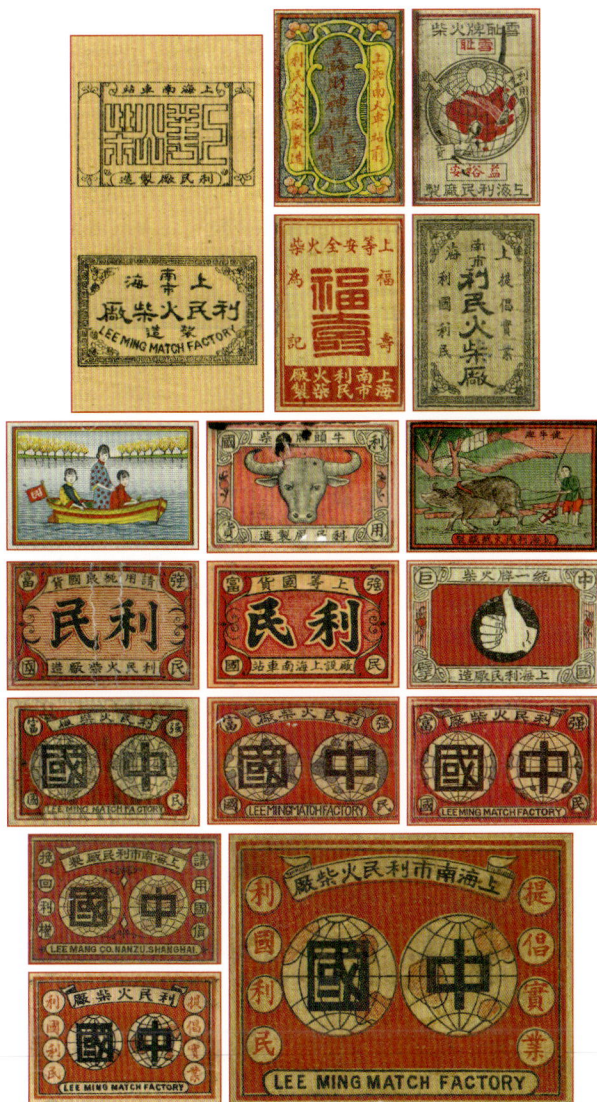

▲ 利民火柴厂火柴商标

后改为无限性质。【1】

（1-2）在《现代实业志》（上）中，有前后说法不一致的现象：前面的描述同上一致，但后面又出现矛盾。如：利民火柴厂成立于 1923 年，资本 3 万两。列表上还列出该厂厂址在南火车站营盘路，有工人 510 人，年产值 20 余万两，使用商标有牛头、蜂王、利民、五彩美船等。【2】

（1-3）又，1936 年《上海经济年鉴》（下）统计，利民火柴厂成立于 1919 年，资本为 3 万两，现已关停。【3】

（1-4）目前，一般都参考《中国民族火柴工业》一书：利民火柴厂创办于 1919 年，所在地上海，资本 4.6 万元。【4】

另，笔者根据该厂"统一"商标申请注册（审定商标 1169 号）得知：利民火柴厂经理为王敬甫，注册厂址为上海沪杭车站（笔者注：南火车站）对面陈家桥路。据查王敬甫为浙江慈溪人。

综合以上资料，大致可以认定，上海利民火柴厂成立于 1919 年，由浙江慈溪人王敬甫创办，资本为 3 万两（笔者注：约 41667 元），厂址在上海南市南火车站前，初为股份有限公司，后改为无限性质，资本增至 25 万元。根 1930 年 2 月 12 日《时事新报》报道："在去年（笔者注：1928 年）一年中，因受瑞典火柴之侵略竞卖，及原料运销等税捐影响"，"利民在十八年（笔者注：1929 年）十二月倒闭"。【5】

利民厂在 1919-1929 年期间，所使用的商标从今天存世的情况看，还是相当丰富的，有五路财神、财神、五九（国耻"二十一条"）、牛头、健牛、双戟、统一、蜂王、福寿为记、湖南、中国、利民、美船等。亦见有定牌商标，如源茂定制的"虎牌"、益裕安定制的"雪耻"等。

2、上海新新宏记火柴厂（创办于 1941 年 1 月）

上海新新宏记火柴厂成立于 1941 年 1 月，资本额 2000 万元，【6】其前身为上海利民火柴厂。【7】该厂有职工 118 人，4 架排板车，【8】企业性质为股份有限公司，厂址在南市车站路 149 弄 53 号。【9】该厂常务董事裘堪器，浙江绍兴人，曾是隆华公司的襄理。总经理王仁勋，浙

▲ 新新宏记火柴厂火柴商标

105

江慈溪人，之前是利民火柴厂南华代表。经理丁静甫，浙江鄞县人，是新利贸易公司的经理。会计董庆水，原是中纺纱厂及瑞昌号的会计。该厂的技师是总经理王仁勋的儿子王挚性。据《上海市机制火柴厂同人联谊会会员名册》（1945年1月）记录：王仁勋还曾出任过瑞商瑞士火柴厂的厂长，但1947年10月出版的《上海制造厂商概览》统计，瑞士火柴厂成立于1945年10月，经理张九龄，而注明王仁勋经历过该厂厂长一职，出自于1945年1月的"会员名册"，因为此时瑞士火柴厂还没有成立，王仁勋怎么可能超前做了瑞士厂的厂长？有一种可能，就是"会员名册"的时间错了，应该晚于1945年10月。

1949年5月上海解放，市政府应外省市要求组织本市火柴厂内迁，当时河南省政府派阎慎予到上海联系工厂内迁事宜，新新宏记经理王仁勋响应政府号召，亲自赴河南实地考察，他了解到河南省内火柴企业空缺，且豫东一带杨柳树资源非常丰富，木材供应能够保障，特别是该省人口众多，火柴作为百姓日常生活必需品，在市场上买不到，省内该项物品都从省外购入时，决定将新新宏记内迁至河南开封。鉴于本企业设备不全，人力、财力不足，王仁勋联系有同样打算内迁的正明火柴厂经理姚连生，他俩商定后一起向政府提出申请，两厂联合内迁河南开封。1949年10月，经阎慎予介绍吸纳开封商人马太初入股，与上海正明、新新宏记共同组成私营开封豫明火柴厂，于1950年3月正式开工。王仁勋为该厂副经理。"三反""五反"运动中他的儿子王挚性成为私营豫明火柴厂的经理。1955年，开封豫明和郑州中国两家私营火柴厂与地方国营开封火柴厂合并，成立公私合营开封火柴厂，王挚性作为豫明厂长担任公私合营筹备委员会副主任委员。[10]

新新宏记火柴厂在沪期间（1941年1月至1950年1月）[11]使用过的商标有大喜、新新、金山、前门、民主、胜利等。

3、上海福昌火柴厂（创办于1943年）

据1947年出版的《上海制造厂商概览》统计：福昌厚记火柴厂于1943年成立，厂址设在南市斜土路永

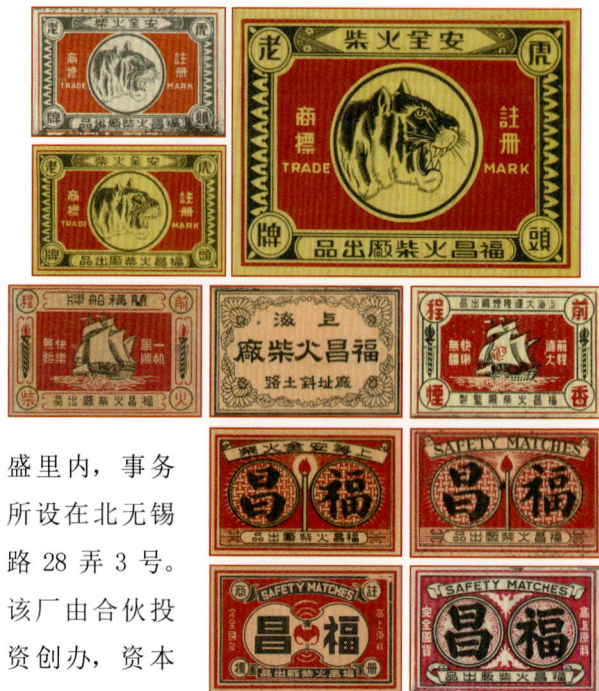
▼ 福昌火柴厂火柴商标

盛里内，事务所设在北无锡路28弄3号。该厂由合伙投资创办，资本为1亿元，主要生产福昌、虎头牌等安全火柴。总经理为王良玉，经理李赓轩，厂长是胡立富。福昌厚记资本弱小，在同业竞争中一直勉为其难，至1947年9月，上海约有二十余家火柴厂，每月火柴产量达一万箱以上，主要销往全国各地。然由于生产原料价格日趋飞涨，氯酸钾由原来的每吨3000万元涨到5000多万元，白蜡由每担80万元涨至220多万元，梗子每千把80万元涨至135万元，加上企业流动资金受高利贷之压迫，工人生活指数逐日激增，各地交通因战事阻塞致销路呆滞，让上海各火柴厂成品积压如山。以其销路不畅，致售价难振，是年6至9月份，乙级火柴每箱售价盘旋于189万元之间，且少有人问津，企业因担负的产品积压所支付的贷款利息甚为可观。资金链的断裂，让一些小型火柴企业难以支撑下去，1947年9月，"半月以下，本市中小型火柴厂，不胜环境之逼迫，倒闭者已有福昌等六家"。[12]

该厂以福昌火柴厂之名称，于1948年重新复业，[13]企业主持人为沈仲德，[14]事务所改迁至汉口路271弄8号，[15]至上海解放前夕，福昌厂再度停业。1949年11月福昌厂整体内迁至安徽蚌埠，与1948年由山东迁蚌的振业火柴厂合并，组建成福民火柴

厂，1954年改名为蚌埠火柴厂。

福昌火柴厂在1943年开业至1949年11月内迁期间，所见商标除福昌（多种款式）、虎头牌外，尚见前程（船牌）、前程香烟（广告火柴）等几种。其中虎头牌火柴至今仍是蚌埠火柴厂的主打品牌，该商标已有70年的历史。

4、上海新生火柴厂（创办于1944年1月）

新生火柴厂是1943年开始筹备的，1944年1月正式成立。成立当初正是敌伪统治时期，故资本为伪币1000万元，到1946年抗战胜利之后增资至3000万元。1947年12月13日股东会通过决议，总资本额增加至国币10亿元。该厂主要创始人有杨宝宜、孙玉珊、朱祖华、唐叔明、李芸侯、郑庸定等人。

一开始，该厂建于浦东张家浜，事务所设于金陵路，后为便利业务光大起见，搬迁至浦西南市花衣街98号，

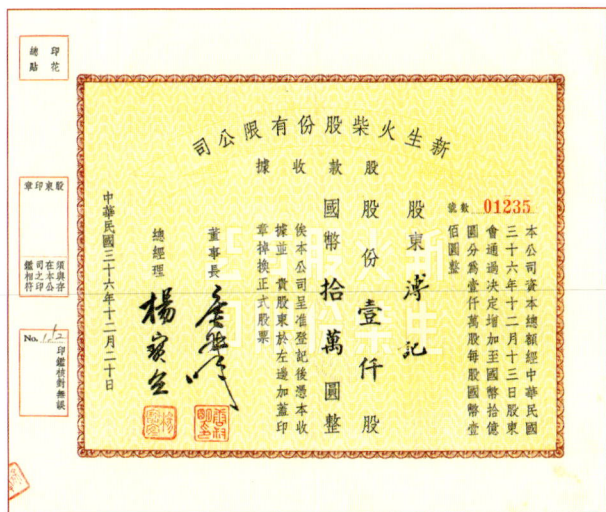

▲ 新生火柴股份有限公司股款收据 1947.12.20

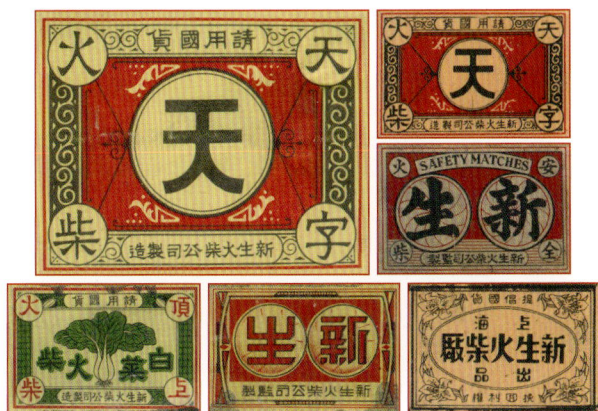

▲ 新生火柴厂火柴商标

事务所也转至福州路35号三楼，为推广外埠销路在安徽特设承销处，本市分销处则为郑家木桥之协新号。工厂占地约2亩多，建有厂房28间，开工之初日产火柴8箱。随着营业日趋发达，其生产设备及产量也逐渐扩增，计有排板车6部，拆板车3部，以及理梗车、调药车、上磷车、烘房油灶等若干，职工有100余名，每月产销火柴500～600箱，在火柴销售旺季，日产量达到每月850箱左右。[16]

该厂管理层计股东会之下为董事会，事务所内分设总务、会计、营业三科，工厂内亦设技术、工务、材料等部门。董事长唐叔明，董事有杨宝宜、李芸侯、孙玉珊、林式如、荣得其、荣宝锦、姚春镙、宋祖华、孙翼青、施学谦，监察为杨镇南、沈用楫、朱芹生。总经理杨宝宜（上海人），原大中华上海荥昌厂厂长、华中火柴公司制造科副科长；副经理宋祖华（镇海人），原大中华上海荥昌厂工务主任、华中火柴公司镇江厂副厂长；厂长郑庸定（鄞县人），原大中华上海荥昌厂监工、生生火柴厂经理；副厂长史美璋；稽核施学谦（吴兴人），原之江大学化学系助教、中华植物油厂研究员。

天字、新生（多种款式）、白菜牌商标为新生厂主要品牌，除销本市外，华北以天津、青岛为主要销售地，长江流域则以汉口为重点，此外，京沪、沪杭沿线及台湾地区亦皆为该等火柴之主销地。

1949年5月上海解放，新生火柴厂走进新时代。但由于解放后资本家对于生产规律的认识不够，终于在盲目生产下，走上"末路"。1950年2月，新生厂资方负责人负债出走，隐匿不见，顿时让工厂全部瘫痪，全厂230名职工失去"饭碗"，大多数工友只能依赖政府救济维持生计。至6月5日中央轻工业部在北京召开全国火柴会议，决定了火柴实行计划生产之后，新生厂全体职工感到单纯靠领取政府救济米度日不是长宜之计，于是便共同议订了一个争取复工自救的计划，呈交政府。经过工人们数个月的努力筹划，终于获得了政府的支持，在12月份召开的上海火柴生产任务分配会议上，新生厂也分配到了生产任务，通过生产自救方式，在上海市失业工人救济委员会（1950年7月1日成立，刘鸿生出任该会经济审核委员会主任委员）

给予贷款和直接领导下，成立了"上海新生火柴失业工人生产自救工厂"，于1951年1月8日正式开工。[17]工人们在隆隆机器声中，振奋精神，鼓足干劲，埋头苦干。在"精打细算，反对浪费，提高品质，减低成本"的口号下，配合着政府的计划生产和保本自给的原则，再一次让新生厂得到"新生"。

为了在失业工人中开展广泛的抗美援朝保家卫国运动，上海市失业工人救济委员会召开了失业工人大会，通过了"失业工人抗美援朝保家卫国七大行动纲领"。由于形势的发展，失业工人将发挥更高度的爱国热诚，用实际行动来贯彻爱国的"七大行动纲领"，用一切力量来支援我们的抗美援朝取得更大的胜利。当时，新生厂也积极配合形势，在出品的"新生"牌火柴盒背标上，特地加注上"抗美援朝""卫国保家"字样，并注上说明："为了配合新的业务方针，于原商标图案上增加红星五颗，并改用新厂名，以资识别"。"新生"火柴走进千家万户，向千家万户轰轰烈烈宣传抗美援朝。

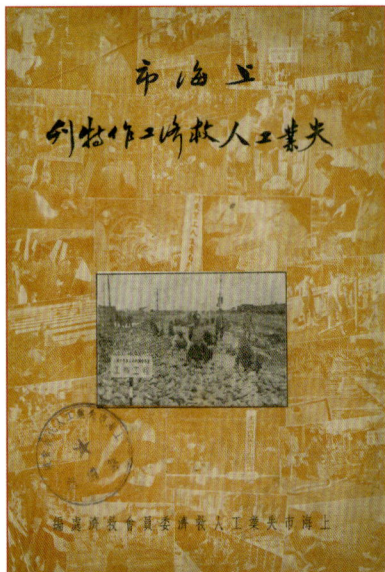

▲《上海市失业工人救济工作特刊》

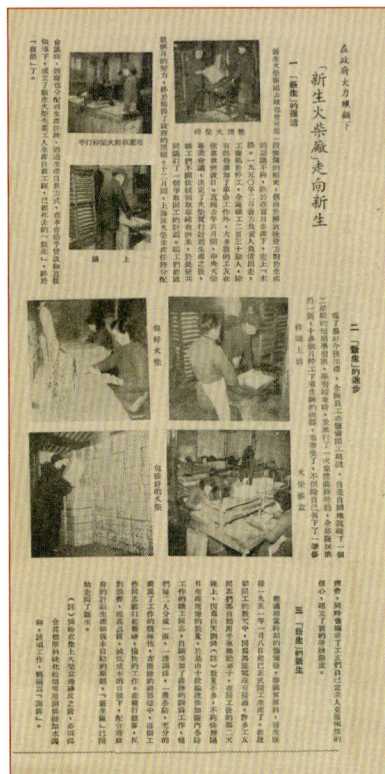

▲ 内页：上海新生火柴厂介绍

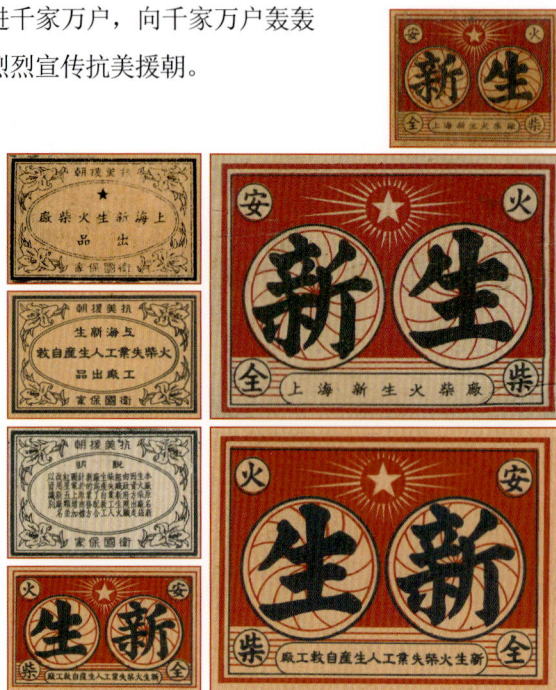

▲ 新生火柴厂火柴商标

5、上海国华火柴厂（创办于1944年3月）

上海国华火柴厂由冯志康（浙江慈溪人）独资创办，资本1000万元，开设于1944年3月，厂址设在南市花衣街施家弄121号，事务所设在白河路28号。该厂属一家小型火柴企业，经理由老板冯志康自己兼任，其之前曾是荣华、美华火柴厂的经理，副经理沈明宝是他老乡，曾是华一印刷公司工务主任、美华火柴厂的协理，厂长是李国章，工务主任郑壬斌也是冯经理的同乡，曾是冠生园二厂厂长、五洲固本皂厂的监工，总务王玉春浙江镇海人，曾是公盛纸料行襄理、华一印刷公司的总务。该厂出品的火柴牌号有国华、飞鹰、

▲ 国华火柴厂火柴商标

108

飞凤、松鼠、美女等几种。

抗战期间，上海的一些民族火柴厂家在敌伪蹂躏之下，竭力挣扎仅能勉维生存。到抗战末期，沦陷区内物资匮乏，伪币贬值，物价暴涨，火柴也成为囤积敛财的对象。这时日本帝国主义对火柴的统制已无法实现，火柴黑市交易成为公开的秘密。这期间在上海又新开了许多火柴小厂，[18]有的甚至是弄堂小厂，完全是以手工插枝制造火柴的家庭作坊，它们以黑市上搞到的原料，粗制滥造，再倒流市场进行交易。这种畸形的现象，正是日寇铁蹄在上海残酷践踏下，使上海沦陷区导致经济极端混乱状态的结果。抗战胜利后，上海火柴工业同业公会组织成立，加入者有20余家，因其中中小厂居多，设立较易，而停闭亦多，故会员单位时有变更，从1948-1949年上半年，上海市的火柴厂倒闭了6家，[19]其中国华、华鑫、九福几家率先消失于同业之中。[20]

6、上海国光火柴厂（创办于1944年7月）

国光火柴厂为国光兴记火柴厂之前身，其由沈炳藩（南汇北蔡火柴厂经理）、沈炳渭（英美烟草公司稽核）、金炎千（南汇周浦南货店经理）等合资于1944年7月创办，资本1500万元[21]，厂址设南市小南门俞家弄141号，事务所在福州路89号224室。该厂经理沈炳藩，厂长金炎千，会计沈炳渭，技师翁仰刚（为前大光火柴厂技师）。1945年，国光厂进行了改组，易名国光兴记火柴厂，重新合伙，资本为一亿元，总经理为朱少瀛，经理袁锦堂，副经理殷镇泉，

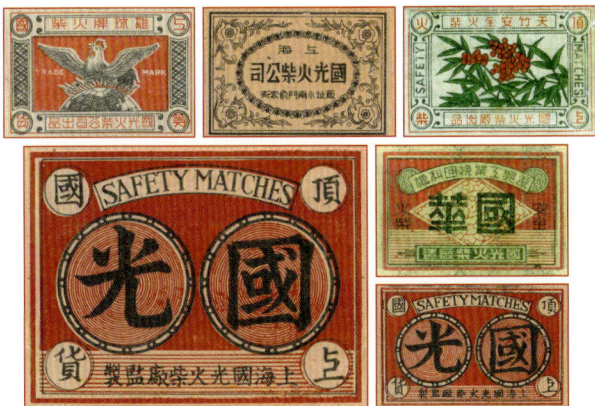

▲ 国光火柴厂火柴商标

厂长王叔平，工厂职工有100余人。[22]该厂商标见有鸡球、天竹、国华、美人、国光等几种。

7、上海金城火柴厂（创办于1944年10月）

上海金城火柴厂成立于1944年10月，资本二亿五千万元，厂址在南市斜土路248号（其商标上见有厂址：南市局门路），事务所设在台湾路19弄6号。该厂起初为四位宁波同乡合伙创业，经理姚象贤（原宝盛棉布号经理），协理姚蔚芳（原职从华粹药房），

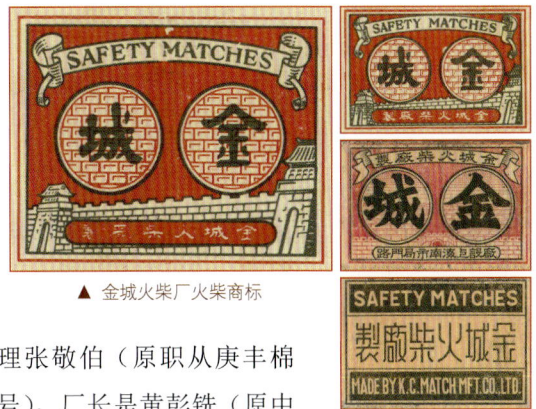

▲ 金城火柴厂火柴商标

协理张敬伯（原职从庚丰棉布号），厂长是黄彭铣（原中国火柴厂工程师）。[23]

从《上海制造厂商概览》记录得知，该厂后改组成股份有限公司，原创始人中仅姚象贤一人在董事会名单之中。新成立的董事会机构，董事长陈鋆堂，董事林德源、严占奎、周雨亭、陈汉雯、袁嘉鑫、袁嘉全、陈鋆堂、倪伯威、陶协培、张祥生、徐光宇、袁葭池、姚象贤，监察陈汉石、周葆荣、胡振新，经理袁葭池，副经理陶协培，厂长徐光宇。

据1949年11月27日《烟业日报》称："已报停工，经工商局批准，但尚未退会（笔者注，退出火柴同业公会）申请者为国光、金城、新新宏记、华商瑞士等五家"。[24]金城火柴厂从业时间不长，规模不大，专门制造乙级安全火柴，使用的商标仅发现"金城"牌一种。

8、上海茂生火柴厂（创办于1944年12月）

上海茂生火柴厂最初由朱如坫（吴兴人）、陈幼石（上海人）、朱立成（吴兴人）、马公（安徽人）等

109

▲ 茂生火柴厂火柴商标

四人合伙创办，厂址设在南市车站路利涉南坊1号，事务所在永安街同安里8号。总经理朱如钻，他原是大中华上海荧昌厂的工务主任，副经理马公原在天宝造纸厂任稽核，协理陈幼石是一名律师，厂长朱立成原在大中华上海荧昌厂担任工务助理，与朱如钻共事。[25] 关于该厂成立以后的经营状况，因无资料参考，不得而知。但据1947年10月出版的《上海制造厂商概览》记录：该厂组织方式是合伙经营，资本为三亿元，经理沈锦涛，厂长为吴麒瑞。这说明该厂成立后，资产、人员结构曾重组过。该厂在1949年底拟实行企业改组，[26] 但最终未果。据上海市火柴工业同业公会1950年6月统计，当时茂生厂已经是徒有虚名，

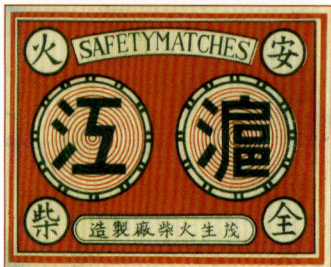

▲ 茂生火柴厂火柴商标

失去了正常生产的运作能力。[27]

茂生火柴厂使用商标有观音（两种款式）、沪江（两种款式）、骆驼等牌号。

9、上海华鑫火柴厂（创办于1946年4月）

上海华鑫火柴厂成立于1946年4月，由浙江慈溪人徐廷宰与人合伙创办，资本5000万元，厂址在南市薛家浜张家弄41号，事务所开设在金陵东路183弄8号。[28]

徐廷宰开始在大中华火柴公司上海荧昌厂当技师，受到业界"火柴大王"刘鸿生的栽培和重用，而成为火柴业之人才。他与宁波正大火柴厂厂长兼经理徐日廑是同族，1944年徐日廑在上海创办正丰火柴厂，请他入股加盟，并出任正丰厂的厂长兼技师，深受徐日廑的信任。[29] 为了加强对工人的监控和管理，徐廷宰还让其胞弟徐廷华（系中华针织厂厂长）出任正丰厂总监工。徐氏兄弟的母亲，就是沪上火柴业名人沈良驷的胞姐。

1946年6月，徐廷宰离开"正丰"独立门户，创办了"华鑫"。该厂商标使用有丹凤、桥牌、双妹、华鑫（两种款式）等牌号。

▲ 华鑫火柴厂火柴商标

关于上海南市地区火柴业及商标，由于手头背景史料实在有限，故在论述上显得捉襟见肘，语焉不详，不能到位是在所难免的。恐怕以上九家南市火柴厂的介绍中还存有差错，还望读者给予教正和补充。在南市地区，据笔者多年集花经验，似乎还有一些火柴厂也创始于该地区，如伟明、大光（外郎家桥66号）火柴厂等，伟明厂商标有梅花树、荷花、豹牌；大光厂有梅花树、佛手、飞凤等（见图1），惜不见史载，无法详述，正是路漫漫其修远兮，有待发掘查考，再作后续。

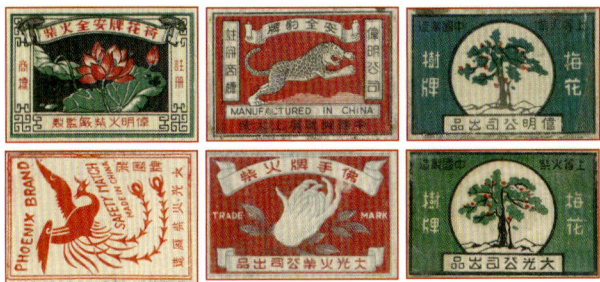

▲ 图1、伟明、大光火柴厂火柴商标

注释

【1】龚骏《中国新工业发展史大纲》，商务印书馆 1933 年 1 月初版第 208 页。

【2】杨大金《现代中国实业志》（上），商务印书馆 1938 年 3 月版第 508 页、第 529 页。

【3】实业部中国经济年鉴编纂委员会《中国经济年鉴》（下），商务印书馆 1934 年 5 月初版（K）第 561 页。

【4】青岛市工商行政管理局史料组《中国民族火柴工业》附录一"民族资本创办的火柴工厂一览表"，中华书局 1963 年 10 月版第 286 页。

【5】上海社会科学院经济研究所《刘鸿生企业史料》（上册），上海人民出版社 1981 年 8 月版第 109 页。

【6】逸青《今日上海的火柴工业》，《文汇报》1946 年 10 月 23 日星期三第八版第二十四期"工业"专版。

【7】中国日用化工协会火柴分会《中国火柴工业史》附录四"原轻工系统定点国有火柴企业一览表"，中国轻工业出版社 2001 年 5 月版第 477 页。

【8】工人数及排板车架数系据 1947 年《上海年鉴》，转引 1949 年 4 月书刊简讯社编印《上海概况》第 351 页"火柴工业"。

【9】联合征信所调查组《上海制造厂商概览》，联合征信所 1947 年 10 月版第 1149 页。

【10】蔺理生《我的火柴生涯——为纪念从事火柴事业 60 周年而作》，《火柴工业》2004 年第 1 期。

【11】青岛市工商行政管理局史料组《中国民族火柴工业》，中华书局 1963 年 10 月版第 197 页。

【12】《成本昂销路狭，各厂维持困难——已有福昌等六家工厂倒闭》，《烟业日报》1947 年 9 月 21 日。

【13】中国日用化工协会火柴分会《中国火柴工业史》附录四"原轻工系统定点国有火柴企业一览表"，中国轻工业出版社 2001 年 5

月版第 477 页。

【14】青岛市工商行政管理局史料组《中国民族火柴工业》附录一"民族资本创办的火柴工厂一览表"，中华书局 1963 年 10 月版第 287 页。

【15】陈陶心主编《上海化学工业综览》，中华化学工业会 1950 年 1 月初版第 24 页。

【16】《新生火柴工厂营业日趋发展——出品"天字""新生"等牌火柴盛销华中华北及台湾各地》，《烟业日报》1947 年 9 月 26 日。

【17】《在政府大力照顾下——"新生火柴厂"走向新生》，1951 年上海市失业工人救济委员会救济处编《上海市失业工人救济工作特刊》，第 40 页。

【18】青岛市工商行政管理局史料组《中国民族火柴工业》，中华书局 1963 年 10 月版第 133 页

【19】同上，第 156 页

【20】《从艰难环境中成长，火柴工业使命重大》，《烟业日报》1949 年 11 月 27 日；《上海概况》，书报简讯社 1949 年 4 月印第 349 页、

【21】逸青《今日上海的火柴业》，《文汇报》1946 年 10 月 23 日第八版第二十四期"工业"专版。

【22】联合征信所调查组编辑《上海制造厂商概览》，联合征信所 1947 年 10 月版第 1147-1148 页

【23】上海市机制火柴同人联谊会会员名册，1945 年 1 月。

【24】《烟业日报》（第 1026 号）1949 年 11 月 27 日，上海市卷烟商业同业公会发行。

【25】上海市机制火柴同人联谊会会员名册，1945 年 1 月

【26】《烟业日报》（第 1026 号）1949 年 11 月 27 日，上海市卷烟商业同业公会发行。

【27】周萃機编著《火柴工业》，商务印书馆 1951 年 11 月版第 142 页。

【28】联合征信所调查组编辑《上海制造厂商概览》，联合征信所 1947 年 10 月版第 1148-1149 页。

【29】王石《美在这里塑造——上海塑料制品三厂史话》，上海社会科学院出版社 1990 年 8 月版第 4 页。

▲ 上海国货工厂联合会国货证明书　1939.1

（五）闸北区

闸北，位于市中心北部。闸北之名源自境内两座石闸：一座是康熙十一年（1672 年）建于今福建路桥附近（称老闸）；一座为雍正十三年（1735 年）造于乌镇路桥西侧（称新闸），这两座挡潮石闸以北地区，习称闸北。

清光绪十九年（1893 年），老闸以北被占为租界，地方绅商陈绍昌、祝承桂等受租界发展之刺激，提出自辟闸北商埠。清光绪二十六年（1900 年），经两江总督批准，置第一个市政建设机关闸北工程总局于闸北老营盘（今共和新路华康路东北首）。1902 年筑宝山路、华兴路，1906 年筑大统路，闸北地境延伸至虬江路、

宝山路一带，由农村集镇，开始向区片发展。宣统三年（1911 年），闸北自治公所设立。

民国元年（1912 年），经沪军都督陈其美批准置闸北市，设闸北市政厅，公推钱永利、沈联芳任正副市长。置市后，闸北市政建设突飞猛进，区片迅速扩张，东部跨入今虹口区境内的江湾路、邢家木桥路、中州路、东体育会路等，北部筑中兴路、虬江路、天通庵路、柳营路、宋公园路（今和田路、西和田路）、沪太路、老沪太路等。当时闸北市的大致范围：包括今闸北区南部（除租界）及普陀区潭子湾，并将虹口区的东体育会路、欧阳路、四达路、宝安路及溧阳路之西

112

北和水电路、广中路以南地区划入。面积约 8 平方公里，人口有 20 余万人，市政厅设在共和新路华康路口青云坊。1927 年，上海特别市政府成立闸北区，闸北市这一名称被取消。

至 19 世纪末，上海市区有近 80% 成了租界或被租界势力所左右，惟有南市、闸北两处为华界地区。前者为清政府上海道所在地，后者为地域最大之华界。辛亥革命以后，闸北的自治政制，铁路北火车站建设，沪宁、沪杭铁路开通，使闸北成为上海之门户、海纳百川之地。江苏、浙江、安徽、广东等地商贾纷至沓来，设厂开店，兴办实业，一派生机勃勃之景象。据 1926 年《上海市市鉴》记载，境地共有工厂 574 家，占上海市工厂总数的 34%，有"华界工厂发源之大本营"之称。

纵观闸北早期工业，以轻工业为主，是华界工业大本营的主体。自上海开埠以后，外强势力不断抢占上海市场，日商占据紧靠苏州河一侧的沪西地区，先后创办了八家大型纺织厂，逐步形成以纺织业为主的沪西工业区。而英、美等国不甘落后，依仗租界势力，在吴淞口至外滩黄金水运一侧的杨树浦、引翔、虹口等地，先后开设了发电厂、自来水厂以及机器、纺织、卷烟等行业，慢慢形成了沪东工业区。处在沪西、沪东两大工业区中间的闸北地区，境域广阔，又系华界地区，外资势力甚少，且有吴淞江（苏州河）、沪宁铁路水陆交通便利，各地商界来沪经商、办厂，大多落户闸北，以粮、棉、丝、茶、油料及矿物为原料，发展以吃、穿、用为主的轻工业。可以说，闸北兴旺堪与租界繁华相处颉颃，直至"一·二八""八·一三"日寇的炮火，将兴旺的闸北工业毁于一旦。

我们回头看闸北的早期民族火柴业，这种轻工日化行业的发生、发展，多少与 1912 年闸北建市以后，华界民族工业迎来它自己的黄金发展机遇是分隔不开的。因为这样的互动，与闸北商埠市政建设的开辟有直接的关系。自淞沪、沪宁、沪杭三条铁路通车和北站建立后，租界在北站附近越界筑路，迫使当地绅商针锋相对，加速闸北商埠境内市政建设。如恒昌火柴公司所在地的虬江路西首王家宅，就是 1914 年闸北工巡捐局始于辟筑虬江路（今虹口区嘉兴路桥北侧）至王家宅一段，后逐向西延伸至共和新路。当时王家宅

片区范围，东至今公兴路，西达今新马路，南越后来的铁路线，北抵今中兴路。1909 年沪宁铁路通车，上海北站竣工后，众多工商人士纷纷在此竞购土地，兴办各种事业，且形成工业小区，各单位都以王家宅作为唯一的通讯地址。华昌火柴厂、鋈源茶厂、勤余茶厂、仁和雪茄烟厂、福茂肥皂厂、科学仪器厂、震旦制药厂等均开设于此地，"恒昌"就是在 1920 年接租华昌火柴厂继续营业的。再看 1923 年 6 月开设于西宝兴路上的裕昌火柴厂。西宝兴路是在宝兴路的基础上 1922 年开始辟筑的延伸段。因宝山路一带工商业繁盛，后增筑支路，纷纷以"宝"字为字首命名为宝兴路、宝通路、宝昌路、宝源路等。开设于中华新路上的平江桥中国火柴公司，也是这种情况。中华新路初名叫中华兴路，由沪北工巡局筑于 1919 年，原意含振兴中华之意，不久改之。当年以"兴"字命名的路境内尚有许多，如中兴路、长兴路、鸿兴路、永兴路、公兴路、华兴路等。

虽说闸北商埠地区的工业，起步稍晚于租界地区，但后劲十足，且后来居上。据《上海全埠行名录》记载，境内有大中型工厂 122 家，至 1927 年骤增至 205 家，当然属于日化业的火柴厂也在其中。"一·二八""八·一三"日军两次侵沪，闸北地区首当其冲，日寇实施狂轰滥炸，使境内工商业遭到毁灭性破坏，如开设于闸北平江桥的中国火柴厂就几乎被夷为平地。日寇两次浩劫，闸北损失 1.3 亿元，有商务印书馆在内的 160 家工厂被付之一炬，日军的炮火把繁荣的闸北毁于一旦，不少企业迁至沪西复业，如中国火柴厂就移址沪西曹家渡附近白利南路（今长宁路）重新开业。闸北工业在战后十年恢复缓慢，至上海解放前夕，仅存一些中小工厂和作坊，从 1958 年才老枝新蔓，焕发生机，闸北工业得以重振。

下面，就围绕闸北近代轻工业中不为人知的早期民族火柴业的历史状况，作一下梳理和简介。

1、上海恒昌火柴公司（创办于 1920 年 9 月）

据民国十七年（1928 年）七月份经济讨论处编制中国火柴厂统计之报告：

"上海一区所有之火柴工厂，计有荧昌、中华、利民、裕昌等四家，共五厂，日商燧生一厂。暂行停工者，华昌、

蟹昌、恒昌三厂。正在创办者，有华明一厂，共十厂"。[1]如果这个"统计之报告"准确无误，那么即说明上海恒昌火柴公司在 1928 年已经"暂行停工"了。

在 1934 年出版的《中国经济年鉴》（下）中国火柴厂统计中，对溥益、恒昌、华昌这三家上海火柴厂，只列出了厂名，在其创办年份、资本额一栏统计中，都是空白的。[2]由此可知，即使在当时出版的专著中，对这些厂家就已经"无可奉告"了。

笔者倒是在当时的《申报》上查阅到有关恒昌火柴公司的一些相关史料，摘录如下：

（1-1）本公司（恒昌火柴公司）开设闸北虬江路西首王家宅，总批发所南市大码头源隆昌号内，为中国自制火柴，祈各界注意。[3]

（该广告附上海恒昌火柴公司"百寿图"商标一枚）

（1-2）本公司接租前华昌公司继续营业，并加建新厂于闸北虬江路王家宅，业已呈部注册，谨将本公司已备案之各种火柴商标刊登于左：

爱国、蝴蝶、童牛、福寿、飞人、三义图等。

爱用国货诸君希注意焉！

总批发所南市大码头源隆昌，本公司所制顶上火柴已由农商部允照民国四年（1915 年）六月杭州光华火柴公司成例，祇完值百抽五正税一道，沿途关卡概不抽厘，并由工商协

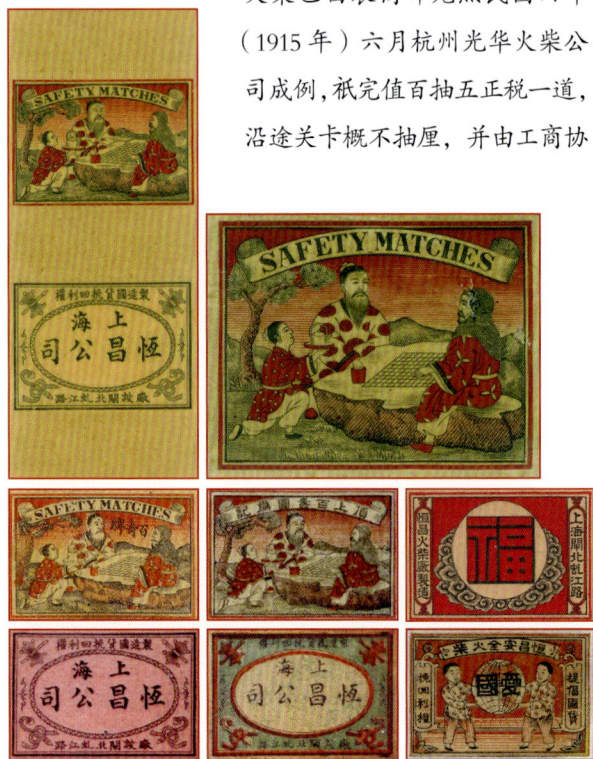

▲ 恒昌火柴公司火柴商标

会证明入会，如行销各省有阻疑时，应由会中妥为保护，特此声明[4]

关于恒昌公司背景资料所存档案极为有限，以上摘录弥足珍贵，这里笔者也就不删照本录之，留供参考。

根据以上仅有资料，大致得知：恒昌火柴公司创办于 1920 年 6 月，起先是"接租华昌公司继续营业"，后"加建新厂于闸北虬江路王家宅"扩大规模，其发行所设在南市大码头源隆昌号内，生产的火柴牌号有百寿图、爱国、蝴蝶、童牛、福寿、飞人、三义图等，约至 1928 年"暂行停工"。就目前该公司留世下来的商标看，仅发现爱国、福字、百寿图等几种。

至于恒昌公司创办人或主持人为谁，资本额多少，企业规模等，目前尚不得而知，还待进一步研究与考证。

2、上海裕昌火柴厂（创办于 1923 年 6 月）

裕昌火柴厂创设于 1923 年 6 月，由溥益火柴厂改组而成，厂址在闸北西宝兴路 89 号，[5]该厂创办资本为 5 万两，工厂规模较大，有职工 529 人，年产值 40 万两。

关于该厂的创办时间和资本多少，史料记载说法不一，笔者参考以下几处记载，得出上述结论：

（2-1）《中国新工业发展史大纲》称："裕昌成立于民国十一年（1922 年），由溥益火柴厂改组而成，厂址在闸北，资本十五万元"。[6]

（2-2）《现代中国实业志》一书中前后说法不统一。在 508 页上，描述与《中国新工业发展史大纲》一模一样，一字不差；可在后面 529 页"上海火柴厂"列表统计中，这家开设在西宝兴路上的裕昌火柴厂，被统计成 1932 年成立，资本 5 万两，有工人 259 人，年产值 40 万两。[7]

（2-3）《中国经济年鉴》（1934 年）：将裕昌火柴厂统计为 1922 年创办，资本 7.2 万两。[8]

（2-4）《中国民族火柴工业》在"民族资本创办的火柴工厂一览表"中，确定为裕昌火柴厂创办于 1922 年，资本是 10 万元。[9]

（2-5）《近代上海闸北居民社会生活》附录二"1928 年闸北工厂分布表"：裕昌火柴厂地址在闸北西宝兴路 A 字 1356 号，成立年月是 1923 年 6 月，资本额 5 万两，工人数 529 人。[10]

从以上可以看出：

A、《中国民族火柴工业》是根据《中国经济年鉴》一成不变过录下来的（笔注：如按 1 银元 =0.72 银两计算，那么 7.2 万两，折成银元也是 10 万元）。

B、《近代上海闸北居民社会生活》是根据《现代中国实业志》延续而来的，只是创办年份中多了月份，厂址路名中增加了门牌号码。

通过比较，笔者对裕昌厂的创办年份和资本额，显然倾向于《现代实业志》后一种记录及《近代闸北居民社会生活》而认定。资本额定 5 万两（折成银元约 6.9 万元）应该是符合当时实际的，参考"实业志"对利民火柴厂的统计，该厂资本 3 万两（折成银元 4.2 万元），工人数 510 人，年产值 20 多万两。

据《时事新报》1930 年 2 月 12 日报道：裕昌火柴厂"在去年中，因受瑞典火柴之侵略竞卖，及原料运销等税捐影响……在十八年（1929 年）九月倒闭"。[11] 也就是说，裕昌从 1923 年 6 月成立至 1929 年 9 月闭歇，前后在同业中生存了六年时间。据 1928 年农工商局筹济国货工厂"国产火柴之最近调查"一文称：该厂六年中使用过的火柴商标有"美丽、欢喜、全球、醒狮、三祝、小狮、快发财、释颜"[12] 等 8 种牌号。从今天留存于世的裕昌厂商标收藏看，该厂还曾使用过金鸡、五兔、三官等商标。

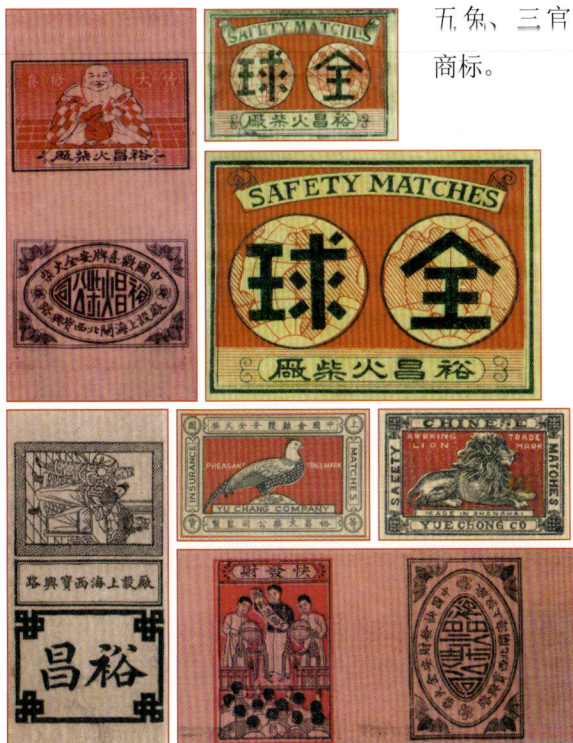

▲ 裕昌火柴厂火柴商标

1931 年，渝城富商孙树培将裕昌火柴厂剩余机器设备运至重庆，择厂址重庆市南岸弹子石黄家石（前森昌泰火柴厂旧址），于是年 9 月 15 日成立重庆华业火柴股份有限公司。公司股本总额 3 万元国币，董事五人：娄燧恒、温少鹤、孙树培、孙钧鉴、徐湛元，以娄燧恒为董事长，由朱元海任厂长，决定用鹰球、电棒商标机制安全火柴。企业宗旨是"振兴国人实业，挽回外溢利权"。"查四川省各厂，均用手工制造，有机器设备者只重庆华业一家"。[13]

抗战时期，处于沦陷区的上海大中华火柴公司寻求向内地国统区发展事业。1939 年 3 月刘鸿生和华业合作，把华业改组为华业和记火柴公司，总资本额为 25 万元，大中华出资 14 万元，占总资本五分之三，刘鸿生被公推为董事长。华业厂创始人孙树培、孙耀文兄弟及厂长朱元海与刘鸿生都是老相识，尤其当年孙树培在上海谋事时，与刘鸿生就有一段不一般的交情。[14] 大商人孙树培，是"钧益号"商号的老板、协兴轮船公司的经理，华业厂是他的私家财产，他还兼任着"中和银行"的总经理，称得上是重庆的富商大贾。大革命时期的 1927 年，重庆发生"三·三一"惨案，他营救过被追捕的共产党人刘伯承的性命，而成为一段红色佳话。

3、上海华明兴记火柴厂（创办于 1927 年）

华明兴记火柴厂建于闸北东体育会路，发行所设在博物院路 21 号，该厂经理为蔡克明。[15]

另据中华民国二十三年（1934 年）十二月印制的"中华全国火柴同业会联合会员录"统计，华明兴记火柴厂成立于民国十六年（1927 年），组织性质系合资经营，资本为八万元（国币），厂址择上海江湾路体育会路，事务所在上海南京路 255 号，该厂经理苏豫朋，付理蔡健民（这里蔡健民、蔡克明是否为一人，或有着怎样的关系，尚不确定），火柴商标有仙女、双禄、飞马、孔雀、革命、鸳鸯、国庆等。

1914 年，"一战"爆发后，西方列强忙于战事，无暇顾及对我国的经济掠夺，使我国民族火柴工业"一度得到发展的机会"。[16]"洋火"进口的锐减，使民族火柴工业有了产品市场扩大的可能，而这种可能直接增加了生产销售利润，为企业带来资本积累。1914至1927年，上海一地有利民、中华、恒昌、裕昌、华明兴记等厂开设，构成上海民族火柴制造业这一黄金时期的一道亮丽风景线。

"民族火柴工业的发展一直延持到1927年，这一情况是同我国人民的反帝爱国运动密切联系着的。在这个阶段中对民族火柴工业的发展影响最大的是1919年的'五四运动'"。[17]爱用国货、抵制外货，振兴实业,挽回利权,是上海工商同业中异口同声的"主旋律"。我们从利民火柴厂当年的火柴商标"雪耻""五九"等盒贴上能发现这一现象。可以说，国产火柴在这一时期的销路十分畅销，生产利润也十分可观。

1927年之后，瑞典火柴跌价倾销的风暴开始袭击我国，他们采取公开或隐蔽的种种手段，严重打击了我国民族火柴工业。

华明兴记火柴厂问世于1927年这个历史时间节点上，其经营之路注定

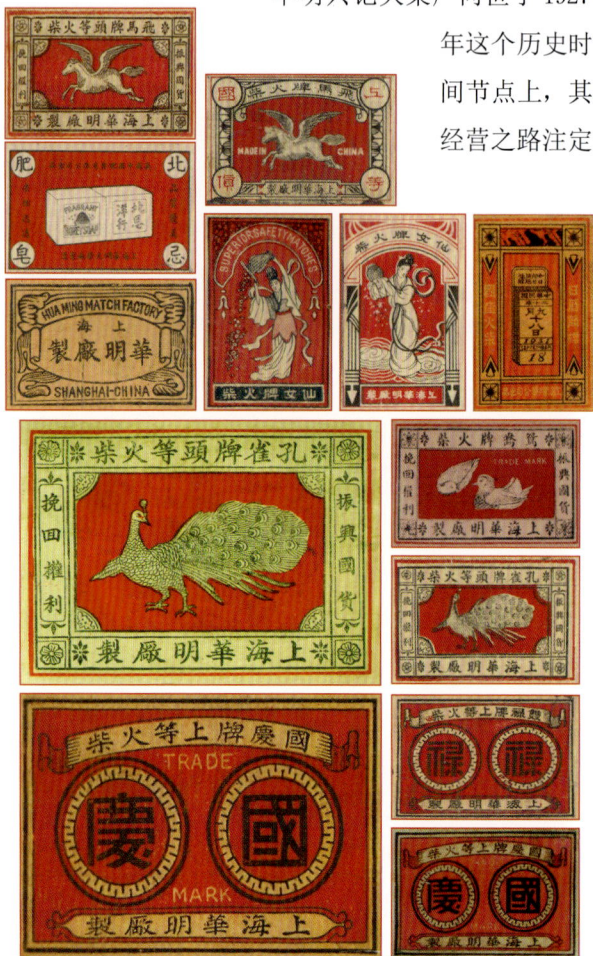

▲ 华明兴记火柴厂火柴商标

是不同寻常的。

据《现代中国实业志》统计，合资8万元创办的华明兴记，有职工400人，年产值20万两。[18]从华明兴记1932年至1934年历年产销数量上，可以见得该企业经营状况一年不如一年。其三年的产量变化分别为8124、3065、1774箱，销量分别是7542、3690、1828箱。要知道，当时在1934年大中华荧昌厂产、销数是14057、14059箱，大中华周浦中华厂是8955、8351箱，大华厂是3934、3581箱，中国厂是3834、3889箱，大明厂是4495、4394箱，[19]比较下来，华明兴记的产销能力在上海同业中是最差劲的一家了。

到1935年12月，华明兴记终于"因亏欠泰丰罐头食品公司款项，经法院判决，将该厂全部财产权利出盘处分"。[20]最终被大中华火柴公司联合宁波正大、南通通燧、上海中国和大明四家火柴公司，用联记之名义，以国币3.3万元承盘该厂全部财产。该厂原有每日二十五箱之产销额，归承盘各厂，具体分派是大中华12.5箱，正大3.5箱，通燧、中国、大明各得3箱。而华明兴记的八种商标归属，除"鸡牌""仙女"因与大中华之"金鸡""美女"相近似，其中"仙女"还与正大之"彩桑"相近似，故"鸡牌""仙女"两种商标归大中华，但后者大中华不得使用。其余六种以抽签分配之："革命""孔雀"归大中华承受使用，"飞马"归正大、"双禄"归中国、"鸳鸯"归大明、"国庆"归通燧承受使用。

经大中华、大中国（正大、通燧、中国、大明）[21]双方商定，华明兴记被收买后暂称华明联记火柴厂。

为减少同业竞争，大中华等五家火柴公司就这样于1936年2月21日联合盘买了华明兴记火柴厂。

4、上海中国火柴公司（创办于1932年11月）

中国火柴公司是由烟草商沈其祥、沈星德等集资国币12万元，于1932年11月5日择址闸北平江桥创办成立，事务所在浙江路保康里。公司成立后推总经理为沈其祥，付理孙润斋，[22]有职工150人，年产值为35万元，[23]生产的火柴牌号有太公、镇江、红壳、明星、跳舞、月鹅、中南、抗敌、多子、笠牌、健美、

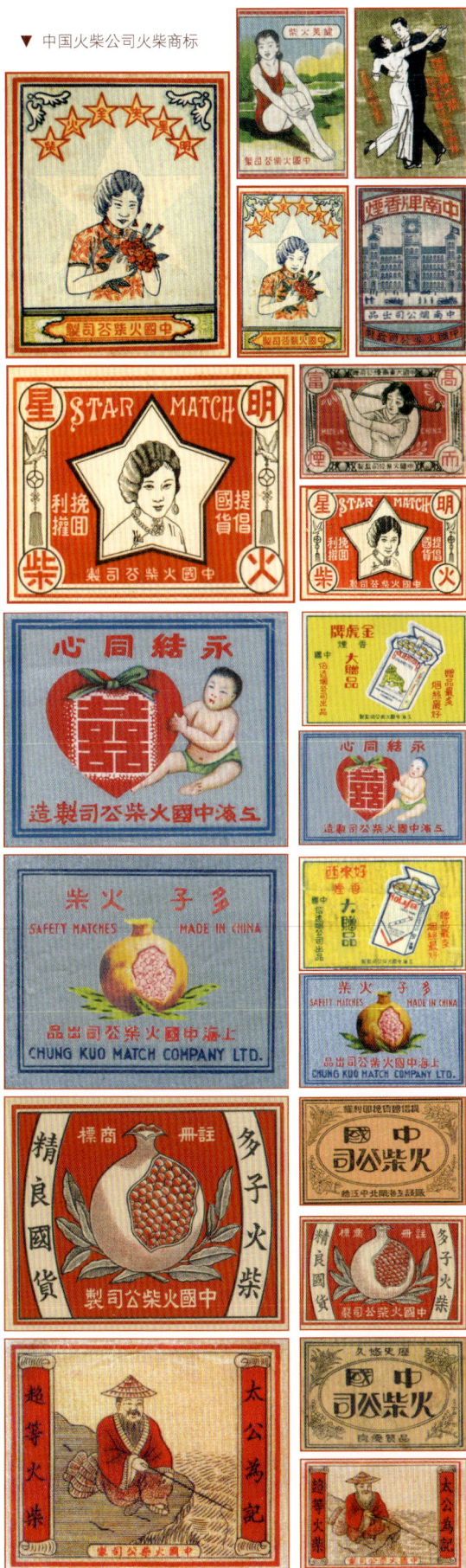

▼ 中国火柴公司火柴商标

鸿福等多种。1933 年，公司火柴产量就达到 3018 箱，实际销量为 2640 箱，1934 年产量升至 4495 箱，销量达到 4394 箱，[24] 可以说，公司一启动，就开门大吉，产销情况让人乐观。

至 1937 年 6 月 19 日，公司总经理沈其祥不幸病故，享年 57 岁，追悼大会于 7 月 7 日在上海旅沪宁波同乡会举行。之后，中国火柴公司总经理由沈星德接任。

上海"八·一三"战事爆发后，地处闸北平江桥的中国火柴厂，遭日寇炮火轰炸，被毁严重而告暂歇。1938 年春，公司决定在曹家渡附近白利南路（今长宁路 113 号）另建新厂，同年九月落成，恢复生产。1941 年 11 月公司资本增至 24 万元，公司进行了改组，由沈星德任董事长，裘盛余、沈德华为常务董事，沈延康、孙润斋为董事。1943 年 3 月又增资至 72 万元，同年底追加到 600 万元。1944 年 5 月公司资本额达到 1500 万元，[25] 公司组织再次调整，董事长还是沈星德，常务董事则改成沈德华（沈其祥胞弟）、孙润斋。经理一职由孙润斋出任。沈为江苏南京人，早年曾在日本开设润裕号华侨办庄，经营火柴贸易生意。

1947 年 9 月 28 日，中国火柴公司决定于 10 月 12 日下午二时假座福州路 266 号一家春酒楼召开股东临时会议，讨论再次增资扩股事宜。[26] 这一年，公司资本达到三亿元，公司进行了重新改组，新董事长由郑明成担任，董事由陈荣禄、郭懋科、陈自良、陈自铭、何蕉题、何南圻六人担任，监察为何海晏、朱应娟，厂长是潘贵儒。将公司事务所移至九江路 113 号 210 室。[27] 在新成立的董事会中有一位股东非常重要，他就是陈荣禄。陈荣禄原系美光火柴公司营业部主任，他脱离美光后，被中国厂罗致。陈君对火柴工业，积十年之经验，且对药水梗之技术亦极有心得。另外之前陈君在沪开设永隆行，为美光厂"凤凰牌"火柴推广营销立下汗马功劳，成为沪上著名经销商。[28] 陈荣禄加盟中国厂，为中国厂的发展带来了无限生机。

1948 年，唐尉伦接收中国火柴公司，由唐尉伦、唐君远、唐宏源三人合伙出资承顶，企业主管由唐滌生负责。[29] 截至 1950 年 6 月底上海市火柴工业同业公会统计，中国厂仅有职工 229 人，排板车使用数量仅 7 架。[30] 1951 年 1 月经上海工商局批准，中国火柴厂部分内迁郑州小赵寨，成立私营郑州中国火柴厂，日产"镇江牌"黑头安全火柴百余件，产品销往豫西地区和西安、兰州等地。[31] 1956 年 6 月，部分留在上海的中国火柴厂再次内迁，经安徽省提议和两地协商，将上海中国火柴厂迁至安徽芜湖，与当地昌明火柴厂合并，于 9 月正式改组为地方国营芜湖火柴厂。[32]

最后交代一下中国火柴公司主要创始人沈星德生平简历。

沈星德（1881-1966年），浙江慈溪观海卫沈师桥人。少时读过私塾，15岁在镇海骆驼桥正裕烟号里当学徒，23岁闯荡上海，做过上海带钩桥德丰烟号账房，当过汉口路宝大、三洋泾桥德泰、文监师路德大生等烟号经理。1922年在兴业烟草公司任营业部主任，同年任华成烟草公司董事。1924年参与发起改组华成烟厂为华成烟草股份有限公司，公司成立后任协理（戴耕莘为董事长，陈楚湘为总经理，沈与两者被称为华成"三驾马车"）。他不仅是知名企业家，更是一位爱心慈善家，曾在故里慈溪投资创办海隅学校，1950年还参与创立了三北医院。[33]

▲ 沈星德，华成烟公司协理、中国火柴公司董事长

沈星德除担任中国火柴公司董事长外，还历任华一印刷公司董事，中国烟业银行常务监事，中国烟业公司董事长，天丰造纸厂总经理，上海市卷烟工业同业公会常务委员，上海市工商联合会财务委员等职。上海解放后，又任市烟叶联购、采购同业公会主任委员。

有关闸北区早期民族火柴工业及其商标的情况，

▼ 中国火柴公司火柴商标

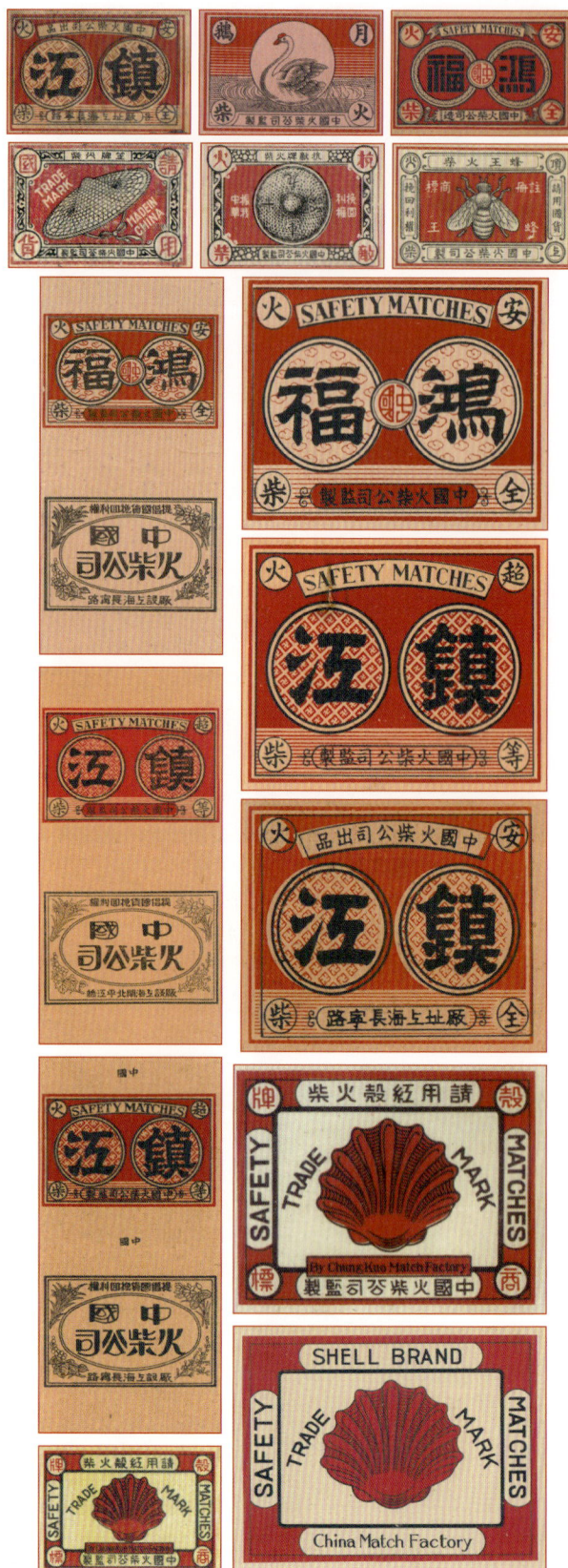

▲ 中国火柴股份有限公司股款收据　1943.11.1

118

根据笔者多年来的商标收藏和史料搜集，知道的就是这些。当然，仅凭个人的能力，是非常局限的，还望这方面的行家里手给予指正和补充。例如，笔者对开设于该地区上的上海火柴制造厂（见图1），因苦于手中没掌握它的资料，无法对该厂展开描述。拜读甘师珂、王浩《上海早期火花图录》（九）才知，1930年第九期的《社会月刊》上对上海火柴制造厂有所记载，称该厂经理为陈焯峰，厂址择闸北宝山路底。但太过于简单，以至于我们只能推断：1931年在江苏常州成立的上海和记火柴厂，可能就是上海火柴制造厂迁来常州改组而成的。以此类推，有关闸北早期火柴工业及商标的研究，要做到正确无误、全面完善还是有一定难度的。

◄图1、闸北上海火柴制造厂发现注册的火柴商标有雄鸡、瑞昌、猎狗、自由、平等等几种。

注释

【1】龚骏《中国新工业发展史大纲》，商务印书馆1933年1月初版第207页。

【2】实业部中国经济年鉴编纂委员会《中国经济年鉴》（下），商务印书馆1934年5月初版（K）第561页。

【3】【4】《申报》，民国九年（1920年）九月六日。

【5】林震编纂《上海指南》，商务印书馆1930年1月第25版，卷六，实业，燃料类，（六）火柴，第108页。

【6】龚骏《中国新工业发展史大纲》，商务印书馆1933年1月初版第208页。

【7】杨大金《现代中国实业志》（上），商务印书馆1938年3月版第508页和第529页。

【8】实业部中国经济年鉴编纂委员会《中国经济年鉴》（下），商务印书馆1934年5月初版（K）第561页。

【9】青岛市工商行政管理局史料组《中国民族火柴工业》附录一"民族资本创办的火柴工厂一览表"，中华书局1963年10月版第287页。

【10】孙宗复编《上海游览指南》，中华书局1935年1月初版，第六编"社会事业"，（24）火柴业，第158页；张笑川《近代上海闸北居民社会生活》，上海辞书出版社2009年6月版第343页。

【11】上海社会科学院经济研究所《刘鸿生企业史料》（上册），上海人民出版社1981年8月版第109页。

【12】《申报》，民国十七年（1928年）七月十四日。

【13】青岛市工商行政管理局史料组《中国民族火柴工业》，中华书局1963年10月版第136页。

【14】上海社会科学院经济研究所《刘鸿生企业史料》（下册），

【15】上海市社会局编《上海之机制工业》，中华书局1933年12月版第98页。在1927年7月上海特别市政府成立闸北区之前，其地域包括今闸北区南部（除租界）及普陀区潭子湾，并将虹口区的东体育会路、欧阳路、宝安路、四达路及溧阳路之西北和水电路、广中路以南地区。参见《上海市闸北区地名志》，百家出版社1989年8月版第57页。

【16】青岛市工商行政管理局史料组编《中国民族火柴工业》，中华书局1963年10月版第17页。

【17】同上，第19页。

【18】杨大金编《现代中国实业志》（上），商务印书馆1938年3月版第529页。

【19】实业部经济年鉴编纂委员会《中国经济年鉴》（民国二十五年第三编），商务印书馆1936年出版（L）第123页。

【20】上海社会科学院经济研究所编《刘鸿生企业史料》（中册），上海人民出版社1981年8版第194-196页。

【21】大中国火柴公司本名"大中国火柴公司筹备处"，是中国、大华、大明、华明、通燧、民生、正大、淮上、楚生等九家中小型火柴厂的临时联合组织，作为与大中华火柴公司相并立的一个联合体，并不是真正想把各厂合并成立大中国火柴公司。到1937年上半年，筹备处的名义不复存在。转引上海社会科学院经济研究所编《刘鸿生企业史料》（中册），上海人民出版社1981年8月版第177页。

【22】中华全国火柴同业会联合会员录，中华民国二十三年（1934年）十二月印。

【23】杨大金《现代中国实业志》（上），商务印书馆1938年3月版第529页。

【24】实业部经济年鉴编纂委员会《中国经济年鉴》（民国二十五年第三编），商务印书馆1936年出版（L）第123页。

【25】逸青《今日上海的火柴工业》，《文汇报》1946年10月23日第八版第二十四期"工业"专版。

【26】《中国火柴公司定期召开临时股东会议》，《烟业日报》1947年9月28日。

【27】联合征信所调查组编辑《上海制造厂商概览》，联合征信所1947年10月版第1146页。

【28】《陈荣禄氏脱离美光火柴公司》，《民国廿一年永隆行成立，由陈荣禄等发起组织》，《烟业日报》1947年9月28日、9月10日。

【29】《本市火柴工业公会开会员座谈会》，《烟业日报》1949年11月13日；周萃機编著《火柴工业》，商务印书馆1951年11月版第145页。

【30】周萃機编著《火柴工业》，商务印书馆1951年11月版第145页。

【31】蔺理生《我的火柴生涯——为纪念从事火柴事业60周年而作》，《火柴工业》2004年第一期第14页。

【32】青岛市工商行政管理局史料组《中国民族火柴工业》，中华书局1963年10月版第229-230页。

【33】余见《"大业""华一"收藏之联想》，《大众收藏》2012年6月第二期（总第5期）第85页。

（六）长宁区

长宁区位于上海市区西部，东与静安毗邻，南与徐汇接壤，西与闵行相连，北与普陀以吴淞江（苏州河）为界。19世纪初，该境内河浜纵横，北有清水浜，中有诸安浜，南有曹家浜。有汪家弄、朱家库、曹家堰、钱家巷等村落，居民以耕田务农为主。自清光绪三十一年（1905年）起，租界当局辟筑忆定盘路（今江苏路）、愚园路等七条道路，一些中外人士纷纷在道路两旁建洋房、造别墅、盖高级住宅，使长宁区在近代以花园别墅众多而闻名申城。

长宁区民族工业始于清光绪十九年（1893年），是年信昌丝厂在极司非而路（今万航渡路）161号开设，有丝车450台，职工800人，生产"厂图牌"茧丝，远销欧洲。清末，极司非尔路及北新泾镇地区有工厂共102家，外商开设有5家，小厂众多，工人不足10人的占到50%以上。当然，民国时期蜚声沪上的著名民族企业、品牌也可圈可点。如，1915年荣敬宗、荣德生在白利南路（今长宁路）1860号创办的申新纺织第一厂（今上海第二十一棉纺织厂）。1929年吴蕴初在天山路500号创办的天原化工厂，其生产的"太极图"为商标的烧碱、盐酸、漂白粉等产品，打破了英商卜内门公司在中国碱业市场的垄断。1937年成立的新中华刀剪厂，其出品的"双箭牌"理发工具及刀具成为沪上著名品牌。还有中华制药厂的"龙虎牌"人丹及西药制品，为国内外闻名。1936年邓仲和创办的安乐棉毛纺织染厂出品的"英雄牌"高档绒线等。至民国三十六年（1947年），境内工厂增至386家，手工作坊达1000多家。

抗战时期，四乡难民在曹家堰、朱家库、汪家弄等处，搭建草棚陋舍栖身。大量的闲置劳动力，为该周边发展民族火柴制造业创造了条件，正丰、金星、黎明、正明等火柴厂纷纷因地制宜，投资办厂，解决了曹家堰、朱家库一带贫民的生计，同时也给资本家带来了丰厚盈利。国民党政府发动全面内战后，物价飞涨，资源缺乏，工厂停工、破产难以计数，连著名的大孚橡胶厂也处于停产状态。民国三十八年（1949年）初，境内生产能力低下的工厂有207家，一些设备简陋的小厂、手工作坊生产处于非常窘况局面。

下面我们来回眸一下长宁区在解放前民族火柴工业的发生与发展的简要历程：

1、上海金星火柴厂（创办于1944年前后）

金星火柴厂大约创办于1944年前后，[1] 资本不详，该厂厂址在华山路（朱家库）848弄26号，占地1亩，房屋有10间，设备有排板车、拆板车各二部，齐梗车一部。该厂总经理浙江鄞县人张敏凯，他后来还出任过瑞士火柴第二厂经理和瑞明火柴厂经理。副经理为广东人蓝继能（曾任福新火柴公司、晶明造纸厂会计），两位职员分别是李蔼如（广东人）和李欧平（上海本地人），前者是杭州承大钱庄协理；后者为茂昌、协昌洋行职员。[2] 1946年3月8日，金星厂被上海正丰火柴公司收购，牌照、商标及所有设备包括附件一并折价为法币700万元。正丰厂将该厂购下后易名正丰火柴二厂，至1948年正丰二厂与江苏路东诸安浜300号正丰总厂一并迁至徐汇区斜土路1074弄80号新址生产营业。[3]

金星火柴厂历史上用过的火柴商标有南山、前门、三花等牌号。

▲ 金星火柴厂火柴商标

2、上海黎明火柴厂（创办于1944年5月）

黎明火柴厂开设于1944年5月，厂址在中正西路（今延安西路）1215号，事务所设在中正东路（今延安东路）249号。该厂出品种类主要为乙级安全火柴，商标为黎明牌、苏北牌两种。[4] 黎明厂设有分厂称黎明火柴二厂，厂址在中正西路番愚路口徐家宅内，[5] 见商标一种，即新京牌。历史上黎明厂在该区境内还是有一定影响和规模的。迄今在该区志上还能查到在曹家堰95弄160支弄建造于1945年的黎明工房旧式里弄。

黎明厂组织结构为股份制形式，董事长为严大有，董事有曹汉庆、彭绍安、邓德清、何理云、邓德余、徐文耀，监察邓德怀、曹杰甫，总经理邓德清，副经理邓德余、徐文耀，厂长彭绍安。[6] 该厂的管理层人员皆为原协兴祥棉布号一套班子。如总经理邓德清、副经理兼会计主任徐文耀，会计任母璇三人分别是原协兴祥棉布号的经理、协理和会计，副经理邓德余也是协兴祥系统下的协兴锯木厂经理。[7] 他们中除徐文耀一人是浙江人外，其余都是江苏人，故黎明厂出品的火柴也以"苏北"商标为主打品牌。黎明与正明两家都是江苏人在沪开设的火柴厂，他们的火柴推销市场都选在长江下游的江北地区。1952年初，正明厂的"一字"和黎明厂的"黎明"两种火柴，在徐州、宿县、蚌埠等地为争夺市场，打得不可开交。"一字"牌本来是用二等梗子制造的，为了打垮"黎明"牌，不惜改用上等白色梗子，且保持售价不变，并与经销商私下约定，凡销掉一件"一字"牌火柴，回馈样品一包。[8] 这种私营火柴厂之间的盲目竞争，一直到私营火柴工业产品全部由国营公司统购包销才告结束。

关于黎明厂的资本、职工数及设备情况，史料记载说法不一。有说一千五百万元的，[9] 也有说一亿二千万元，[10] 该厂的工人数及排板车架数，据1947年《上海市年鉴》统计为289人，排板车13架；[11] 但据1951年11月出版的《火柴工业》一书统计，黎明厂职工数为387人，排板车的使用数是7架。[12] 总之，年代变迁，该厂统计数目有变化是在所难免的。

1958年3月，为支援上海玩具工业的发展，市

121

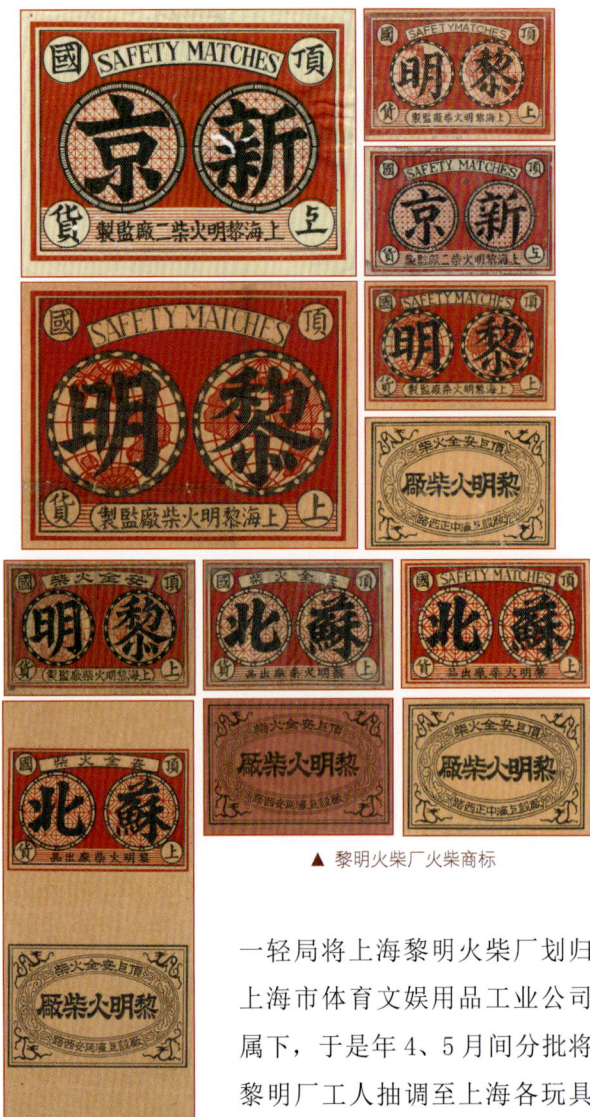

▲ 黎明火柴厂火柴商标

一轻局将上海黎明火柴厂划归上海市体育文娱用品工业公司属下，于是年4、5月间分批将黎明厂工人抽调至上海各玩具厂培训。到6月底，该厂除有2人调去玩具一厂（曹家堰95弄160支弄原黎明工房，有木板平房11间，合并后成立上海玩具一厂），19人调到玩具二厂外，其余240名职工均归并到康元玩具厂。康元玩具厂是专门生产机动玩具的。在黎明厂迁并后，市体育文娱用品工业公司将上海9家生产木制玩具的小厂合并迁入原黎明厂厂址，正式组建成上海中艺玩具厂，成为一家有257名工人的中型玩具生产企业。【13】

3、上海正明火柴厂（创办于1944年8月）

正明火柴厂是由江苏人姚连生创办的。姚连生一开始是黎明火柴二厂的主要股东。【14】黎明二厂开设在大西路（今延安西路）番禺路口徐家宅内，是一家以手工操作为主，简单的工具设备为辅的火柴生产

作坊，工务主任为顾焕章。姚连生投资黎明二厂的时间不长，就另起炉灶与他人合伙投资3000万元，于1944年8月在中正西路(今延安西路)403弄11号（一说中正西路1448弄内西法华镇）【15】组建了正明火柴厂，该厂事务所设在中正东路（今延安东路）377号。【16】该厂成立后，经理为姚连生，协理王仰臣，厂长李宝宸，总务庄介一，会计张明镛。以上五人中除厂长李宝宸一人是宁波籍外，其余四人均为江苏籍人士。

正明厂开办不到一年，于次年春将该厂部分迁至江苏靖江。原因是当时上海境内火柴业厂家太多，竞争过分激烈。"特别是生产的木材需从外地购入，因而上海的火柴梗和火柴盒片价格比外地高得多，而产品火柴又是绝大部分销往外地特别是苏北地区的"。【17】在二战日本投降前夕，美国盟军的轰炸机经常来轰炸虹桥飞机场，因正明火柴厂距飞机场较近，使得厂子上空经常出现爆炸声，弄得人心慌慌，工人们不能安心正常生产。正明厂部分迁至靖江后，厂址选在靖江南门外，当地富商王三琴等人此时也合伙加入到正明厂的经营之中。正明厂就地生产的"一字"牌黑头安全火柴，就地经销于苏北地区。

1945年9月，日本投降后，新四军进驻靖江。可好景不长，没几个月国民党军队卷土重来，新四军实行战略转移。这种时局动荡的局面，给靖江正明火柴厂的正常经营带来了困难，姚连生考虑再三，决定将靖江正明

▲ 正明火柴厂火柴商标

122

厂交给王三琴等股东管理，自己则返回上海，开始重新恢复上海正明火柴厂的生产经营。

新中国成立后，上海市政府应外省市要求动员本市火柴厂内迁，支援内地火柴业发展。当时，河南省政府派代表阎慎予到上海联系火柴厂内迁事宜。鉴于正明厂在上海火柴同业中人力财力明显不足，生产设备也相应不全，姚连生与新新宏记火柴厂经理王仁勋合计，决定两厂联合共同申请内迁开封。应该说，姚连生的选择是明智的。因为在河南特别是豫东地区杨柳树资源十分丰富，木材供应条件充足，河南省人口众多，可当时全境内却没有一家火柴厂，老百姓民用火柴所需均靠从外省购入，最吸引上海厂商内迁的是，当地政府对内迁企业给予贷款扶植等惠利条件。

1949 年 10 月，经上海市人民政府批准，正明火柴厂正式内迁至开封市小南门外新门关街铁北街口。经阎慎予介绍，当地商人马太初也投资入股，与新新宏记、正明两家火柴厂共同组成私营豫明火柴厂。私营豫明厂总股金 33000 元，其中姚连生投资 19000 元任经理，王仁勋 11000 元任副经理，马太初入股 3000 元任董事长。随正明厂内迁职工 55 人，在开封当地招工 95 人，于 1950 年 3 月正式开工，生产"一字"牌黑头安全火柴，产品专销豫东、豫南和淮河沿岸的皖北地区。

1951 年，豫明厂开展民主改革运动，姚连生因恐惧职工对他的所谓"揭发"而躲避香港，次年姚在港病故。运动结束后，在上级机关的指导之下，正明厂进行了企业改组，姚连生的内侄女婿荣岳令出任副经理，成为新一届厂的领导班子成员。1955 年在资本主义工商业社会主义改造高潮中，私营豫明和私营郑州中国厂与地方国营开封火柴厂合并合营，组成公私合营开封火柴厂。[18]

与此同时，1956 年未迁留在上海的部分正明火柴厂，仅有职工 53 人，工厂每月仅开动两台排梗车，月产量仅几百件，在上海火柴同业中已无独立存在之必要。[19] 在这种境遇之下，资方杨根娣（姚连生的元配夫人）主动向人民政府提出申请，希望合并于其他同业之中，遂于是年 7 月并入上海大明火柴厂，8

月即合并投入生产。

正明火柴厂从创办到内迁开封这段时间，所见商标有一品、一字、红牡丹、新京等牌号。

4、上海远东火柴厂（创办于 1945 年 11 月）

远东火柴厂是一家规模很小的火柴生产作坊，开设在上海愚园路 1423 弄和邨 2 号。创办时间为 1945 年 11 月，系合伙创设，资本 2000 万元。经理为朱祖峰，所出产品仅见一种"鲤鱼"牌安全火柴。[20] 因厂小影响不大，对它的历史记载时有出入。在《中国民族火柴工业》"民族资本创办的火柴工厂一览表（1879-1949 年）"就远东火柴厂一栏统计中，确认该厂创办时间为 1944 年，创办人或主持人为邵贞濂。[21] 邵与朱祖峰是何种关系尚不清楚，还有待于进一步研究与发现。另据逸青 1946 年 10 月 23 日在《文汇报》发表的"今日上海的火柴工业"一文揭示，1945 年 11 月成立的这家火柴厂，其名称为"远东和记火柴厂"，资本系 200 万元。该厂的资本额究竟是 2000 万元，还是 200 万元，尚不得确定，或许是统计的货币单位上有问题。

远东火柴厂是上海解放后遗存下来的火柴同业中属最小的一家火柴厂，其仅有排、拆板车各一部。1950 年 2 月，远东火柴厂从上海内迁至江苏泰州，[22] 由于种种原因，最终没能在苏北大地上生根开花延续下去，今日仅见"鲤鱼"火柴背标留世，上有"厂设苏北姜堰镇"字样，它揭示记录下上海火柴行业解放初内迁的一段史迹。

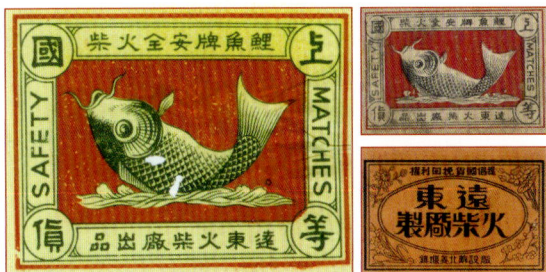

▲ 远东火柴厂火柴商标

除以上四家火柴厂外，在长宁区境内还有一家于 1938 年从闸北迁至长宁路 11 号的中国火柴厂（笔者在下篇第一章第五节"闸北区"中有着重介绍）。还

▲ 图1、光明火柴厂火柴商标

有一些因一时觅不到其背景史料，无从着手描述。如光明火柴厂（见图1），该厂开设在上海大西路1448号。我们仅知道姚连生为该厂经理兼厂长，王仰臣为协理，张明镛为会计，这三位正是正明火柴厂一套班子成员，估计光明厂应该是正明厂的前身，但据1950年8月26日的《工商新闻》统计，光明厂在解放后仍继续开业，工厂职工仅16人、排板车一部，以手工作业为主。[23] 黎明、光明、正明这三家，可以说，剪不断，理还乱，要说清楚真不太容易。再有一家百吉火柴厂（见图2），笔者怀疑该厂有可能也开设在长

▲ 图2、百吉火柴厂火柴商标

宁区境内，从其火柴盒背标上看"厂设曹家渡"，似乎不易确定，因为曹家渡跨普陀、长宁、静安三区，但长宁路上的中国火柴厂厂址有时也写成"曹家渡"的。百吉火柴厂经理是葛雄夫（曾任职中国福新烟公司总务主任）、厂长孙问耕（曾是奋胜五金厂的经理）。这里需要说明，关于长宁区早期民族火柴业及商标的历史，笔者虽博引查证，然还是有很多肤浅之处，只能有待日后进一步挖掘和补充。

注释：

【1】笔者所述金星厂创办于1944年左右的依据是：该厂总经理张敏凯在瑞士第二厂、瑞明厂当过经理，任职时间发生在1945年10月之后；副经理蓝继能在福新厂做会计，时间在1942年12月至1946年5月之间。

【2】上海市机制火柴同人联谊会会员名册，1945年1月。

【3】王石《美在这里塑造——上海塑料制品三厂史话》，上海社会科学院出版社1990年8月版第6页。

【4】联合征信所调查组《上海制造厂商概览》，联合征信所1947年10月版第1150页。

【5】蔺理生《我的火柴生涯——为纪念从事火柴事业60周年而作》，《火柴工业》2004年第一期第8页。

【6】同【4】。

【7】同【2】。

【8】青岛市工商行政管理局史料组《中国民族火柴工业》，中华书局1963年10月版第205页。

【9】逸青《今日上海的火柴业》，《文汇报》1946年10月23日第八版第二十四期"工业专版。

【10】同【4】。

【11】工人数及排板车架数系根据1947年《上海市年鉴》，转引1949年4月书刊简讯社编印《上海概况》第351页"火柴工业"。

【12】周萃机编著《火柴工业》，商务印书馆1951年11月版145页。

【13】青岛市工商行政管理局史料组《中国民族火柴工业》，中华书局1963年10月版第234-235页。

【14】蔺理生《我的火柴生涯——为纪念从事火柴事业60周年而作》，《火柴工业》2004年第一期第8页。

【15】同上。

【16】联合征信所调查组《上海制造厂商概览》，联合征信所1947年10月版第1146页。

【17】蔺理生《我的火柴生涯——为纪念从事火柴事业60周年而作》，《火柴工业》2004年第一期第10页。

【18】蔺理生《我的火柴生涯——为纪念从事火柴事业60周年而作》，《火柴工业》2004年第一期第10-14页；孙建国《论新中国成立初期内迁工厂特点及对河南经济的影响》，《中共党史研究》2009年第12期第47页。

【19】青岛市工商行政管理局史料组《中国民族火柴工业》，中华书局1963年10月版第230页。

【20】联合征信所调查组《上海制造厂商概览》，联合征信所1947年10月版第1149-1150页。

【21】青岛市工商行政管理局史料组《中国民族火柴工业》，中华书局1963年10月版第287页。

【22】同上，第197页。

【23】周萃机编著《火柴工业》，商务印书馆1951年11月初版142页。

（七）虹口区

▶ 中国民族火柴工业的启蒙者、开拓者——叶澄衷（1840 — 1899）

葉澄衷

先生諱成忠，後更爲澄衷，浙江鎭海人世務農，母世夙夜操作於家，六歲喪父，母守節撫孤。九歲，出外就學，末暇而歸，邑人促其從兄耕，年十一，維作於郷近油坊，主顧近敗不治事，自来去，乃日躍局舟往住來黃浦江中，與賣舶市食，漸獲有積蓄，又自樂觀商賈之志，西人雜重其勤敢信，成樂與爲居，時人高掌遠蹈，億則屢中，物産威衰思耗經。於是郷建宗祠，築本府縣者，以萬計，火柴之業既起，别創於滬河渠，別以隨蒍養育，無所吝惜，修建義莊，附置書院，則實建鎭德堂，咸時存其家祠等處，先生以少孤失學，每思人才賴有扶植，捐置地二十餘畝，建銀十萬兩，建立學堂，俾貧寒子弟，得就學之所，即今之澄衷中學也。先生卒於光緒二十五年，年六十。

虹口区地处市区北部稍偏东，其南端濒吴淞江（苏州河）与黄浦江交接，境内南部有虹口港直入黄浦江，后地因河命名。

造船和纺织是旧上海两大支柱工业。而在这两大系统中，造船工业又明显早于纺织工业。由于虹口区南濒黄浦江、吴淞江（苏州河），自然地理条件优越，上海最早的近代船舶修造业即发轫于虹口，当时百老汇（今东大名路）、外虹桥一带曾是该项产业的集中地。

外资、官办、民营三大企业构成我国近代工业，造船业也是如此。1845 年，英商开始在黄浦江北岸修建了

码头之后，紧接着美商在此设立了伯维船厂和杜那普船坞，此为沪上最早之近代船厂、船坞，开创了上海维修船舶、制造轮船的记录。1865 年，清政府在虹口港南口两岸开设江南制造总局（今江南造船厂前身），为当时国内最大之兵工厂，三年后迁至高昌庙现址。1866 年，广东中山人方举赞、孙英德在百老汇路老船坞对面创建发昌机器厂，该厂以修造船舶为主业，成为上海第一家民族资本工厂。

百老汇路（今东大名路）地处黄浦江边，随着码头、船厂集中兴建，沿路便出现了较多为码头船厂所需要的

125

货栈、五金等店铺,至20世纪30年代,五金等店铺逐渐迁移至北京路。1862年,叶澄衷在百老汇路独资开设顺记五金洋货号,该号被称为上海五金业之鼻祖。随着老顺记派生出的南顺记、义昌成、新顺记及与"顺记"相关联的店号相继开设,叶澄衷成为上海滩著名巨商,被人称誉为"五金大王",在沪上有"叶半天"之称。

"顺记"的初创阶段,其销售对象以"船头"为主,"老顺记""新顺记""南顺记"分别为"怡和""太古"、祥生船厂和耶松船厂所属的轮船配办船用五金。至19世纪70年代中期,顺记洋货号开始从事买卖进口小火轮船业务。可见,"顺记号"当时经营船舶五金已具相当规模,已从经营零配件上升到整体小火轮船的售卖。叶澄衷除经营五金、火油外,还积极创办实业。1890年在塘山路创办燮昌火柴厂,1894年在唐家弄创办纶华缫丝厂等。

从开埠到二十世纪初期,虹口地区的工业发展在上海近代工业史上有它的一定地位和业绩,曾有过不少"全国之最""上海领先"。如1912年创办的三友实业社,为我国第一家自纺、自织、自销的毛巾被单工厂;是年创办的仁和玻璃厂,为本市最早一家玻璃厂;是年创办的国华电料厂,为本市第一家电器工厂;1915年南洋烟草公司上海分公司设立于百老汇,为当时全市最大华商烟厂;是年创办的开林造漆厂,为本市最早漆厂;1916年创办的华生电器厂,1926年诞生出我国第一台交流发电机,为本市电业制造嚆矢;同年创办的华昌钢精厂(华昌铝制品厂前身),为本市最早铝制品工厂;1917年创办的震旦机器铁工厂,为我国最早的制造消防器械的专业工厂;1921年创办的江湾模范工厂,为本市橡胶工业之先声;1921创办的康元制罐厂,为当年本市著名的印铁制罐厂,还有茂昌蛋品冷藏公司、铸丰搪瓷厂、公明电珠厂、华德灯泡厂等等。可以讲上海工业系统的好多行业都肇始于虹口,该境内历史上的一些老地名如老船坞弄、电灯厂桥、自来火街、水电路、香烟桥、皮坊弄等,隐约折射出虹口地区从开埠到上世纪三十年代,工业发展曾一度光前裕后。

虹口的工业情况,是从"一·二八"淞沪战争后,开始发生转折的。"一·二八"战争中,江湾、天通庵、西体育会路一带系敌我激战的战场,惨遭战火破坏,不

少工厂化为瓦砾灰烬。三友实业社、华生电器厂、耶松船厂、康元制罐厂等纷纷迁至他区再建,另谋生路。即使一些没迁出的工厂,也不敢在此扩大经营规模,这期间虹口的工业基本上处于衰弱萎缩阶段。

"一·二八"事变不仅沉重打击了虹口地区的民族工业发展,亦严重摧残了在沪日资企业。事变中,位于闸北和北四川路一带因为交战区,日厂全部关门歇业,不少企业或化为灰烬或损失惨重,加上事变后,全国掀起的抵制日货运动,更是让在沪日资企业特别是杂工业"雪上加霜"。

1934年,抵制日货运动稍有缓和,在虹口的日资工业有所复苏,日在沪工业投资也渐有起色,如是年底日商在东有恒路上创办的上海磷寸社。也是这一年,日商在沪投资新开的工厂激增至八家,而"上海工业同志会"加盟厂也恢复至29家。从工厂开工率和新厂开设数量看,延续两年之久的抵制日货运动所产生的影响至此基本结束。1937年抗日战争全面爆发后,虹口成为有实无名的"日租界",在八年沦陷期间,虹口地区的民族工业始终处于破坏、停顿状态之中。

综观虹口地区近代工业,虽说火柴工业不是该地区的特色工业,被号称火柴业先进的燮昌火柴公司,于1924年宣告破产之后,虹口境内再也没有民族火柴业诞生,但不可否认,这家建于塘山路创办于1890年的民族火柴工厂,对整个上海近代民族火柴工业的发生与发展,还是起到了一个引领和示范的作用,为上海民族火柴业振兴国货、挽回利权开了先声。

1、上海燮昌火柴公司(1890年8月创办)

1890年,沪上富商叶澄衷在虹口塘山路4号(朱家木桥相近)购地36亩,投资5万两(按1两=0.72元折算,计6.9万元),于是年8月9日成立上海燮昌火柴公司。叶澄衷聘其族叔、助手叶新安任公司经理。之后,叶新安又推荐其远房亲戚宋炜臣出任公司协理。[1]叶新安去世后,宋炜臣才接替为经理。公司于8月16日即生产出第一批国产黄磷红头火柴,使用牌号有双狮球、渭水、课读、燮昌等几种商标。至1893年,"上海至少有三家华商办的火柴厂",其中要数燮昌为规模最大者。工厂每日产量为50箱,每箱50大包,共计日产

▲ 燮昌火柴公司火柴商标

纸张都由日本制造。在生产制造方面，叶澄衷聘请了他的一位旅日归来的镇海同乡，名叫张阿来，此人长期生活在日本，并从事于火柴制造业，是这方面的技术高手，其妻子也是一位火柴厂的日本女工。他到燮昌厂后，叶澄衷开他的聘薪是每月 60 两银子，要知道，当时公司协理宋炜臣的月薪也仅 13 两银子。[4] 可见，早期民族资本要创办火柴工业，首先要解决生产技术人员的到位，创办者对技术人才是十分看重的。

1906 年，燮昌厂有雇用职工约 800 人，[5] 在当时新兴的民族火柴工业中还是处于一定规模的。之前"当地有燮昌、荣昌、燧昌等三厂，因不能竞争，加以经营方法不良，荣昌、燧昌二厂终于被迫倒闭，仅燮昌因历史较长，根砥稍固，尚能继续开工，从事制造"。[6] 尽管如此，在日本火柴大批倾销于上海市场面前，燮昌厂还是显得"制品粗劣"，与日本火柴"根本不能匹敌，故当地殆无需要者"。为兼顾企业的生存发展，燮昌厂亦只能将产品销售投放于浙江、江西、安徽等上海周边省市。燮昌出品的火柴，在市场上的售价，是 12.5 至 13 银两一箱。[7] 如果说，燮昌厂在本地市场"常常被日本制品所压倒，其经营陷于极端困难之境地"，[8] 那么它对日本在上海以外的东南沿海城市的火柴倾销，还是起到一定的制约作用的，其效果还是显然的。比如，"上海制造的火柴自 1891 年第三季度开始出现于温州，此种火柴的入口使本埠（温州）对日本火柴的需求减低约 60%。日本火柴的价格每罗 2 角 6 分，几乎完全不能赚钱"，[9] 经销商只能靠火柴销完后，将装运盛放日本火柴的镶铅边的空箱子再转手卖出，好贴补些营销火柴的亏损，因为这种镶铅边的空火柴箱能卖到银一角一只。

火柴这项新工业的出现，也给上海女性就业带来了出路。当时有在沪的外国媒体称："新工业的创办给上海的中国人带来了很大的好处"。估计有 1.5 万或 2 万妇女得到就业，主要从事于刷理禽毛、清检棉花与丝、卷烟及火柴制造。[10] 但妇女就业角色的转换，也给新式企业的经营管理带来了诸多急于解决的难题，因为它直接影响着企业自身的完善与发展。燮昌厂创办后，在上海的日本商人出于商业动机，曾组织专人来燮昌厂参观，名义上是参观，实质上是探底。让他们感到惊诧的是，该厂女工中，"其有儿女者，则大都携之并至。其最幼者，

火柴为 36 万盒。[2] 当时上海所有的火柴厂加在一起，产量每日为 130 箱，燮昌厂占到总产量的 38%。全 1898 年，本地只存两家火柴厂，但每日产量却升至 160 箱，本埠各铺发售之价，每箱计钱 5.8 文。[3]

上海早期民族火柴工业起步时，非常落后，其生产原料、技术皆依赖于外国。燮昌厂创办后，其制品黄磷火柴生产所需的药料是从欧洲购进，梗木、箱材及商标

则载入摇篮中,置之于旁,其少解劳动,六、七岁之儿童,则置于旁,使参加劳动之事。又于其中曾见有白发盈颠约七十岁之老妇焉"。[11]可见,早期火柴业制造使用妇女和童工现象是十分普遍的。在火柴厂中,男女用工是有别的,男工主要从事排梗、卸梗、上油、上药、机修和运输等,是有一定的技术或需体力的工种;女工则大多从事刷磷、装盒、包封等工种,酬薪分配是男工每天2-3角,女工则1-1.5角。也有按计件给酬的,比如糊盒1000只为一角,排梗二版为一分,装盒1000只为5分,以此类推。

当然,我们这里也不排除日商借参观燮昌厂之机,出于别有用心,对我国民族工业企业进行不良宣传,造舆论,以致损毁我民族工业的声誉和形象,使燮昌厂在中日火柴营销竞争中处于下风,让日商火柴在沪倾销渔翁得利。报道中,日人是这样描述对燮昌厂的所见所闻:"到此工场,足一入门,最先吃惊者,则工厂之不清洁也,不整顿也,不规律也"。在三"也"之后,则大放厥词,什么"器具纵横散乱,药类附着于四方,床板则满以污土,房屋处处有破坏,曾不一加修理。次见成群之男女职工,则尤使人吃惊。负儿之母,倚姊之妹,妨父兄工事之子弟,有喧哗者,有号泣者,有嬉笑者,有戏谑者,如登万怪之堂,如入百魔之窟。其得认为工场者,仅赖有数种不整顿之机器耳"。[12]如此的语言,好像燮昌除"仅赖有数种不整顿之机器"之外,简直就是一处"万怪之堂""百魔之窟"。由此可想,我国早期民族火柴工业的起步和处境是何等艰难!其竞争是何等惨烈!

我们知道,叶澄衷(1840.7.18-1899.11.5),出生于浙江镇海庄市,名成忠,以字行。世务农,家境贫寒,1854年到上海闯荡,白手起家,经八年刻苦自励,奋斗拼搏,立志成为清末宁波在沪商帮的代表性人物。1862年,叶澄衷在虹口百老汇路(今大名路)独资创办顺记五金杂货店(该店英文名:Ching Chong"澄衷公司"),为他自己打造"五金商业王国"奠定了扎实的经济基础,最终使他成为近代商界的"五金大王"。他创办的"老顺记"在近代商界被称为"孕育洋行买办的基地"。樊棻、王铭槐、曹雨岑、汪显述、史晋生、沈佐卿、叶星海、周星北、徐企生、陈协中、宋炜臣、徐伯熊、唐懋信等众多著名商人皆源自于叶氏企业。1883年,"老顺

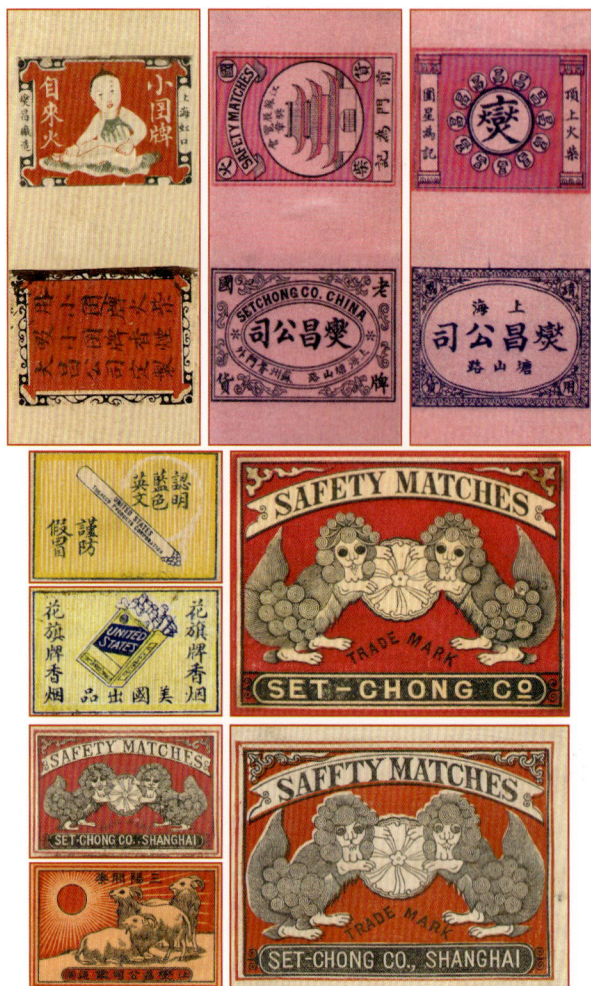

▲ 燮昌火柴公司火柴商标

记"获得了美孚火油在华的独家经销权,至1894年终止。叶澄衷以五金、火油商业起家,以后经营各业,分布中国各地,累积资产达800万两。1897年5月27日,中国第一家华商自办银行——中国通商银行在上海成立,叶澄衷是初创时遴选出的9位总董之一。由此可见,叶澄衷在清末上海工商界的声望、地位和影响。对后世至今具有影响的是,1899年他创办的澄衷蒙学堂,蔡元培曾主持校务,胡适、竺可桢、倪征噢等不少名人曾就读于该校。

叶澄衷创办实业,应该说是尽心尽力有所作为的。在上海燮昌火柴公司成立后,面对上海火柴市场竞争压力过大,为求厂务发达考虑,"孜孜求扩张不遗余力"。他以为,汉口居长江之要冲、九省之通衢,水利交通日见便利,遂于1896年委派宋炜臣赴汉口作实地考察,谋设上海燮昌火柴公司之汉口分厂。[13]1897年,叶澄

衷集资 30 万两,在汉口通济门外(今卢沟桥路)购地 1.7 万平方米创办了汉口燮昌火柴公司,其大股东为叶澄衷,因宋炜臣当时仍兼着上海燮昌火柴厂的经理,故又称汉口厂为第二燮昌火柴厂,是为汉口民族资本创设的第一家近代工业企业。"该厂虽不极大,惟所制造甚属可观,其工程亦有条不紊,殊可嘉许"。[14]生产所需的轴木多来自日本,少量购自湖南、江西,盐酸加里、磷从英国购进,硫磺、箱木及纸张均选购日本。厂有常雇职工约 1200 人,[15]大部分是从"宜昌附近荒年之区来者"。工人每月给洋 4 元,伙食由厂方提供。雇用工人每作盒 1000 只给 50 文,装入 1000 盒给 100 文,包装 1000 盒给 80 文、贴盒 100 只给 11 文。这种纯手工作业的火柴企业,每日产量为 60 箱,产品销往湖南、湖北、四川等省,"因河南、陕西、山西等省尚用日本火柴,所用中国火柴仅得其半数"。[16]按当时每盒火柴售价为铜钱 3 文计,60 箱即 43.2 万盒(1 箱 =50 罗 =7200 盒),共计日产值为 1296 余元(按当时湖北官钱局折算,制钱 1000 文等于银元 1 元),除去一切生产成本,"据言于所赚余利内除去五成、便敷支用。是以此项,大为有利可获也"。[17]这得益于汉口厂使用了大量的廉价劳动力,工价低,成本低,出厂产品平均赢利在 30-50% 左右,获利甚厚,盛极一时。投产当年就赚得 18 万两(折合 24.4 万元)。"近则通销本部各处,获利丰厚,为汉口实业之冠"。[18]

另外,叶澄衷虽说为商人出身,但他"乐善好施"屡蒙清政府传旨嘉奖,并御赐"启蒙种德"的匾额。当年张之洞署理两江总督,在上海与叶澄衷有一面之缘,他派宋炜臣赴汉口兴办实业,恰逢张之洞主政湖北,急欲振兴近代工业企业,宋炜臣的经营才能自然获得了张之洞的赏识。在张之洞的特许之下,汉口燮昌火柴厂在汉口获得了 15 年的火柴制造专利权,为汉口燮昌厂日后的发展提供了保障。汉口厂最早出品也是黄磷红头火柴(当地人称"阴阳火柴"),商标有双狮、单狮、三狮、鸡、象等多种。至 1923 年(或该年前),叶澄衷的后代还想继续扩张企业经营,购定苏州胥门外小日晖桥附近数 10 亩地,创办了上海燮昌火柴公司苏州分厂。可惜,"号称本业先进之燮昌公司卒于民国十三年(1924 年)宣告停止"。[19]汉口燮昌厂也于 1930 年 12 月因亏蚀而告破产。

最终,苏州、上海、汉口三地的三家燮昌产业均被刘鸿生及大中华火柴公司所收买。

从我国近代早期民族火柴工业史看,上海燮昌火柴厂属于一家历史悠久、规模较大的火柴企业。其开办于清光绪二十二年(1890 年),又在 1897 年在汉口设分厂,至 1923 年再在苏州设分厂。这家老牌企业开办 9 年之后,其创办人叶澄衷即谢世,其身后有七子七女,且几个儿子又英年早逝,这对企业的沿续经营多少还是有点影响的。长子贻鑑(1868-1900 年)年仅 32 岁,即撒手人寰;次子贻钊(1875-1929 年)还算可以,卒于 54 岁;三子贻铭(叶又新,1880-1923 年),1906 年与宋炜臣在汉口创办"商办汉镇既济水电股份有限公司"。1907 年与郑孝胥、樊棻等在上海创办日晖织呢厂(中国第一毛绒纺织厂,后也被刘鸿生于 1925 年收买,将其机器设备迁至浦东开设章华毛纺织厂)。1908 年与周金箴、朱葆三、虞洽卿、李云书、李咏裳等人创设上海四明银行。同年,又与虞洽卿、吴锦堂、陈薰、严义彬、方椒苓、董杏荪等人发起组建宁绍轮船公司。他是叶家事业的主要继承人,为父业燮昌火柴厂、纶华缫丝厂呕心沥血,正当事业有成之年,不幸去世,享年才 43 岁;五子贻锜(1886-1919 年)离世时只有 34 岁;六子贻镛(1888-1926 年)卒于 38 岁。七子中惟有四子贻铨(叶子衡,沪上称"叶老四")健康,1909 年,他集资筹建江湾跑马场,1911 年竣工开赛,1917、1924 年两次扩建。1908 年建"叶家花园",为当时沪上华人私家花园之最宏伟精致者。1910 年,与李厚祐、朱葆三、王一亭等一同创办上海绢丝公司(今上海第一绢纺织厂);七子贻钰,生于 1899 年,叶澄衷去世时还不满周岁。

经笔者分析,沪上叶氏家族,在叶澄衷身后留下资产达 800 万两,为何导致叶氏企业在上世纪三十年代迅速衰落,其因有以下几个:其一,七个儿子中有五个离世过早,尤其是三子叶又新(贻铭)的去世,对叶氏企业包括火柴厂的经营影响甚大;其二,1920-1923 年,上海五金货价大跌,外汇暴涨,叶家所有店号均亏损严重,使叶家元气大伤;其三,叶家兄弟之间的内耗,先是三房、七房提出要求拆股,后六房也不愿与四房合作,结果以每房 6.5 万银子作价(不包括地产)归并给四房叶之衡(贻铨),[20]这一来,老顺记这座"金字塔"就一下子松动了，家族散了缺少了合力，也容易让人家各个击破，至1931年左右，"老顺记"房地产以65万两转让给五金业严挺之，叶氏家族从此一蹶不振；其四，刘鸿生利用机会，仗着是叶家内亲的关系（其妻叶素贞是叶澄衷的侄女儿），拥有叶家少量股权，趁叶家危难之机，联络上海、苏州两家燮昌厂的主要债主四明银行，忽悠总经理孙衡甫向叶家逼债，致两厂于1923年停工清理，刘鸿生被推为清理人，从中让沪、苏燮昌两厂走向绝路。这也充分让人体会到"家和万事兴"这个深刻道理。据说当时燮昌厂如能筹借到10万元，就能度过难关，[21]想不到叶家三子叶又新当年一起参与创办的四明银行，此时此刻却没有"雪中送炭"，而是"雪上加霜"，验证了商场如"战场"无商不奸这个"游戏"规则。

有关燮昌厂1890-1924年所用过的火柴商标，从前对集花界而言，可以说是凤毛麟角。但随着近年来互联网的发达，有关燮昌的早期商标纷纷从国外倒流回来，这主要因为燮昌厂早期商标都为日本所印制，据笔者有限所藏，有双狮轮、单狮、小囡牌、大福喜、课读、渭水、前门为记、联珠、采花等几种，目前尚发现的还有围星为记，燮昌、莲船、保安等多种。

2、上海磷寸社（1934年12月创办）

上海磷寸社是一家日资生产火柴的小企业，开业资本仅5000弗，设备为4台机器，由日商赤崎末喜于1934年12月择址虹口东有恒路(今东余杭路)投产开业。[22]产品见"东亚"牌号一种，商标上有注明"上海磷寸社"或"上海火柴公司"两种称谓。该社产品除解决虹口日侨火柴所需之外，主要从事为虹口一隅的日侨商家生产商业广告火柴。

虹口是日本怀有特殊情结的地方。甲午、日俄两场战争，让日本在中国攫取了巨大利益，在沪经济实力也随之日趋充实，虹口一带最终发展成日本人居民区，成立了上海日本人居留民团，成为有实无名的"日租界"。

▲ 上海磷寸社火柴商标

他们蔑视中国，立志与西方抗衡，开始萌发以武力征服中国，独霸太平洋的梦想。[23]

"九·一八"事变后，日寇侵占东三省，消息传至上海，沪上各界立刻掀起了一股巨大的抗日救亡浪潮。9月22日上海即成立抗日救国会。10月19日上海市商会又成立了"对日绝交实施委员会"。大会制订了空前严厉的抵制日货措施，要求中国商人七天以内将一切日货集中至抗日仓库，中国人三天内停止为日本人工作，严重违反者将被看作做卖国贼。[24]至10月以后，抗日团体对华商是否销售日货的检查措施更为严格，日货已经无法在市面上流通。当时，瑞典火柴公司1928年6月以63万元收买的上海日商燧生火柴厂，因为在收买后仍使用旧厂名，上海民众认为它还是日商企业，其生产的火柴仍旧是抵货运动的代表性目标。尽管瑞典火柴公司对此再三强调，燧生厂已没有"一分一毫"日本资金，工头由日本人全换成了瑞典人，商标也适应新形势换了图形和名称，甚至连厂内日本制造的生产设备也弃之不用，在厂职工600人全为中国籍等等，最终还是无济于事，于是年11月将工厂资金转向美国注册，改组为美商美光火柴公司，才算度过了难关。[25]

"一·二八"事变爆发后，因闸北和北四川路一带处在交战区，日资企业全部关门歇业，很多工厂在战火中或化为灰烬或损失惨重。事变不仅沉重打击了上海民族工业，也给本来就因抵货运动陷入困境的日资企业带来了灾难性的打击。而事实上之后持续不断的抵货运动更使其"雪上加霜"。以至半年以后，"上海工业同志会"所属的60家日资工厂，有39家依然歇业，仅21家勉强开工。[26]开业的工厂大都以日侨为经营对象，由于日侨大多回国，因此开工率都非常低，有些等于开了没开。许多厂因长期停产或开工严重不足而倒闭。至1933年，全国抵货运动方兴未艾，60家日资工厂锐减至26家，其中还有8家停产，开工仅18家。[27]为了弥补上海侨商在沪经济势力因战争蒙受重创，日本政府在上海居留民团内部特设"复兴资金部"，并赈款500万银元扶持那些濒临倒闭的日本在沪企业。[28]战争中3万上海日侨有一半回国避难，战后又陆续重返上海，开始重振实业。

1934年，抵货运动有所减弱，投资和经营环境开始好转，加上经营者的努力和复兴资金的帮助，日资工厂的开工率明显有所改善，是年日商在沪的工业投资也出现了起色，新开工厂达八家，上海磷寸社就是其中一家，【29】从工厂开工率和新厂增加数量看，延续两年之久的抵货运动所产生的影响至此基本结束。上海磷寸社开业后，为百老汇路（今东大名路）、天潼路、文监师路（今塘沽路）、南浔路、昆山路、吴淞路等虹口日侨开设的"御料理""御果子商""酒吧""娱乐场所""药房"等印制了大量的广告火柴盒贴，这些商标恰好印证了"一·二八"事变后，虹口日本居留民一段动荡生活史。

注释

【1】宁波市政协文史委员会，政协镇海区委员会《近代上海民族工商业先行者——叶澄衷》，中国文史出版社 2009 年 7 月版第 37、39 页。

【2】《上海今昔观》，第 11 页，转引孙毓棠《中国近代工业史资料》第一辑（1840-1895 年），上册，科学出版社 1957 年 4 月版第 125 页。

【3】册关，1898 年，中文本，上海口，第 39 页，转引汪敬虞《中国近代工业史资料》第二辑（1895-1914 年），下册，科学出版社 1957 年 4 月版第 712 页（原文为日产 8000 罗，每罗计钱 290 文，按 1 罗等于 50 箱折算所得）。

【4】青岛市工商行政管理局史料组《中国民族火柴工业》，中华书局 1963 年 10 月版第 8 页。

【5】《清国事情》，第 3 卷，第 566-567 页，转引孙毓棠《中国近代工业史资料》第一辑（1840-1895 年），下册，科学出版社 1957 年 4 月版第 994、1168 页。另据陈真《中国近代工业史资料》第一辑"辛亥革命前民族资本创办的工厂统计"：资本 20 万元，工人数 1080 人，生活·读书·新知三联书店 1957 年 11 月版第 39 页。

【6】、【7】、【8】同上，第 994 页。

【9】、《海关十年报告》（1882-1891 年），第 392、393 页，温州，转引孙毓棠《中国近代工业史资料》第一辑（1840-1895 年），下册，科学出版社 1957 年 4 月版第 995 页。

【10】《捷报》，卷 51，第 822 页，转引孙毓棠《中国近代工业史资料》第一辑（1840-1895 年），下册，科学出版社 1957 年 4 月版第 994 页。

【11】《中华经济全书》，1908 年，第一辑，光绪戊申两湖督署藏版，第 103 页，转引汪敬虞《中国近代工业史资料》第二辑（1895-1914 年），下册，科学出版社 1957 年 4 月版第 1198 页；青岛市工商行政管理局史料组《中国民族火柴工业》，中华书局 1963 年 10 月版第 159 页。

【12】《中华经济全书》，1908 年，第一辑，光绪戊申两湖督署藏版，第 94 页，转引青岛市工商行政管理局史料组《中国民族火柴工业》，中华书局 1963 年 10 月版第 160 页。

【13】勃德《中华今代名人传》，第 68 页，转引陈真《中国近代工业史资料》第一辑"民族资本创办和经营的工业"，生活·读书·新知三联书店 1957 年 11 月版第 417 页。

【14】关册，1897 年，中文本，汉口，第 24 页，转引汪敬虞《中国近代工业史资料》第二辑（1895-1914 年），下册，科学出版社 1957 年 4 月版第 712 页。

【15】同上。另据汪敬虞《中国近代工业史资料》第二辑（1895—

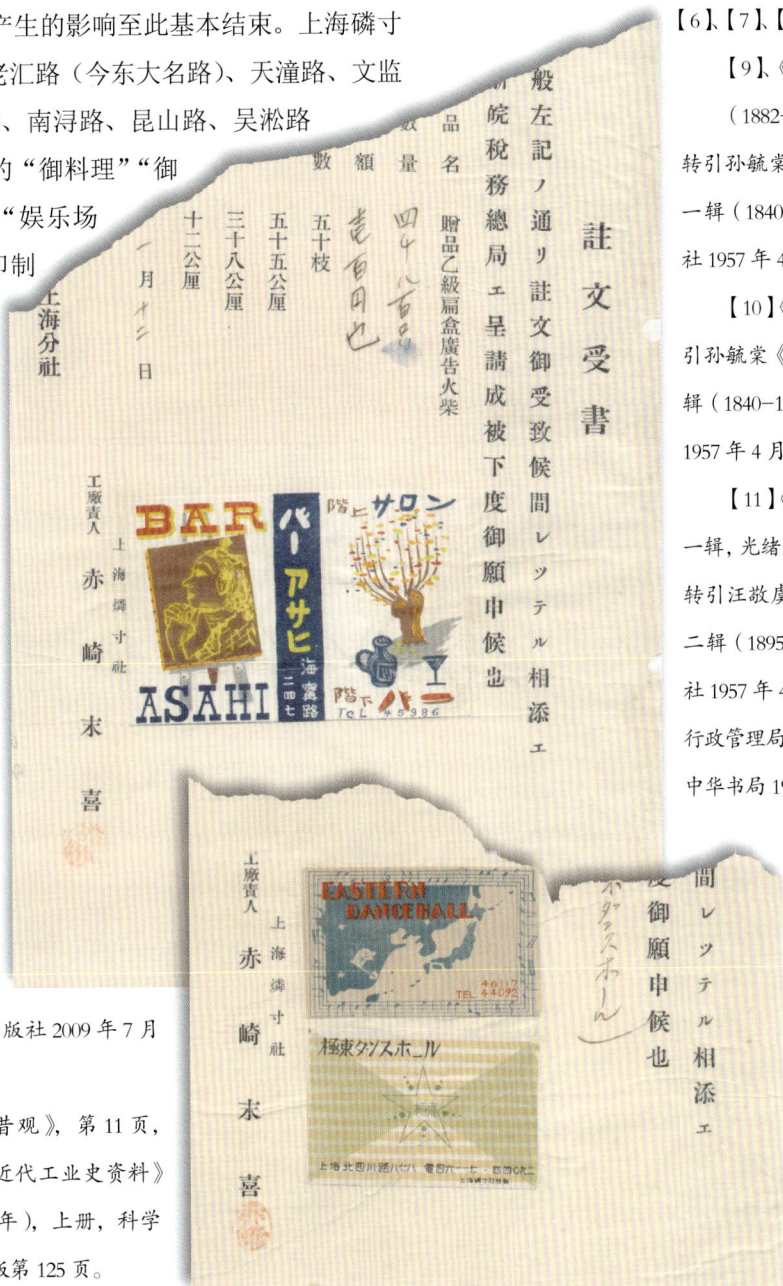

▲ 上海磷寸社订货订单

1914年），下册，第1198页统计：汉口燮昌厂男工400余人，女工有1000人以上（依据《清国事情》，第一辑，第853页）；陈真《中国近代工业史资料》第一辑，第417页统计：汉口燮昌厂常雇工人约700人（依据效彭《武汉自办工业之状况》，中华实业界10期，1914年10月出版）。

【16】陈真《中国近代工业史资料》第一辑"民族资本创办和经营的工业"，生活·读书·新知三联书店1957年11月版第417-418页。

【17】同【14】

【18】同【13】

【19】国民党政府上海特别市社会局《怎样救济主要工业》，第40页，1930年2月，转引上海社会科学院经济研究所《刘鸿生企业史料》上册（1911-1931年），上海人民出版社1981年8月版第81页。

【20】上海社会科学院经济研究所《上海近代五金商业史》，上海社会科学院出版社1990年版，转引宁波市政协文史委员会、政协镇海区委员会《近代上海民族工商业先行者——叶澄衷》，中国文史出版社2009年7月版第37、39页。

【21】青岛市工商行政管理局史料组《中国民族火柴工业》，中华书局1963年10版第58页。

【22】许金生《近代上海日资工业史（1884—1937）》，学林出版社2009年5月版第95页。

【23】谯枢铭《近入上海租界的日本人》，转引《上海研究论丛》第三辑，上海社会科学院出版社1989年3月版第67页；许杰《虹口日本人居住区述论》，转引《上海研究论丛》第十辑，上海社会科学院出版社1995年12月第284—288页。

【24】（日）高纲博文《在上海的日本人——以1·28事变时期为中心》，转引《上海研究论丛》第八辑，上海社会科学院出版社1993年8月版第343页；许金生《近代上海日资工业史（1884—1937年）》，学林出版社2009年5月版第280—281页。

【25】（美）高家龙《进入上海租界的三条道路：1895—1937年火柴业里的日本、西方和华资公司》，转引《上海研究论丛》第三辑，上海社会科学院出版社1989年3月版第228页。

【26】许金生《近代上海日资工业史（1884—1937）》，学林出版社2009年5月版第284页。

【27】同上，第285页。

【28】许杰《虹口日本人居住区述论》，转引《上海研究论丛》第十辑，上海社会科学院出版社1995年12月版第290页。

【29】许金生《近代上海日资工业史（1884—1937）》附表（2）"近代上海日资企业年表（1884—1937）"，学林出版社2009年5月版第336—337页。

▲ 上海磷寸社在虹口沦陷时期发行的各行各业的商业火花

（八）黄浦区

名烟牌火柴商标	美丽牌火柴商标	华丽牌火柴商标	美女牌火柴商标	姜女牌火柴商标
大中华火柴公司出品	大中华火柴公司监制 华成烟公司出品	华成火柴公司出品	浦东火柴公司出品	新明工业社出品

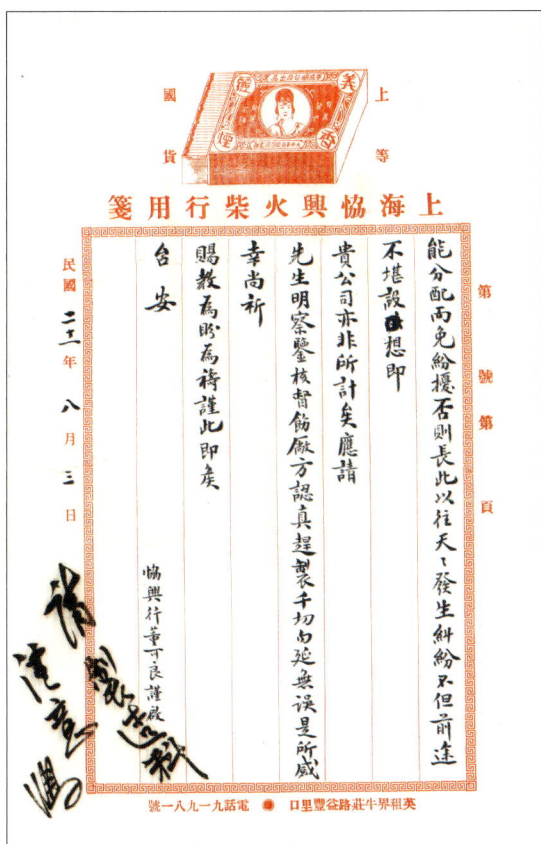

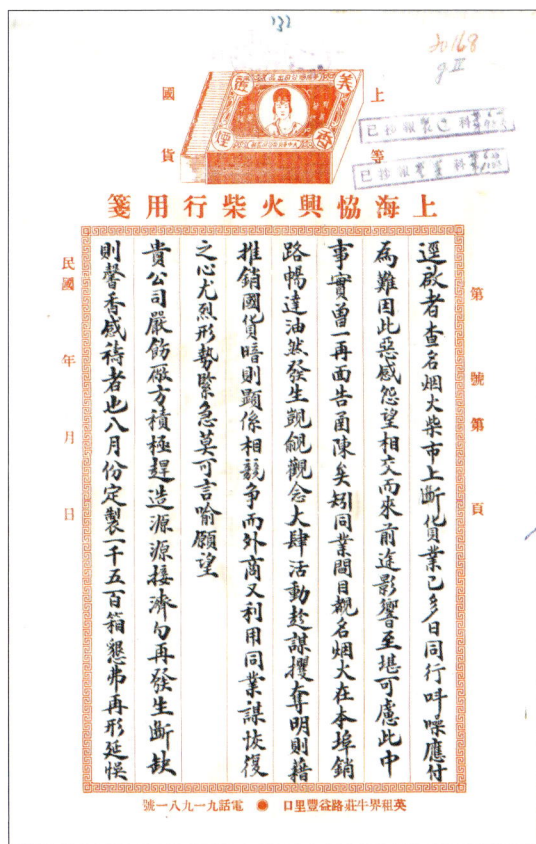

　　1931年大中华借用华成烟公司美丽牌卷烟商标，研发出一种药水梗名烟火柴（即美丽牌火柴），由上海协兴火柴行经理专卖，该行设在芝罘路37弄10号，经理董可良。美丽牌火柴上市后，立即风靡上海滩，"同行叫噪，应付为难"。随后几年中，美丽牌销量一度赶超了瑞商美光厂的凤凰牌火柴。有不法之徒趁大中华供货断缺之机，伪制各种假冒"美丽牌"火柴，什么"姜女牌"、"美女牌"、"华丽牌"……混水摸鱼（见附图）。该信札为协兴行致函大中华公司"积极赶　造，源源接济"，打击假冒伪劣。刘鸿生读罢立即亲笔批示："请制造科注意。鸿（刘鸿生代称）"。

——该史料原件被编入《刘鸿生企业史料》（中）第149页

本文讨论黄浦区早期民族火柴业及其商标，其地域范围限于 2000 年黄浦、南市两区合并前浦西这一块，现区境内原南市地块，笔者之前已有专文论述过（见下篇第一章第四节"南市地区"一文），本文不再赘述。

黄浦区位于上海市中心，北起苏州河，东、南濒黄浦江，以江名黄浦为区名，沿袭至今。1843 年上海开埠后，本境浦西的洋泾浜（今延安东路）以北辟为英租界，浜南划为法租界。1863 年美租界和英租界合并，称之英美租界。英美租界和法租界当局在本境内设工部局、公董局、巡捕房、会审公廨等，掠取了种种特权。1899 年，英美租界又向西扩充至大王庙路（1905 年改称为成都北路），改称公共租界；1900 年法租界也向西扩充至吕宋路（1943 年更名为连云路），至此，本境黄浦江以西，吴淞江（苏州河）以南，成都北路朝东，福熙路（今金陵西路）、恺自尔路（今金陵中路）转敏体尼荫路（今西藏南路）至宁波路（今淮海东路）、法华民国路（今人民路）折新开河（今新开河南路）向北，面积 1.36 平方公里，全部成为租界区。

上海开埠后，租界成为中外贸易洋行、华行高度集中之地，外滩一带的楼群历来是云集金融贸易机构的汇聚点。经七八十年的发展，黄浦区浦西地区基本完成了由农村转化为近代化大城市中心地区这么一个过程。上世纪初至三十年代，境内华商银行、信托公司、保险公司纷纷成立，国民政府控制的"四行二局一库"（中央、中国、交通、中农四大银行、中央信托局、邮政储金汇业局、中央合作金库），其总行大都设于本境。今天津路、宁波路和北京东路一段，金融业集中，江西中路有"银行街"之称，它们连同中、外银行集中的外滩形成全市的"金融区"。浦西 40 多个路段，形成了不同行业的聚集成市地，商业高度繁华，为"十里洋场"最热闹的地区。整个浦西中心地区，灯红酒绿，五光十色，被称之为"东方的不夜城"。直到 1950 年 3 月，在沪登记的外国进出口企业还有 25 个国家及无国籍的外商企业共 322 家。在一定意义上讲，黄浦区是上海城市发展过程的一个缩影，是上海近代化的一个起点，是上海与国际、国内交往的一个"窗口"，至今仍是上海商业、外贸、金融、文化事业高度集中的一个重要区域。

开埠后，在本境内首先出现的是外商洋行，英、美、法、日垄断财团的一些托拉斯组织，如卜内门洋碱有限公司、三井洋行、三菱洋行、老沙逊洋行、亚细亚火油公司、怡和洋行、哈同洋行、慎昌洋行、德士古石油公司、美孚石油公司、新沙逊洋行等，其总办事处大都设于本境。上海民族企业兴起后，不少公司和企业的总部如申新纺织总公司（江西中路 421 号）、华成烟草公司（宁波路 476 号）、招商局（广东路 20 号）、三北轮船公司（广东路 93 号）等也都设在本境。在上海早期中外火柴业方面，其情况亦如此，如 1915 年瑞典火柴公司在爱多亚路（今延安东路）4 号开设的瑞中洋行、神户华侨巨商吴锦堂 1910 年在三茅阁桥（今延安东路）北堍开设的义生洋行、1920 年日商开设燧生火柴公司将事务所设至江西中路 8 号、1931 年瑞典商开设美光火柴公司将事务所设至圆明园路 185 号，等等。至于民族资本在沪开设的火柴企业，其事务所则更多设在本境内，如荧昌（泗泾路 11 号）、华明兴记（南京路 255 号）、大华（山西路怡益里）、中国（浙江路保康里）、大明（牛庄路福庆里）、福新（泗泾路 29 号）福昌（北无锡路 28 弄）、正丰（金陵东路 183 弄）、新生（福州路 35 号）、国华（白河路 28 号）、新华（山东中路 130 号）、黎明（延安东路 249 号）、国光（福州路 89 号）、正明（延安东路 377 号）、金城（台湾路 19 弄）、瑞士（老北门崧厦街 26 号）、瑞明（福州路 89 号）、华鑫（金陵东路 183 弄）、大中（九江路 219 号）、合成（新开河安仁街 51 号）等。这里着重提出的是，在本境内有两家主要从事商业经营活动的火柴公司，一家是四川中路 33 号的上海大中华火柴公司；还有一家就是博物院路（今虎丘路）88 号的中日"合资"的华中火柴公司。

大中华火柴公司设在四川中路 33 号企业大楼五楼，大楼以中国企业银行命名。该楼为九层钢筋混凝土结构，由中国企业银行投资兴建，委托哈沙德洋行设计，昌升营造厂承建，1931 年竣工，装饰艺术派建筑风格。建筑外部以竖线条划分立面，窗间墙饰黄褐色釉面砖。底部两层上下成一体的大尺度平缓拱窗。楼裙、入口处女儿墙有细致的装饰。刘鸿生的办公室和寓所设在八楼，大中华火柴公司的业务经营活动都在这幢大楼内进行。四川中路辟筑于1855年，初名江苏路，1865年以四川省省名命名，1945年更为今名。二十世纪三四十年代，该路两侧大都为国际托拉斯集团和国内大型公司的办事机构，主要有卜内门石碱有限公司、美孚火油公司、德士古煤油公司以及国内中央信托局、北四行（中南、盐业、金城、大陆四家银行）信托部、中国人寿保险公司等。

华中火柴公司设在博物院路（今虎丘路）88号。二十世纪三十年代因外滩金融业繁荣，后起的洋行、进出口公司、保险公司、银行延伸到这里，成为洋行和公司的办事机构所在地，主要有颐中烟公司、同安进出口公司、永兴洋行、中国实业银行等。博物院路辟筑于十九世纪六十年代。1865年，以北京历史名园圆明园名作路名，初称上圆明园路，约在1886年易名为博物院路，1943年以苏州虎丘山作路名至今。

四川中路、虎丘路地处外滩源。外滩是上海的象征，曾几何时，这里成了上海近代中外火柴业经营和竞争的聚集地，大中华火柴公司、美光火柴公司、华中火柴公司曾在这里"安营扎寨"……百年黄浦，记录下民族火柴工业发展历程的兴衰荣辱；留下了众多民族火柴中小企业事务所在本境的历史脚印……下面将黄浦区境内主要从事商业经营活动的两家火柴公司：大中华火柴公司和华中火柴公司作一简要介绍，至于生产企业设在境外，事务所设在境内的燧生、美光等外商火柴企业以及众多民族火柴企业，之前在各区中外早期火柴业及商标记述的文章中有所涉及，这里不再赘述。

1、上海大中华火柴公司（1930年7月创办）

上海大中华火柴公司系刘鸿生将苏州鸿生、上海荧昌、南汇中华三家火柴厂合并，于1930年7月在上海成立，公司注册资本191万元（国币），公司管理处设上海四川中路33号五楼（沪称"企业大楼"）。公司董事有刘鸿生（苏州鸿生）、陈伯藩（周浦中华）、乐振葆（上海荧昌）、朱子谦（上海荧昌）、丁吟江、丁艇仙、李志方、郑宜亭、李皋宇、杨奎侯，监察王云甫、宋泱甫、王叔炎，董事长乐振葆，总经理刘鸿生，协理徐致一。[1] 大中华火柴公司成立后，因资本雄厚，出品优良，销路广大，在国产火柴中"有可称谓执盟主之权威者焉"。[2] 这里，先将大中华火柴公司合并前，各厂情况作一简述。

（1）上海荧昌火柴厂：该厂成立于1911年，资本5万元，工厂设在上海浦东烂泥渡，专制红头火柴。1916年又设第二厂于浦东

▲荧昌/大中华火柴公司火柴商标

陆家渡，厂地30亩，开始制造黑头安全火柴，资本扩至15万元。1920年，再设第三厂于江苏镇江新河，厂地10亩，资本扩至40万元。1924年资本达到60万元。后因烂泥渡一厂失慎，并入第二厂。至1929年，年产火柴7.1万箱，盛销于长江及福建、广东等省。行销牌号有上海、渔樵、松老、保险、双斧等20余种。

（2）、南汇中华火柴厂：创于1920年，厂地约30余亩，设在南汇县周浦镇。初为合伙性质，资本10万元，1923年改为股份有限公司，资本扩至30万元，专门生产黑头安全火柴，产品主要销往江苏、安徽等省，火柴

▲中华/大中华火柴公司火柴商标

牌号有月兔、双兔、钓鱼、三猫等10余种。

（3）、苏州鸿生火柴厂：1920年在苏州胥门外创设，厂地40余亩，初为无限公司，至1926年改为股份有限公司，资本50万元，其生产的黑头安全火柴，专销于沪宁铁路沿线的城乡地区，主要牌号有五蝠、江苏、宝

▲鸿生/大中华火柴公司火柴商标

塔、狮等几种。

三厂合并成为大中华火柴公司后，火柴日产量达到600箱以上（其中上海荧昌及苏州鸿生各200箱，镇江荧昌及周浦中华各100箱），营业状况极佳，遍销江、浙、皖、赣、闽、鄂、豫、粤、桂、川、鲁、冀等省；在南昌、汉口、九江、芜湖、南京、镇江、汕头、福州、厦门等市设有分销处。随之公司的兼并扩张，公司又聘陈九如（九江裕生）、赵选青（杭州光华）、林兆棠（留美会计师）为公司襄理，此三君均系一代实业专家，"集中如许人才，通力擘划，宜乎其营业之欣欣向荣也"。[3]1931年，刘鸿生的企业投资总额已有740万元，盈利达到54万元。大中华的崛起，"在中国整个火柴工业史上是个新纪元，其主要表现在以下两个方面：一是挽救了当时摇摇欲坠的国产火柴工业，二是改进了国产火柴的生产技术和经营管理"。[4]

事物总是一分为二的。大中华的成功，也让沪上的一些民族资本家对投资火柴工业充满兴趣。大中华成立一年后，上海大华、大明、中国等一些小厂如雨后春笋，纷纷创设。新厂的不断增加，同业竞争也不断加剧。1933年12月国民党政府提高火柴统税，导致大量日本走私、漏税火柴入境，使国产火柴价格下跌，这让大中华开始意识到火柴产业危机四伏，销路停滞让大中华的盈利显著下降，1934、1935年两年亏损了93万元。[5]为平衡产销，提高售价，刘鸿生提议实施火柴统制。1935年7月1日，国产火柴制造同业联合办事处（简称"联办处"）在上海成立，确定各厂火柴准销数额，大中华（浦东荧昌，周浦中华，苏州鸿生、镇江荧昌、九江裕生和杭州光华）六家为9360箱，大中国团（上海大华、中国、大明、华明及宁波正大、南通通燧、苏州民生、临淮淮上、汉口楚胜）九家5000箱，美内团（上海美光和镇江内河贸易）应派销额为2700箱。[6]"联办处"成

立后，华中地区的火柴厂与外商美光火柴公司达成协议，共同限制产销，维持售价，让同业间竞争减少了，价格也有所回升。1936年，大中华也扭转了两年亏损的局面，获得了83万元的纯利，[7]成为抗战前盈利最多的一年。是年3月，中华全国火柴产销联营社（简称"联营社"）正式成立，刘鸿生担任理事长。国民党政府出于杜绝火柴漏税，增加火柴统税上缴，借"联营社"之便，控制花照便于计税，有利于摸清火柴生产、销售之底细，对加强财政搜刮，有利无弊，故批准组织中日间火柴联营，与日资"共存共荣"。刘鸿生组织成立"联营社"，名义上是解决行业困难，实际上是企图垄断产销，借机追求更大的利润。1937年，大中华各厂虽受抗战爆发而停工损失，却仍然获得纯利33万元。[8]

1937年"八·一三"上海战争爆发后，上海荧昌、东沟梗片、周浦中华三厂，因靠近战区，被迫停工。11月，苏州鸿生、杭州光华、镇江荧昌也随之停歇。杭州光华厂部分机器、原料及成品内迁。九江裕生厂虽照常开工，但受空袭影响，产量锐减。据估计，大中华所属各厂因厂房、货栈、机器、原料、成品被毁被焚而遭受到的损失达26万多元。1938年7月，刘鸿生离开上海去了香港，导致上海的荧昌火柴厂在9月间，被日军借"敌产"为由，实行"军管"，并委托日军在沦陷区强行复业的"联营社"上海分社经营该厂，同时派员分驻复工各厂。1941年5月始，刘念义任总经

▲大中华火柴公司火柴商标

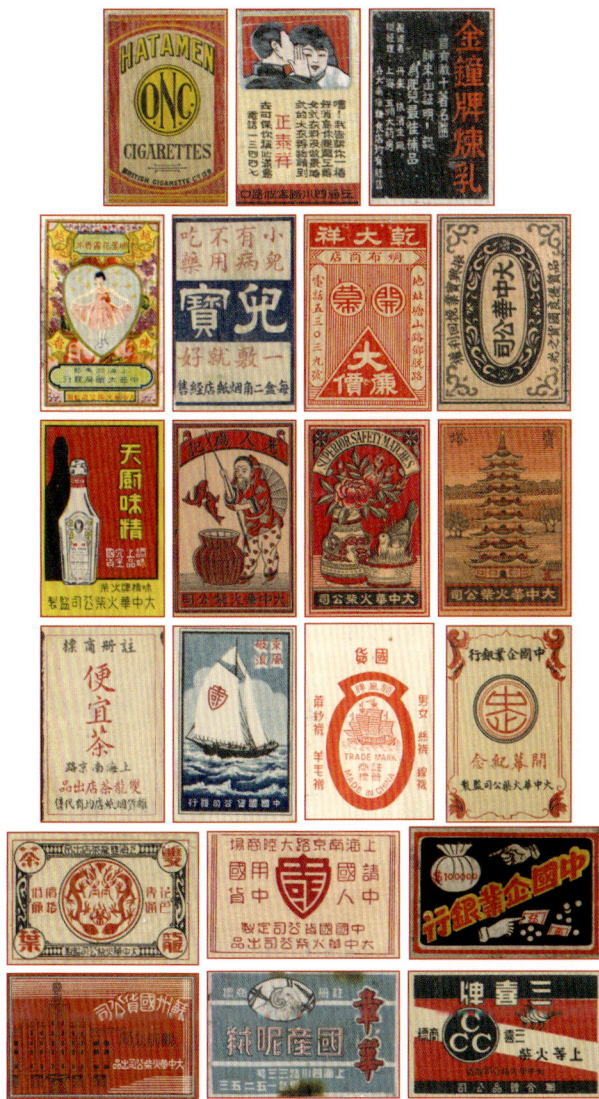
▲大中华火柴公司火柴商标

▲大中华火柴公司火柴商标

分为 380 万股，其中 360 万股由老股东按每股认购新股三股分摊，其余 20 万股由老股东按原有六股认购新股一股分摊，如不足再由董事会认缴。两次增资非资本扩大，属于伪币贬值、物价上涨而调整资本。【11】

1945 年抗战胜利，大中华火柴公司的生产经营也开始活跃。1948 年 8 月，刘鸿生接受行政院院长宋子文的任命，担任行政院善后救济总署上海分署署长，从重庆回到上海就职。由于他与政府上层人物的关系密切，到 1946 年上半年，遭日军侵占的上海、镇江荧昌两厂、九江裕生、杭州光华等都全部无条件发还，重归大中华。

理帮办，翌年 7 月正式出任总经理。为了保存大中华火柴公司在沦陷区少受日寇的侵蚀，1942 年 3 月大中华董事会一致推选陈伯藩出任公司董事长，利用他与日本人的关系，好让大中华受日军的损失减少到最低程度。【9】1942-1944 年，大中华的生产经营每况愈下，1942 年的盈余为 32 万元，1943、1944 年则分别为 20 万元和 9 万多元，呈逐年下降趋势。【10】从 1942 年 12 月日军对大中华解除军管理至抗战胜利前夕，大中华曾有两次为增资而发行股票。第一次是在 1942 年底，将原有资本伪法币 365 万元扩增为伪中储券 2400 万元，从中提取 575 万元，以十分之六归股东，其余分给董、监、职员，均改发股票，以补增资欠数。第二次是 1944 年 4 月分配上年度盈余时，将原资本增至 1 亿元，新增的 7600 万元，

▲ 大中华火柴公司火柴商标

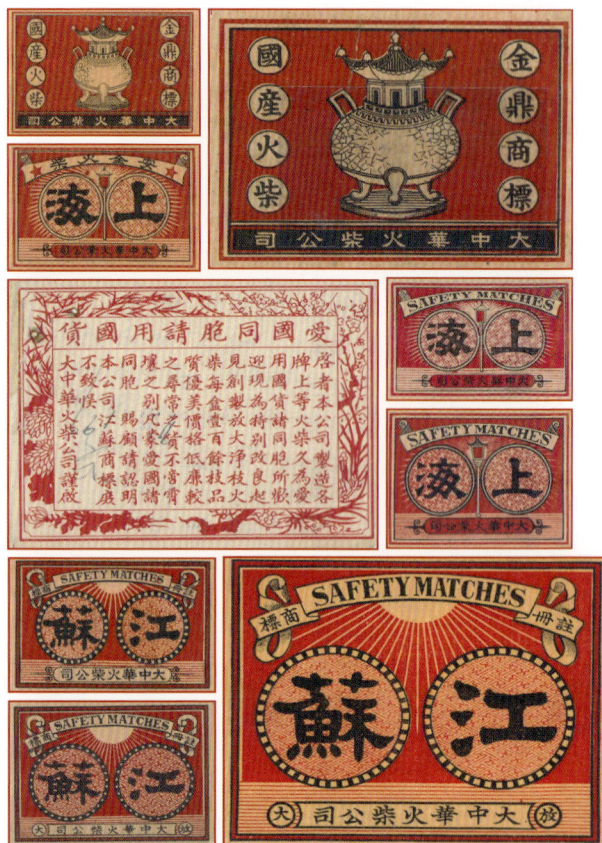
▲ 大中华火柴公司火柴商标

至于抗战期间刘鸿生在四川、广西、贵州等大后方投资的企业股权，则全由大中华总事务所接管，其驻渝办事处也随之撤销。1946年5月，大中华将资本调整为法币1亿元，并将公司股票向上海证券交易所申请上市，以便企业灵活调剂其营运资金。1947年7月，公司资本又扩至50亿元。【12】公司人事组织也重新作了调整，董事长为徐士浩，董事有刘鸿生、刘吉生、王叔炎、朱旭昌、陈鹤卿、杨奎侯、朱如堂、朱吟江、陈仲东、李皋宁、竹森生、郑宜亭等12人，监察王云甫、刘念仁、汤长孺、刘念礼、罗郁铭，总经理为刘念义，其中上海荧昌厂厂长为林嘉钰。【13】战后的大中华，生产恢复非常迅速，在1946年火柴产量为40817箱，1947年就增加了一倍以上，为81265箱。1948年8月，国民党政府改发金圆券以后，直到1949年5月上海解放，大中华因受恶性通货膨胀影响，经营困难，无法维持原有产销，其1949年的火柴产量为49639箱，仅是1947年的一半多一点。"总之，当时的情况确实是很困难的，要不是上海不久就解放，再拖上几个月，大中华说不定要被拖垮了"。【14】

1949年5月22日，距上海解放还有5天，刘鸿生再一次离开上海去了香港。这位业界"火柴大王"曾两次离沪去港，第一次是为了躲避日本人，不愿与日本人"合作"；第二次是为了躲避国民党逼他去台，又惧怕留在上海共产党找他"清算"。最终，在儿子刘念义赴港耐心劝说之下，于10月从香港归来，并于1956年初将2000多万元资本的所有刘氏企业全部公私合营，彻底坚信共产党能够救中国，能够推动他的企业，能使中国变成一个工业化的国家。这也是刘鸿生过去五十年所追求的梦想。【15】

1949年5月25日，上海得到解放。据不完全统计，刘氏企业总资产净值约有3600多万元，其中大中华火柴公司的资产是450万元，占总资产的八分之一，公司职工有573名。1956年1月大中华实行公私合营，对公司资产进行清理估价，核定公私股份。大中华火柴公司总管理处在上海的资产净值为104.4万元，其中公股为84.2万元，私股为8.9万元，其余为代管股等。荧昌厂资产净值为64.1万元，其中公私股分别为2.5和49.92万元，其余为代管股。东沟梗片厂资产净值为33.5万元，其中公、私股分别为1.3和26.1万元，其余为代管股等。

【16】因大中华火柴公司原在上海是一个公司总事务所和荥昌、东沟等几个直属厂，合营后，总事务所被撤销，但仍保留着"公私合营大中华火柴公司"名义，对原有股东发行定息。公司总经理刘念义被安排到上海火柴工业公司当经理，协理戚福铭则去浦东东沟梗片厂任厂长。不久，荥昌与同区境内的大中、龙翔两厂合并，最终上海荥昌火柴厂于1958年并入地方国营上海华光火柴厂（即后来的上海火柴厂）。

为了能够对大中华火柴公司其规模有所清晰了解，以下我们将对刘鸿生及大中华火柴公司成立后，历年来投资和收买、承租、兼并火柴同业的情况，简要例举如下：

（1）大中华火柴公司汉口炎昌厂（1930年12月收买）

汉口炎昌火柴厂前身系汉口燮昌火柴厂，由上海叶澄衷、宋炜臣集资创办，厂址在汉口旧日租界上小路，大股东为叶澄衷。

▲ 大中华火柴公司汉口炎昌厂火柴商标

1930年汉口燮昌厂因营业亏损，积欠汉口德丰钱庄50多万两，经德丰钱庄向法院起诉，被迫停工清理拍卖厂产。是年12月27日，大中华得知此事，速派公司协理徐致一携同律师前往汉口，办理承拍手续，刘鸿生也亲自到汉口去疏通此事，结果由公司名下以30万两的最高标价中标，汉口燮昌被收买后，改名大中华汉口炎昌厂。在这桩买卖交易中，刘鸿生暗中拉拢燮昌厂经理宋宝镕（宋炜臣之子），刘亲口承诺若交易成功，大中华每月付其津贴数百元，前提是由宋负责在工厂拍卖之前将该厂职工遣散并迁出厂外。孔祥熙也为大中华收买燮昌致函汉口市市长刘纪文，称"大中华火柴公司总经理刘鸿生为上海实业界闻人，创办事业甚多，与祥熙交谊素笃，"请市长特予照拂，"交希转饬主管机关，实力扶助"。受时局及1931年7月长江一带洪水泛滥影响，以致大中华开办炎昌厂计划完全停顿。【17】

（2）大中华火柴公司九江裕生厂（1931年6月合并）

九江裕生火柴厂最早可追溯到1894年，当时有九江宝记花园老板辜荣及郑启东等人，在新坝老马渡发起创办荣昌火柴厂。至1920年间，继有苏籍巨商金浩如发起集资承顶该厂，改名裕生火柴公司，刘鸿生为董事

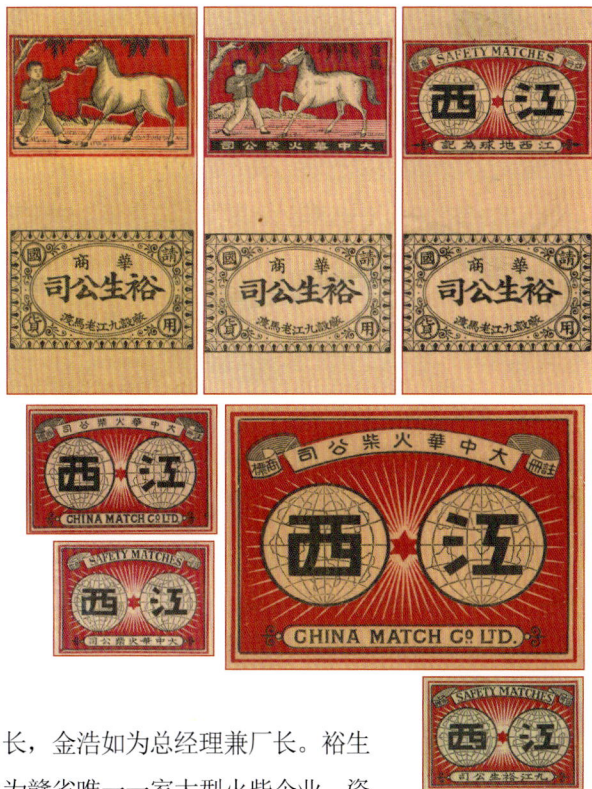

▼ 裕生/大中华火柴公司九江裕生厂火柴商标

长，金浩如为总经理兼厂长。裕生为赣省唯一一家大型火柴企业，资本有40多万元，每日可产100多箱火柴，行销于江西、两湖等地。1936年6月大中华与裕生签订合并合同，订定裕生之资产净值为国币477271元，全部改发大中华股票，并改名为大中华火柴公司九江裕生工厂。【18】

（3）芜湖大昌火柴厂（1931年2月承租）

1931年2月，大中华以设立分厂为由，与停工已久的芜湖大昌火柴厂订立租约，以大昌厂的全部厂房、机器、生财、牌号等租予大中华，大中华则每年付租金3600元，先租5年，首付押租1万元，期满后再续租。并约定从押租1万元中扣除1500元，为大昌补贴大中华承租后负责整修旧设备。关于具体交付等事务则由厂务主任陆兆麟由汉返沪后，再赴芜湖清点交割。直到1936年3月五年租期届满时，大中华既没有修理机器，也没有开工生产。至于应付大昌的五年租金则一直拖欠未还，最后通过法院裁决，五年租金加上利息才偿还给大昌。但此时"联营社"已经成立，大昌歇业已久，无统税记录，按"联营社"之规定，大昌已不允复工了。芜湖大昌火柴厂创于1920年，创办资本为10万元，1936年大中华发还后迄未再续复业。【19】

（4）扬州耀扬火柴公司（1931年3月收买）

耀扬火柴公司在扬州南门外宝塔湾，由钱瑞长（公司董事长）创办。据1931年3月5日大中华一届六次董事会记录，收买耀扬由张平山代为妥办。张平山3月1日与扬州耀扬火柴公司监察胡显伯（名震，以字行）议定让约，经江都耀扬火柴股份有限公司4月13日召开第10次股东临时会议讨论通过，"公推监察人胡显伯出面与张屏珊（平山）正式订立正约"，"买卖价值计共银洋六千元，订立议约当交定洋壹千元"。起初在立约中声称，大中华准备将耀扬厂的机器设备购下后，迁至浙江绍兴另设新厂，"惟言明买主不得在镇江瓜州或扬州区域内办厂"。事实上大中华将耀扬厂"注册之金鱼、五亭桥、骑鹤、五寿字四种商标"收买，目的是杜绝他人企图利用这些生产资料作为自己企业竞争之手段。[20]

（5）昌兴房产股份有限公司（1931年4月收买）

"昌兴地产"即原浦东烂泥渡上海荧昌一厂旧址，为原荧昌老板朱子谦投资开设，除经营房产外，公司还拥有协隆梗片厂股票3.2万元，炽昌新牛皮制胶厂股票1万元，另外华昌梗片厂的厂房、地基也归昌兴所有。大中华把昌兴收购，这几家火柴原料厂的股权就控制在大中华手中了。1931年4月15日两家公司签订合同，大中华以4.8万元收购昌兴。至1933年，大中华将华昌梗片厂的地基、厂房作价4万元与华昌合资经营，又在协隆梗片厂扩资至4.8万元，控制协隆股份，让其以低于市价的优惠价，将所出产品供应大中华生产使用。[21]

（6）浦东东沟梗片厂（1931年9月投资）

东沟梗片厂位于浦东东沟镇界路2号，厂基30余亩。1931年大中华投资9.4万元，租借到东沟镇朱慎德堂、顾永宜堂地基，上半年开始筹备，9月1日竣工生产。设备有切梗机11部、刨片机和齐梗机各10部、铜板机3部、垃圾机2部、烘梗机和圆锯机及直锯机各1部。投产后有职工407人，其中男工150人，女工239人，职员18人。该厂产品不对外经营，专供大中华生产所需。企业资本亦不单独划分，原材料的供应和产销，一并由总公司统筹。[22]

（7）大昌新记印刷股份有限公司（1931年11月投资）

大昌印刷股份有限公司系中日合资，日资占6成，公司华方经理为俞品珩。"九·一八"事变后，抗日运动高涨，日方无意继续经营，欲转让收回投资，交由华商自办。大中华因其商标一向由大昌承印，遂乘机出资，将大昌改组为大昌新记印刷股份有限公司，成为印制大

中华商标的一家子公司。新组成的公司资本为7万元，大中华股份2.8万元。[23]

（8）大中华火柴公司杭州光华厂（1934年8月合并）

杭州光华火柴公司系浙绅汤寿潜创办于1911年，厂址杭州江干海月桥，占地50余亩。1925年重新改组，厂务主任为赵选青，每年产销安全火柴约5万箱，商标有送子、采莲、美女、新采莲、新美女、和合、福禄寿、日月、光华等多种。大中华成立后，将所制的"采花"牌火柴投放到原属于光华厂销区的杭、嘉、湖一带，最终在市场竞销中"采莲"不敌"采花"，被赶出原本属于自己的营销辖区。在大中华的倾销挤压下，"浙省火柴市价，每箱已跌落2元左右"。当光华厂得知大中华的生产成本，"较光华低廉约十分之四、五，故惧而降心相从"。至1932年始，光华厂产销开始疲软衰弱，主要原因即毁于该厂"日月"牌火柴连续出次货，各地客户纷纷上门要求退货，其极大影响了光华厂在市场上的

▲光华/大中华火柴公司杭州光华厂火柴商标

140

声誉，并殃及到该厂其他一些优质牌号火柴，亦一时无法销出，企业因此跌入困境而一蹶不振。1934年8月，光华与大中华合并，议定两公司资产净值，大中华为国币300万元，光华为65万元，合并后改名为大中华火柴公司杭州光华厂，新公司注册资本为国币365万元。[24]

（9）华明兴记火柴公司（1935年12月伙买）

华明兴记地处上海闸北，因亏欠泰丰罐头食品公司款项，经法院判决，将该厂全部财产权利出盘处分。大中华为减少同业竞争，1935年12月，与宁波正大、南通通燧、上海中国及大明四家火柴厂，以联记名义参加收买，以国币3.3万元承盘该厂全部财产，共计估价4.6万元。最终华明厂原有每日25箱的产销额归承盘各厂，具体分配如下，大中华12.5箱、正大3.5箱、中国、通燧、大明三家各得3箱。华明厂商标分配："鸡牌"因与大中华"金鸡"近似，准归大中华承受使用，"仙女"因与正大"采桑"、大中华"美女"近似，亦归大中华承受，但不得使用，其余6种商标，以抽签分配，大中华得"革命""孔雀"，正大得"飞马"，中国得"双禄"，通燧得"国庆"，大明"鸳鸯"。以上盘买一切费用，由承盘各厂按派得产销箱额比例负担。[25]

（10）华业和记火柴股份有限公司（1939年4月合资）

重庆华业火柴厂，由四川人孙树培、孙耀文兄弟创办于1931年，厂址在重庆南岸王家沱（原森昌泰火柴厂旧址），兄弟俩和刘鸿生是旧识，厂长朱元海也是刘鸿生的好友。1939年，刘鸿生代表大中华火柴公司，以九江裕生厂内迁出的原料作为投资，与重庆华业合组"华业和记火柴股份有限公司"，4月22日双方订立正式契约，确定华业和记资本总额为25万元，分为250股，其中大中华150股，计15万元（后让给四川火柴资本家沈佐卿等股本1万元，实际投资为14万元）；华业认股100股，计10万元，大中华取得三分之二股权。新公司第一任董事及监察人预定如下：董事

▲华业/华业和记火柴股份有限公司火柴商标

刘鸿生、孙树培、孙耀文、翁文灏、徐谟君，监察人有陈汉清、朱元海、夏厚丞，预定刘鸿生为董事长。契约规定，大中华之"飞轮""小江西"商标除自用外，准无条件借华业和记使用；华业之"狮球""电棒"两种商标则供华业和记无条件使用。华业和记以其四种商标全部生产安全火柴，并为大中华代制部分名烟牌火柴，1940年就获得纯利90多万元，又以其中25万元拨充资本，使公司资本总额翻了一倍，成为抗战期间内地规模较大、技术较好的一家火柴公司。[26]

（11）龙游火柴厂股份有限公司（1941年2月改组）

1937年12月24日杭州沦陷，大中华杭州光华厂决定内迁，其中部分迁桐庐，少数机器迁富阳，其余均迁至诸暨岳驻及其周边乡村。1939年5月间，大中华决定由李少甫利用内迁至诸暨岳驻的可生产三千箱火柴的原料，以赵选青家之老祠堂为基础，另外再租一些地，搭些房子，作为厂房，设立光华厂岳驻临时工场，由李少甫担任工场主任。临时工场开工后，日产量最高时达到约150篓火柴。由于商

▲大中华诸暨岳驻厂/龙游火柴厂股份有限公司火柴商标

标贴用的是原杭州光华厂的，宁波正大厂等厂商向省政府提出，认为岳驻工场产品所属敌伪难分（因杭州光华厂在杭州沦陷后被日军占领，1938年8月在日军扶持下的"联营社"上海分社派员驻厂开始复工），要求火柴商标上须印有岳驻工场标记字样始可发售。不久因日军进犯岳驻，岳驻临时工场于1940年1月23日停工歇业。当时，杭州市面火柴紧缺，售价飞涨，浙省府认为临时工场即系杭州光华厂之资产，而杭厂在沦陷区照常开工，不免令人怀疑，拟将岳驻工场收归省办。经刘鸿生与浙江省政府交涉，最终获准岳驻厂内迁至龙游经营，但不能使用大中华火柴公司龙游厂或临时工场名称，应改称"龙游火柴厂股份有限公司"。龙游厂成立后，股本确定为50万元，刘鸿生暂定为董事长兼总经理，内

定乐振葆、朱子谦、徐静安、周太初、吴中彦、乐嘉禾、刘鸿生等为董事，陈蔚青、徐谟君二人为监察，并确定原岳驻工场主任李少甫为龙游厂厂长人选。1946年11月7日，该厂股东会决议解散该厂，所有机料运归杭州光华火柴厂。[27]

（12）青岛火柴股份有限公司（1947年7月标购）

1946年10月，青岛区敌伪产业处理局标卖敌产华东磷寸工场、华祥磷寸工场及青岛磷寸株式会社三所，前两者规模不大，后者则设备精良、规模完整，且历史悠久、商誉卓著，堪称日人在华所设最佳之火柴厂。大中华闻讯后，总经理刘念义复派宋祖华、胡世奎二人赴青岛办理标厂手续。在竞标之前，大中华在暗中做了手脚，一是用1000万元伪法币买通处理局办事人员；二是与参标者天津中南火柴厂暗地协商，承诺大中华中标后，无偿赠予中南厂10台排梗机、5台卸梗机和1套制梗机，让中南厂退出竞标。最终，大中华投资20亿元（包括标价在内），将该厂改组为"青岛火柴股份有限公司"，7月16日，选出徐士浩、刘鸿生、刘吉生、朱吟江、刘念义五人为董事，朱旭昌、王云甫为监察人，王雪年为候补董事，并公推徐士浩担任董事长，聘任刘念义为总经理。公司资本额定为法币15亿元。该厂于11月正式开工，成为大中华在青岛的一家子公司，专门生产硫化磷火柴，以满足当地消费需求。[28]

（13）苏州民生火柴厂（1948年5月收购）

民生火柴厂创设于1927年，厂址在苏州南壕街，由李益石、张鉴一等合伙投资，1929年上半年停业。1932年改组为民生兴记火柴厂，经理为李祖敏。1946年6月李祖敏在上海浦东投资开设了大中火柴厂。当时苏州民生厂停歇已久，也无意复工，大中华原在该厂有300万元投资，占该厂资本总额十分之三，考虑一旦有谁将该厂复工发货，不仅对苏州鸿生的经营有影响，还会波及到大中华在长江流域的业务，因此，利用苏州民生厂歇业之机，将其收买。1948年5月，刘念义代表大中华，李祖敏代表民生兴记，双方签订让售合同，民生兴记一切资产作价10亿元，大中华除以投资民生兴记股本升值之1.8亿元抵付外，实付8.2亿元将民生兴记收购。大中华购下后将其机器设备就近迁至鸿生厂去使用，目的就是消除对手，防止竞争。[29]

除以上之外，大中华在抗战时期国统区直接或间接投资火柴厂和火柴原料厂还有7家，它们是贵州火柴公司（投资5万元）、宜宾洪泰火柴厂（投资8万元）、中国火柴原料股份有限公司（投资26万元）、重庆丰裕火柴股份有限公司（投资36万元）、广西火柴公司（投资200万元）、广西化学工业股份有限公司（投资400万元）。另外刘鸿生自己在香港投资7万元港币，创办了一家大中国火柴公司。除洪泰、丰裕外，以上均为大中华与官僚资本合作开办的火柴或火柴原料工厂。[30]

大中华火柴公司自1930年在上海成立后，至1949年上海解放，其家大业大，投资、兼买、合资、收买、承租、标购的企业众多，商标使用情况亦十分纷繁，据不完全统计有：中华（篆字）、双剪、双兔、双斧、金

▲大中华火柴公司火柴商标

具聲請書人裕生號經理杜炳卿茲將應行呈報事項

開列於左伏祈

鑒核准予登記對於商廠出品按照機製貨物待遇寶

為公便謹呈

江海關稅務司

裕生號經理杜炳卿謹呈

計開

商號名稱　裕生號

商號地址　總店上海三洋涇橋瑞臨里八十四號　支店燕湖長衙將家巷口

工廠名稱　委託大中華火柴公司代製　中國火柴公司代製

工廠地址　周浦北市大中華火柴公司周浦堂華廠・鎮江新河大中華火柴公司鎮江縈昌廠・上海閘北平江橋中國火柴廠・

奉准按照機製貨物待遇貨品

現經製造貨品

大龍船牌火柴

中龍船牌火柴

中教子牌火柴

中桃雙童牌火柴

大龍船牌火柴

中龍船牌火柴

中教子牌火柴

中桃雙童牌火柴

製造方法　機製

每年出品數量　四千箱（每箱五十羅）

商標黏附於下

經理人姓名　杜炳卿

中華民國二十三年六月　日

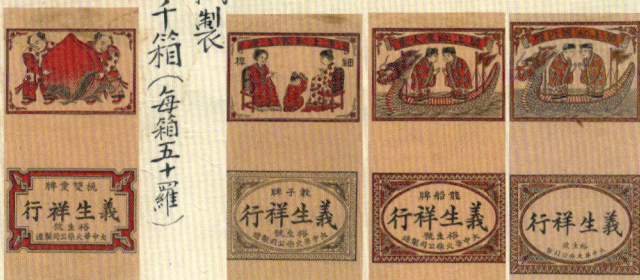

鼎、采花、钓鱼、人象、红牌、双猫、双福、美男、名媛、名伶、宝塔、花船、美人、绅士、江西、童马、美球、十五、月兔、安全、封王、嘉禾、飞翔、多福、老人为记、抚琴、渭水、上海、江苏、五蝠、联升、幸福、保险、芦雁、飞鸟、荣昌、火炉、单狮、名烟、金鸡、渔樵、直渔樵、元宝、松老、农夫、仙鹤、三猫、三老、金鼠、双狮、吉羊、天女散花、双童鼓、双月兔、牡丹鸟、黄鹤楼、琵琶亭、地球、光华、跑马、天官、送子、孔明、和合、美女、采莲、新美女、新采莲、姜维像、福禄寿、彩天官等近百种。【31】

2、上海华中火柴公司（1942年12月创办）

华中火柴公司组建于1942年12月，公司办事处择定上海博物馆路（今虎丘路）88号，董事长陈伯藩，副董事长安野毅一（日人），常务董事刘念义、田口武夫（日人），董事陈泮东，监察人朱旭昌、中村云田（日人）。【32】公司内部机构，计有秘书室，总务、制造、会计三科，管理层人员大致为中日参半。华中火柴公司是上海沦陷时期，华商无奈，日寇强行撮合起来的一家中日"合作"企业，是侵华日军实行战时经济掠夺的罪证产物。

抗战爆发后，日寇为控制沦陷区民族火柴业资源，于1939年3月特武力强制恢复"中华全国火柴产销联营社"，将总社由原上海迁至天津法租界四号路新华大楼，并在天津、上海、青岛设立分社。原"联营社"常务理事植田贤次郎（也是在华日本磷寸同业联合会的代表）常驻天津负责总社，上海分社则由田口武夫主持。当时，华中地区一些民族火柴厂商既慑于敌寇武力，又抱有幻想欲分享一点余沥，相率重返"联营社"，重蹈覆辙。入社的有上海、苏州、镇江、周浦、南通等地的民营火柴厂七十一家。

日寇十分狡猾，他们在侵华战争期间，推出以华制华、以战养战之策略，为了掩盖中国人对日寇的仇视，在沦陷区日本人亟于拉拢或取得中国人合作，以不择手段达到不可告人的经济掠夺之目的。日军曾三番五次派人到大中华火柴公司总事务所去找刘鸿生，表示要同他合作的"诚意"，都被刘鸿生一一拒绝。为了躲避日本人的纠缠，1938年7月，刘鸿生悄然离沪去了香港。

由于刘鸿生不肯受制于日本军方，在上海汪伪政权中出任"要职"，日本在沪海、陆军、外务三部决议，以"刘总经理鸿生个人态度关系，认为彼所经办之事业均系敌产"，【33】硬将沪、镇荧昌两厂作为"敌产"没收，实行军管，委托"联营社"上海分社代管。同时，日本军部还通知"联营社"派员分驻大中华苏、浙复工各厂，调查是否有敌产嫌疑。

1942 年 3 月，大中华董事会一致推举陈伯藩出任公司董事长。陈伯藩最早是周浦中华厂的东家。1920 年刘鸿生初创苏州鸿生厂时，他就是股东之一。1930 年他与刘鸿生合作，参与了大中华火柴公司的组建。1935 年 5 月，他受刘鸿生委托，以全国火柴同业联合会派赴日本考察实业为名，到日本去磋商在华日本工厂参加火柴统制问题，最终邀在华日本磷寸联合会负责人植田贤次郎来中国，参与组织成立由刘鸿生倡导的"联营社"。陈伯藩的父亲陈源来，早年在日本神户开设合昌号华侨办庄，专门从事将日本火柴贩销国内，他与日本火柴业界的主要人物关系密切，交情甚笃，后来加入了日本籍。1920 年陈源来回故里南汇周浦创办中华火柴公司，该厂制造的月兔、钓鱼、三猫等火柴就是他从日商手中买断，成为自己企业的火柴牌号，在当时的市场上很有声誉。之所以让陈伯藩做大中华的掌门人，不仅是看中陈氏家族世袭与日本有商务往来贸易，跟日本商界、政界谙熟；还因为陈伯藩在汪伪政府中担任国民党中央执行委员会委员及中央政治委员会外交专门委员会副主任委员要职。大中华此举目的，就是考虑动荡时期如何有效保护大中华的利益。

陈伯藩上任后，第一件事就是代表大中华与日本兴亚院华中联络部和陆海军管理工场整理委员会接洽磋商，申请解除大中华所属各厂敌产嫌疑和军管，发还厂产。由于日本军方持强硬态势，为保住沪、镇荧昌两厂产权不被日方侵吞，在无奈之下只能作出让步，同意与日方合作，成立华中火柴公司。陈伯藩是这样向董事会报告他与日方谈判的感受的。他说："最近与日方接洽合作问题时，对于沪、镇二厂之收买或租赁，彼此争执颇烈。但军部已决定以合作为解除敌产之先决条件，复坚持必须答应收买两厂，始允从事合作。故事实上恐已无法拒绝。为大局着想，亦仅能就有利之条件下谈判合作问题矣"。[34] 1942 年 12 月 1 日，大中华火柴公司代表陈伯藩、中支那振兴株式会社代表伴野清、华中火柴股份有限公司个人出资代表田口武夫三方签订筹办"华中火柴公司"之合同，规定新公司名称为"华中火柴股份有限公司（简称"华中火柴公司"）"，资本总额规定为国币 1000 万元，先收半数，股份总数为 2 万股，每股国币 500 元。核定沪、镇荧昌两厂资产为国币 4166660 元，由华中火柴公司收购。其中 300 万元作为

▲ 华中火柴公司火柴商标

▶ "华中火柴公司开幕纪念"银质火柴盒，内盒刻有"中华民国三十二年四月（1943.4）"公司成立日期。

大中华的实物投资，余下的 1166660 元由大中华无利息借与华中火柴公司，等公司营业 6 个月之后，每月偿还六分之一给大中华，至全部偿清为止。事实上，两年以后华中火柴公司也仅偿还了 82.1 万元。[35]

1943 年 1 月，由大中华与中支那振兴株式会社合作组建的华中火柴公司，正式被汪伪实业部批准备案。这家新上市的火柴公司，名义上为中国法人，实质上受日本人操控，充当了上海孤岛时期日寇在沪实行经济掠夺的炮灰。在这家公司上班的工人，其命运是十分悲惨的。他们每天从清晨 5 点做到晚上 7 点，工资待遇是军用票 2-3 角，一个月下来不过挣得二斗米钱。许多工人为了生存，不得不白天在华中火柴公司卖命，晚上再去别处挣钱，这样夜以继日的工作，简直不是人过的日子。[36] 大中华的得利是，苏州鸿生、杭州光华、周浦中华、东沟梗片四厂于 1942 年 12 月 8 日被日本军方宣告解除军管，无条件归还给业主。[37]

1945 年 8 月抗战胜利，刘鸿生接受行政院院长宋子文的任命，聘任行政院善后救济总署上海分署署长，成为战后接受大员从重庆回到上海。由于他与国民党上层人物关系密切，他以私人名义联络经济部苏浙皖区特派员和上海区敌伪产业处理局的审议委员，就沪、镇荧昌两厂与日商合作企业（华中火柴公司）发还上恳请"主持公道，力予维护"，经大中华公司反复申请，鉴于"华中"合作是出于强迫，考虑到大中华资产在抗战时期进行内迁，在大后方兴办实业，有利于战时生产等因素，处理局终于 1946 年 3 月批准将沪、镇荧昌两厂原有的机器设备等，发还给大中华，条件是华中火柴公司接受日人款项按当时金价折合伪法币 7,927,080 元，由大中华缴还；华中火柴公司营

业期间的增益部分及原料、成品收归"国有"，估价为293,599,421元，准大中华优先承购。[38]也就是说，大中华最后用301,526,501元将华中火柴公司赎了回来。

至此，这家在上海民族火柴工业史上、在无奈之下被要挟扶持起来的傀儡火柴公司，正式寿终正寝，成为历史。也让我们看到，该公司为日寇侵华粉饰门面，让民族资本暗中流失的一个可悲可叹的历史缩影。

华中火柴公司前后成立三年左右，所见商标不多，仅两种牌号：华中和金钟。

注释

【1】上海社会科学院经济研究所《刘鸿生企业史料》上册（1911-1931年），上海人民出版社1981年8月版第137页。

【2】国货事业出版社编辑部《中国国货工厂史略》，国货事业出版社1937年2月版第80页。

【3】同上，第83页。

【4】上海社会科学院经济研究所《刘鸿生企业史料》上册（1911-1931年），上海人民出版社1981年8月版第152页。

【5】青岛市工商行政管理局史料组《中国民族火柴工业》，中华书局1963年10版第83页；上海社会科学院经济研究所《刘鸿生企业史料》中册（1931-1937年），上海人民出版社1981年8月版第247页。

【6】《刘鸿生企业史料》中册第177、189页；《中国民族火柴工业》第101-105页。

【7】《中国民族火柴工业》第82-83页。

【8】同上。

【9】《刘鸿生企业史料》中册第197-198页、《刘鸿生企业史料》下册（1937-1949年），上海人民出版社1981年12月版第77-86页；《中国民族火柴工业》第125页。

【10】《刘鸿生企业史料》下册第97页；《中国民族火柴工业》第131-132页。

【11】《中国民族火柴工业》第133页。

【12】同上，第149页。

【13】联合征信所调查组编辑《上海制造厂商概览》，联合征信所1947年10月版1145页；吴毅堂编《中国股票年鉴一册》，中国股票年鉴社1947年1月初版第215页。

【14】《刘鸿生企业史料》下册第296页。

【15】刘鸿生谈话录《为什么我拥护共产党》，《新闻日报》1956年10月4日。

【16】刘鸿生企业改造编写小组《刘鸿生企业集团的社会主义改造》，转引《中国资本主义工商业的社会主义改造》上海卷（下），中共党史出版社1993年3月版第1181、1185页。

【17】《刘鸿生企业史料》上册第141-142页；《中国民族火柴工业》第62-64页。

【18】《刘鸿生企业史料》上册第140-141页、中册第154页；《中国民族火柴工业》第61-62页。

【19】《刘鸿生企业史料》上册第143页；《中国民族火柴工业》第64-66页。

【20】《刘鸿生企业史料》上册第143页；《立议约一样两纸各执壹纸存照》（1931年3月1日）、《江都耀扬火柴股份有限公司第十次股东临时会议记录》（1931年4月13日）、《立出卖承买正约一样两纸各执存照》，此三份耀扬厂历史文献由上海火花收藏家王浩先生提供。

【21】《刘鸿生企业史料》上册第144页、中册第156-157页；《中国民族火柴工业》第66页。

【22】《刘鸿生企业史料》上册第145-146页。

【23】《刘鸿生企业史料》中册第156页；《中国民族火柴工业》第66页。

【24】《刘鸿生企业史料》中册第157-160页。

【25】《刘鸿生企业史料》中册第194-196页。

【26】《刘鸿生企业史料》下册第150-158页；《中国民族火柴工业》第135-137页。

【27】《刘鸿生企业史料》下册第159 163页。

【28】《刘鸿生企业史料》下册第287-289页；《中国民族火柴工业》第150页。

【29】《刘鸿生企业史料》下册第289-290页；联合征信所调查组编辑《上海制造厂商概览》，联合征信所1947年10月版第1147页。

【30】《中国民族火柴工业》第140页。

【31】《刘鸿生企业史料》中册第150页；《中国全国火柴同业会联合会员录》，1934年12月印制。

【32】《刘鸿生企业史料》下册第86页；《申报》，1943年3月5日。

【33】《刘鸿生企业史料》下册第72页。

【34】《刘鸿生企业史料》下册第79页。

【35】《刘鸿生企业史料》下册第80-81页。

【36】青岛市工商行政管理局史料组《中国民族火柴工业》，中华书局1963年10月版第167页。

【37】《刘鸿生企业史料》下册第79-80页。

【38】《中国民族火柴工业》第148-149页。

▶ 上海区火柴工业同业公会为开国大典搭建彩牌一事，发函至上海各家火柴企业，第25次理监事会议决定，将摊派各厂的份额款项，尽快上缴予同业公会，切勿拖欠。1949.10.11

（九）上海其他地区

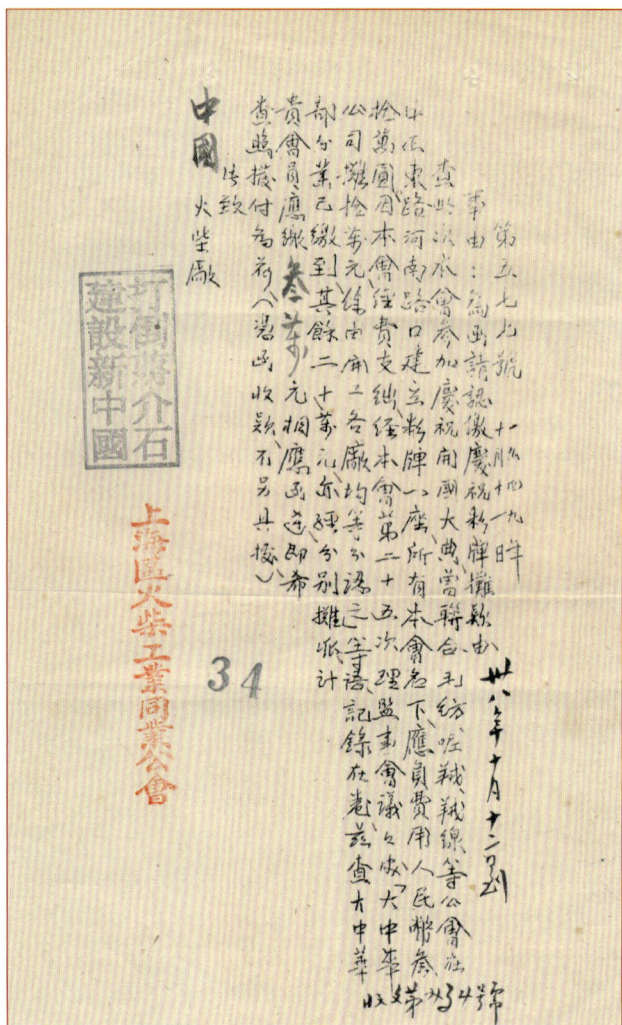

之前，我们对上海浦东、徐汇、普陀、南市、闸北、长宁、虹口、黄浦等八个区的火柴业及其商标进行了一个梳理。现在问题是，剩下的其余几个区，要么厂家稀缺，要么情况不明，无法进行系统而有序的阐述，不能独立成篇。在这里我们只能将上海其他区县有关火柴业及商标的"零碎"见闻作一保留，记录在案，方便读者参考，希望有新的发现和旁证。

松江区

1946年由徐荔青、陈彬周、陈谓周等合资大米250石，在松江蒋泾桥1号开设合成火柴厂，雇工21名，生产"南洋"、"南国"、"前门"三种牌号安全火柴（笔者注：近又发现"双妹"牌号一种）。产品除供应本县外还销至上海市区及邻近各县，年生产能力约三百箱左右。至建国前夕，合成火柴厂景况困难，奄奄一息，最终于建国前停办。

但据松江县工业史大事记，又称：沈士良在松江西门外蒋泾桥东8号合伙组织创办合成火柴厂，产品商标为"南洋"、"南国"，年产安全火柴300箱。

▲松江区合成火柴厂商标

——《松江县工业志》，上海科学技术出版社1988年12月第1版第59—60页

闵行区

就闵行区上海中兴火柴厂,一直无法知其的厂史背景。该厂商标有船牌、双虎牌两种,且在双虎牌安全火柴背标上,清楚注明"上海中兴火柴厂,厂址闵行镇"。

为了了解这家厂的来龙去脉,经闵行区档案局工作的朋友帮助,也无法找到答案。在对闵行老镇火柴作坊调查时得知:闵行地界历史上曾有过三家火柴手工作坊,最早的一家为陆姓开设,在原横泾滩20号(位于后东衔北侧)。周文宪(其子周汉成、周汉民)开设的一家位于后东街北(原闵家坟两侧),这两家均在横泾西滩。还有一家在横泾东,位于叶家弄口,据说可能是苏北周家所设,后改做建材,生产火柴梗片。以上三家火柴作坊至1952年时全部关闭。

另据笔者所知,上海有两位民国时期火柴业界大名鼎鼎的实业家张新吾、项镇方,都是天津丹华火柴公司的创办者。张新吾是浦东龚路镇人;项镇方是上海闵行镇人。今天位于闵行老街南北大街94号的"项家宅院"(区级文物保护单位),就是项镇方1915年回故里所建。我们未知当年闵行镇

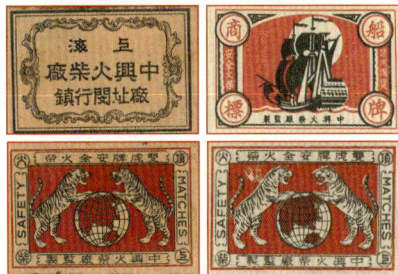

▲闵行区中兴火柴厂商标

的中兴火柴厂与项镇方是否沾边?

杨浦区

杨浦区境内存在过一家明明火柴厂。该厂成立于1947年1月,厂址位于昆明路641—645号。企业性质为股份有限公司,资本2亿元。董事长陈裕发,董事庄杏凤、陈隆才,监察陈隆智,经理是戴钦才。该厂事务所设于南市晏海路8—10号钦和烟行内。出品安全火柴,商标有绿宝、大鹏、明明、咖啡等。

——《上海制造商概览》,联合征信所1947年10月版第1147页

▲杨浦区明明火柴厂商标

今从苏州市档案局《馆藏旧时商标选》发现,明明化学工业股份有限公司苏州火柴厂成立于1946年,厂址在苏州平江路徐家弄1号,经理人是严伟德,自制火柴使用采荷、采菱等商标。

——肖芃《馆藏旧时商标选》,古吴轩出版社2012年2月第1版第54—55页

这里疑问是,苏州、上海两地两家同名的明明火柴厂是否有内在的关联?

鉴于上述三例,要将上海所有火柴厂及其商标全部讲清楚,全面完整的呈现出来,其难度之大是不言而喻的。仅靠一己之力也只能描述个大概。上海火柴工业这段历史的研究,迄今还有缺憾。现实是"见史无其花,有花不见史"是个纠结的问题,研究起来十分困难。为此,这里将待考的上海47家火柴厂(或公司)所出品的80多枚商标,作为"有关上海地区火柴企业及商标待考记录"附于其后,有待进一步研究,估计会有出入,仅供研究参考而已。

附表：有关上海地区火柴企业及商标待考记录

厂　名	商　标	备　注
中兴火柴厂	双虎、船牌	背标："厂址闵行镇"
荣光火柴公司	龙海	背标："厂设上海"
耀明火柴厂	双钱、全福	正标："上海耀明火柴厂"
大东南火柴厂	进宝	
三民火柴厂	万年青	正标："上海三民厂出品"
生生火柴厂	五燕、白菜（见本书 P107）	与新生厂"白菜"图案一致
国际火柴厂	国际、宝鼎、灯塔、美菱	正标："上海国际火柴厂"
瑞光光柴公司	桥、高塔、瑞光、国光	
金和火柴厂	金和、金鹤	金和系"眼睛标"
东南火柴厂	东南、顺风（见本书 P74~75）	厂址浦东塘桥白莲泾
大鹏火柴公司	大鹏、吉祥、采果	
正光火柴公司	红牡丹（见本书 P122）	与正明厂"红牡丹"图案一致
大元火柴厂	大元	正标："上海大元火柴厂"
华丰火柴公司	飞凤	
永大火柴厂	美元、双龙、红菱	
公记火柴公司	美女（见本书 P108）	与国华厂"美女"图案一致
荣明火柴厂	黄金、福童	正标："上海贫儿工艺院出品"
光华火柴厂	采莲、双喜	
翔明火柴公司	鸡球	
华光火柴公司	华光、雀王、大吉、鹏球、大同	发行所虎丘路 18 号
荣华火柴公司	天塔、飞凤、三桃、无敌、鹰球	经理冯志康,协理沈明宝(均为慈溪人)
美华火柴厂	美华、飞凤	经理：冯志康（慈溪人）
伟明火柴厂	豹牌、荷花、梅花树（见本书 P111）	厂设南市
大光火柴厂	佛手、飞凤、梅花树（见本书 P111）	厂址南市外郎桥 66 号
真明火柴公司	真明	"眼睛标"
华卜火柴公司	江南	"眼睛标"
福利火柴公司	南极	"眼睛标"
益新火柴公司	大东	"眼睛标"
全福火柴公司	全福、北京	"眼睛标"
东亚火柴会社	绿宝	
华新火柴公司	九江	"眼睛标"
明华火柴公司	南昌	"眼睛标"
联华公司	南阳、灯塔、五子	南阳系"眼睛标"
德昌火柴厂	德昌（见本书 P73）	正标："浦东六里桥"
百吉火柴厂	百吉（见本书 P124）	背标："厂设上海曹家渡"
厚生火柴厂	大江、金山	事务所设江西中路 34 弄 1 号
荣丰火柴厂	月桂	
利华火柴公司	牛头	
龙翔火柴厂	火龙、生产（见本书 P74）	厂址浦东董家渡三官堂路 48 号
光明火柴公司	大鹏、高塔、新京、梅花树（见本书 P124）	厂址大西路 1448 号
大光明火柴厂	一品、鹰球	总经理：顾洪涛（无锡人）
五福火柴厂	五福、大同	大同系"眼睛标"
炎昌火柴厂	百花	
上海东昇公司	菊花	
立大火柴公司	金鸡	
荧华火柴厂	荧华	
永安火柴公司	永安、前进	"眼睛标"

注释：
以上皆从商标图案、设计风格上暂定为上海地区所属火柴厂之商标，估计有出入，故称之有待考证。

▲ 图1、1955年上海市火柴工业同业公会编印的本市各厂安全火柴产品介绍

二、上海解放初期火柴工业及其商标

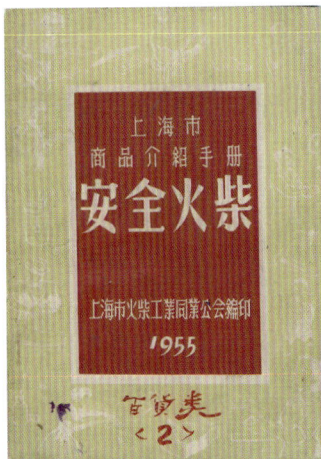

1949年5月27日上海全面解放。当时上海遗留下来的私营火柴企业共有13家，还有1家外资在沪开设的美光火柴公司。除5家民营企业（瑞士、远东、新新宏记、福昌、新华）在解放后尚未开工外，其余8家（大中华上海荧昌、大中、龙翔、大明、正丰、中国、正明、黎明）包括外商美光生产正常（图1）。

美光是我国解放初期在境内惟一留存并继续开工生产的一家外国火柴企业。它以"美商"名义经营并在美国申请注册。实际上，其内部资产组合中仅有11%属于美商股份，其余均为瑞典商投资。当时误以为是美资企业，新中国成立后于1951年4月19日被宣布管制，后经查明遂于次年2月宣布撤销管制。由于瑞典厂主无意继续维持开业，向上海市人民政府申请歇业，政府鉴于实情，经过谈判，将其全部资产以承租方式接收下来，并于1953年8月10日成立地方国营上海华光火柴厂。[1]

上海解放后的9家火柴厂（大中华火柴公司上海荧昌、大中、龙翔、大明、正丰、中国、正明、黎明、外商美光），每月可产火柴18800箱。其中上述厂商使用的火柴商标多至近百种，这类商标几乎都是生产厂家在解放前经营或畅销的牌号，大中华火柴公司的商标就占了一半以上，据中央私营企业局编印《商标公

151

报》第2期（1950年11月1日出版）记载：大中华火柴公司1950年11月1日，将其在解放前国民党政府商标局注册的鱼樵、钓鱼、双童兔、采莲、新采莲、上海、蝶穿牡丹、金鼎、采花、童马、三老、松老、和合、江西地球、月兔、美女、新美女、送子、宝塔、牡丹鸟、名烟、仙鹤、金鼠、幸福等商标，再次重新向中央私营企业局进行注册登记。[2]这类商标也就是集花界所称的解放前"大贴"。商标图案反映的仍是旧社会时代气息及民情风俗等等。

1953年7月，中央轻工业部决定，为了节约原材料，实施火柴改制，将安全火柴梗子长度由50mm改为40mm。这样，全国各地的安全火柴改为新制后，每年可为国家节约木材23000m³，价值230多万元。改制后的火柴商标也就被目前集花界称之为解放初期的"普贴"[图2]。当时，上海各私营及地方国营火柴厂向中央工商行政管理局申请注册的普贴（火柴商标）有黎明厂"丰产牌"（1953.8.1）、中国厂"鸿福牌""镇江牌"（1953.9.22）、大中华公司"幸福牌"（1953.10.26）、华光厂"新生牌"（1953.12.25）、"新华牌"（1954.7.29）等。[3]

上海的私营火柴工业在解放初期，所面临的重重困难其主要基于旧社会长时期资本主义经济固有的弱点所致，在深刻的社会经济改组中是难于避免的。鉴于上海火柴工业过于密集，生产手段、能力较先进，为减少同业无谓竞争，缓和国内火柴工业布局及市场消费的不合理结构，1949年6月至1950年2月，上海一些私营火柴工厂部分或整体进行内迁，它们有福昌（1949.11迁往蚌埠）、正明（1949.11部分迁往开封）、新新宏记（1950.1迁往开

封）、新华（1950.1迁往徐州）、瑞士（1950.1迁往南京）、中国（1950.1部分迁往郑州）、远东（1950.2迁往泰州）等（图3）。

从1954年第一季度始，上海私营火柴厂（包括地方国营华光火柴厂）均完全纳入国家计划经济的轨道，各厂的火柴产品全部由中国百货公司统购包销，全市9家火柴厂和3家制梗厂，从以前的分散经营改变为合并经营的方式，统一接受国家调控管理起到国营经济领导地位而执行国家计划。[4]由于解放前私营火柴企业的盲目发展，导致解放后生产产量严重过剩。但国营商业对私营火柴企业收购、订货、包销的数量却逐年上升。以大中华火柴公司上海荧昌火柴厂为例，1949年为1584件、1950年为8577件、1951年为50007件、1952年为61499件、1953年达到87245件、为该厂总产量的88.26%。[5]

上海的火柴商标至此也作了大幅度的精简，从解放初期的上百种，减缩到全面包销以前的30余种，全面包销以后只剩下16种。对于商标图案及文字内容也进行了删除与改革，停止使用一些在商标上有外国文字和带有封建迷信色彩的图案，相继出现了一些反映新时代风貌特征和追求新风尚的商标。如华光厂在老式"眼镜标"圆框中注有"新生"字样，龙翔厂也在这种形式上加注"生产"并在四角处注明"发展生产"，正明及正丰厂在"一字"商标的基础上添加了"增产""节约"文字，而大中华公司注册的"幸福"商标，绘上身穿着当时流行背带裤工装的青年，手持火柴作点燃状，远处以反映工业建设厂区景观加以衬托，另外黎明厂注册的"丰产"商标，将图案绘成一对男女手持麦穗，男的头戴草帽，女的头扎花巾，四角注上"丰产火柴"。上列种种，仅是解放后商标图案内容及形式表现发生变化的开始，其实质飞跃是从火柴行业全面实行公私合营以后（见《上海公私合营前后火柴商标之比较》一文详述）。

以上是对上海解放初至实行包销时期，对有关上海火柴工业发展以及商标使用情况，大致作了一番回顾，了解和研究这段历史，将有助于系统研究新中国火柴工业史及其商标发展与演变的过程。

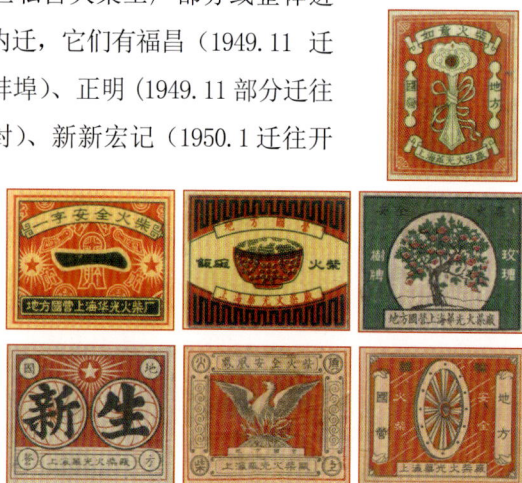

▲ 图2-1、地方国营上海华光火柴厂使用的火柴商标（上海火柴厂的前身）

► 图 2-2、解放后，火柴厂家将旧商标重新注册，标幅、图案不变，继续沿用。火柴改制后，标幅由"大贴"改为"普贴"，图案未动，但文字排列由从前的从右到左改为从左到右。

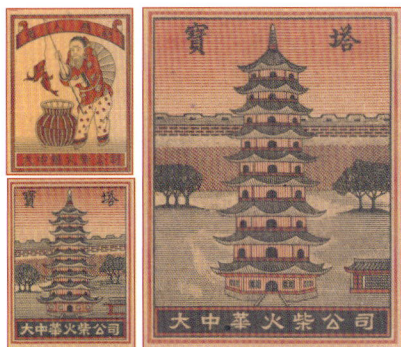

▲ 图 3-1、1949.11 上海福昌厂迁至蚌埠，厂名保留。

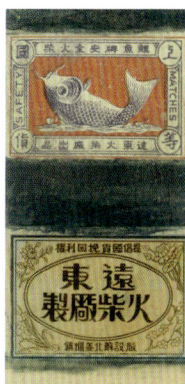

► 图 3-2、1950.2 上海远东厂迁至泰州，厂名保留。

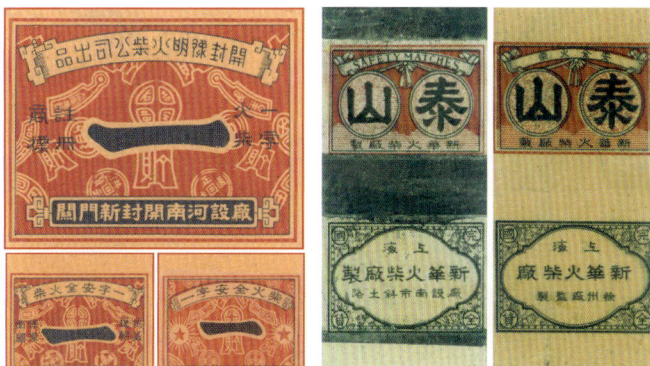

▲ 图 3-3、1950.1 上海新华厂迁至徐州，厂名保留。

▲ 图 3-4、1949.11 上海正明厂部分迁至开封，易名开封豫明火柴厂。

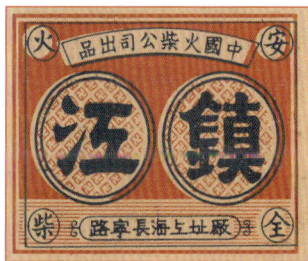

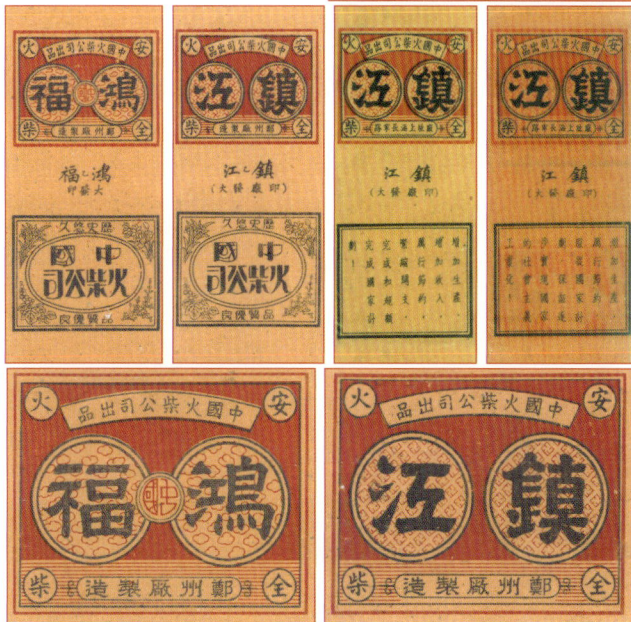

▲ 图 3-5、1950.1 上海中国厂部分迁至郑州，厂名保留。

注释

【1】青岛市工商行政管理局史料组编《中国民族火柴工业》，中华书局 1963 年 10 月出版第 188 页。

【2】中央私营企业局编印《商标公报》，1950 年 10 月 1 日至 1951 年 2 月 1 日，第 1—5 期。

【3】中央工商行政管理局编印《商标·发明公报》，1953 年 4 月 1 日至 1955 年 3 月 1 日、第 1—24 期。

【4】上海市火柴工业同业公会《上海市商品介绍手册——安全火柴》，1955 年编印第 37 页。

【5】中共上海市委统战部、党史研究室、上海市档案馆编《中国资本主义工商业的社会主义改造（上海卷）》（下），中共党史出版社 1993 年 3 月版第 1185 页。

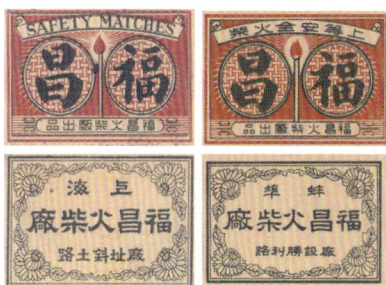

▲ 地方国营上海华光火柴厂 1957 年火柴改换新规格宣传广告

三、上海公私合营前后火柴商标之比较

在《上海解放初期火柴工业及其商标》一文中提及上海火柴商标在全面实行火柴国家包销以后，图案内容与表现形式有了改观，但大幅度变化则在火柴行业实行全面公私合营及改组以后。上海刚解放，新注册的火柴商标极少，仅有大中华新商标"飞轮"（彩色）"江苏"（红黑色）"龙游"（彩色）【1950.9.13 注册】及龙翔合记新商标"生产"（红色）【1950.9.25 注册】申请注册，各厂基本

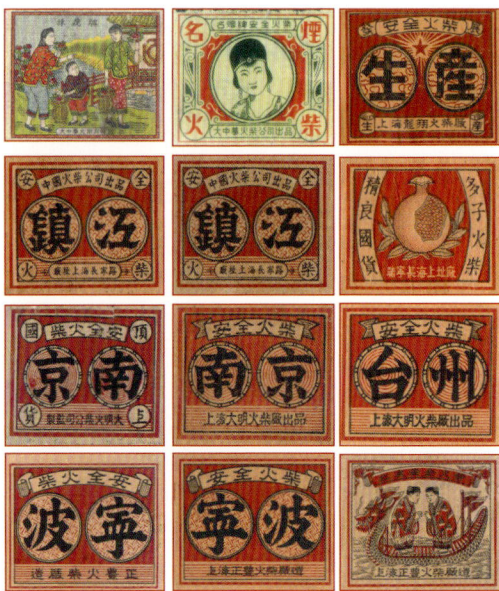

▲ 图 1-1、解放初期本市各厂继续使用解放前的旧商标

上仍延续使用解放前的旧商标，只是将其重新过户申请注册一下而已。（图 1）

1950 年初，国家平抑物价，虚假购买力消失，火柴在一段滞销的时期里，同业间的互相竞争异常激烈。它们采取赊销暗贴佣金、暗贴水脚（运费）、跌价补偿（在火柴跌价后给经销商一定数目的补贴）、赠送样品等手段进行促销，并利用各自生产的产品商标互相抵御影射。如南京金陵厂的"京

南"牌影射上海大明厂的"南京"牌；苏州中南厂的"九宝"牌，影射大中华的"宝塔"牌；扬州耀扬厂的"渔翁"牌影射大中华的"钓鱼"牌；广州东山厂的"东山龙""防空"牌，影射广州巧明厂的"四人舞龙""国防"牌等等，这在我们现今保存收集的火柴商标中，同名异图、同图异名、图案相近，文字不同、名称相似，厂家相异等诸种，比比皆是，屡见不鲜。直至1953年为止，上海私营火柴业还未纳入国家计划轨道，这样的明争暗斗，还未销声匿迹。如1952年初，正明厂的"一字"牌火柴为压倒黎明厂的"黎明"牌火柴，在徐州、宿县、蚌埠等争夺市场而相互倾轧。原以二等梗生产的"一字"牌换用上等白色梗，售价不变与"黎明"牌竞销，并与经销商达成约定，凡推销1件"一字"牌火柴，馈赠样品火柴1包。

1954年上半年，上海私营火柴全面实行国营公司包销，私营厂一律与国家签订包销合同，填写"私营工厂承接包销公证申请书"及"私营工厂承接国家包销履行情况报告书"，由中国百货公司上海采购供应站批注后，送交市公证处审查。包销是国家资本主义的初级形式，其高级形式即公私合营（图2）。从当时的火柴商标观察，尽管商标图案依旧，但这时作为卷标

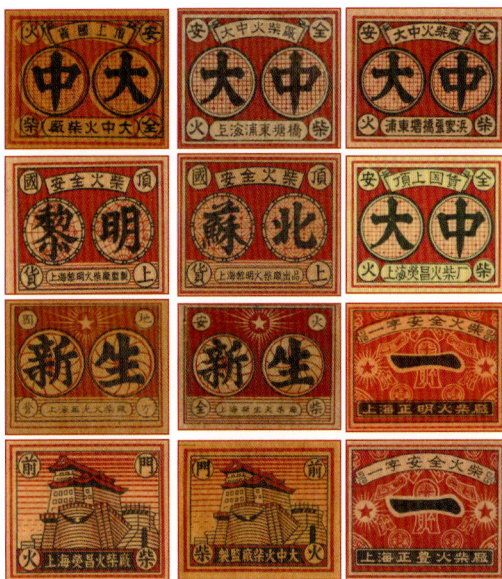

▲图1-2、解放初期本市各厂继续使用解放前的旧商标

▲图2、被中国百货公司日用百货上海采购供应站报销的火柴商标，1954.6

的背标上，多少还反映了当时的历史特征。象当时使用的卷标上广告语，如中国厂"多子"牌、"镇江"牌、大中华荣昌厂"金鼎"牌背标上即书有："增加生产、增加收入、厉行节约、紧缩开支，完成和超额完成国家计划"！及"……保证逐步实现国家的社会主义工业化"！大中厂"大中"牌背标上书有"全国人民一致努力，为逐步实现国家的社会主义工业化而奋斗"！大中华荣昌厂"宝塔"牌背标上分别书有"工人们把工业品帮助农业发展，农民们把农产品支援工业建设。巩固工农联盟"！和"没有工业，便没有巩固的国防，便没有人民的福利，便没有国家的富强"！（图3）……其内容都是宣传1953年12月中共中央制发《关于党在过渡时期总路线的学习和宣传提纲》，以及1953年10月党中央发出全国各行各业开展增产节约运动的号召。

在轰轰烈烈的抗美援朝爱国主义运动中，大中华火柴公司广大职工踊跃捐献飞机大炮，全面投入增产节约运动之中。刘鸿生二子大中华火柴公司总经理刘念义，曾两度赴朝参加祖国慰问团，到达上甘岭前沿阵地，慰问战斗英雄，并与美国战俘交谈，向他们揭露美帝国主义发动侵朝战争

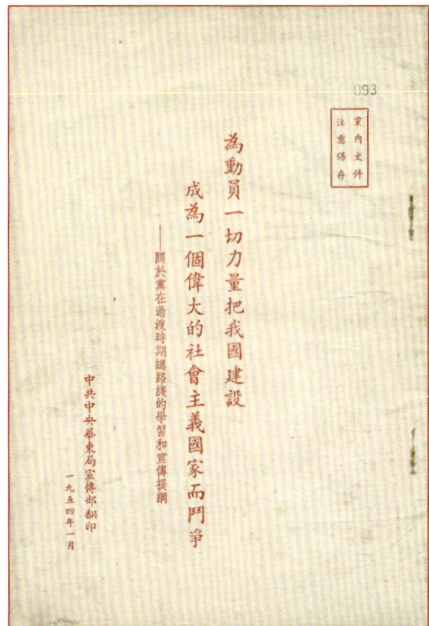

▲图3-1、《为动员一切力量把我国建设成为一个伟大的社会主义国家而奋斗——关于党在过渡时期总路线的学习和宣传提纲》中共中央华东局宣传部翻印，1954.1

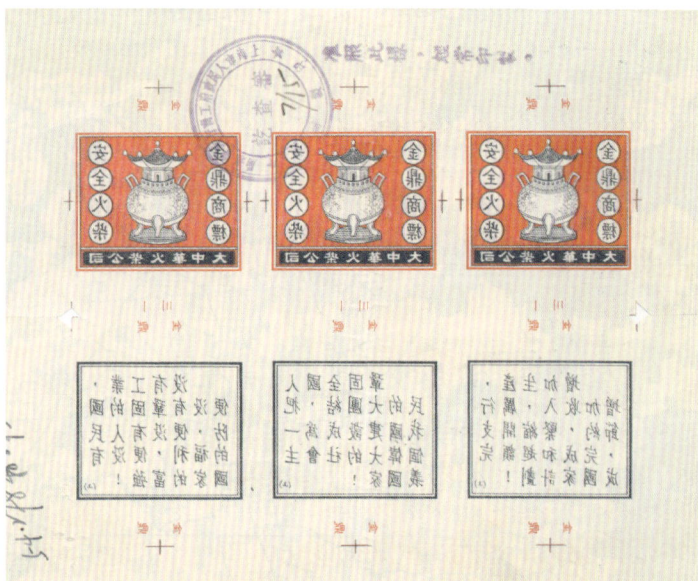

▲ 图3-2 经上海市人民政府工商行政管理局审查同意印制的大中华火柴公司金鼎商标打样稿（1954年）

的狼子野心。刘念义回到公司后，向职工和家人畅谈自己的亲身感受。刘鸿生闻之，精神振奋，带头捐献飞机大炮，并捐赠1000件羊毛衫慰劳赴朝作战的中国人民志愿军战士。

1956年，上海火柴业经历了公私合营高潮后，市政府成立了火柴工业公司，对新合营的火柴厂进行了改组改造，这时成为社会主义企业的产品商标，也随着国家社会主义建设的日益发展，发生了根本性变化，不仅反映出祖国工农业建设新气象，还配合党和国家在一定时期政治、经济、文化事业的中心任务作宣传。1959年后，成套商标开始盛行，新中国的火柴商标才真正集宣传教育与艺术鉴赏于一体，为人民大众及商标爱好者所珍爱。

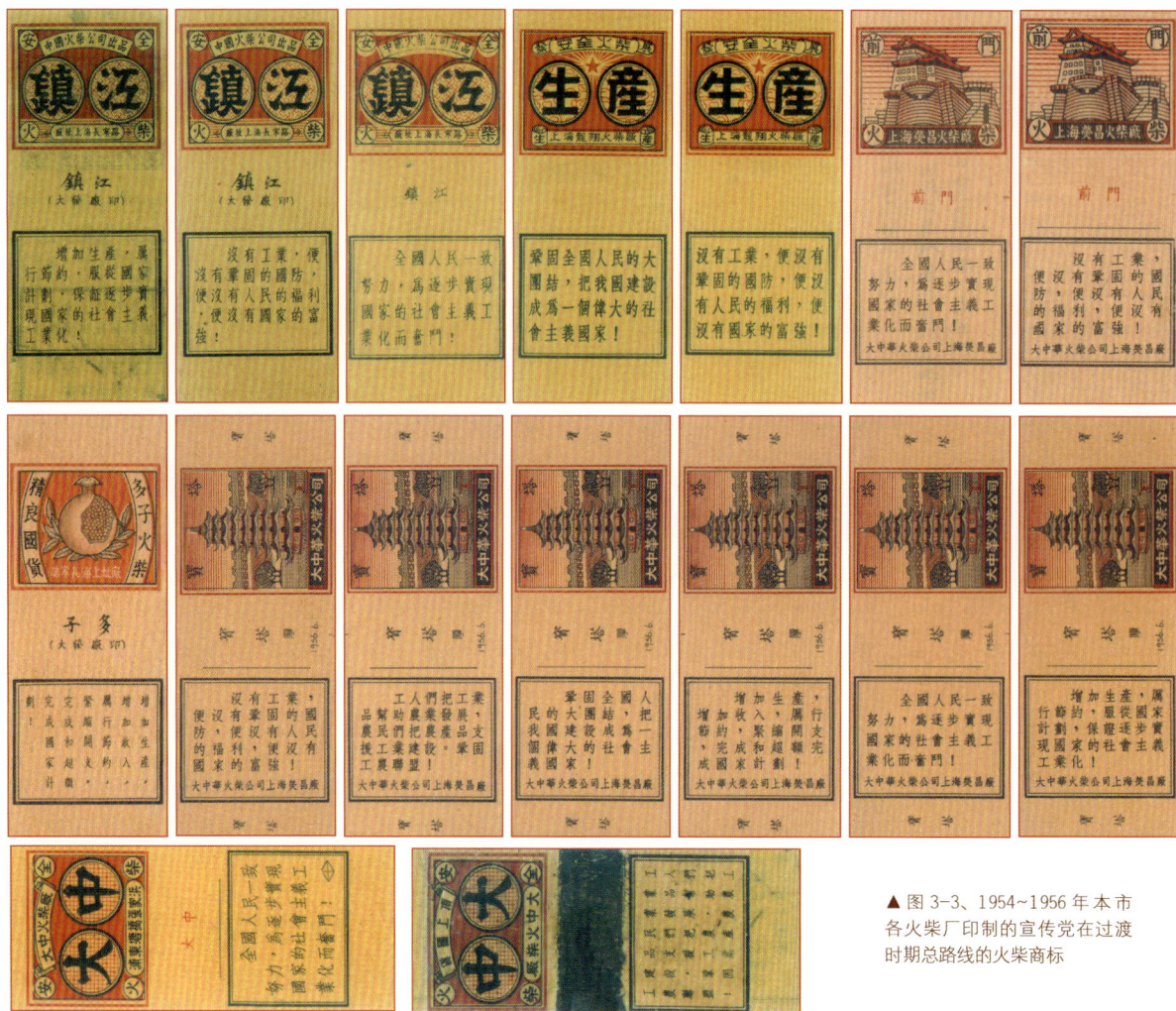

▲ 图3-3、1954~1956年本市各火柴厂印制的宣传党在过渡时期总路线的火柴商标

▲ 新生、正丰、大明等各厂商标易为地方国营上海华光火柴厂使用（上半图），
该厂为适应新形势对原使用的商标进行图案改革（下半图）。

四、解放后的上海私营火柴业及商标的沿革

解放后政府为帮助上海部分私营火柴厂克服困难，维持正常开业，保障工人的就业和生活，自 1949 年 6 月始，至 1950 年 2 月，地方政府及有关部门组织了上海 8 家私营火柴企业进行了内迁（详见附表一）。

鉴于上海各企业开始公私合营，大中华火柴公司遂于 1954 年 12 月 15 日再次书面呈请"我公司甚望能早日公私合营"。1955 年 11 月，上海市私营火柴业提出了全行业公私合营申请。1955 年 1 月 20 日全市公私合营大会上，火柴行业被一起批准为公私合营。至此，大中华火柴公司接受了社会主义改造，实现了公私合营。按照"公平合理、实事求是"的原则，对大中华资产进行清理估价，核定公私股份。结果认定，大中华火柴公司总管理处在上海的资产净值为 104.4 万元，其中公、私股份分别为 84.2 和 8.9 万元，还有为代管股等。荧昌火柴厂资产净值为 64.1 万元，其中公、私股分别为 2.5 和 49.92 万元，其余为代管股等。东沟梗片厂资

产净值为 33.5 万元，其中公、私股分别为 1.3 和 26.1 万元，其余为代管股等。

1956 年，上海火柴同业在完成公私合营以后，市政府成立了上海火柴工业公司，不仅担负起管理行业内不同经济类型的企业生产经营，而且负责对新合营后本地区的火柴厂进行改组改造。如，美大和华昌两家梗片厂，原毗邻而设，因美大所在地河道淤塞，木材等原料进厂十分困难，而华昌临水，交通便利，其厂房、设备条件也较优越，为优势互补，两厂于是年 6 月合二为一；正明厂合营后，职工仅 53 名，厂里仅靠两台排梗机运转，月产量几百件，个体独立存在似乎没有必要，遂于是年 7 月底并入大明；大中、龙翔与大中华上海荧昌三家都开设于浦东东昌区，而大中、龙翔设备简陋、规模有限，后者荧昌却厂房宽敞，实力颇雄，三者于 8 月合并后，使三厂的设备初步做到了均衡生产，节约了生产费用和行政开支；与此同时，

附表一 解放后上海私营火柴业内迁及改组情况

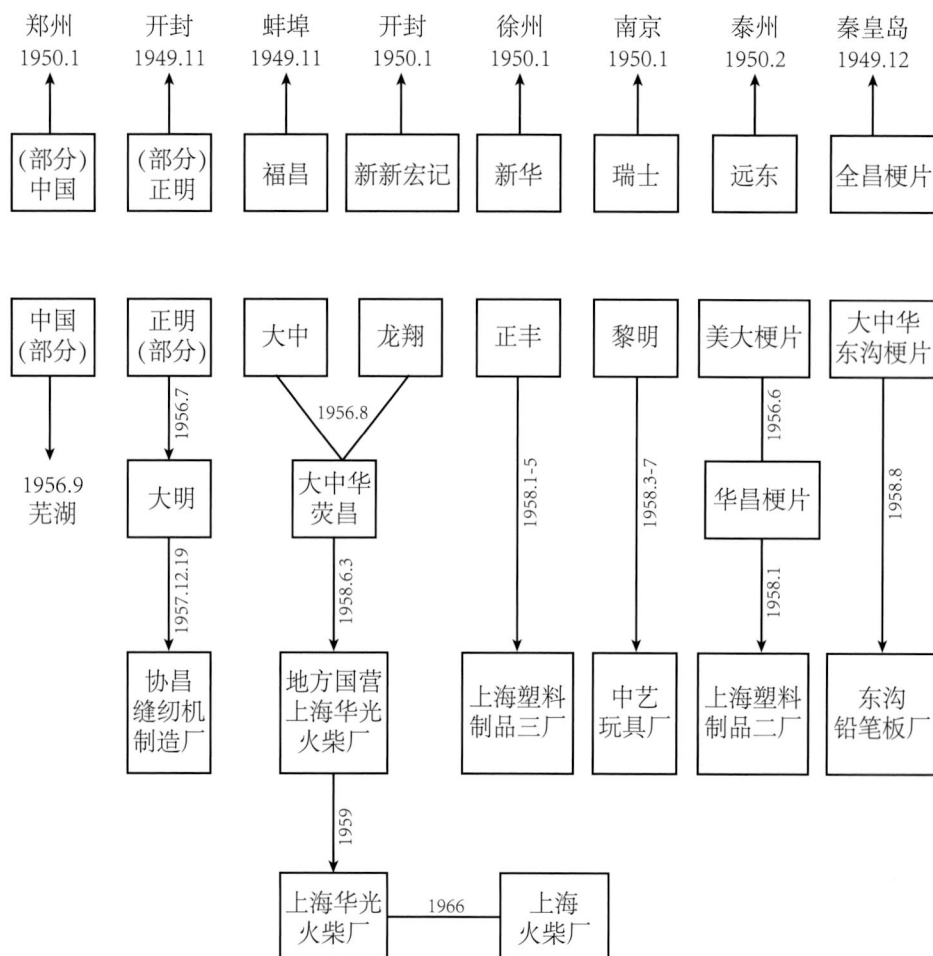

郑州 1950.1 ← (部分)中国 → 中国(部分) → 1956.9 芜湖

开封 1949.11 ← (部分)正明 → 正明(部分) —1956.7→ 大明 —1957.12.19→ 协昌缝纫机制造厂

蚌埠 1949.11 ← 福昌

开封 1950.1 ← 新新宏记

大中 / 龙翔 —1956.8→ 大中华荧昌 —1958.6.3→ 地方国营上海华光火柴厂 —1959→ 上海华光火柴厂 —1966— 上海火柴厂

徐州 1950.1 ← 新华

正丰 —1958.1-5→ 上海塑料制品三厂

南京 1950.1 ← 瑞士

黎明 —1958.3-7→ 中艺玩具厂

泰州 1950.2 ← 远东

美大梗片 —1956.6→ 华昌梗片 —1958.1→ 上海塑料制品二厂

秦皇岛 1949.12 ← 全昌梗片

大中华东沟梗片 —1958.8→ 东沟铅笔板厂

中国厂留沪部分再迁芜湖，与地方国营芜湖火柴厂合并，迁厂工作是由安徽省提议，经市政府并告中央批准的，从7月开始动迁，9月整个迁厂工作顺利告成；大中华火柴公司总事务所随着行业的生产改组改造也开始撤销，所里30多名职员也陆续分配到原属各厂工作，公司总经理刘念义被安排为上海火柴工业公司经理，协理戚福铭被安排到东沟梗片厂任厂长，是年底，"公私合营大中华火柴公司"的名义虽仍保留，但其作用仅为一个办理股务，发放定息的办事处而已。至1956年底，上海的火柴厂由12家合并为7家（华光、荧昌、大明、华昌、黎明、正丰、东沟梗片），全业共有职工2500人，每厂职工人数都在200人以上。

1958年，上海火柴业的生产改组改造在更大规模上更深入地有序开展起来了。它打破了行业、企业以

及国营、公私合营的界限，通过转业、并厂，基本上调整了上海地区火柴工业在地区与生产设备、能力上的不均衡现象，合理规划了同业产业结构，同时也有力地支援了本地区一些其他比较薄弱的且急需拓展的工业部门的生产与发展。如，华光厂是当时国内惟一有连续式火柴机的火柴生产厂家，生产技术强，成本低，是它的优势，该厂只需增添400名职工，就能独家承担起全市的火柴生产任务。6月3日上海荧昌迁并入华光，完全符合多、快、好、省的要求；华昌梗片厂有土地面积24096平方米，政府利用这块地皮，将10家塑料制品弄堂小厂合并至华昌厂，改组为上海市塑料制品二厂，将华昌生产梗片的任务则集中在华光厂生产；正丰厂则同上海王兴泰、大来、永秀斋及其代管的25家塑胶厂，于4月18日改组为上海塑料制品三厂，

同时正丰厂挑选了 10 名职工去华光厂支援两班制生产；黎明厂响应市一轻工业局号召，支援上海玩具工业发展，于 3 月归并入市体育文娱用品工业公司，该公司将 9 家生产木制玩具的小厂在黎明厂的厂址上，组建了一家有 257 名职工的中艺玩具厂；大明厂和协昌缝纫机厂厂基相连，厂房毗邻，1957 年 12 月 19 日两厂合并，次年 4 月又有 28 家卫星厂并进，使工厂职工达到 1712 人，成为我国规模最大的一家缝纫机制造厂；原上海仅有新中锯木厂和中国铅笔一厂的锯板车间生产铅笔板，其生产能力已跟不上时代发展的需求，经市一轻工业局决定，将两厂并入东沟梗片厂，扩建成东沟铅笔板厂，8 月迁并完成，按三班制生产，成为一家锯、断、切、烘、染、烤具全的专业铅笔板生产企业（详见附表一）。

上海火柴工业经过两次改组改造，职工人数由 2570 人精简到 800 多人，厂家数由解放后的 8 家火柴厂、3 家梗片厂最终只成为一家地方国营上海华光火柴厂。由于华光厂先进设备的充分利用和发挥，六台连续式火柴机的生产能力，有力地保证了全市火柴消费的生产任务的完成。同时二次改组，将大批工人和剩余价值 220 万元的厂房、动力设备，支援了解放后上海塑料制品、缝纫机、玩具、制笔等工业项目的发展。

关于解放后私营火柴业的商标使用情况：

笔者在《上海解放初期火柴工业及其商标》、《上海公私合营前后火柴商标之比较》两篇文章中，曾述及到解放后上海火柴业的商标使用情况，但不尽详细，现再撰补充。

上海解放初期，火柴业中私营厂可以说在该行业中占有绝对比重，它的经营手段和商标使用仍沿袭解放前的那一套资本主义模式。从商标使用上看，据自 1950 年 10 月 1 日中央私营企业局开始编印《商标公报》记录，1952 年以前，上海大部分私营厂基本上都是选择它们在解放前使用并畅销的部分商标，重新向人民政府申请过户注册登记，经被中央私营企业局批准后获重新注册，其专用年限，少至两年，多至 20 年。1950 年 11 月 1 日上海大中华火柴公司的"鱼樵""钓鱼""双童兔""蝶穿牡丹""金鼎""采

花""童马""三老""和合""松老""采莲""新采莲""宝塔""江西地球" 14 种商标获准再重新使用 20 年，"上海""月兔""美女""新美女""送子""牡丹鸟""名烟""仙鹤""金鼠""幸福" 10 种商标却获准 2 年，1951 年 2 月 1 日上海正丰火柴股份有限公司的"戏球""宁波" 2 种商标获准使用 20 年；1951 年 5 月 16 日大明火柴股份有限公司的"大明"（有两种）、"南京""台州""救国" 5 种商标获准使用 2 年。凡此种种，这类重新过户申请注册使用的老商标，在解放初期有多至近百种。其中有些商标在使用后不久，又被私营厂商自请撤销。如正丰厂 1957 年 4 月 6 日申请撤销的"戏球""宁波"；大明厂 1953 年 6 月 8 日申请撤销的"救国"；大中华 1954 年 4 月 14 日申请撤销的"美女""新美女""送子"等等。而 1950 年至 1953 年之间私营厂申请注册的新商标，似乎是寥寥无几。

1953 年 7 月，中央轻工部决定，为节约木材原料，实施火柴梗长度改制，将安全火柴梗子的长度由 50 厘米改为 40 厘米，将外盒体积(立方厘米)由 56×38×18(甲级) 和 46×34×16（乙级）改为 46×37×18（甲级）和 46×34×16（乙级）。这样一来，促使原先安全火柴所使用的"大贴"，不再能普遍适用，取而代之的是较小些的所谓"普贴"。因为没现成的，厂商必须重新印制后申请注册。火柴盒上新启用的"普贴"，大部分图案是因袭，仅标幅尺寸缩小而已，小部分是新设计的（图1）。

1954 年第一季度开始，上海私营厂包括地方国营华光厂，均完全纳入国家计划经济宏观调控之中，各厂的火柴产品由国家实现统购包销，一些"普贴"上

▲ 图 1、1952-1957 年上海部分新设计的火柴商标，其注册情况详见附表二。

也开始出现"中百上海采购供应站包销"字样。这一时期，上海地区行销的火柴牌号已减至30余种。1956年全业实行公私合营后，国家对于商标上的外国文字和一些带有封建迷信等色彩的商标图案，进行了重新审批和改革。这在新申请注册的商标上，也能反映出这种改革的成效（详见附表二）。随着社会主义建设步伐的加快，在火柴商标上反映祖国欣欣向荣、工农业飞跃发展的图案纷纷出现。这时的作为社会主义企业的火柴厂的商标设计，开始自觉配合党和国家在一定时期内的政治、经济、文化事业的中心任务，利用走进寻常百姓家庭的火柴盒上的贴画，进行广而宣之。1959年地方国营上海华光火柴厂为庆祝国庆十周年，迎接第一届全运会召开，反映工农业、农林牧副渔等新面貌，设计出了"一运会"(22×1)、"钢煤棉粮飞跃图"(5×1)"农林牧副渔"(5×1)等成套商标，开上海火柴商标成套发行之先，借助火柴这个载体，向全国人民展现新时代诱人的魅力，成为一项时尚生动、健康活泼的宣传工具。广大的火花爱好者也是从这时开始，对"火花"所钟情迷恋，并开始成为一种平民化的寓教于乐的民间收藏品。

▲关于红衣、正牌两商标注册人名义已予变更的通知，1957.3.29

▲关于宁波（牌）商标问题的通知，1957.3.16

▲ "新华"牌火柴为地方国营华光火柴厂（上海火柴厂前身）1954年7月29日审请注册，该火柴专供出口。

160

附表二　1952–1957 年上海部分火柴商标注册情况

审定号	审请日期	商标名称	刷色	商标申请人	申请人地址	注册号	备注
11969	1952.11.1	海燕		大中华火柴股份有限公司	上海（0）四川中路33号	16576	
12091	1952.12.1	名烟		同上	同上	16698	1954.4.14 自请撤销
12707	1953.2.1	幸福		同上	同上	17295	
14446	1953.8.1	丰产	红黑色	黎明火柴股份有限公司	上海延安东路249号	19005	1957.2.28 自请撤销
14696	1953.9.22	鸿福	同上	中国火柴股份有限公司	上海长宁路113号	19253	图为"眼睛标"
14697	同上	镇江	同上	同上	同上	19254	同上
14871	1953.10.26	幸福	红绿色	大中华火柴股份有限公司	上海市四川中路33号5楼	19428	图为青工划火柴吸烟
15271	1953.12.25	新生	红黑色	地方国营华光火柴厂	上海市真如区光复西路2521号	19826	眼睛标
15980	1954.7.29	新华	彩色	同上	同上	20522	出口火柴，图为天安门
		黎明	红黑色	黎明火柴厂	上海延安东路249号	15139	1953.8.10 更名为黎明火柴厂股份有限公司
		苏北	同上	同上	同上	19140	同上
		大中	同上	大中火柴厂有限公司	上海浦东塘桥张家浜20号	7805	1953.11.9 更名大中火柴厂李祖敏
		台州	同上	大明火柴公司	上海龙华济公滩40号	13389	1953.11.10 更名大明火柴股份有限公司
		南京	同上	同上	同上	13390	同上
17027	1956.2.3	飞轮	彩色	大中华火柴股份有限公司(公私合营)	上海市江西中路391号	21552	出口火柴
17050	1956.2.3	幸福	同上	同上	同上	21574	出口火柴
17571	1957.1.17	熊猫	同上	黎明火柴厂(公私合营)	上海市延安西路1221号		
17653	1957.2.28	宁波	同上	正丰火柴厂(公私合营)	上海市徐汇区斜土路1074弄80号		图为海轮

注释：
表中统计系参见《商标公报》（由中央私营企业局编印），1950年10月第1期至1953年3月第32期；《商标·发明公报》1953年4月第1期至1955年3月第24期、《商标·发明公告》1955年4月第1期至1957年7月第28期。《商标·发明公报》自1955年4月1日改名为《商标·发明公告》，两者均为中央工商行政管理局编印。

一、海上花

—— 火花与上海摩登女性的研究

有人说，上海之所以是上海，是因为上海的女子。也因此，上海是个特别适合女性的城市。

其实，现代的城市化过程，本身就是女性走出深闺不断深入地参与社会生活，享受社会生活的过程。世界如此，上海也如此。

某种程度而言，上海女性就是上海，她的诞生和成长，与这个城市的诞生和成长密不可分互为印证；她的特性与能量，是那种只要给她一点点的阳光雨露，她就能蓬勃出一个烂漫春天的传奇。

历史如此，现实也如此。

——素素《前世今生》[1]

"海上"为上海之别称。早在明代的《弘治县志》上就有记载："上海县称上洋、海上"。至于"海上"这个别称的来历，有学者以为，这可能是因为上海这个地方本来是一片汪洋大海，整个城市是从海上诞生并崛起的（《文汇报》2005 年 5 月 6 日 "上海地名漫话"）。

本文的题目叫 "海上花"，这个 "花"，它有两层意思，其一，这个 "海上" 之 "花"，就是早期盛开在 "洋火" 盒上的美丽之 "花"——火柴盒贴画。半个多世纪以来，收藏爱好者称收藏火柴盒商标这个活动，雅称为收藏 "火花"，简言之 "集花"。她被大众广泛钟情，全球各地都有她的 "粉丝"。在国内，集花仅次于集邮，为我国第二大民间收藏；其二，"海上" 之 "花"即表示上海女性。笔者试从早期沪上 "洋火" 上的丽人之 "花" 切入，旨在复制出一道老上海摩登女性时尚生活的亮丽景观。

（一）"洋火"也是摩登之物

在第一次和范柳原跳舞过后当天晚上，

白流苏在阳台上摸黑点蚊香，清清楚楚听着她嫂子骂得她残花败柳似的，她"擦亮了洋火，眼看着她烧过去，火红的小小三角旗，在它自己的风中摇摆着，移，移到她手指边，她噗的一声吹灭了它，只剩下一截红艳的小旗杆，旗杆也枯萎了，垂下灰白蜷曲的鬼影子"。（见图1）

——魏可风《张爱玲的广告世界》[2]

▲图1："幸福牌"火柴，大中华火柴公司，刘鸿生1930年创办

张爱玲1943年写这篇《倾城之恋》时，虽说"洋火"在上海滩已经不是什么稀罕的东西了，民族工业带着"振兴国货，挽回利权"的呼声，国产火柴与"洋火"已经平分秋色。但火柴仍是重要的生活消耗用品，在老电影、报刊、小说中被摆弄的描写，成为人们司空见惯的时尚"道具"。

"洋火"，顾名思义，它最早为外国之输入中国的一种生活用品。在近代中国经济贸易中举足轻重，被列为五洋（洋火、烛、皂、烟、油）之一。也是研究近代中国工商经济重点对象之一。

近代火柴，滥觞于西欧。晚清之际，海上开埠，"洋火"随华洋贸易流入上海。上海开埠的第二年，即清道光二十四年（1844年），黄浦江边，樯桅如林，商贾辐辏，华洋贸易频繁红火。当年紧随巴尔富到沪开展经营贸易的有英商怡和洋行（Jardine, Matheson & Co.）、宝顺洋行（Beale & Co.）、仁记洋行（Gibb Livingston & Co.）、义记洋行（Hollidag Wise & Co.）等11家洋行。次年又有沙逊洋行（D•Sassoon Son's & Co.）、祥泰洋行（Rathbone Worthing & Co.）等步其后尘。值得引起重视的是，当时在沪华商也在直接和积极经营对外贸易。当时上海也有39家华商字号与英、美和吕宋等商船直接进行海上进出

口贸易。其中一家名为"阳和"的商号，居然在道光二十四年五月六日（1844年7月1日）从"咪利坚"（美利坚）货船上进口了自来火，[3]这是上海迄今发现的"洋火"输入的最早记录。

冶秋著有《夜读偶记》一文，是专门介绍成于同治七年（1868年）稿本中"海书杂诗"的。在一首描述上海洋行所售诸物诗的自注中释："洋行所售，除氎罽（棉毛织物之称）呢绒外，多奇巧器，如自鸣钟、自来火……不可枚举"。[4]此条注释告诉我们，至少在同治年间，"洋火"在上海市面上已经随处可见了。

"自来火"一物，自海上"西洋风"刮起后，从道光二十四年（1844年）上海"阳和"商号进口四十几盒开始，至同治七年（1868年）普遍被黎民百姓以为"比纸捻更为方便"，且"日益为中国人所赏识"，[5]其间经历了二十四年的循序渐进的发展。待商埠有市者，因其索值奇昂，成了洋人、买办和阔少们在社交场合炫耀身份之豪举。据英国总领事1886年度上海贸易报告称，是年，瑞典、德国的安全火柴，每盒售价为4个铜钱，"而质量确实最好的'布赖恩特和梅'牌火柴，在上海的零售价则每盒不下于16个铜钱"。[6]看来"洋火"刚落户上海的时候，"白相伊"的感觉，一定是很摩登的，且会招来周围羡慕的眼光。从今天国外一些拍卖行的拍品中，我们还能看到一个世纪以前，用纯银打造印有"麦克"的金属火柴盒，它配有链子似项链可以佩戴在胸前。而这种小小薄薄的、雕有精致花纹边饰的银质火柴盒，往往只能放上几枝火柴，纯属于宫廷贵族享用的一种奢侈品。

（二）"浮世"东来

在三井物产经营火柴以前，中国的综合商社，如以神户或大阪为基地的怡和号、怡生号、同孚泰号、利兴成号等已与多家日本火柴制造商签定了具有约束力的协议。这些中国商号在生产和销售的每一个环节上给日本生产厂家以资助，如向厂家提供贷款、提供将产品运往海外的运输手段、以及在中国销售火柴等。……为了阻止日本生产厂家

在国外市场自销，这些中国商号对所有从日本生产出口的火柴商标实行全面控制，它们在火柴盒上贴上各自的标记，从不注明日本生产厂家的名字。

——（美）高家龙《进入上海租界的三条道路：1895—1937年火柴业里的日本、西方和华资公司》[7]

就中国、日本各自的民族火柴工业最早出现的时间而言，日本东京的"新燧社"发轫于1875年，而"上海制造自来火局"则肇始于1877年，地址在上海大马路（今南京东路）一洞天。该局"马牌"自来火上市后，在同一条马路上，有一家本地"祥和丰"东洋庄，专门进口新燧社的"樱花牌"东洋火柴，与"马牌"争夺消费市场。[8]

日本自明治维新开始后，火柴业发展迅速。明治十三年（1880年）已能控制外国火柴进口，并大量使用低薪女工，在各地大肆设厂制造火柴，通过阪、神地区在日华商之手，贩销到上海及周边沿海商埠。日本三井洋行是直接以上海为基地，规定在中国的火柴营销人员，必须穿着中国"苦力"的服饰，留中国式的长辫，并与中国人杂居。如与中国女人结婚，还将得到一笔丰厚的奖金。[9]

应该说，清末十九世纪九十年代，市面上出售的火柴有相当一部分都是东洋日货。难怪李鸿章在致总理衙门《议制火柴》函中也声称："遵查火柴即自来火。近英、美各国载运来华，行销内地日广，日本仿造运入通商各口尤多。检查总税务司造送上年各关贸易册内，洋货自来火一项，运销四百十四万六千八百罗斯之多，值银一百三十四万两，几乎日增月盛，亦华银出洋一漏卮也"。[10]事实上，其中的80%东洋火柴是由日本华侨办庄经手从日本贩销国内的。[11]

▲图2："东洋火柴"，上海"义生洋行"经销，行址在上海棋盘街金陵里

义生洋行是神户怡生号华侨办庄经理吴锦堂，为专门推销日本火柴而在上海特设的一个营销机构（见图2、3）。吴锦堂生于1855年，浙江慈溪人。1882年为谋生计至上海城隍庙萃丰香烛店帮佣。业余时间，刻苦练习珠算和阅读语文尺牍。1885年，香烛业茂生荣店号李遂生建议同业选派一人赴日本长崎采办

▲图2：上海"义生洋行"招贴仿单。该行当年行销的各类牌号有：红衣和合、打鼓骂曹、卖胭脂、五彩戏文、双麒麟、盘龙、小狮灯、小龙灯等。

165

东洋货，由烟纸香烛店同业集资助行。吴先生被选派到长崎后，先设义生号办庄经营杂货、火柴之类来沪贩销、替同业办货。以后，讲求信誉，获东洋供货商放帐赊销，办货数量陡增。1887 年，吴积蓄有余，转往大阪座庄经商。1889 年再迁神户，以 30 万元设怡生号办庄，其将订购的"龙船牌"火柴通过上海分号义生洋行，大量行销上海、苏州和无锡一带。1902 年，吴锦堂输出日本火柴实绩为 143418 日元，曾受到日本天皇三赐银杯的嘉奖，神户至今还有以他名字命名的吴锦堂村。

上海义盛荣东洋庄资本主辛仲卿，镇江人。该庄于甲午前 1890 年开设，为上海经营东洋自来火生意做得最大一家本庄。其在日本设有自己的"泰昌东"代办庄，聘请神户侨商吴锦堂为经理。义盛荣经销的"和合牌""红衣牌"定牌火柴，风靡上海商埠，长江沿岸的客帮全由义盛荣批发出去。只几年经营，辛仲卿即积聚资财达 100 万两，在上海新闸路置有"辛家花园"地产。约 1906 年前后，辛因从事投机生意，亏损 150 万两，仅辛家花园房产抵押就约达 40 万两。

上海盈丰泰东洋庄，1875 年开设在上海吉祥街吉祥里，创办人章瑞峰，浙江平湖人。甲午以前，盈丰泰就将经营东洋火柴进口作为该庄主要业务，主要经营"昭君"和"美女"两个牌唛的东洋火柴。当时，火柴每箱市价售 10 多元，利润 7—8%，每箱利润约 1 元。甲午以后，业务有了很大发展，主要还是经营火柴，兼代日商洋行经销的铁锚牌毛巾、洋伞、自鸣钟、丝布等，至 1920 年盈丰泰火柴的资本积累已达 30 万元左右。盈丰泰火柴进口原委托在日华商沈莲卿代办，后发觉代办人作弊，章瑞峰亲自到日本办货。

上海和昌盛东洋庄开设于 1908 年，资本金 5000 两，系合伙投资。其火柴进口委托神户侨商陈源来开设的合昌号办庄代理，"老虎牌"火柴是主要专销的品牌之一。后业务转大阪华侨商余芝卿开设的鸿茂祥办庄代办。陈、余两办庄均为和昌盛的股东之一。合昌号办庄陈源来 1919 年回国，投资 15 万元，在上海南汇周浦镇创办了上海中华火柴公司。鸿茂祥办庄余芝卿，浙江宁波人，1874 年生。1928 年回国，出

资 8 万元创建了上海大中华橡胶厂，其著名品牌"双钱牌"轮胎至今仍流行。

这里，我们为什么要例举上海本庄和东洋办庄，[12]也就是想说明：1893 年，日本真正开始成为对华贸易中的一匹"黑马"。是年，日本火柴在上海的进口值达到 66000 英镑，而欧洲产的火柴，进口值仅15000 英镑。[13]日本继英、德、瑞典、比利时、奥地利之后，有恃无恐，变本加厉，后来居上。

早期日本华侨办庄贩销国内的火柴匣，其盒贴商标大多是由华侨办庄委托日商印制，图案内容尽显中国国情和民风习俗，商标上的美女画风，让人一眼感觉带有明显日本浮世绘仕女风格（见图 4、5）。同时，这些古典女子也散发出一种盛唐遗风"胖美人"

◀图 4："母子鲤灯"牌火柴，上海中华兴火柴局经销
▼图 5："牡丹仕女"牌火柴，上海建德行经销

杨贵妃的韵味。早期古典火花的印刷工艺多选用木版手工单色或多色套印，小巧精致，朴素中透出淡雅，自然中富有情趣，在中国版画史上具有等同明清年画的历史文物价值，有"袖珍版画"之美誉。

（三）红袖添香

晚清上海，妓女实际上是第一批在社会上自谋生存的 Working girl，当时能在社会上抛头露面的女子也只有她们，所以，妓女自然地要承担社会所需的公共关系的责任。
——许敏《士·娼·优：晚清上海社会生活一瞥》[14]

上海开埠之初，租界实行"华洋分居"，社会生活比较单调、乏味。在老城厢南市，虽然商业很兴盛，

社会风气却较敦厚朴实，崇尚勤俭。总之，当时上海的社会文化生活并不是十分活跃，所谓"文物寂寂"。

自太平天国攻下江南，小刀会在上海县城起义之后，租界大门被大批难民打开，租界人口在短短几年之内十几、二十万陡增，使"飞地"内社会生活开始活跃。江浙官坤携带大量钱财流寓沪上，使上海有了迅速开发的财源。1860 年至 1862 年，流进上海的华人资本约 650 万两左右，[15]对上海的城市建设及社会经济生活的变化，产生了很大的"加速度"。饮食、娼妓、戏园等中国传统消费城市中最为发达的"第三产业"也在上海迅速昌盛起来。一时间，舞榭歌楼，戏园酒肆，争奇斗艳，生面独开，[16]上海人开始鲜衣炫服起来，市面也变得灯红酒绿奢侈繁华起来。太平天国实行"男营女营，禁止宿娼"。一时，秦淮名妓、苏扬画舫纷纷南下十里洋场。从此，沪上妓院有了"甲于天下"之声誉。每当华灯初上，真是珠帘十里笙歌夜，到处笙歌到处花，不让扬州月二份，秦淮不敌此繁华。

中国士大夫是社会文化中最活跃的因素，"在本朝则美政，在下则位美俗"，[17]士风对沪上商埠开化后的社会风俗变化起着重大的影响。晚清最早进入上海的文人学士绝大部分来自江南。文人们到了十里洋场，自然难免从事洋务，他们从替洋人编书办报、翻译西文，逐步发展到自己独立门户，创办起报刊、出版社，也有成为自由撰稿人，很快成为沪上媒体精英，控制了大众媒体。

娼与士的结缘，始盛于唐代。唐诗宋词元曲留下了大量关于士娼风流缠绵的"绯闻"。娼妓结纳名士，一是代表了民间的"礼贤爱士"，二是士为社会之名流，与之交往也增加自己在社会上的知名度。作为太平天国期间流入上海的江南妓女，过去那种靠相对固定的客人即能维持生意的日子已经一去不复返。在上海极具商业味的城市中，妓女也像商品一样，也有必要靠广告来推销自己，同士结交,在报刊中被"曝光"成为妓女最有效的出名途径。反之，晚清的江南，由于读书人相对过剩，在得不到统治集团招募宠爱的境遇下，他们开始游离和叛逆以科举为轴心的士子正

途，经过士大夫们自己在上海滩艰辛"打工"拼搏，终于让大批在社会大动荡中游离失所、失去关爱的读书人找到自己的"坐标"，介入逐渐秩序化的西方近代城市社会结构的上海租界，进出于新式的、专业化的社会文化机构，重新显露江南文人特有的才情诗意。"评花品叶，鼓吹风雅，始于小报"。[18]出于士娼各自的需要，士、娼鸳梦重温。

▲图 6："美船"牌火柴，上海利民火柴公司出品，王敬甫 1919 年创办于南市沪杭车站

旧时青楼女子称为"倌人"，按姿色、文化修养、琴棋书画、名声等划为长三、住家、书寓、么二、烟花等各种等级。书寓是卖笑不卖身的，自诩为"先生""女校书"。查沪上有妓自何时始，"说者谓清道光以前，黄浦江多泊贾船，土人每次以舟

▲图 7："花船"牌火柴，上海中华火柴公司出品，陈源来 1920 年创办于南汇周浦镇

载女应客，舟子辄高声呼曰'客欲呼妓乎'，客应，即移棹至，衾裯笙笛，无不具备，拂晓辄去，此为沪妓之滥觞"。[19] 见图6、7清末上海的张园，原为洋人私苑，后归无锡张叔和所有，乃用"张园"之称。园中的"安凯弟"每天吸引了沪上无数时髦男女，来这里品茗聊天，排场十分奢侈豪华。当时上海最出名的号称"四大金刚"的青楼名妓林黛玉、陆兰芬（见图8）、张书

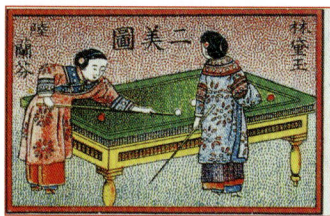

▲图8："二美图"牌火柴，海上名妓林黛玉、陆兰芬

玉、金小宝，是张园的常客。这四人中以林黛玉高居首位，其姿色中等，媚人之术却一流，且擅长昆曲，故名声最亮。她曾被南浔富商以重金聘归，可好景不长，很快又下邱氏之堂重张艳旗。她当时看上了正在走红的花旦路玉珊，不惜手段和已捷足先登的张书玉争夺，终于仗着名声和财力，将路玉珊得到手，还特地为他租了房子。林近不惑之年时，又喜欢上唱小生出演《血泪碑》而出名的龙小云，龙时年仅二十多岁，两人曾经同居，可不久她又重作了冯妇。终年病死于南京路的大庆寓所。名妓陆兰芬，有支那美妇之称，在华洋人曾将她作为模特拍摄相片制成明信片寄往本国。她秀色可餐，天然妖媚，性静穆，喜雅谈，风雅士多就之。她与赵小廉在张园安凯弟谈情说爱，遭旁人争风吃醋而纠结青红帮匪挟利刃前往斗殴，最终租界捕房出面加以平息。在辛亥革命之初，沪上什么集会、演说、跳舞、宴乐也经常在张园举行。孙中山先生从海外归国，也在张园受到各方面的集会欢迎，他在张园发表演说，当晚便到南京去就任临时大总统。可说，张园虽是风花雪夜之所，却也是革命的摇篮。

晚清的上海文人盛行给妓女评品、开花榜，这是一惯在江南流行的风气。1897年夏，上海《游戏报》开创了报纸上开花榜的先河。他们把这项活动

推向民间，成为市民关注、参与的一项社会选美娱乐。评选揭晓当天，报馆雇乐队送花匾至入榜妓女门上。"一经品题，身价十倍，其不得列于榜者，辄引以为憾"。[20]1917年，上海新世界举办了一次别开生面的"花国选举"，效果也是惊人，广受欢迎，只是这次的冠军名称不再叫"状元"，而是顺应民国的体制，称为大总统、副总统、国务总理。一直到1920年，上海企妹牛奶糖公司为推销糖果起见，特租赁永安公司天韵楼举办花选，名曰"企妹香国选举大会"。由于报章上名妓艳闻、近况隔三差五地出现在市民的视野中，无意中"炒作"成了社会新闻人物和社会明星。一般民间的社交活动都会有人携妓女参加以为标帜，成为一种时尚。

"萍花身世卿怜我，柳絮生涯我误卿"。[21]书寓女子知道报章文人能让她一夜之间在上海滩成为"公众人物"，因为"品花评叶"有如此显著的广告效果，故妓女无不争与名士相交。反之，中国的读书人都觉得"红袖添香"才有所为才有情致才有意境。夫人、小姐身在深闺，而青楼中能够琴棋书画、诗酒酬唱的书寓红粉，当然是最佳的"红袖"人选。真是巧合，开埠后日益西化的上海，立马在福州路上开辟一条"红灯区"（旧称"四马路"），它又是读书人的文化一条街。这里报馆林立，书寓毗邻，成为士与娼的共同圣地。作为文化街，福州路至今还是上海读书人心目中的文化乐园，而妓院如今已荡然无存了。

晚清上海，能在社会上抛头露面的女子基本上都是妓女，只有妓女的相片才会在报纸、杂志出现。他们为生存、衣着不惜工本，务求华丽夺目，只要市面上有什么新花样，青楼女子就会想方设法追赶这个潮流。他们在滚边的花式、领子的高低、饰品的搭配、额前的刘海均丝毫不肯马虎、落伍。他们走在时尚的最前沿，佩带金表，使用进口的香粉、胭脂、唇膏和香水，是女性中衣饰打扮最时髦的人。正所谓"男则宽衣大袖学优伶，女则倩服效妓家"。[22]"妇女衣服，好时髦者，每追踪上海式样，亦不问其式样大半出于妓女之新花色也"。[23]二十世纪初，引领中国美学标准的偏偏就是青楼女子。她们是那个时代造就的社会

明星。

（四）月份牌美女

（月份牌）的一些主要因素的完美总和：
不光是广告上所见的现代性之外表，还有和
画中女性相关的附属意义。事实上，《良友》
画报的封面女子和月份牌女郎在时尚、姿
势、脸部和背景特征上都惊人地相似。它们
也揭示了其绘画技法，虽然显然和传统毛笔
画及民国艺术比如年画有关，但已染上了某
些创新色彩。

——（美）李欧梵《上海摩登：一种新
都市文化在中国 1930—1945 年》[24]

上海开埠通商后，上海道台于 1845 年宣布西方
人可以在上海设立租界。租界使上海滩出现了"国中
之国"，导致上海租界有如西方社会实体在东方的再
现，展示起西方社会的物质与文化。正如后有学者所
评：是"西洋文明最精美的复本"，"一个受到西方激
励并使其成为西方象征的发展模式"。[25]租界生活养
成了一代上海人的文化性格。

由于上海开埠通商的兴起，一些画片、布牌子、
香烟牌子也随华洋贸易流进上海，这些"洋玩意"画
的尽是外国美女、骑士的战争、动植物等图案。还有
洋商近似写实画派的西方油画随身携带来沪。出版业
在沪兴起后，特别是石印技术的创始和推广，使得出
版印刷成为晚清上海舶来的西方视觉艺术最重要的
展示体裁和样式。而西画传媒的印刷形式，丰富了人
们文化视域，在商业市场的刺激下，融中、西画法组
合，又以石印之术印刷呈现的"月份牌绘画"，成为
近代租界商业与文化的一朵奇葩，受到大众的青睐，
成为众多烟草商、医药商、化妆品公司和百货公司商
战竞争的广告形式，其影响之大，波及之广，是中国
广告史上极为罕见的。

月份牌绘画是像片用放大尺寸或划分方格来描出
对象的轮廓，用笔蘸炭精粉利用西画造型处理中的明

暗、阴阳法则，擦出人物的头脸与衣褶、花木建筑，
形成由近入深，远山近水的明暗变化和远近层次的完
整立体感，然后用水彩颜料上色，依据底色，由浅入深，
层层赋染，直到色彩将炭粉底色完全遮盖，最后石印
或胶版，付机印刷而成。这种"海上旧梦"式的中国
都市趣味造型，有别于舶来的西画样式而呈新生态的
形式特征。而这种"杂交"相生的商业文化产品，因
其终究不能以独幅原件作为其艺术展示，而是以有限
批量的印刷品，参与商业流通，成为广告展示。这是
"西画写真技术与中国传统年画处理、舶来商业图式和
民间习俗历书样式兼融并蓄的结果"。[26]

租界文化的三大支点是市场、出版和广告。如果
说繁盛的市场是产生月份牌绘画的温床，那么，新起
的石印技术，则是其中的催化剂，它成为画报插图
和月份牌广告画物质技术的前提保证。以往周慕桥、
郑曼陀、徐咏青、杭稚英、金梅生、金雪尘、谢之光、
胡伯翔、李慕白、倪耕野、丁云先、周柏生等一大
批投入商界的海上月份牌画家被称为商业美术之流，
而素不见经传。但正是这批精英，"使西画之法通过
大众传媒的广为流通，在中国本土实现了空前的变格"，
[27]从而掀开了中国近代史上独特时尚的一页——租
界文化。

商业美术为何会在上海崛起并获得迅速发展，这
是与清中后期至民国上海商埠的经济繁荣是密不可
分的。欧风美雨对上海的浸润，复受创新思维的推挽，
逐渐形成了大都市文化的格局。在西方文化入侵后，
上海经历了一个艰难的现代化过程。这为传统秩序带
来了革命性影响，使我国的传统绘画艺术经历了一次
重大的变革。在这一时期前后，书学革命，印学繁荣，
洋画传入以及通俗画风的流行，都预示着一元化的中
国艺术史开始走向多元化。大众文化的流行，商业文
化的促动，中外文化的交汇，使得英国人美查在办《申
报》的同时，推出一份以图像为读书中心的《点石斋
画报》也就自然诞生了。以吴友如的《海上百艳图》
为先导，将传统桃花坞木刻年画改头换面成"家居仕
女图"版画，并借助现代的印刷技术，很快风靡上
海滩。艺术表现手法依然是桃花坞木刻的单线木刻，

以线勾形，而形象画面中却呈现出西方绘画特有的透视感和光学美感，民国前夕的商业美术就此拉开了帷幕。

"海上画派"（或称"海派"）是继松江画派之后的又一个上海地区画派，它成形于晚清光绪年间至民国初期。比之于以往的传统文人画，"海上画派"最为独特之处就是商品意识深深扎根于绘画。令衡量绘画的艺术标准之外，新增了一重价格标准。它具有极强的开放性和包容性，各种个性独具的画风相安共处，自然也包括西方的文化和艺术之优长。就"海上画派"的特色与风格而言，商业美术，尤其月份牌绘画恰是地地道道的海派绘画的延续和发展。

据史料记载，在1876年1月3日，上海棋盘街海利号有英华月份牌经销。1886年《申报》上也有"分送月份牌"的广告刊登。[28] 从广告月份牌的产生到被社会肯定，对商家和消费者而言，有一个渐进过程。一开始，在沪外国洋行和贸易公司，在其推销的商品中，将直接在国外印制好的一些欧美油画及风景的画片，配上商品广告词，作为促销手段，运到中国后再随商品大量赠送给国内经销商和消费者。但市场证明，这种包装十分洋气的广告宣传品，老百姓一下子"西化"不了，最终促使他们就地取"才"，才推出了月份牌广告画这种表现形式。由于绘制月份牌的画家都是中国人，他们的情趣和眼光自然落在中国自己的文化上。

至于进入民国后月份牌绘画主题中出现的大量新美女图案，究其原因，一是辛亥革命推翻满清帝制后，追求时髦的汉族女子对于政治和时尚的"双重敏感"，在民国前后显得尤为冲动激烈；二是女性解放思潮的推动；三是开放的上海商埠，不论是外来资本还是民族资本已经培养出一大批具有都市"品位"的女性，她们成为这个城市社会物质基础的消费"代表"。当消费以女性为代表的过程，也就是资本和各种社会力量"塑造"时代美女的过程。但"漂亮"依旧是男性社会对女性的性别期待，作为商品的"形象大使"，月份牌广告画中的美女不可避免地成了暗示的消费对象。这类画种形式之所以受到当时社会各界层的青睐，与确立什么样的商品"形象大使"是有

很大关联的。那些月份牌中鲜艳而丰姿绰约的美女，俨然成了都市女性的时髦代表。在成功的商品运作中，让消费者在消费商品的同时，也会感觉到"消费"了商品的"形象大使"——那些月份牌画中的美女。

早期促使月份牌画得以确立和发展的代表人物，当首推郑曼陀。郑氏（1885-1961年）为安徽歙县人，早年随父移居杭州，后抵上海。当时社会倡导女性解放运动，女学生自然成了新兴女性的象征之一。因此，郑的月份牌画中（见图9），女学生便成了重要的主角形象。在他的笔下，"美人秀眉如柳叶，睫毛翘如雀翎，

▲图9：燧生火柴公司，日商泷川仪作1921年、1923年分别创办于镇江、上海两地，事务所设上海英租界江西路八号。月份牌由郑曼陀创作，1923年。

170

朱唇巧如樱桃，秀发乌如柔云，肤质细如凝脂，行如弱柳扶风，止如嫩荷凌波，秋如流盼，笑靥醉人。真是叹为观止，呼之欲出"。[29]

然而，随着急速发展起来的商业化上海，对广告中形象的要求也愈来愈高。郑曼陀画中难以摆脱的晚清仕女画造型羸弱的特征，自然缺乏商业广告美术所应该具备的明朗艳丽，而郑曼陀笔触下的含蓄内敛，显然已经反映不出当时社会普遍流行的商业摩登气息。

上世纪三十年代，当昔日名校的女学生走上社会，或嫁入豪门，成为一个个名太名媛后，清纯女学生形象在月份牌上也变化成丰满、成熟、面容端庄的旗袍女郎了。这是当时最具消费热情和经济能力的太太们自己的"形象大使"，也是我们观念里旧上海美女的形象。月份牌画中"模特"角色的更换，也让月份牌画进入了鼎盛时期。而杭稚英就是鼎盛期的集大成者。杭氏（1901—1947年）为浙江海宁人，13岁来沪进商务印书馆图画部当艺徒，1922年开创"稚英画室"，二十多年间，杭稚英画室共创作了千余幅月份牌，令同行望尘莫及，在当时圈子内有"半壁江山"之誉。以杭稚英为标签的月份牌成熟风格，正可标志它脱离作为商品广告的附属地位，而成为一种独立的现代商业插图的种类。他创立一种新型的上海美女形象，将商业宣传与新型绘画方法以及摩登的社会时尚完美结合，形成一个时代的图像标志。

无论如何，在人们的印象里，杭稚英月份牌画中的美女，就是二三十年代上海一群身着旗袍最时髦的摩登少妇。这些名媛名太，个个都是表情端庄态度雍容身材丰满。无论那个角度，旗袍都应该是属于太太们的时装，郑曼陀中的清纯少女那种纤巧清瘦的形体是无法尽展旗袍的风流韵致的。风华绝代的旗袍，风情万种的旗袍，在杭稚英那里自然入画的旗袍美女，个个妖媚而又不失端庄，将此种风情演绎得淋漓尽致。旗袍是近代中国女子的标志。但是，将旗袍穿出绝代风韵，非杭稚英月份牌中上海美女莫属了（见

▲ 图 10：上海美光火柴公司由瑞典火柴公司 1928 年创办于沪西周家桥。月份牌由杭稚英创作，1934 年。

171

图10）。有了她们，旗袍才成了经典。它也因此成为人们认识那个年代的生活、女性、文化、流行的一个重要依据。

（五）无丽不臻

只有在中国月份牌的现代美女身上，才能找到三十年代那些"进化"到吸引通商口岸电影观众的女性影子，这种美学标准后来甚少变化。

——杰·莱达《电影：中国电影和电影观众之观察》[30]

在众多的月份牌中，烟草公司的广告占了很大的比例。其中名列前茅的有两家：英美烟草公司和南洋兄弟烟草公司。

上海卷烟业发轫于二十世纪初。最早出现于上海街头的卷烟是美国杜克父子烟草公司委托美商茂生洋行经销的小美女牌卷烟。1888年起，美商老晋隆洋行也开始在华推销美国品海牌、自行车牌、华盛顿牌、自由神牌和英国老刀牌、斯太飞牌、领事馆牌、三炮台牌、翠鸟牌等卷烟。1907年英商6家烟厂在伦敦创设英美烟公司，并于1919年成立上海英美烟公司，总揽其在华所有业务，成为在华一个庞大的、供产销一体的"烟草托拉斯"。

1916年，民族资本家简照南在上海成立南洋兄弟烟草公司。在上海租入百老汇路栈房，购置设备，开业生产卷烟，牌号有飞艇牌、自由钟牌、双喜牌等，成为上海民族卷烟业龙头老大。华成烟草公司、福昌烟草公司紧随其后，上海遂成为近代中国民族烟草业中心。中外厂商为争夺上海市场，开展了广告争夺战，上演了一次次精彩的"龙虎斗"。中外烟草商纷纷聘请名家设计月份牌广告和报刊广告插图，一时间，上海的新闻媒体遍地"烟花"，争奇斗艳，煞是闹猛（上海方言）。

1925年诞生的华成烟公司的"美丽牌"卷烟商标，就是二十年代沪上家喻户晓的创新品牌。当时，华成烟公司聘请月份牌著名画家杭稚英进行商标的整体设计。杭稚英破天荒地使用一位年轻美貌的美女肖像，作为商标的主题图案，将中文"美丽"处理成英文作

▲图11、《申报》1933年12月22日"美丽牌"香烟广告

为品牌文字标识，整个商标创意尽显中西文化交融下海派文化所特有的"洋气"和"摩登"。三十年代的老上海，华成烟公司的"美丽牌"香烟广告随处可见。"美丽牌"的深度和内涵；"美丽牌"的情调和香味，与这个繁华的商业大都市朝夕相处，形影不离。

1933年12月22日的《申报》，登载了一则"美丽牌"香烟广告（见图11），"My Dear CIGRETTES"，被翻译成"美丽牌"，似乎有点俗气，但紧俟的对句分解："有美皆备，无丽不臻"却显得优雅脱俗。前景后景桌上地下全都是各种不同包装的"美丽牌"香烟的礼品盒，佳人穿着开衩旗袍，被玉树临风的绅士猝然拥吻，说是"猝然"，因为细白的手上还飞滑着一条流线优美的礼物拆封丝带。在美人的背后有一对联："美满良缘传月旦，丽华妙质庆风行"，指的既是佳人又是"美丽牌"香烟。这幅广告里的故事让你感觉到摩登的上海是美丽的，不但是商业的，也是媚惑的、瑰丽煽情的、通俗小说式的。[31]

杭稚英创意设计的"美丽牌"商标中的美丽女郎，

是用真人美女玉照替代的，那照片上的美女就是影片"失足恨"中女主角吕美玉。由于香烟壳子上用了她的剧照，上海法租界当局就"美丽牌"商标与华成烟公司引发了一起诉讼案，轰动了全上海，法租界甚至一度禁止销售美丽牌香烟。[32]原来，商标上所用的吕美玉当时已是法租界魏某姨太太，魏某对肖像侵权岂肯放过华成烟公司，最终这场官司以华成烟支付吕美玉一笔巨款了结。而"美丽牌"香烟的知名度，也因此在上海滩不胫而走成为家喻户晓。华成烟公司董事长戴耕莘和经理陈楚湘也觉得这笔赔偿费没白出，因祸得福。

"火柴大王"刘鸿生1930年在上海成立大中华火柴公司后，瑞典产的"凤凰牌"药水梗火柴在上海市场一统天下，让刘鸿生感到十分头疼。当他看到华成烟公司的"美丽牌"香烟在与英美烟公司的"红锡包"（原名"大英牌"）香烟竞争中占得市场，且在上海深入人心，他突发奇想主动上门与华成烟老板商量合作，把印有"美丽"字样的美女图案商标，翻印在大中华公司出品的火柴盒上做广告，以此一举两得。一来可以凭借"美丽牌"香烟的声誉，把他自己的"美丽牌"配烟火柴推向市场，进而达到畅销市场；二来又可以从华成烟公司收取一笔广告费。后来，大中华免收了广告费，华成烟也就把美丽牌商标让予大中华使用。[33]由于美丽牌火柴借了同名美丽牌香烟的光，在上海立竿见影，其销售情况甚至超过当年在上海风靡的瑞典凤凰牌火柴。

火柴盒上的"美丽牌"商标（见图12），其肖像由香烟壳上的彩色改印成单一红底色，圆镜中时髦女郎，珠圆玉润，弯眉细眼，甜美高贵，似有郑曼陀月份牌画中女性那种美目盼兮，动人心魂的感觉。代表了海上时尚女性所特有的自信形象。肖像两旁的广告语："有美皆备，无丽不臻"，是一幅非常工整的对联，显示出火柴的优异性和独特性。并运用嵌字手法，把"美""丽"二字巧妙嵌入联句之中，浑然天成，音韵铿锵，琅琅上口，使人过目不忘。[34]

"在现代女性这个新世界里，服饰和时髦似乎占主流，而中国的电影明星则是美的化身"。[35]

中国第一部有声电影"歌女红牡丹"，由洪深编剧、

▶图12、"美丽牌"火柴，上海大中华火柴公司出品，刘鸿生1930年创办于上海

张石川导演、胡蝶主演、明星公司和百代公司合作录音摄制，于1931年3月15日在上海新会大戏院首次公映，电影从此在上海滩迅速走红。电影的发展为三、四十年代上海的广告以及商标提供了一个繁荣的舞台。"最为重要的是，电影造就了大量的广告明星，明星的各种活动和习惯成为人们竞相仿效的对象，因此电影明星具有了非凡的广告示范作用"。[36]一时间众多电影明星，成为各种企业和产品标识的表现对象。红遍上海滩的"电影皇后"胡蝶，曾成为各家企业和产品的形象大使和追宠人物。

1933年，上海福昌烟草公司推出一款名为"胡蝶女士"的"明星牌"香烟，将胡蝶作为品牌商标（胡蝶作为多种品牌的形象代言人，除卷烟外，还为力士香皂、先施化妆品、无敌牌化妆品、明星牌火柴等做过明星广告）。并为这个品牌香烟打出广告语："1933年之香烟大王"；"1933年之电影皇后"。[37]明星的广告效应，让福昌厂的"明星牌"香烟，一上市就成了烟民钟情的品牌，营销大获成功。

无独有偶，上海中国火柴公司也效仿大中华火柴公司，积极推出"明星牌"香烟配烟火柴，火柴商标沿袭烟标图案，只是在胡蝶肖像的周边添加上了一个

象征明星的"星"型边框。这位被西方人称之"中国的葛利泰·嘉宝"的美人，除了发式上由汲取外来思潮和文化的卷烫发式取代了中国传统古典发式外，完全是一脸传统的中国古典美女。她脸若银盘，明眸皓齿，肤如凝脂，神态优雅，还有双颊上一对招牌式的酒窝。火花上的胡蝶形象，尽显灵动而美丽，极富海上时尚

▲图13、14、明星牌火柴，中国火柴公司出品，沈其祥、沈星德1932年创办于上海闸北平江桥

明星的摩登韵味。(见图13、14)著名作家张恨水当年曾这样评价胡蝶。"如与红楼人物相比拟，则十之五六若宝钗，十之二三若袭人，十之一二若晴雯"。[38]民族工商业者在生产和推销火柴的同时，经营不忘爱国，在"明星牌"火柴商标上注明："提倡国货""挽回利权"。

电影，奇迹般地创造出另一种女性人生。明星是耀眼的，如同夜上海的霓虹灯一样闪烁。他们的名字家喻户晓，成为电影公司票房的号召力，就是穿衣打扮也被当时的摩登女性所模仿。十分有意思的是，胡蝶曾多次参加上海滩举办的"时装发布会"，展示的基本上都是西式服饰，从连衣裙到晚礼服，非常准确地演绎了上世纪二三十年代中西合璧的精髓，作为"传统型"典范的胡蝶，留存下来的玉照，绝大多数也都是西式打扮。

而颇有"现代"性格的阮玲玉却恰恰相反，总是一袭旗袍加身，镶花边的、高开衩的、格子型的、碎花型的，还有纯色的阴丹士林布。她作月份牌模特时，穿的也是旗袍，阮玲玉几乎是上世纪二三十年代旗袍服饰的形象代言人。三十年代是中国旗袍流行达到登峰造极的年代。也许真是巧合，1935年阮玲玉香消玉陨，仅隔二年之后，因中日战争爆发，旗袍在上海滩也黯然消失，退出了少女太太们的视线。

近年王家卫执导"花样年华"，虽说影片故事发生在上世纪六十年代的香港，但给人的感觉仍然是张爱玲笔下上世纪三四十年代的旧上海石库门的情调。张曼玉那几身漂亮精致的旗袍，从裁剪到花样，与老上海月份牌上的美女们的行头，简直如出一辙。风情万种的张曼玉银幕形象，只能说是王家卫怀旧情结中的上海市井美人。或许，片尾的题词才是导演真正感情的伏笔："他们仍然怀念着逝去的一切"。[39]

（六）时尚娱乐

说起老上海的社交娱乐生活，有一个地方是不能忽视的，那就是百乐门舞厅。虽然在上个世纪的三四十年代，上海滩的大大小小舞厅可以百数计，但是最令人难忘的还是百乐门。有人说，老上海夜生活的中心便是

那霓虹闪烁处，而座落在静安寺附近的百乐门无疑是最亮的所在。

——蒋为民《时髦外婆：追寻老上海的时尚生活》[40]

百乐门，英文名 Paramount Hall，因其豪华的设施和优雅的氛围而享誉沪上，号称"远东第一乐府"。用当年光顾百乐门的"老克拉"的话讲，"百乐门当然是 First Class，百乐门那时的 Class 不亚于纽约、伦敦歌剧院的跳舞厅，大家是平起平坐的"。

百乐门舞厅建于 1931 年，由前清邮船部尚书盛宣怀的第七个女儿"盛七小姐"盛爱颐和她夫君庄铸九出资 60 万两白银，请当时最负盛名的设计师杨锡镠负责设计，历时一年多才竣工，建筑式样是三十年代国际流行的 art deco（阿黛可），时髦新潮。上海《申报》曾出四个版面专门介绍，1934 年第一期的《中国建筑》杂志也作了大量图文报道。尽管在百乐门之前，上海已有多个高档交谊舞厅，只有到百乐门的出现，才将上海舞厅业推向了顶峰。这里，少帅张学良时常光顾，陈香梅女士和美国飞虎将军陈纳德订婚仪式在这里举行，浪漫诗人徐志摩更是这里的常客，连美国著名影星卓别林夫妇访沪也慕名来这里下池起舞。

当时的上海，跳交谊舞已成为上流社会的一种时尚，也是豪门名流留恋的娱乐场所，这从报纸、流行杂志和卡通画上都能看出来。画家叶浅予、张乐平的笔下，都曾出现过为数不少的舞厅和舞女题材。就连在一些民众使用的日常生活用品的包装设计上也能经常见到。当年上海中国火柴厂就生产过一款"跳舞牌"

▲图15、"跳舞"牌火柴
中国火柴公司出品

火柴，（见图15）上市后，在上海滩销得十分红火，尤其是一些经常出入舞池的时髦男女，口袋和提包里是必备"跳舞牌"火柴的，用它在舞厅里浪漫地吸烟点火。这盒"跳舞牌"火柴，商标上绘一对男女在华丽金色的背景下，翩翩起舞。"跳舞火柴""上海中国火柴公司制""MADE IN CHINA"三行文字斜竖在男女舞伴的身前旁后，衬出

"跳舞"的动感和音乐节奏感。画面上，男士西装革履，梳着光滑的中分，系上领带，一副绅士派头，舞女则脚蹬高跟鞋，烫着时髦的长波浪，身一袭浅色短袖开衩旗袍，尽显少妇摩登韵味。绅士右手搂着杨柳细腰，左手牵扯少妇白嫩纤滑的玉臂，少妇则拥依在男士怀里，上身后倾脸上仰，将舞女的身段曲线和妖媚温柔，优美展现，让人如痴如醉。

百乐门舞女的倩影经常出现在上海的书报杂志上，当时的舞女也是一个正当的职业，有自己的舞女工会，舞厅里有舞女大班，一般都是男性担任，也就是现在所谓的调度员。在百乐门所有舞女当中，在上海滩名气最响的莫过于陈曼丽，她被中国实业银行总经理刘晦之所相恋。著名散文家、翻译家梁实秋的妻子韩菁清曾是百乐门的"一代歌后"而成为"大众情人"。著名剧作家曹禺的名剧《日出》，据称也是以百乐门舞厅的舞女为范本编写的。总之，百乐门的传奇不仅仅在于周璇、白光、吴莺莺这些耀眼的大明星，时常来到百乐门跳舞娱乐，它还诞生了中国第一支爵士乐队——金大班乐队。正是这支乐队，才有了白先勇的小说《金大班的最后一夜》，而这部小说终于让传奇的百乐门舞厅成为经典，流芳不朽。

上世纪三十年代的都市摩登女性，不再守于闺阁，她们需要呼吸户外的新鲜空气和享受明媚的阳光，在城市现代化文明的公共场所展现女性的魅力和风采。1906 年上海出现了第一次女子运动会，参加运动会成为新知识女性的标志。有一篇《摩登妇女的装饰》文章，指出摩登女性"真正的美观，还是在于康健身体，和丰满的肌肉"。[41]在《新女性的两大训练》一文中，更指出女性的一项重要训练就是体力。它说："无论我国的女子，怎样学时髦，穿高跟鞋，但总有弱不禁风的缺点。病态美是一向给我们的称呼。林黛玉式的女子是我们的耻辱。现代人如果没有刚强的体格，便不会有远大的目光和伟大的希望"。[42]由明星黎莉莉女性主演的电影《体育皇后》播出后，摩登女性开始注重运动，锻炼身体，以达到健美乃至更高境界。当 1933 年中国举办全国运动大会，黎莉莉穿上新制的钉鞋出现在运动赛场上时，一个摩登女性的健美形象可以说是淋漓尽致公诸于社会。除了黎莉莉之外，当时有"美人鱼"

之称的游泳健将杨秀琼小姐，因她优美的泳姿和健美的身段出众迷人，而经常被特邀在公众场合主持上海重要活动的剪彩典礼。无论是电影、《良友》时尚杂志以及现实生活中，运动型女性无疑建立了另一支摩登女性的新形象，并在上海的城市文化中占有重要的地位。

近代海上广告商标画家，不仅实现了自己的商业宣传目的，还潜移默化地推动了上海妇女解放运动的步伐。女子公开从事体育运动，不但迎合了中国市场营销的审美趣味，而且这种形象也是新文化运动在视觉表现上更适应都市大众的口味。众多企业商家纷纷看中这一表现题材，推出众多表现妇女体育运动项目的广告商标。上海中国火柴公司印制的"健美牌"火花（见图16），一位年轻美貌的时尚女子，面带微笑，轻松自如地穿着红色泳装，凸出丰满的乳胸，圆润的臀部，健美的四肢，静静地坐在河旁绿茵上，洋溢出青春女性健康活力，风韵楚楚。客观而言，"健美"火花的表现艺术，将年轻女子的青春气息和表现体育相结合，对当时妇女的解放起着不可忽视的感召作用。在这种商标图案易于接受的同时，商家产品的知名度也随着市场的逐渐扩大，产品的销售量也会直线上升。随之，商标的广而告之效应，让社会上更多的年轻女子甚至已婚妇女，开始仿效广告商标上宣传崇尚运动的时尚女性，使体育运动渐渐成为海上女性的时尚。

▲图16、"健美"牌火柴 中国火柴公司出品

（七）都市里的乡村摩登

［清咸丰末年至至民国九年前后，上海金山县张堰地区］农耕女纴，兼工针黹，商贾安业，风气称朴。辛酉（1891年）兵燹后，礼趋于简，习渐侈靡，非复昔比矣。昔时……商贾不衣锦，中产家妇女无金珠罗绮，士大夫一筵之费不过一、二千钱；今则无论士庶舆台，但力所能为，衣服宴饮，越次犯分不

为怪。

——姚裕廉、范炳垣修辑：金山县《重辑张堰志》[43]

在我们研究上海的近代化时，实际上也就是研究所谓租界的近代化，至于上海县城及周边大部分乡村是不在范围之内的。上海商埠崛起后，构成上海周边近郊经济基础影响最大者有三：一是租界的出现；二是机器工业的诞生；三是洋货的大量进口。尤其是洋货的大批输入，开拓了上海的市场，并促使其周围农村地区自然经济的瓦解，同时也必然刺激该地区民族手工业的崛起。

上海开埠后不久，在道光二十四年（1844年）就有上海"阳和"商号进口"洋火"的记录，至光绪十二年（1886年）租界商埠"均有市者"，其间隔近半个世纪。尽管在光绪三年（1877年）上海就已经诞生了我国第一家民族火柴手工业——上海制造自来火局，上市的"马牌"火柴还在《申报》上不停地做广告，[44]但就事实而言，"洋火"在相当长一段时间内还是上海市场竞争的"主角"。也就是说我国民族火柴业在这个城市中的起步和进程都是十分艰难的。直到1930年刘鸿生创办上海大中华火柴公司。民族火柴才在"十里洋场"与"洋火"平分秋色。

十九世纪中叶，上海农村还是沿用敲石取火，"光绪乙未（1895年）、丙申（1896年）之际，始改用火柴，俗称'自来火'，为欧洲之输品"。[45]当"洋火"在农村地区"渐推渐广，已成人家通用之物"后，[46]上海民族火柴业为振兴国货，挽回利权，开始实施"从农村包围城市"的发展战略，避开"洋火"占据的都市，利用广大农村的廉价劳动力和边缘广阔的农村消费市场，立足开拓自己的企业和品牌。1911、1916年民族资本家邵尔康在上海浦东烂泥渡、陆家渡两处先后开设了两家荧昌火柴厂，火柴盛销于长江一带及广东、福建等省。1920年神户华侨办庄陈源来携资回沪，择地上海南汇县周浦镇创设中华火柴厂，仿制东洋火柴，行销于江苏及安徽两省。1929年高崧甫在浦东六里桥创办大华火柴厂，并在金汇桥、南大桥、刘家行、萧塘、油车桥、丁家桥、北部桥戚志堂成立手糊火柴盒手工业，按当时每万工资为米价八升左右计，每年共糊火柴盒

176

约 16800 万盒，共计值米 1300 石左右。[47]对于平民生计，关系甚巨。1930 年"火柴大王"刘鸿生将苏州火柴生产基地移至大上海，组建同业火柴托拉斯，以"大中华火柴公司"名义，将这艘"航母"挺进租界，掀开了上海近代民族火柴工业走进辉煌的新篇章。以上几家企业最终随着企业的发展，其知名度和产品也在上海周边广大的农村地区生根开花，找到了市场。

上海城市的近代化，也加快了周边乡村地区自然经济的瓦解和商品经济的腾飞。如机制品"洋火"取代农村传统的手工业品火镰火刀。在"洋火"这种商品输入的同时，漏卮的扩大又势必刺激本地区国货工业的觉醒，促使民族火柴工业在周边农村纷纷崛起。如奉贤北部农村大规模出现的手工糊火柴盒新式手工业，让"该处附近农村妇女亦勤于纺织，兼糊火柴盒为主"。[48]这种"该地区农民之特长"，多少也推动了大都市周边乡村的社会经济生活的变革。如《重辑张堰志》中所提到的，清咸丰、同治、光绪到民国三十年代，当地乡民衣饰屡变等，即是如此。

当火柴从开放的租界，走进近郊农村寻常百姓家庭，成为"人家通用之物"时；当民族火柴工业的创办，都将立足点放在租界以外的周边农村，并将火柴消费市场和客户锁定在上海城市以外的广大"乡村集体"时，势必在国人生产的火柴盒上出现符合这个"乡村集体"口味的品牌商标，而上海周边地区农妇村姑所特有的乡村摩登形象，自然会进入火柴商标设计者的视野，呈现在火柴盒上，而这种商标一定是适合时宜的。当印有这种"乡村摩登"图案内容的火柴，投放到城市以外的农村消费市场，势必会受到人们十分的宠爱，并让人乐意购用。

江南水乡，风景如画。"江南好，风景旧曾谙，日出江花红似火，春来江水绿如蓝，能不忆江南？"说的就是江南景致美丽而诱人。事实也如此。在每个季节，江南都有不同亮丽的风景线。从清明前后的采茶（见图17)，春季的采桑，八月的采莲（见图18)采荷（见图19)、采菱，秋季的采菊（见图20、21)，到一年四季的采花（见图22、23)，都勾勒出不同时节的江南风俗。

"采"字系列的火花，在民国时期民族火柴工业商标设计上，形成一个系统的特色。这些火花上的乡村女子，十分质朴地传承了中华五千年农耕文化中女性的勤劳和美丽，从她们的肢体语言中透出一种有别于都市女性的魅力，完完全全地流露出一种只属于她们自己的乡村摩登。

采莲（荷)，是江南的旧俗，盛于六朝。花开季节，一望无际的荷塘，娇羞的荷花，清远的荷香，让你魂牵梦绕。清纯的小女子，荡着小舟，轻吟着艳歌，她们欣赏着岸上的景致，同时，她们自己也成了岸上人欣赏的焦点。那是一个热闹的季节，也是一个风流的季节。采莲不仅仅是采摘莲子，也是一出俊男倩女嬉戏幽会采摘爱情花果的游艺。南朝乐府有诗歌云："采莲南塘秋，莲花过人头；低头弄莲头，莲头清如水"。通过采莲场景暗示农家女子对心上人的思念情愁。"采荷牌""采莲牌"火花分别为上海大中华火柴公司光华厂、明明火柴厂、光华火柴厂三家印制。从这三枚商标上女性的发式和服饰看，反映了近代上海周边农村女性审美理念的"三步曲"。从大中华光华厂的"两截穿衣，三绺梳头"，到明明厂的旗袍、短发，再到光华厂的无袖旗袍、披肩"长波浪"，它无不说明，风气初开之后，伴随乡村女性自我意识的觉醒，对服饰和发式的要求也与时俱进，有了翻天覆地的变化

▲图18、"采莲"牌，刘鸿生兼并杭州光华，成立上海大中华火柴公司杭州光华厂。

177

▲图17、"采茶"，高崧甫1929年
创办上海大华火柴公司

▲图18、"采莲"，上海光华火柴公司

▲图20、"采菊"，何瑞年1945年
创办上海瑞明火柴公司

▲图19、"采荷"牌：戴钦才1947年创办上海明明火柴公司

▲图21、"采菊"，张九令1945年创办上海瑞士火柴公司

▲图23"采花"，刘鸿生1930年创办上海大中华火柴公司

▲图22、"采花"牌：叶澄衷1890年创办上海燮昌火柴公司

▲"并蒂莲"：上海国泰火柴公司

（八）早期集花是一种时尚

珍藏火标：集火柴商标之兴味，不减于集邮，日人嗜之者尤众，尤者每枚须日金十余，华人中以孙六一君收藏最富，左图即其一斑（鹤赠）。

——1931 年 5 月 3 日上海《新闻报·图画附刊》广告

这是 1931 年在上海报纸上刊登的一则集火花广告，同时配文附有六枚珍品火花。想引起读者注意的是，我们不必追究这位孙六一先生，是否是上世纪三十年代我国集花界的"收藏最富"者，倒是这则集花广告说明了我国民间集花活动，至少在八十五年前就已经在上海出现了。本篇"海上花"，前面讲的多是"海上美人花"，最后想怀旧一下"海上花"中的"海上火花"。

在日本，火柴商标称之"磷票"（相对邮票而言）。抗战之前，一些在沪日商企业和洋行的职员，工作之余，大量收集中国的火柴盒商标，这种爱好给国人有所影响。我们早期称火柴盒商标为"火标"。至于"火花"一词，这个雅称起于何时何人，现暂无从备考。据说，是从"火树银花"一词中提取而来的。

迄今我们熟知，中国早期推动收集火花这项活动的启蒙者有钱化佛、朱其石、徐卓呆、梅兰芳、胡适、郑逸梅等一批海上文化人。他们见微知著，情有独钟，集有所成，将火柴盒贴上所蕴含的政治、经济、文化和艺术元素，弘扬于社会，使集花风尚在沪上蔚然成风，时至今日仍方兴未艾。

钱化佛，中国第一代电影明星，参加过辛亥革命，是上海最早收藏火花的鼻祖，被称之"收藏历史的人"。抗战寓沪期间，将收集的火柴商标根据画面内容，组编火花专题集，影射日寇侵华，称日本侵略者"玩火必自焚"。1950 年 9 月在沪举办我国首次火花展，梅兰芳加盟参展。

徐卓呆，文学家。他于 1923 年 5 月在上海《小说月报》刊登广告，公开向社会征集火柴商标。他以新出的《小说月报》杂志，交换人家用之弃之的空火柴匣，这让当时沪上的人都觉得是一桩新鲜事，误认为他确实有点"呆"。目前已无法知晓，他当时居住的上海闸北宝山路鸿兴坊 128 号呆庐，究竟征集到多少枚火柴商标。

胡适，近代著名学者。其旅居美国八年，在公开社交场合，常自诩"火柴盒贴收藏家胡适"，并印上有这个头衔的名片，经常散发。这位一生获得 26 个半博士学位的大学者，居然被当时的火花"发烧友"加封了一个头衔——"火花博士"。

梅兰芳，著名京剧表演艺术家。他每次出国访问演出、学术交流之余，钟情异国精美的火柴盒贴画收集，不断积累达 3000 多枚，常在茶余饭后拿出来欣赏把玩，有客人朋友抵寓，还与人一起分享。梅兰芳病重后，他把这些凝聚着自己心血的火花，全部赠送给了"花友"马彦祥，一时成为花坛佳话。

……

正因为有他们一群文化人热衷于火花的"芬芳"，才有今天争奇斗艳、百花齐放的"火花"大观园。有了他们对"火"的万般情结，才有今天赏"花"的美丽语言。

今天，当我们有缘解读海上这一枚枚已逝年代的丽人火花，和一张张火柴广告月份牌，就像又划燃一根根火柴，闪耀出一个个瑰丽而深邃的窗户，照亮往昔被人们不经意或淡忘的那段历史和生活。海上美人"花"，就是一扇扇反映上世纪二三十年代上海摩登女性历史和生活的窗户，透过里面的景致，给读者带来文化和艺术的享受，历史和社会的思索……

注释

【1】素素《前生今世》，南海出版公司 2003 年 4 月版，前言："城市，女性，以及一种生活"。

【2】魏可风《张爱玲的广告世界》，文汇出版社 2003 年 9 月版，第 117~118 页。

【3】王庆成《稀见清世史料并考释》，武汉出版社 1998 年 7 月版，第 20 页。

【4】《文物》，1962 年第 9 期，转引王贵忱、刘顺卿编著、王蓁青校订《中国早期火柴工业及商标》，1963 年 1 月 30 日初版（刻印本）。

【5】《领事麦华陀 1869 年度上海港贸易报告》（1869 年 4 月 20 日于上海），李必樟编译、张仲礼校订《上海近代贸易经济发展概况：1854-1898 年英国驻上海领事贸易报告汇编》，上海社会科学院出版社 1993 年 6 月版，第 168 页。

【6】《总领事许士 1886 年上海贸易报告》，李必樟编译、张仲

校对一书，第 745 页。

【7】（日）山下直登《形成期的日本资本主义》，第 95-100 页（书中还列举了一长串在神户和大阪的中国商号名称，详见第 96-97 页，表二，表三），转引《上海研究论丛》第三辑，（美）高家龙《进入上海租界的三条道路：1895-1937年火柴业里的日本、西方和华资公司》，上海社会科学院出版社 1989 年 3 月版，第 221 页。

【8】《申报》，1878 年 1 月 19 日祥和丰洋货号广告：《专办东洋自来火》。

【9】《山本条太郎传记》（山本条太郎翁传记编鉴记，1942 年），转引（美）高家龙一文，《上海研究论丛》第三辑，第 117-118 页。（注：此人后在南满铁路担任总裁，在日本侵占东三省实行殖民统治中充当重要角色。）

【10】李鸿章致总理衙门《议制火柴》函，光绪十七年七月二十五日（1891 年 7 月 30 日），转引《李文忠全集》（译署函稿）第二十卷，第 21 页。

【11】黄福山《解放前广东火柴工业概貌》（1964 年），《广东文史资料》第二十八辑，广东人民出版社 1980 年 9 月版第 162 页。

【12】有关述及上海东洋庄及日本华侨办庄，请参见上海社会科学院经济研究所、上海国际贸易学会学术委员会编《上海对外贸易》（上册），上海社会科学院出版社 1989 年 11 月版，第 499-532 页；张仲礼主编《东南沿海城市与中国近代化》，上海人民出版社 1996 年 7 月版，第 421-431 页；罗晃潮《日本华侨史》，广东高等教育出版社 1994 年 12 月版，第 196-235 页；池步洲《日本华侨经济史》，上海社会科学院出版社 1993 年 7 月版，第 139~179 页；童玉民《日本神户华侨史》，《天津文史资料选辑》第十七辑，天津人民出版社 1981 年 11 月版，第 196~197 页。

【13】《领事哲美森 1893 年度上海贸易和商业报告》，李必樟编译、张仲礼校对一书，第 842 页。

【14】许敏《士·娼·优：晚清上海社会生活一瞥》，上海研究中心、上海市地方志办公室编《上海研究论丛》（第九辑），上海社会科学院出版社 1993 年 8 月版，第 37 页。

【15】Lanning and Couling: A History of Shanghol, Vol·P26·Shanghi, 1923，转引许敏一文《上海研究论丛》（第九辑）第 37 页。

【16】黄式权《淞南梦影录》，卷一，转引许敏一文，《上海研究论丛》（第九辑）第 38 页。

【17】许敏《士·娼·优：晚清上海社会生活一瞥》，《上海研究论丛》（第九辑），第 38 页。

【18】陈伯熙《老上海·小报之原始》，上海泰东图书馆 1924 年 2 月版，转引许敏一文，《上海研究论丛》（第九辑）第 43 页。

【19】陈伯熙《上海轶事大观》"妓女沿革考略"，上海书店出版社 2006 年 6 月版，第 401 页。

【20】徐珂《清稗类钞·娼妓类》，中华书局 1986 年 7 月版，第 5149 页。

【21】素素《前世今生》，南海出版公司 2003 年 4 月版，第 28 页。

【22】素素《前世今生》，南海出版公司 2003 年 4 月版，第 20 页。

【23】卓影《丽人行：民国上海妇女之生活》，古吴轩出版社 2004 年 6 月版，第 69 页。

【24】（美）李欧梵《上海摩登：一种新都市文化在中国 1930-1945》，上海三联书店 2008 年 6 月版，第 69 页。

【25】李超《上海油画史》，上海人民美术出版社 1995 年 11 月版，第 17 页。

【26】李超《上海油画史》，上海人民美术出版社 1995 年 11 月版，第 20 页。

【27】李超《上海油画史》，上海人民美术出版社 1995 年 11 月版，第 20 页。

【28】林家治《民国商业美术史》，上海人民美术出版社 2008 年 1 月版，第 33 页。（注：之前，中国年画史研究专家王树村先生曾考证，1896 年上海四马路洪福来吕宋大票行印发的《沪景开彩图》中西月份牌为国内月份牌之滥觞。）

【29】步及《月份牌画和画家郑曼陀先生》，转引林家治一书，第 94 页。

【30】杰·莱达《电影：中国电影和电影观众之观察》，剑桥、麻省理工学院出版社，1972 年，86 页，转引（美）李欧梵一书，第 106 页"注释"。

【31】魏可风《张爱玲的广告世界》，文汇出版社 2003 年 9 月版，第 3 页。

【32】于谷《上海百年名厂老店》，上海文化出版社 1987 年 7 月版，第 27 页。

【33】上海社会科学院经济研究所编《刘鸿生企业史料》（中册），1931—1937 年，上海人民出版社 1981 年 8 月版，第 147-148 页。

【34】林升栋《中国近现代经典广告创意评析：〈申报〉七十七年》，东南大学出版社 2005 年 3 月版，第 92 页。

【35】（美）李欧梵《上海摩登：一种新都市文化在中国 1930—1945》，上海三联书店 2008 年 6 月版，第 105 页。

【36】赵琛《中国广告史》，高等教育出版社 2005 年 10 月版，第 260 页。

【37】林剑主编《上海时尚：160 年海派生活》，上海文化出版社 2005 年 2 月版，第 136-137 页。

【38】林剑主编《上海时尚：160 年海派生活》，上海文化出版社 2005 年 2 月版，第 137 页。

【39】林剑主编《上海时尚：160 年海派生活》，上海文化出版社 2005 年 2 月版，第 142 页。

【40】蒋为民主编《时尚外婆：追寻老上海的时尚生活》，上海三联书店 2003 年 8 月版，第 211 页。

【41、42】卓影《丽人行：民国上海妇女之生活》，古吴轩出版社 2004 年 6 月版，第 42 页。

【43】姚裕康、范炳垣修辑：金山县《重辑张堰志》，转引黄苇、夏林根编《近代上海地区方志经济史料选辑》，上海人民出版社 1984 年 6 月版，第 345—346 页。

【44】1877 年 12 月 11 日《申报》，上海制造自来火局广告《自来火出售》；1878 年 1 月 19 日《申报》，上海制造自来火局广告《搜买自来火空匣》；1878 年 2 月 19 日《申报》，上海制造自来火局广告《自来火零趸发卖》；1878 年 4 月 6 日《申报》，上海制造自来火局广告《自来火减价》等。

【45】《嘉定县续志》，卷五，风土志，风俗，转引黄苇、夏林根一书，第 343 页。

【46】《南汇县续志》，卷十八，风俗志一，风俗，转引黄苇、夏林根一书，第 342 页。

【47】《奉贤县志稿》，卷十，实业史料，转引黄苇、夏林根一书，第 89 页。

【48】《奉贤县志稿》，卷二十八，农民生活之演进，转引黄苇、夏林根一书，第 339 页。

▶ 张謇（1853-1926）
中国末代状元，近代著名实业家，主张"实业救国"。
1918年创设南通通燧火柴厂。

▲ 阎锡山（1883-1960）
山西督军兼省长。1933年8月1日组织西北实业公司，同年4月1日成立西北火柴厂。

▲ 倪嗣冲（1868-1924）
皖系军阀，安徽督军。倪氏家族与孙氏、周氏家族合称为安徽三大家族。
1918年组创天津丹华火柴公司。

▲ 刘鸿生（1888-1956）
中国近代实业家，被称为中国"火柴大王"、"毛纺业大王"等。
1930年创办上海大中华火柴公司。

二、证章上的上海火柴工业史拾零

　　火花玩了数十年，自我感觉还很欠缺，真是集不胜集！眼下收藏大势火热，玩的人多了，有钱的人比比皆是，凭自己的水平与实力，要想在收藏上"大展宏图"还真不容易。

　　在下主集民国时期上海一隅发行使用的老火花。前些年尚觉得心应手，如今难矣！好在思路决定出路。

　　尽管这两年在上海老火花收集方面步履艰难，但围绕火花以外的有关火柴工业史方方面面的收藏，我还是一贯予以重视的。比如反映火柴工业历史的厂史文献、股票、章牌、证件、广告宣传品、老照片之类等等。

　　因为如此，我在集花之途上从不觉得寂寞，时有惊奇发现和意外收获。时间长了，玩得也杂了，东西也多了。待整理和研究后，却发现还真是"条条道路通罗马"，对我主攻火花收藏与研究大有裨益。不仅能拾遗补缺，为火花历史提供佐证和注释；还能触类旁通，为火柴工业史研究提供便利和捷径。寻寻觅觅，数十年下来，仅火柴章牌就收集了50多枚。功夫不负有心人。真是有心栽花花不开，无心插柳柳成荫。不知一些集花高手在勇攀火花之"巅"的间隙，能否考虑一下笔者的集花模式和思路，对你集花是否有所启迪和借鉴，让你也由单一收藏改为综合收藏，而不是一味地除了"花"别无所"爱"。总之，拙文只是抛砖引玉，但愿同好们集有所成，八仙过海，各显神通。

以下我将自己收集的火柴证章拿出来晒一晒，尽可能一"章"一"花"相配之，让你在花径漫步中细细品赏。

● 大中华火柴公司苏州鸿生厂

大中华火柴公司苏州鸿生厂这块招牌是1930年上海大中华火柴公司成立后挂起来的。其前身是苏州华商鸿生火柴公司，系刘鸿生于1920年11月择址苏州胥门外沿城濠一手创办的。这是"火柴大王"刘鸿生创办的第一家民族火柴企业，并由此一步步发展壮大，最终登上"火柴大王"的宝座。刘氏投资众多实业，为何首先选择投资火柴业，其因有四：一、其妻叶素贞是上海老牌火柴厂——燮昌火柴厂创始人叶澄衷的侄女、现任老板的千金，他与该厂总经理叶世恭是翁婿关系，因此与火柴业有一定的联系；二、火柴乃日常生活必需品，对国计民生关系甚大，况投资小，风险亦小，属本小利大之产业；三、刘鸿生系煤炭"跑街"出身，因推销煤炭关系与苏州电灯厂有深交，有这人脉关系，故择址苏州创业；四、上海是中外火柴厂商必争之埠，初创择址上海外围，乃是刘氏避重就轻的

▲ 华商鸿生公司"鸡"牌火花

▲ 大中华火柴公司苏州鸿生厂工友入厂证章

经商谋略，以便他原始资本积累再发展壮大。

● 华昌火柴梗片厂

华昌火柴梗片厂由邵尔康（上海荧昌火柴厂创始人）、王怡和等合伙于1914年组织成立，设厂于浦东董家渡华昌路41号。1946年8月公司改组为有限公司，由邵尔康儿子邵修善（上海大明火柴厂经理）出任经理。该厂专以制造火柴梗片为营业，出品大多供售上海大中华、大明两家火柴厂，有多余则再售予本市中国、大华、大中等火柴厂。因资本家邵修善解放后逃亡美国，工厂职工为进行自救，于1950年5月成立"华昌火柴梗片厂职工生产维持会"，由于政府的大力扶助和职工艰苦维持生产，次年便走出困境，全年结算盈余达17336余元。1958年1月，华昌厂转业改组为上海市塑料制品二厂。

◄ 华昌火柴梗片厂职工生产维持会证章

● 大中华火柴股份有限公司

刘鸿生苏州火柴业的投资成功，使他有了"农村包围城市"的欲望。1930年5月刘氏为了抵制瑞典火柴托拉斯在华势力的垄断扩张，开始把他的火柴业投资的重心从农村移至城市——上海。他将苏州鸿生、上海荧昌、周浦中华三家火柴公司合并，联合组成上海大中华火柴股份有限公司，自任总经理。是年又收买汉口燮昌、并进九江裕生、收购扬州耀扬、承租芜湖大昌等多家火柴厂，同时追加了华昌梗片厂、炽昌新牛皮胶厂的股份投资，自设浦东东沟梗片厂，至1934年兼并杭州光华厂，几年间，一下子使"大中华"成为中国民族火柴业的"霸主"，牛气冲天，能与瑞典、日本在华火柴企业相抗衡。刘鸿生在将"大中华"这个品牌做大、做强的同时，亦十分重视企业文化的打造，这枚大中华火柴公司乒乓队锦标赛纪念章即是反映当年企业文化的缩影和物证。刘氏早年曾捐资创办定海公学（今舟山中学），也为刘氏企业输送了不少有用人材。

▲大中华火柴公司"上海"牌火花
▶大中华火柴公司乒乓球队锦标赛纪念章

▲大中华火柴公司职工证章
▶大中华火柴股份有限公司珐琅章牌

● 大中国火柴股份有限公司

1937年"八一三"淞沪战役打响后，"大中华"直接受损达3000余万元。上海沦陷后，刘鸿生将火柴产业移至外埠，于1939年6月6日在香港坪洲岛创办了大中国火柴股份有限公司，由刘鸿生、中国国货银行、香港火柴同业和大中华火柴公司四方投资，刘与大中华占股份49%，总投资为30万元港币。

◀大中国火柴有限公司"九龙"牌火花

▲大中国火柴股份有限公司
工友入厂证章

▲大中国火柴股份有限公司证章
背面："香港大道中大生老金铺制"、"工字"、"第0812号"

● 镇江磷寸工场

镇江磷寸工场的前身系镇江上海荧昌火柴厂，由上海资本家邵尔康托其同乡李皋裕于1920年投资创办，资本20多万元，厂址在镇河西岸。邵氏之前于1911年6月在上海浦东烂泥渡开设荧昌一厂，专制红头火柴；1916又设荧昌二厂于浦东陆家渡，专门生产黑头安全火柴；镇江是邵氏开办的第三家火柴厂。1930年镇江荧昌火柴厂并入刘鸿生"大中华"。1937年镇江沦陷后，先被日寇镇江宣抚班霸占，改名"镇江磷寸工场"，1943年后又被敌伪华中火柴股份有限公司侵占，由日人任厂长。1946年8月恢复生产。1955年4月，上海周浦中华火柴厂迁入该厂。1956年1月实行公私合营，正式改名为镇江火柴厂。随着今日"镇江"厂的歇业，近来收藏品市场流出了不少该厂档案中保存的当年上海中华火柴厂的档案资料和实物。

▲公私合营镇江荧昌火柴厂
"上海"牌火花

▶镇江磷寸工场女工入场证章（银质）
背面款："京口（镇江别称）宝霞"银楼制

● 刘鸿生"企业大楼"

刘鸿生（1888-1956年），浙江定海（今舟山）人，早年在上海圣约翰大学肄业。上世纪三十年代刘已经在上海滩大名鼎鼎，成为一位著名民族资本家。刘鸿生的企业大楼今天仍竖立在四川中路上，成为上海一幢比较经典的老建筑。1930年刘氏以86万两规银在四川中路建成这幢8层高的办公楼，取名"企业大楼"。他将自己各个主要企业的事务所，都集中到这幢大楼

▲大中华火柴公司出品的广告火花
▶企业大楼出入证

中,以便他加强调控和管理。二、三楼是开滦煤矿上海售品处和刘鸿生办公室,四楼是水泥、码头、华东煤矿公司,五楼为大中华火柴公司和章华毛纺织厂,七楼是帐房、刘氏其他中小企业、保险公司、律师事务所和医务室,八楼是刘公馆。他以新建的"企业大楼"向上海商业储蓄银行押款100万元,作为创办企业银行的资本,于1931年12月将企业大楼底层作为中国企业银行行址,正式向社会开业。开业额定股本200万元,实收半数。

● 中华码头公司

中华码头公司是1927年间由义泰兴码头改组而成,共计仓库十二座,总面积4万多平方米。1928年5月核准注册,当时注册资本为30万元,刘鸿生任董事长,陈耕莘任总经理。公司当时建造了能停靠万吨巨轮的三座码头,成为华商码头中最大一家。

◀中华码头扛驳股份有限公司证章("工目")

● 章华毛绒纺织厂

前身系上海总商会副会长、著名丝商沈联芳等人创办的中国第一毛纺织厂。1928年10月,刘鸿生将已经歇业的这家企业购进,把企业机器设备拆迁至浦东周家渡中华码头,创办了章华毛绒纺织厂,自任董事长,聘程年彭为经理,于1930年正式开业,生产粗纺呢绒,成为当时上海唯一一家呢绒生产民族企业。1933年,章华厂号召国人铭记"九一八"事变,勿忘国耻,购用国货,

▲大中华火柴公司出品的广告火花

▶章华毛麻纺织厂证章

抵制日货竞销,向市场投放了"九一八"牌薄哔叽呢,受到市民踊跃认购,而成为沪上一段佳话。"九一八"牌薄哔叽呢因此也成为近代商界一个著名品牌。

● 上海炽昌新牛皮胶股份有限公司

"炽昌新"公司成立于1928年8月,由吴蕴初(日后的"味精大王")、刘鸿生、施耕伊等人创办。这是中国第一家牛皮胶生产企业。厂址初设于上海南市外日晖桥日晖东路685号,后又在中正西路(今延安西路)1448弄191号开设新厂,注册商标是八角形里一"炽"字。牛皮胶是火柴制造用于火柴枝头上磷的粘合胶,当年沪上大多民族火柴厂家所需的这个原料基本上皆依赖进口,是火柴制造不可或缺的主要原料。

◀上海炽昌新牛皮胶股份有限公司证章

● 火柴专卖公司

国民政府抗战期间一度迁都重庆,为适应战时供需,除重要物资实施管制外,国民党对盐、糖、火柴和烟类4项日用必需品还实行专卖。1941年国民政府组成国家专卖事业设计委员会,并在财政部增设专卖事业司。1944年后,该实施未见奏效逐渐取消了上述四项的专卖制度。刘鸿生一度担任重庆国民政府"火柴专卖公司"(后改为火柴烟草专卖局)总经理。火柴专卖开始在各省推广后,共设有分公司13处,办事处40多处。

▶火柴专卖公司证章

● 上海美光火柴公司

"美光"厂前身系日商燧生火柴公司(创建于1920年),属日本东洋磷寸株式会社管辖,厂址在上海周家

桥（今光复西路 2521 号），1928 年 6 月 18 日被国际火柴托拉斯瑞典火柴公司收买，委托由该公司 1915 年来沪开设的分销机构——瑞中洋行出面管理，公司资本在美国注册，起初仍沿用燧生火柴厂招牌经营，后改名瑞商美光火柴公司。1941 年 12 月被侵华日军掠夺，归日商中支那振兴株式会社经营。战后"美光"回归继续经营。1951 年 4 月 19 日上海市政府对其宣布军事管制，后将其全部资产以承租方式进行接管，于 1953 年 8 月 10 日成立地方国营上海华光火柴厂。1958 年 6 月大中华火柴公司上海荧昌厂并入华光厂。1966 年正式更名为上海火柴厂。

▲美光火柴公司"福寿"牌火花

▶美光火柴公司证章

上海火柴梗片产业工会证章

● 上海大明火柴厂

大明火柴厂创立于 1933 年，厂址在龙华济公滩 40 号。创办人邵修善乃上海荧昌火柴厂创始人邵尔康之子，其父于 1925 年去世时他才 14 岁，1930 年荧昌厂被"大中华"兼并，一心想子承父业的他，19 岁复旦实中毕业后，去沪江大学上了两年夜校，22 岁即着手创办了大明火柴厂，让先父一生钟爱的火柴事业后继有人，再度复兴。大明厂与上海协昌缝纫机厂毗邻，1957 年 12 月 19 日为响应支援缝纫机工业生产发展需要，两厂合并，成为新中国规模最大的一家缝纫机生产厂家——上海协昌缝纫机制造厂。

▲大明火柴公司"南京"牌火花

▶大明火柴厂证章

● 上海美大泰记火柴梗片厂

由上海正丰火柴厂业主徐日廑于 1947 年创办成立，厂址在浦东周家渡胡家木桥 75 号，事务所开设在市内金陵东路 183 弄 8 号。美大厂是一家小型火柴梗片厂，其资产基本上由宁波正大火柴厂提供，由于厂小只能供应正丰火柴厂部分梗片。因该厂毗邻华昌火柴梗片厂，1956 年 6 月并入华昌厂，原"美大"厂房改建为华昌厂职工宿舍。

◀上海美大泰记火柴梗片厂证章

● 上海正丰火柴厂

正丰厂由宁波正大火柴公司经理徐日廑于 1943 年 12 月在沪成立，厂址先设在江苏路东诸安浜 300 号，后迁至斜土路平荫桥王家坟山弄 1076 号（关于该厂创办人详情请参见上海《大众收藏》2012 年 6 月第二期："《正丰火柴厂股东印鉴》收获与鉴赏"一文）。1958 年 4 月，正丰火柴厂转业，与王兴泰、大来、永秀斋及其代管厂共 25 家塑胶厂合并，在正丰厂原址成立上海塑料制品三厂。

▲正丰火柴厂"宁波"牌火花

▶上海正丰火柴厂证章

● 上海黎明火柴厂

由邓德清创办于 1944 年，厂位于中正西路（今延安西路）1215 号。1957 年上海黎明火柴股份有限公司改为公私合营黎明火柴厂。1958 年 3 月归入上海市体育文娱用品工业公司，该厂职工分批安排到玩具一、二厂和康元玩具厂，而市体育文娱用品工业公司将本市 9 家木制玩具小厂则合并迁入原黎明厂内，组建成中艺玩具厂。

▲黎明火柴厂"苏北"牌火花

▲上海黎明火柴厂证章

▲上海市黎明火柴厂职工业余学校校徽

● 大中火柴厂有限公司印章

这是一枚上海大中火柴厂的企业法人牛角章，刻制的十分精美漂亮。中间方块内刻"大中火柴厂有限公司之章"，外框边饰精刻文房四宝、琴棋书画之文雅图案，既美观，又兼带防伪。大中火柴厂创办于 1946 年 6 月，厂址在浦东塘桥，该厂专门制造乙级安全火柴，牌号有大中、前门、天坛、恭贺新禧等几种〈有关详情参见本书下篇第一章第一节第四小节"上海大中火柴公司"〉。

◀大中火柴厂"大中"牌火花

▼大中火柴厂有限公司牛角印章

● 上海瑞士火柴厂

从厂名看，瑞士火柴厂似一家外商企业，实质上是一家不折不扣的华资企业。瑞士厂由上海企业家张九龄创建于 1945 年，择厂址于徐家汇土山湾裕德路 98 弄内。1950 年 1 月该厂响应政府号召内迁南京，支援外地经济建设。

▲瑞士火柴厂"狮头"牌火花
▶瑞士火柴厂职员证章

● 远东火柴厂回单印章

上海远东火柴厂成立于 1945 年 11 月，厂址在愚园路 1423 弄，是一家弄堂小厂。关于该厂的情况知之甚少，仅知 1950 年 2 月该厂内迁至江苏泰州，厂址：苏北姜堰镇。不知什么原因，该厂迁至当地后，商标也已印出，最终该厂还是没有开出来。笔者藏有该厂在上海经营期间所使用的这枚回单牛角印章，上刻有"远东火柴厂回单"字样，字体工整，形制严谨规范大气，对研究该厂史况提供了一件不可多得的佐证实物，比较珍稀。

▲远东火柴厂"鲤鱼"牌火花

◀远东火柴厂回单印章

● 蚌埠市福昌火柴有限公司证章

成立于 1943 年的上海福昌火柴厂，1949 年 11 月从上海内迁至安徽蚌埠，并易名为蚌埠市福昌火柴有限公司。1954 年改名为蚌埠火柴厂。福昌厂早年使用的虎头老牌商标，后延续至蚌埠火柴厂使用，成为该厂的主打品牌，该商标驰名了 70 多年。

▲福昌火柴厂"虎头"牌火花

▶蚌埠市福昌火柴有限公司证章

● 周浦中华火柴厂职工会证章

工会是工人自己的组织，通过与资本家协商谈判，来争取工人们应该得到的民主权利和改善生活福利和劳动条件。在工会和资本家签订的协议合同中，一般都规定了以下内容：1. 厂方承认工会有代表工人的权利；2. 全体工人有参加市政集会和言论、出版、罢工的自由；3. 取消一切苛刻的工人规则，厂方不得打骂工人或滥罚工资，并无故不得开除工人，开除工人必须征得工会的同意……1930 年 7 月，荧昌、中华、鸿生三家火柴厂合并成立大中华火柴公司。上海荧昌厂工人从要求退职金开始，展开反压迫的罢工斗争。周浦中华厂工人积极响应，7 月 29 日 6 时半，首先由工会常委陈宝根等人率领全厂工人进行罢工。工会提出发给罢工期间工人工资及恢复本厂三位女工工作（该三位女工系罢工前被厂方以"不守厂规"为借口开除的）等十一个条件，并附带提出荧昌工会所要求的三个条件。

▲中华火柴厂"中华"牌火花

▶周浦中华火柴厂职工会证章

● 中国劳工协进社证章及社员证

上海解放前夕，上海各火柴厂的工会有不少被反动派封闭或解散了，有些被黄色工会所代替。1948 年 8 月，正丰火柴厂有外来人员进厂向不明真相的工人们介绍劳工协进社，随同一起来厂的有劳工协进社西区负责人茅金柞。正丰厂出面联系人是章荣高等人。茅金柞向工人们许诺，工友们入会后资本家就不敢随便开除工人了，出什么事协进会可以帮忙"搞定"。很多工人被忽悠信以为真，有不少人是稀里糊涂地被拉进去的，连自己也都不清楚。这里附图的正丰厂 15 岁女工陆招娣就是这种情况。9 月 3 日，茅金柞来正丰厂召开协进社成立大会，厂长徐廷宰也到会参加，工人们以为自己找到了依靠，但是不久劳工协进社就在工潮中彻底地暴露了其虚伪、丑陋的真面目。而工人们也失去了对他们的信任，与其彻底脱离了干系。

◀中国劳工协进社证章

◀中国劳工协进社社员证

187

● 新生火柴股份有限公司职员证

▲新生火柴股份有限公司职员证

这枚编号为12的"新生火柴股份有限公司职员证",持有人为该公司副厂长兼物料管理史美璋,颁证日期为1944年10月1日,有效期止于1945年9月30日。从"职员证"上的"地址上海金陵路20号、厂址南市花衣街98号"看,该厂随着业务的发达,事务所由开始时在金陵路20号,以后再移迁至福州路35号三楼的。这枚"职员证"品相保存的相当好,可能是持有人史美璋副厂长平时很少使用的缘故。因为进出单位副厂长可能不需出示证件。再则从证背的"持有人注意"中,"持证人退职时务须将此证缴由主管员送还总务处注销"。故该证亦可能上缴后作为企业档案被保存起来,因企业变迁后再流失散落于收藏市场。

▲新生火柴厂"新生"牌火花
▶上海火柴业分会新生厂支会证章

● 徐州新华火柴厂证章

徐州新华火柴厂,是上海新华火柴厂内迁过去的。上海新华火柴厂创办于1944年5月,厂址在斜土路1843号。新华厂是1955年1月迁至江苏徐州,新址择徐州镇平街120号。"泰山牌"为新华厂的著名品牌。

▲新华火柴厂"泰山"牌火花
▶徐州新华火柴厂证章(1951)

● 中国火柴工业协会

中国火柴工业协会成立于1984年11月,成立大会在武汉召开。协会专门设计证章用于协会会员佩带或纪念珍藏。该证章形制看似十分普通,但笔者对它珍惜爱之。1998年10月30日至11月3日,中国火柴工业协会四届三次理事会议在广西北海召开,经常务理事会议讨论通过,转发了轻工日化火字[1998]13号《关于批准入会通知》:"经审查批准,接纳黄振炳(本书作者)先生为中国日用化工协会火柴分会的个人会员;咸远火柴厂……等四单位为团体会员。"这是中国火柴行业首次特批个人入会,且来自于行业外的民间收藏爱好者。获这一殊荣使笔者十分荣幸,这枚会员证章对笔者而言别有一番感情。1999年12月,《火柴工业》编委会议在天津召开,笔者受邀参加并被增补为中国《火柴工业》杂志编委。

▲中国火柴工业协会会员徽章

▲ 厂区外景

三、上海火柴厂历史影像

上海火柴厂的这些历史影像，从某种层面上讲，可以"图证上海火柴工业发展史"的某一个侧重面。它不是泛泛意义上的"老照片"，而是具有历史意义和价值的影像，对研究上海地区的火柴工业史会起到一定的"物证"作用。老照片的价值虽说是由多方面因素决定的，但有一点可以肯定，当我们判断或衡量一张老照片的价值时，分析该照片所定格的社会历史信息尤为重要和关健，这也成为历史影像价值凸现的重要的评定标准之一。

从这些历史影像资料中，我们可以发现我们原先没有发现的事物。比如：

（1）尽管今天在普陀区苏州河畔原上海火柴厂旧址上，已经成立了"上海商标火花博物馆"，但该厂前身"上海美光火柴公司"当年的厂区景貌又是一幅怎样的画面？

（2）当年"美光公司"出货时，火柴的外包装用的是何种材料？工友们是如何运输至停靠在厂门外苏州河上的货船，再运往长江沿岸的？

（3）上海当年的火柴经销商（店）推着自行车到"美光公司"批发火柴的热闹场面，让人思索起区区几分钱一盒的火柴，在那个年代是千家万户不可或缺的生活必需品。

（4）在上海抗美援朝运动高涨期间，上海民众积极响应，在"美光公司"经营部门前排队涌跃认购火柴，以实际行动庆祝中国人民志愿军入朝作战一周年。

（5）人民翻身作主人，满怀豪情迎国庆。"美光公司"的工人们将工厂大门打扮得格外美丽壮观。将这家外商在沪开设的火柴企业彻底的旧貌换新颜，回到人民的怀胞。

除此以外，这些历史影像还重现了这家企业的原料进厂、工间作业、民主协商、办公场景、企业文化、保健福利、职工护厂、消防安全等等。可以说，这20多张历史影像，弥足珍贵，为普陀区工业文化遗产研究不可多得，填补了"上海火柴厂"历史影像缺失这块"短板"。

▲ 火柴派发

▲ 工间作业

▲ 国庆门楼（牌楼）

▲ 踊跃认购

▲ 企业证章

▲ 原料进厂

▲ 工厂出货

▲ 工友护厂　　　　　　　　　　　　　　　　　　　　▲ 消防队员

▲ 工会乐队

▲ 民主协商

▲ 办公场景

▲ 职工福利

▲ 幼婴保育

▲ 职工就医

四、上海地区火柴企业创办统计（1877—1949年）

厂商名称	地址	事务所	创设年月	创办人或主持人	资本（万元）	备注
上海制造自来火局	大马路（南京东路）一洞天后		1877			该局问世后没生存多久便告歇业。
（英商）燧昌自来火局	新闸区苏州河南岸		1880	美查兄弟		1889年该局与其余五家企业合改组为美查兄弟有限公司，1894年公司已缴资本为27.5万两。
燮昌火柴公司	虹口塘山路4号（朱家木桥相近）		1890.8	叶澄衷	6.9	该厂于1924年告停业。
祥森火柴公司	普陀叉袋角（莫干山路相近）		1908.12	洪德生	14	该厂于1909年5月17日发生火灾，不久歇业。
（侨商）义生洋行		三茅阁桥北堍金隆街长余里	1910	吴锦堂		该行由神户华侨巨商吴锦堂在上海创设，杜炳卿为该行经理。
荧昌火柴公司	浦东陆家渡	泗泾路11号	1911.6	邵尔康	60	1924年荧昌三家厂资本总计60万元，1930年并入大中华。
（瑞典）瑞中洋行		爱多亚路（延安东路）4号	1915	西格瓦德·欧伦		该行由瑞典典强司宾火柴公司在上海开设。
利民火柴厂	沪杭车站（南火车站）对面陈家桥路	南市竹行码头兴业里	1919	王敏甫	4.2	该厂资本曾扩至25万元，1929年12月倒闭。
中华火柴公司	南汇周浦镇小云台街		1920	陈源来	10	1923年中华厂改组后资本达30万元，1930年并入大中华。
（日商）燧生火柴公司	光复西路2521号	江西中路8号	1920.8	泷川仪作	（日金）30	1928年被瑞典火柴公司收购，1931年11月改组为美光火柴公司。
恒昌火柴公司	闸北虬江路西首王家宅	南市大码头源隆昌号	1920.9			1928年该厂已经歇业。
裕昌火柴厂	闸北西宝兴路89号		1923.6		4.2	1928年9月该厂倒闭，剩余机器设备迁至重庆，成立重庆华业火柴公司。1939年4月并入大中华，改组为"华业和记"。
华明兴记火柴厂	闸北东体育会路	南京路255号	1927	苏豫明	8	1935年12月被大中华等五厂联合盘买。

公司名称	厂址	事务所	创办时间	负责人	资本（万元）	备注
大华火柴公司	浦东六里桥	山西路恰盗里	1929.2	高崧甫	5	1932年大华厂改组为大华兴记，董事长李祖庆，经理曹裕丰，1946年9月资本为1000万元，1947年10月达5000万元。
大中华火柴公司		四川中路33号五楼	1930.7	刘鸿生	365	大中华初创资本为191万元，1946年9月为10000万元，1947年10月达50000万元。
（瑞典）美光火柴公司	光复西路2521号	圆明园路185号	1931.11	阿尔满	（美金）50	初创资本12.5万美元，1932年11月瑞中洋行并入美光后扩至50万美元。
中国火柴公司	闸北中华新路平江桥	浙江路保康里	1932.11	沈星德	12	1946年9月中国厂资本为1500万元，1947年10月达30000万元，解放后该厂分别迁至郑州、芜湖两地。
大明火柴公司	龙华济公滩40号	牛庄路福庆路	1933.12	郜修善	5	1946年9月大明厂资本为10000万元，1957年12月该厂并入协昌缝纫机厂。
（日商）上海磷寸社	东有恒路（东余杭路）		1934.12	赤崎末营	0.5（万弗）	该厂规模极小，专为虹口境内日侨商家生产"昌火柴。
南洋火柴厂	徐家汇土山湾裕德路底		1940.2			该厂开业后一直未申领到营业许可证，估计存在时间不长。
新新宏记火柴公司	南市车站路149弄53号		1941.1	王仁勋	2000	该厂1950年1月迁至开封。
福薪火柴公司	徐家汇同仁街133号	泗泾路29号	1942.12	徐光济	3000	该厂1947年10月资本达30000万元。
（中日合资）华中火柴公司	南市斜土路永盛里内	博物院路（虎丘路）88号	1942.12	陈伯藩	1000	该公司由大中华与日本中支那振兴株式会社合办，完全受日商操纵。
福昌火柴厂	斜土路1074弄80号	北无锡路28弄3号	1943	沈仲德	6000	该厂1947年10月资本达10000万元。
正丰火柴公司	华山路1762号	金陵东路183弄8号	1943.12	徐日崖	3000	正丰初创资本850万元（中储券），1947年10月资本达18000万元，1958年5月正丰改组为上塑三厂。
九福火柴公司	南市花衣街98号	福州路35号三楼	1944.1	沈文金	1000	该厂1947年10月资本达6000万元。
新生火柴公司	南市花衣街施家弄12号	白河路28号	1944.1	杨宝宜	3000	新生厂初创资本1000万元（伪币），1947年10月资本达100000万元。
国华火柴公司			1944.3	冯志康	1000	

厂名	地址	地址	时间	负责人	数量	备注
新华火柴厂	斜土路1843号	山东中路130号	1944.5	朱祖泉	5000	该厂1949年11月迁至江苏徐州。
黎明火柴厂	中正西路（延安西路）1215号	中正东路（延安东路）249号	1944.5	严大有	1500	该厂1947年10月资本达12000万元，1958年7月并入康元玩具厂。
金星火柴厂	华山路（朱家库相近）848弄26号		1944	张敏凯		1946年3月8日被正丰厂收购。
国光火柴公司	南市小南门俞家弄141号	福州路89号224室	1944.7	朱少瀛	1500	该厂1947年10月资本达10000万元。
正明火柴厂	中正西路403弄11号	中正东路377号	1944.8	姚连生	3000	1949年11月该厂部分迁至开封，其余部分于1956年7月并入大大明厂。
金城火柴厂	斜土路248号	台湾路19弄6号	1944.10	袁葭池	1000	该厂1947年10月资本达25000万元。
成生火柴厂	南市车站路利涉南坊1号	永安街（同安里8号）	1944.12	沈锦涛	1000	该厂1947年10月资本达30000万元。
瑞士火柴厂	徐家汇土山湾裕德路98弄内	老北门松厦街26号	1945.10	张九龄	1000	该厂1947年10月资本达5000万元。
远东火柴厂	愚园路1423弄和邨5号		1945.11	朱祖峯	200	该厂1947年10月资本达2000万元，1950年2月迁至江苏泰州。
瑞明火柴公司	徐家汇土山湾潘家宅27号	福州路89号147室	1945.12	何瑞年	2000	该厂1947年10月资本达5000万元。
华鑫火柴厂	南市薛家浜张家弄41号	金陵东路183弄8号	1946.4	徐廷宰	3000	该厂1947年10月资本达5000万元。
大中火柴厂	浦东塘桥张家浜	九江路219号206室	1946.6	李祖敏	5000	该厂1956年8月并入大中华茂昌厂。
合成火柴厂	松江蒋泾桥1号	新开河安仁街51号	1946	徐荔青	（大米）250石	该厂雇工21名，年产火柴约300箱左右，除供应本县外还销至市区及邻各县，建国前停办。
明明火柴厂	昆明路641—645号	南市晏海路8-10号钦和烟行	1947.1	戴钦才	20000	明明化学工业股份有限公司苏州火柴，成立于1946年，厂址在苏州平江路徐家弄1号，经理严伟德，火柴商标有采荷、红菱等，该公司与上海明明厂是何关系有待深究。

注释：
1、该表企业资本统计中，1940年以后，数据源在该表列出，对比参考。其中新生、国生、正明、新华、大中五厂的资本额在"工商概览"中，两者统计数据是一致的。逐查《今日上海的火柴工业》，在该表《上海的火柴工业》第二十四期"工业"专版，将1947年10月出版的《上海制造厂商概览》"火柴工业"统计资本列出，对比供参考。

2、"上海地区火柴企业创办始成"主要是根据本著各章节中均有的注释及引用在本著各章节中，在此不再特地说明。

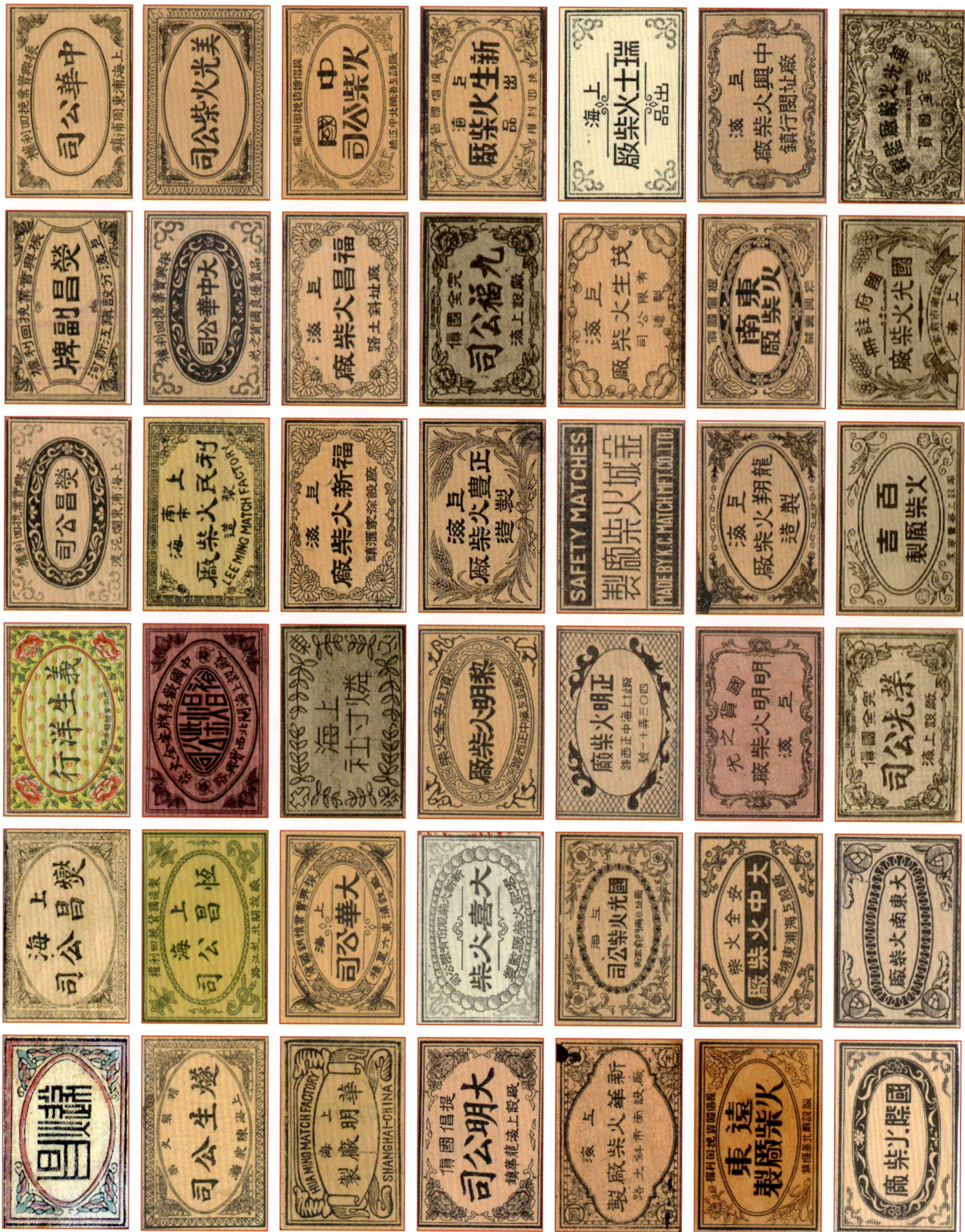

参考资料

地方文献

1、上海市社会局编《上海之机制工业》，中华书局 1933 年版。

2、杨大金编《现代中国实业志》（上），商务印书馆 1940 年版。

3、联合征信所调查组编《上海制造厂商概览》，联合征信所 1947 年版。

4、书报简讯社编《上海概况》，书报简讯社 1949 年版。

5、国货事业出版社编辑部《中国国货工厂史略》，国货事业出版社 1937 年版。

6、胡祥翰编《上海小志》（卷三），交通，上海传经堂书店 1930 年铅印本。

7、刘大钧《上海工业化研究》，商务印书馆 1940 年版。

8、《伪上海特别市经济局陈伯藩等筹组火柴厂同业公会呈送会员名册、理监事履历表、章程等往来文书》，上海市档案馆，1943 年，13—1—2158。

9、《上海市机制火柴同人联谊会会员名册》，1945 年 1 月（单页）。

10、《中华全国火柴同业会联合会员录》，中华民国二十三年（1934 年）12 月印。

11、1941 年《中华全国火柴产销联营社总社发文卷皮》13 联壹字 26 号 2 宗（档案）。

12、林震编纂《上海指南》，商务印书馆 1930 年版。

13、孙宗复编《上海游览指南》，中华书局 1935 年版。

14、钱承绪编《战后上海之工商各业》，民益书局 1940 年版。

15、陈陶心主编《上海化学工业综览》，中华化工工业会 1950 年版。

16、上海市商品介绍手册《安全火柴》，上海市火柴工业同业工会 1955 年编印。

17、上海市失业工人救济委员会救济处编《上海市失业工人救济工作特刊》，1951 年发行。

18、上海通社编《上海研究资料》，上海书店出版社 1984 年版。

19、上海市政协文史资料委员会等编《列强在中国的租界》，中国文史出版社 1992 年版。

20、上海研究中心、上海市地方志办公室编《上海研究论丛》（第 2、3、4、7、8、9、10 辑），上海社会科学院出版社 1989 年—1995 年版。

21、陈正书《晚清经济》（熊月之主编《上海通史》第 4 卷），上海人民出版社 1999 年版。

22、茅伯科主编《上海港史》（古代部分），人民交通出版社 1990 年版。

23、徐新吾、黄汉民主编《上海近代工业史》，上海社会科学院出版社 1998 年版。

24、上海市文史馆文史资料工作委员会编《上海地方史资料》（二）、（三），上海社会科学院出版社 1983 年、1984 年版。

25、上海社会科学院经济研究所、上海市国际贸易学会学术委员会编《上海对外贸易》，上海社会科学院出版社 1989 年版。

26、李必樟编译、张仲礼校订《上海近代贸易经济发展概况：1854——1898 年英国驻上海领事贸易报告汇编》，上海社会科学院出版社 1993 年版。

27、黄苇、夏林根编《近代上海地区方志经济史料选辑(1840——1949 年)》，上海人民出版社 1984 年版。

28、顾炳权《上海洋场竹枝词》，上海书店出版社 1996 年版。

29、徐鼎新、钱小明《上海总商会史（1902——

1929）》，上海社会科学院出版社1992年（第二版）。

30、上海社会科学院经济研究所编《刘鸿生企业史料》（上、中、下册），上海人民出版社1981年版。

31、许金生《近代上海日资工业史（1884——1937年）》，学林出版社2009年版。

32、上海市浦东新区政协文史委、地方志办公室、地名管理办公室编《浦东老地名》（下），上海社会科学院出版社2007年版。

33、马学强等著《千年龙华——上海西南一个区域的变迁》第三编"近代记忆"（下），学林出版社2006年版。

34、王石《美在这里塑造——上海塑料制品三厂史话》，上海社会科学院出版社1990年版。

35、王荣华《上海大辞典》（上），上海辞书出版社2007年版。

36、王垂芳编《洋商史（上海1843——1956）》，上海社会科学院出版社2007年版。

37、周钰宏编《上海年鉴》，华东通讯社1947年版。

38、张笑川《近代上海闸北居民社会生活》，上海辞书出版社2009年版。

39、宁波市政协文史委员会、政协镇海区委员会编《近代上海民族工商业先行者——叶澄衷》，中国文史出版社2009年版。

40、中共上海市委统战部、中共上海市委党史研究室、上海市档案馆编《中国资本主义工商业社会主义改造》上海卷（下），中共党史出版社1993年版。

地方志

1、上海市普陀区人民政府编《普陀区地名志》，学林出版社1988年版。

2、上海市闸北区人民政府编《上海市闸北区地名志》，百家出版社1989年版。

3、上海市南市区人民政府编《南市区地名志》，南市区人民政府1982编印。

4、上海市徐汇区人民政府编《徐汇区地名志》，上海社会科学院出版社1989年版。

5、上海市黄浦区人民政府编《黄浦区地名志》，上海社会科学院出版社1989年版。

6、上海市长宁区人民政府编《长宁区地名志》，学林出版社1988年版。

7、上海市虹口区人民政府编《上海市虹口区地名志》，百家出版社1989年版。

8、《松江县工业志》编写组编《松江县工业志》，上海科学技术出版社1988年版。

专　著

1、孙毓棠《中国近代工业史资料》第一辑（上、下册），科学出版社1957年版。

2、汪敬虞《中国近代工业史资料》第二辑（上、下册），科学出版社1957年版。

3、陈真、姚洛《中国近代工业史资料》第一、二、三、四辑，三联书店1957——1961年版

4、青岛市工商行政管理局史料组编《中国民族火柴工业》，中华书局1963年版。

5、中国日用化工协会火柴分会编《中国火柴工业史》，中国轻工业出版社2001年版。

6、周萃機编著《火柴工业》，商务印书馆1951年版。

7、龚骏《中国新工业发展史大纲》，商务印书馆1933年版。

8、实业部中国经济年鉴编纂委员会《中国经济年鉴》（下），商务印书馆1934年版。

9、实业部经济年鉴编纂委员会《中国经济年鉴》（民国二十五年第三编），商务印书馆1936年版。

10、吴毅堂编《中国股票年鉴一册》，中国股票年鉴社1947年版。

11、胡绳《帝国主义与中国政治》，生活书店1948年版。

12、王庆成编著《稀见清世史料并考释》，武汉出版社1998年版。

13、陈鹏举《收藏历史》，上海书店出版社1998年版。

14、刘善龄《西洋风——西洋发明在中国》，上海古籍出版社1999年版。

15、王渭泉、吴征原、张英恩编《外商史》，中国财政经济出版社1996年版。

16、王培《晚清企业记事》，中国文史出版社1997年版。

17、彭泽益主编《中国工商行会史料集》（上册），中华书局1995年版。

18、黄逸平编《中国近代经济史论文选》，上海人民出版社1985年版。

19、张仲礼主编《东南沿海城市与中国近代化》，上海人民出版社1996年版。

20、杜恂诚《民族资本主义与旧中国政府：(1840——1937)》，上海社会科学院出版社1992年版。

21、池步洲《日本华侨经济史话》，上海社会科学院出版社1993年版。

22、罗晃潮《日本华侨史》，广东高等教育出版社1993年版。

23、吴汝纶编纂《李文忠公全书》第二十卷（译署函稿），商务印书馆1921年版。

24、祝慈寿《中国近代工业史》，重庆出版社1989年版。

25、天津图书馆、天津社会科学院历史研究所编《袁世凯奏议》（上卷），天津古籍出版社1987年版。

26、四川省档案馆编《四川保路运动档案选编》，四川人民出版社1981年版。

27、张仲礼主编《城市进步、企业发展和中国现代化》(1840——1949年)，上海社会科学院出版社1994年版。

28、林金枝《近代华侨投资国内企业史研究》，福建人民出版社1983年版。

29、张圻福、韦恒《火柴大王刘鸿生》，河南人民出版社1990年版。

30、杜恂诚《日本在旧中国的投资》，上海社会科学院出版社1986年版。

31、王春《美国侵华史话》，北京工人出版社1951年版。

32、毛祖棠《百年浙商》，贵州人民出版社2012年版。

33、宁波市政协文史委、政协慈溪市委员会编《吴锦堂研究》，中国文史出版社2005年版。

34、陈旭麓、顾廷龙、汪熙主编，朱之恩、武曦、朱金元编《汉冶萍公司（三）》"盛宣怀档案资料选辑之四"，上海人民出版社2004年版。

35、镇江市地方志编纂委员会编著《镇江市志》，上海社会科学院出版社1993年版。

36、鲍永安《南洋劝业会文汇》《南洋劝业会杂咏》，上海交通大学出版社2010年版。

37、苏州市档案局（馆）编《馆藏旧时商标选》，古吴轩出版社2012年版。

文艺类

1、宋路霞《上海滩名门闺秀》，上海科学技术出版社2009年版。

2、金涛、杨志清主编《古老多山的北国——瑞典》，科学普及出版社1994年版。

3、素素《前世今生》，南海出版公司2003年版。

4、魏可凤《张爱玲的广告世界》，文汇出版社2003年版。

5、陈伯熙《上海轶事大观》，上海书店出版社2006年版。

6、卓影《丽人行——民国上海妇女之生活》，古吴轩出版社2004年版。

7、［美］李欧梵《上海摩登——一种新都市文化在中国（1930——1945）》，上海三联书店出版社2008年版。

8、李超《上海油画史》，上海人民美术出版社1995年版。

9、林家治《民国商业美术史》，上海人民美术出版社2008年版。

10、于谷《上海百年名厂老店》，上海文化出版社1987年版。

11、林东栋《中国近现代经典广告创意评析：〈申报〉七十七年》，东南大学出版社2005年版。

12、赵琛《中国广告史》，高等教育出版社2005年版。

13、林剑主编《上海时尚——160年海派生活》，上海文化出版社2005年版。

14、蒋为民主编《时尚外婆——追寻老上海的时尚生活》，上海三联书店出版社 2003 年版。

15、韩洁羽《我的上海，我的天堂——梦想和一些恒久的隐私》，东方出版社 2004 年版。

文史资料

1、黄福山《解放前广东火柴工业概貌》（《广东文史资料》第二十八辑），广东人民出版社 1980 年版。

2、黄光域《近世百大洋行志》（《近代史资料》总八十一号），中国社会科学院出版社 1992 年版。

3、丁日初《对外经济交往与近代中国资本主义现代化的关系》（《上海文史资料选辑》第五十六辑），上海人民出版社 1987 年版。

4、童玉民《日本神户华侨史话》（《天津文史资料》第二十七辑），天津人民出版社 1981 年版。

5、霍伯森著、李孝同译《重庆海关 1891 年调查报告》（《四川文史资料选辑》第六辑），四川省省志编辑委员会 1980 年内部发行。

6、刘公诚《抗战初期先父刘鸿生对中共的态度》（《上海文史资料选辑——统战工作史料专辑〈8〉》），上海人民出版社 1989 年版。

7、胡世奎《我所知道的刘鸿生先生》（《上海文史资料选辑——统战工作史料专辑〈8〉》），上海人民出版社 1989 年版。

8、刘念智《抗战期间刘氏企业迁川经过》（《文史资料选辑》总第 60 辑），中华书局 1980 年版。

9、刘念智《从抗战胜利到全国解放的刘鸿生》（《文史资料选辑》总第 60 辑），中华书局 1980 年版。

10、［日］小岛叔男《辛亥革命当中的上海独立与坤商阶层》（《国外中国近代史研究》第十辑），中国社会科学院出版社 1988 年版。

报　纸

1、郭正谊：也谈火柴的发明，《科技日报》1991 年 4 月 28 日。

2、苏晨：我国第一个火柴厂的创建年代的调查，《羊城晚报》1962 年 1 月 11 日。

3、（祥和丰洋货号）专办东洋自来火，《申报》1878 年 1 月 9 日广告。

4、中华火柴公司改组讯，《申报》1923 年 8 月 23 日。

5、吕春穆、李树松："珍藏版火花集"有无收藏价值？《北京青年报》1998 年 5 月 28 日"收藏淘金"版。

6、蔡博明：珍藏版火花集有收藏价值，《北京青年报》1998 年 7 月 2 日"收藏淘金"版。

7、（上海制造自来火局）自来火出售，《申报》1877 年 12 月 11 日广告。

8、（上海制造自来火局）搜买自来火空匣，《申报》1878 年 1 月 9 日广告。

9、（上海制造自来火局）自来火零蚕发卖，《申报》1878 年 2 月 19 日广告。

10、（上海制造自来火局）自来火减价，《申报》1878 年 4 月 6 日广告。

11、新生火柴工厂营业日趋发达——出品"天字""新生"等牌火柴，盛销华中、华北及台湾各地，《烟业日报》1949 年 9 月 26 日。

12、新华火柴厂决定迁徐（州）、郑（州）——产销困难可以解决，《烟业日报》1949 年 11 月 10 日。

13、宜青：历史浪个叉袋角，《新民晚报》2012 年 10 月 31 日。

14、新开义生洋行专售水门汀并各种红、黑头火柴，《申报》1910 年 4 月 29 日。

15、上海义生洋行迁移广告，《申报》1910 年 10 月 20—22 日。

16、恒昌火柴公司广告，《申报》1920 年 9 月 6 日、10 月 6 日。

17、杭总商会请维持国产火柴，《申报》1929 年 10 月 20 日。

18、从瑞中洋行到美光厂——凤凰牌火柴的进程，《烟业日报》1947 年 9 月 5 日。

19、"凤凰牌"火柴总经销处——永隆行创立经过；永隆行成立——由陈荣禄等发起组织；美光厂依赖外势不加入同业公会——陈荣禄君数度力争无效，《烟业日报》1947 年 9 月 10 日。

20、陈荣禄氏脱离美光火柴公司，《烟业日报》1947 年 9 月 11 日第一版。

21、逸青：今日上海的火柴工业，《文汇报》1946 年 10 月 23 日第八版（第二十四期"工业"专版）。

22、成本昂销路狭，各厂维持困难——已有福昌等六家工厂倒闭，《烟业日报》1947年9月21日。

23、从艰难环境中成长，火柴工业使命重大，《烟业日报》1949年11月27日。

24、中国火柴公司定期召开临时股东会议，《烟业日报》1949年9月28日。

25、本市火柴工业公会开会员座谈会，《烟业日报》1949年11月13日。

26、我为什么拥护共产党——刘鸿生先生在逝世前半个月对新闻记者的谈话，《新闻日报》1956年10月4日。

27、珍藏火标（火柴盒商标），《新闻报·图画附刊》1931年5月3日广告。

杂 志

1、冶秋：夜读偶记，《文物》1962年第九期。

2、李代雄译：磷寸道——火柴发展的进程，《火柴工业》1995年第2期。

3、黄振炳：中国第一家火柴厂及其商标诞生在上海，《火柴工业》1996年第4期。

4、中央工商行政管理局撤销巧明公记火柴厂"舞龙牌"商标注册，《商标·发明公报》（月刊第12期），1954年3月1日出版。

5、蒋海波：日本华侨与近代中国火柴业——以华中和华东地区为例，《华侨华人历史研究》2010年12月第四期。

6、陈正卿：小港李氏家族百年繁华录，《上海滩》1999年第7、8、9期。

7、亦敏：大明火柴公司，《机联会刊》1934年9月第102期。

8、陶水木：浙江商人与上海经济近代化，《浙江社会科学》2001年7月第四期。

9、《管理学家》：一介书生李平书，《管理学家》2009年8月10日。

10、李文权：泷川辨三传，《中国实业杂志》1913年第5期《传记》。

11、纪立新：吴锦堂与南洋劝业会，《宁波广播电视大学报》2011年第9卷第2期。

12、纪立新：吴锦堂的国内事业与活动论述，华东师范大学2007年11月23日毕业论文第43页。

13、蔺理生：我的火柴生涯——为纪念从事火柴事业60周年而作，《火柴工业》2004年第1期。

14、余见："大业""华一"收藏之联想，《大众收藏》2012年第二期（总第五期）。

153、孙建国：论新中国成立初期内迁工厂特点及对河南经济的影响，《中共党史研究》2009年第12期。

其 余

1、[新加坡]黄汉森译：火柴发明小史，《亚洲火花》1999年12月第2期（民刊）。

2、刘顺卿、王黎青：中国早期火柴工业及其商标，1963年1月30日初版（刻印本）。

3、王黎青、王贵忱：东方火柴商标的起源，《新花园》1963年第8期（油印本）。

4、孙玉璋：异闻琐录，同治九年（1870年）四月刻本。

5、广州火柴厂编写：广东火柴工业概貌，1983年8月25日，广州火柴厂供稿。

6、利耀峰：回忆四十年间广州地区的火柴，由林熙整理，1964年8月，广州市民建、工商联两会供稿。

7、叶夫：瑞典火柴侵华概况，《中国火花》1984年5月第3期（民刊）。

8、[新加坡]黄汉森提供、黄振炳整理：英国商标档案馆藏中国火柴商标注册年鉴，《辰丙梦花录》1997年12月第11期（民刊）。

9、胡选民：帝国主义侵华火柴厂厂名词典（初稿），《中国火花》1984年5月第3期（民刊）。

10、[日]下岛正夫：明治火柴商标，无锡《火花》1985年合订本（民刊）。

11、[日]吉泽贞一：话说火柴，无锡《火花》1988年合订本（民刊）。

12、红云：苏州鸿生火柴厂商标的研究，无锡《火花》1989年合订本（民刊）。

本人作为一名纸质品收藏（尤其是将火柴商标列为重点）爱好者，在几十年收藏火柴商标（俗称"火花"）的过程中，逐渐对上海近代火柴工业史发生兴趣，本书前后用了近10年时间而告成。

本书是参照学术著作要求来撰写的，但又不同于纯理论的学术著作。其难度不仅是要搜寻大量的文献史料来阐述，更是需要收集大量藏品来丰富考证，其中单选用的上海地区早期火柴商标就达1000枚以上，还有不少当年那些老照片、证章、股票、月份牌、广告、仿单、杂件等等。所以，本书有别于一般形式的学术著作，它将收藏纳入到做学问之中，既有学术上的严谨，又兼顾收藏鉴赏具有工具书的性质。两者通融，藏研并举，图文并茂，相得益彰，是本书的一大特色。它避免了文字来文字去、严谨有余观赏不足单做学问的枯燥感觉，是真正意义上的将海派收藏与海派文化有机结合。

再有，本书对上海境内的浦东新区、徐汇、普陀、南市、闸北、长宁、虹口、黄浦、杨浦、松江、闵行（注：在分区介绍上，除浦东新区外，均以2000年之前的行政区划为对象）等各区的早期火柴业均作了一番普查调研，并将该区域历史上曾使用过的火柴商标进行了广泛收集，难度极大，故该著称得上是一部简易的"上海火柴工业史图鉴"。上海火柴工业作为上海近代工业的一个重要门类，对其整体而系统的研究梳理，迄今为止还没有这方面的专著问世，本书的出版可以说填补了一项空白，对后人进一步开展这项研究，具有一定的辅助作用和参考价值。

盛世收藏兴。

上海号称我国民间收藏的"半壁江山"，综观当下，收藏界也乱象丛生，有一种"乱花渐欲迷人眼"的感觉。一说到收藏，就是书画玉器高大上，甚至将收藏变味成一种投资理财行为。殊不知，收藏是一种自觉的文化行为，其最高境界就是研究的成果。收藏家应该将藏品背后沉淀的历史和文化演绎出来，作用于我们的社会和大众，为资政育人服务。

常言"百年无废纸"。纸质品收藏相对于古玩字画、金银珠宝，更加接地气、有人缘。不管何种纸质收藏品，均潜藏着珍贵史料、文化情结，是研究历史文化、编修方志、著书立说的重要物证。

上海是移民城市，兼容并蓄是海派文化的精髓所在。海派收藏的鼻祖钱化佛先生，亦被称为我国早期集花第一人。他主张"人弃我取"，将自己比喻为一个"拾荒者"，自以为寓价值于无价值之中，他将旁人丢弃于地上的火柴盒当作"宝贝"捡起来，日积月累，将收集到的火柴盒商标根据图案内容，组编成一部抗日题材的火花集，在抗战期间社会上巡展，影射日寇侵华"玩火必自焚"，为此钱化佛也被后人称誉为"收藏历史的人"。

本书也是受钱化佛这种精神感召，利用书中的1000多枚火花，将其华丽背后的人文历史跃然纸上。

这其中，有许多过去没见的，不知道的，或被人忘却和故意掩盖了的东西和故事。窃以为，它们应该被留存，被记忆，被传承。它们是历史，是学说，但更是文化；它们是"载体"，但更是精神；它们是那个时期的一个"物件"，一张"纸片"，但它值得你"保护"，而不该"湮灭"。我由衷感谢收藏火花，是她点燃了我崇尚追求文化品味的"火花"。

这里，我要感谢曾帮助我将本书顺利付梓而必须提及的一些人和事。没有他们的关心和支持，我是绝对没有这么顺利将本书脱稿的。

我虽有志向学，但苦于才疏学浅，断断续续用了近十年时间才将书稿修定，其间如果没有家人的支持，藏友的支援，恐怕本书至今还在反复之中。一句话，拙著的出版，得益于个人周围这些方方面面，点点滴滴，包括物质上和精神上的。在这里，我以感恩的心情，真诚地向关心我支持我的家人和友人，说一声："谢谢你们"！

虽说此书耗时过长了一些，但终于迎来付梓杀青之际，我的心情还是无比喜悦的，也想在第一时间与同好们分享。同好中甘师珂、王浩、左新伟、潘焕焕、赵铮、罗蔺等，无私地提供了自己的珍藏，为书中火花图录拾遗补缺，锦上添花。可以说，本书的诞生也是我们花友情谊的见证和体现。上海致彩广告印务有限公司何芬、侯立彬两位优秀平面设计制作者，对本书图文排版设计，尽心尽力，几易其稿，力求至臻。熊尊茂先生七秩有余，不辞辛劳完成本书所有图片拍摄，令我感动至极。友人包昌善为书稿认真校对，情谊难忘。

藏界友人吴少华、陈祥、黄汉森、蔡博明、王世雄、陈治君、林辉、李明、李少鹏、李晖、周国富、杨嘉炜、顾永庆、陈盖田、张燕奎、曹官文、裴维钧、郭乃兴、杨善民、孙德民、黄林红等，在本书编写过程中给予我甚多支持和启发，让我收益匪浅，在此一并深表感激。此时此刻，也十分感念曾给予我收藏上提携和帮助过的已故前辈成都游开国、嘉兴沈家栋、朱良甫、开封赵书年、北京陈兴栋、杭州石志堃、无锡张筱弇以及上海管康林、江仲英先生。

最后，我要感谢我的家人，多年的收藏与写作，能坚持不懈一路走来，妻子吕萍为我默默无闻奉献甚多，是她平日里为我承担了不少家务，她的支持是我动力的源泉，无形的精神支柱。我能安心地将此书得以完成，某种意义上说，一半是她的付出与功劳。

本书序言为上海市档案馆邢建榕先生所撰，他能在百忙之中慷慨赐序，勤勉有加，令我这个后学感动不已，仅一个"谢"字，是代表不了我此时心情的。

黄振炳

2016.4.26

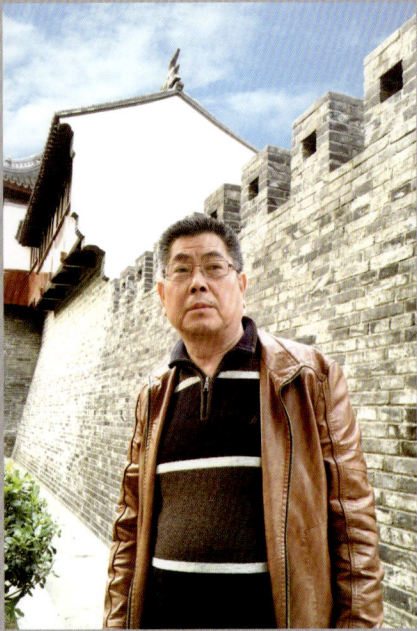

　　黄振炳，生于 1958 年 7 月 16 日，江苏海门人。中国火柴工业协会会员，《火柴工业》杂志编委（现停刊），《中国收藏》杂志编委，上海《大众收藏》杂志主编。现为上海市档案局档案征集顾问、普陀区政协特聘委员、上海市收藏协会副秘书长、普陀区收藏协会常务副会长兼秘书长。曾参加中国轻工业行业史丛书《中国火柴工业史》（中国轻工业出版社 2001 年 5 月第 1 版）编写，有专著《走进火花世界——火柴盒贴上的中国百年历程》（中国收藏家协会认定珍藏、鉴赏、图说丛书，中国商业出版社 2001 年 1 月第 1 版）出版。

图书在版编目（CIP）数据

上海火柴工业考索／黄振炳著.－－上海：上海书店出版社，2016.7
ISBN 978-7-5458-1294-7

Ⅰ.①上… Ⅱ.①黄… Ⅲ.①火柴工业－工业史－研究－上海市－近代 Ⅳ.①F426.7

中国版本图书馆CIP数据核字（2016）第138072号

上海火柴工业考索

黄振炳　著

责任编辑／沈佳茹
装帧设计／侯立彬　何　芬
技术编辑／丁　多
上海世纪出版股份有限公司上海书店出版社出版
上海世纪出版股份有限公司发行中心发行
上海福建中路193号　邮政编码　200001
www.ewen.co
全国各地书店经销
上海豪杰印刷有限公司印刷
开本 889×1194　1/16　印张 13
印数 1000
2016年7月第1版　2016年7月第1次印刷
ISBN 978-7-5458-1294-7/F.34
定价：150.00元